综合优势理论方法及应用

王宏起　武建龙　杨仲基　赵天一　著

国家自然科学基金面上项目（72174046、72074061）、国家社会科学基金重大项目（22&ZD094）联合资助

科学出版社

北　京

内 容 简 介

　　本书在吸收、借鉴国内外战略管理理论方法和总结实践经验的基础上，引入生态化发展理念、跨学科理论方法及系统工程管理思想，构建一套系统性的综合优势理论及管理方法，科学界定综合优势理论的相关构念、清晰阐释理论的核心思想及应用原则，深入揭示创新型组织的综合优势发展机理，系统设计基于主导优势培育核心能力和发展综合优势的战略路径及其管理方法，并选择典型性、多层面创新型组织案例进行实证应用研究，旨在为创新型组织的持续创新发展提供先进的理论指导、灵活的管理方法和科学的决策支持。

　　本书既可以作为科技创新与战略管理领域学者、高校研究生及本科生的参考用书，也可以为政府科技管理部门及战略性新兴产业战略管理人员提供政策参考及决策借鉴，还可以为高新技术企业、联盟和集群等创新型组织的战略规划及创新管理提供理论方法指导及应用示范。

图书在版编目（CIP）数据

综合优势理论方法及应用 / 王宏起等著. -- 北京 ： 科学出版社，2024. 11. -- ISBN 978-7-03-080191-3

Ⅰ. C931.2

中国国家版本馆 CIP 数据核字第 2024YQ1314 号

责任编辑：郝　悦/责任校对：贾娜娜
责任印制：张　伟/封面设计：有道文化

科 学 出 版 社 出版

北京东黄城根北街 16 号
邮政编码：100717
http://www.sciencep.com

北京中科印刷有限公司印刷

科学出版社发行　各地新华书店经销

*

2024 年 11 月第 一 版　　开本：720×1000　B5
2024 年 11 月第一次印刷　　印张：21
字数：424 000

定价：252.00 元

（如有印装质量问题，我社负责调换）

前　　言

随着知识经济和数字经济快速发展，大量新技术、新工艺、新产品不断涌现，高新技术及产品的生命周期大幅缩短且更可能出现断裂式发展和跨界融合发展。多学科知识的综合运用，使技术边界日益模糊和产品研发风险加大。高新技术企业、联盟、集群、产业等创新型组织所面临的竞争环境从过去相对稳定、可预测变得更加动荡、难以预测，使得竞争优势难以长期维持并不断提升。同时，高新技术及产品本身具备的智力密集性、资金密集性、高风险性等特点也影响到创新型组织的持续发展，对知识、资金、人才、政策、数据等要素的综合利用和优化配置提出了更高的要求。这些现象共同造就了创新型组织内外部环境的双重竞争压力。

在复杂、动态的内外部环境中，创新型组织如何做好科学规划，抓住并利用环境中的优势资源及机遇，获取最大的市场回报、创新绩效和综合效益，并解决其持续发展中面临的各种问题，仅依靠传统的战略管理理论与实践经验是不够的。以资源基础观、动态能力观、竞争战略观等为代表的企业战略管理理论，一是滞后于我国多层面（如企业、联盟、产业等）的战略管理实践，二是对"资源—能力—优势"三者之间的因果关系探讨不足，很少全面考察资源、能力对竞争优势的协同作用及竞争优势对资源、能力的反馈循环作用，三是对我国本土特色情境的关注不够充分。我国社会主义市场经济的制度优势、丰富的创新实践以及多层次的应用场景，共同决定了政策、技术、市场情境对创新型组织竞争战略的特色驱动方式，为此需要构建综合性、开放性更强的战略管理理论框架，以深入揭示本土特色情境要素的复杂驱动机制。综合以上三点考虑，面对科技创新快速发展及竞争环境的复杂多变，我国多层面创新型组织的持续发展亟须先进、适用的战略管理理论，以指导其科学制定"资源—能力—优势"协同发展战略规划，充分利用各类有利资源和情境条件、抓住机遇和规避风险，从而实现内外部要素的系统性整合与优化配置，构筑持续创新发展的综合优势，加快形成新质生产力。

本书的研究团队在借鉴、吸收国内外经典战略管理理论，扎根我国本土战略实践及成功案例的基础上，创造性提出了关于创新型组织竞争优势形成与持续发展的本土战略管理理论——综合优势理论。经过二十多年的持续探索，综合优势理论已由企业、联盟、产业拓展至产业创新生态系统层面，旨在指导创新型组织沿着"主导优势→核心能力→综合优势"的战略主线设计、实施并动态调整其发展战略，从而在战略期的阶段性递进和周期性跃迁中实现综合优势的持续发展。

综合优势理论的创新探索及广泛应用，已经为我国区域高新技术企业、平台企业、R&D 联盟、产业集群、战略性新兴产业等创新型组织的高质量发展提供了先进的理论支撑、实践路径、管理方法和政策启示。

本书在国家自然科学基金面上项目"新兴产业创新生态系统综合优势形成机理、实现路径与政策研究：数字化创新视角"（72174046），"新兴产业颠覆性技术创新形成机理、实现路径与激励政策：创新生态系统视角"（72074061），国家社会科学基金重大项目"创新链与产业链耦合的关键核心技术实现机理与突破路径研究"（22&ZD094）等项目资助下，对创新型组织综合优势理论思想和管理方法体系进行系统性构建，并对我国高新技术企业、战略性新兴产业和新兴产业创新生态系统综合优势形成、发展及应用的相关科学问题进行理论及应用研究，旨在为创新型组织的持续创新发展提供先进的理论指导、灵活的管理方法和科学的决策支持。

本书由王宏起负责全书总体设计和统稿；王宏起撰写第 1 章和第 2 章；武建龙撰写第 3 章；杨仲基撰写第 4 章；赵天一撰写第 5 章，并且参与了统稿工作。此外，博士生许丹丹、杨丹，硕士生宋瑞苗参与了资料收集和部分内容的撰写。在综合优势理论构建和探索过程中，浙江财经大学王珊珊教授、哈尔滨理工大学李玥教授、王雪原教授、北京汽车集团有限公司副总经理谢伟博士、哈尔滨圣泰制药股份有限公司创始人、哈尔滨壹加壹再生医学科技有限公司董事长高翔博士等先后参与了有关研究和实践工作。综合优势理论及应用研究得到了哈尔滨工程大学刘希宋教授的指导和帮助，得到了黑龙江省科学技术厅原总工程师李阳等的大力支持，在此表示衷心感谢。

"综合优势理论方法及应用"是一项复杂的系统工程，也是一个正在发展和完善之中的本土理论，由于笔者水平有限，书中难免存在一些疏漏或不足之处。敬请广大读者批评指正，更欢迎有关学者共同探索，以便进一步完善。

作　者

2024 年 5 月

目　　录

第 1 章　绪　　论

1.1　研　究　背　景

21 世纪以来，中国经济取得了长足发展，国家创新能力跻身世界前列。然而，国内外政治、经济、技术、生态等环境正在发生剧烈变化，实施创新驱动发展战略、培育新竞争优势成为当今时代背景下持续提升综合国力的现实抓手，这迫切需要符合中国特色情境和创新发展需求的战略管理理论体系，以系统指导微观组织、中观产业与国家创新体系等多层面的战略制定与创新实践。

1.1.1　政治环境复杂多变

当前世界政治环境复杂多变，世界百年未有之大变局加速演进，国际力量对比深刻调整，我国发展面临新的战略机遇。在此背景下，全面分析政治格局动荡给国家发展带来的不确定性和挑战，积极把握战略机遇、提高战略设计与应对能力，并保证各层面、各主体战略行动的有序实施，是中国提升国际政治地位和全球竞争力的正确逻辑和有效手段。

从国际视角看，中国正在国际事务中发挥越来越重要的作用，然而面对多方政治力量和多元政治冲突，在战略分析与应对中必须考虑以下因素[1]：一是国际政治合作的新特点，大国博弈与地缘政治冲突等导致国际政治环境高度不稳定、能源安全受损和国际合作受阻；二是国际格局的新趋势，除美国外的其他国家国际政治影响力不断增强，新兴市场国家和发展中国家日渐活跃，国际力量的对比趋于均衡，促进国际格局向多极化演变；三是国际政治发展的新焦点，数字科技的快速发展对国际政治产生深远影响，人工智能、网络安全等领域的竞争和合作成为国际政治的重要议题。

从国内视角看，"十四五"以来我国政治环境相对稳定，积极推进政治改革以适应新发展形势和应对重大社会问题，旨在构建国家综合优势，主要举措如下：一是深化政治体制机制改革，2023 年 3 月中共中央和国务院印发了《党和国家机构改革方案》，提出"党和国家机构职能实现系统性、整体性重构"的任务，然而在改革中牵涉到权力分配、体制架构等可能引发社会不稳定的问题，故需增强系统性的战略设计予以规避；二是实施区域协调发展战略和全面改善民生，我国区域发展不平衡、不充分问题仍然突出，东南沿海地区在基础设施、财政收入、城乡居民收入等方面优于中西部地区[2]，为此需要建立区域战略统筹机制和建设中国特色民生体系；三是创新社会治理体系，随着中国人民需求日益多样化和复杂化，原有治理方式难以有效应对新问题和挑战，亟须以新发展理念为指导创新社会治理模式、提高治理效能和优化政治生态。

总体而言，面对国内外的复杂政治环境，中国政府适时调整战略布局、优化制度环境，为各层面、各主体充分利用战略机遇和采取系统性的战略行动奠定了有利基础。党的十八大以来，先后提出"一带一路"倡议、构建新型国际关系等理念，实施创新驱动发展战略，全面谋划中国式现代化。面向未来，提升中国的政治地位与综合优势是立足中华民族伟大复兴目标的系统工程，需综合考虑本土情境与世界政治格局，在保障国家政治经济体制稳定运行的基础上创新发展理念与模式，这对国家顶层的战略规划和各层面创新型组织的战略响应、分类设计及长期协调等提出了更高的要求，急需先进、科学的战略管理理论予以指导。

1.1.2 深度融入全球经济体系

在工业技术革命和国际分工合作影响下，资本、技术、产品等要素加速实现跨国流动和配置，世界各国紧密联系、相互依赖，经济发展呈现全球化态势[3]。在此背景下中国持续推进对外开放，成为世界经贸联系网络最广泛的国家。深度融入全球经济体系，加深与其他国家的贸易往来、技术交流与产业合作，可以促进资源优化配置、共享经济增长红利，进而提高国民收入水平和国家综合竞争力。然而，经济全球化受多种因素影响，发达国家和发展中国家的差距呈现放大趋势。为强化中国在全球经济体系中稳定器和催化剂的角色，需要全面认识经济全球化的新特征，面向未来发展进行前瞻性的规划设计。

近年来经济全球化的新特征可以概括为四点：一是经贸问题的政治化，部分发达国家频繁使用政治和外交手段遏制其他国家经济发展以维持霸权地位；二是发达国家与发展中国家在经济全球化中持不同的立场，发达国家保护主义抬头，而越来越多的发展中国家通过加强全球经济合作，逐步从跟随者向引领者转变；三是非常态事件的冲击加剧了世界经济运行的脆弱性，全球供应链和产业链受到持续性威胁；四是世界经济低迷，区域经济发展不平衡，资源分配不平等，全球价值链不确定性增加[4]。

这些新特征共同导致经济全球化发展的新困境——逆全球化浪潮兴起，突出表现为部分国家采取保护主义政策，限制贸易和投资自由化；国家之间强调本土文化和身份认同，抵制外来文化渗透等。逆全球化对中国经济造成了一定冲击与影响：一是加剧了中外贸易摩擦，使中国出口受限、对外贸易订单减少等；二是割裂了全球产业链，降低我国在全球产业体系的地位，甚至部分下游企业失去订单，产品国际竞争力下降；三是国际投资减少，中国转型与经济发展的速度减缓；

四是跨国技术的交流与合作减少，影响中国争取国际战略机遇、实现技术赶超的进程。如何在关键技术缺失下降低产业链的断链风险？如何在大国博弈下培育竞争优势？如何在全球经济体系中占据有利地位？

面对这些发展难题，我国在当前全球化与逆全球化交替、并行和大国竞争下提出"在自立自强中推进对外开放"的战略理念，立足中国情境从微观、中观与宏观层面进行系统性应对[5]：一是集中科技力量加强重点领域的技术创新以突破"卡脖子"困境；二是开展"国内国际双循环"战略，注重发挥国内市场优势吸引全球要素，实现经济循环流转和产业关联畅通；三是积极参与全球经济治理，深化与更多国家的利益合作以处理大国关系和化解发展矛盾。放眼未来，深度融入全球经济体系和持续应对全球经济变革、金融危机和技术封锁等问题，不仅需要完善技术、人才、资金等层面的保障措施，更需要利用科学性、系统性的战略管理理论以指导宏观经济发展规划以及中观产业、微观组织的战略设计。通过战略实施及长期协调，全面激活多层面、多主体的创新活力，夯实要素基础并不断完善市场经济体制和"双循环"格局，从而加速构建国家综合优势和实现经济可持续发展，持续提升国际经济地位与影响力。

1.1.3 数字化重塑全球竞争格局

当今世界，数字化发展速度之快、辐射范围之广前所未有，正成为重组全球要素、改变全球竞争格局的关键力量。

数字化是信息化的高阶状态，是数字经济形成与发展的内核，是以数据作为关键生产要素，以数字平台为主要载体，利用数字技术连接实体与虚拟世界、改进原有运营管理方法与流程，实现全面转型升级的过程[6]。数字化时代的典型特征如下：一是数据要素化，通过数据的收集、分析和使用，可以深入了解用户需求、市场趋势等，从而优化决策内容、提供更有价值的产品和服务；二是数字技术广泛应用，如大数据、物联网等技术使得信息传输与数据处理变得更加便捷、高效；三是组织管理平台化，平台化组织管理模式包括组织内部管理和外部连接两部分，内部平台化旨在利用平台实现管理流程自动化和智能化，外部连接旨在通过平台连接多边市场、上下游伙伴和其他互补者实现价值共创；四是产业融合发展，数字化打破了传统产业、组织间的壁垒，催生了产业融合和技术融合，为数字化创新与可持续发展提供了新机遇。因此，面对前所未有的数字化机遇，如何快速响应并制定数字化发展战略已成为重塑国家竞争优势的关键[7]。

为了在数字化时代抢占国家竞争优势，世界各国纷纷在数字化领域开展战略设计，加快调整政策布局，推进政策实施。美国是数字化战略的发起者，以掌控核心数字技术为目标，早在 1993 年就启动施行"国家信息基础设施"建设计划，并自 21 世纪以来持续奉行技术领先战略，在全球范围内推广数字技术标准和招募顶级数字技术研发人才；德国的《数字化战略2025》注重数字化对产业与社会发展的溢出效应，提倡将数字创新融入工业制造，以确保德国工业竞争力；日本将数字化作为经济增长新动力，并于2021年专设国家数字厅以加快推进日本的数字化进程。

中国作为全球最大的数字市场，数据资源丰富、数字创新活跃，在数字中国建设方面进行了大规模探索。"十二五"和"十三五"期间的信息化、两化深度融合等战略奠定了数字化转型基础；"十四五"期间进一步从顶层设计层面明确了完善数字经济治理体系、发展数字经济的总体目标和重点。展望国际竞争趋势，全球数字市场争夺、数字贸易规则制定与主导权争议、数字平台垄断等问题依然严峻，中国数字经济发展挑战重重[8]，究其根本原因是数字创新起步相对较晚和底层关键技术缺失，亟须从全局战略视角设计数字创新赶超战略，激发各层面、各主体的创新活力，建立自主数字创新平台、推广中国数字方案，积极参与构建世界数字经济新格局，抢占新一轮工业革命制高点。

1.1.4 生态化目标牵引产业结构调整

生态化目标是以环境保护、绿色发展为核心，在经济发展过程中注重保护和修复生态环境，从而促进经济、社会和环境的可持续发展。21世纪以来，全球气候变化、水污染、大气污染、自然资源耗竭和能源危机等生态问题越发严重，加大环境保护力度，实施绿色与生态化发展战略已迫在眉睫。中国作为全球生态文明建设的参与者、建设者与引领者积极参与全球环境治理，并加入多个生态化发展协定，旨在加快形成节约资源和保护环境的新型产业体系，推动产业结构优化升级，大力发展绿色低碳产业。

生态化目标为我国产业发展提出绿色清洁、循环持续、模式创新的新要求，深化我国产业绿色改革由原有产业结构升级和战略性新兴产业绿色低碳发展两个部分构成：在原有产业结构升级方面，我国仍处于新型工业化和城市化加快推进阶段，具有传统产业占比高、资源依赖等特点，生态化发展的重点在于改进原有工业技术装备、限制高污染高排放产业、提升传统产业绿色服务水平与绿色创新能力[9]；在战略性新兴产业绿色低碳发展方面，要充分发挥新兴产业的创新带动作用，加速数字智能技术与现有产业的融合发展，构建以新能源、新材料、生物医药和高端装备等绿色环保产业为主的现代化产业体系[10]。然而，从我国经济与产业发展现状来看，实现全面生态化转型目标仍存在很大困难，首先，生态化转型需要克服传统产业路径依赖，改变惯性思维和固有管理体系，可能影响短期经济效益；其次，生态化模式探索需要更高水平的科技投入与治理费用，而且回报周期长、财务风险高；最后，生态化目标实现涉及一系列技术问题，需要高水平技术创新与技术储备，而我国绿色技术研究与应用仍存在瓶颈。

在生态化发展目标牵引下我国产业结构调整已取得一定成果，如服务业比重不断提升、新兴产业快速发展、高端装备制造业等高附加值产业 GDP 增速明显。展望全球绿色治理形势与要求，中国必须持续深入推进产业绿色发展战略、践行绿色发展义务、协调复杂系统资源、平衡多方利益主体。这些目标的实现迫切需要引入前瞻性、动态性的战略管理理论与方法予以支持及指导。创新是驱动产业生态化发展的根本动力，将创新理念与思维融入产业结构调整过程可以实现资源高水平利用、形成绿色生产制造方式、激发经济新活力，从而重塑我国产业竞争优势，为国家参与全球绿色治理与低碳行动计划提供内部支撑。

1.1.5 创新驱动发展战略赋能综合国力提升

为适应国际政治新局势、深度融入全球经济体系、积极把握数字化创新机遇和促进产业发展绿色转型，创新驱动发展战略是我国的一项关键性、长期性战略举措，核心要义是通过系统性战略设计和实施，实现科技创新、制度创新、管理创新、商业模式创新等一系列创新变革，并且通过创新驱动产业发展与竞争优势提升、社会经济数字化与生态化的"双转型"及高质量发展，最终实现国家综合国力的持续提升。

创新驱动发展战略在不同历史时期有不同的定位与特征：2012 年全国两院院士大会（中国科学院院士大会和中国工程院院士大会）首次提出"创新驱动发展"概念，将其确立为中国经济动能转化与国力快速提升的顶层设计理念；2016 年中共中央、国务院印发的《国家创新驱动发展战略纲要》提出到 2020 年进入创新型国家行列、2030 年跻身创新型国家前列、到 2050 年建成世界科技创新强国"三步走"目标；2020 年第十九届五中全会提出"坚持创新在我国现代化建设全局中的核心地位"，此后创新成为支撑国家发展战略的重要手段，创新驱动发展战略的实施方向与重点得到逐步完善。"十四五"规划进一步强调"坚持创新驱动发展 全面塑造发展新优势"，并提出"强化国家战略科技力量""提升企业技术创新能力""激发人才创新活力""完善科技创新体制机制"的新要求。

创新驱动发展战略自提出以来已全方位指导中国经济、技术和社会改革，在多个领域取得重大成就，如创新投入持续增加，创新产出速度与质量快速提升，创新效率大大提高，创新周期与成果转化周期明显缩短，在一些前沿领域呈现出与发达国家并跑、领跑态势，我国已成为具备一定国际影响力的科技大国。实施创新驱动发展战略对我国综合国力提升产生了重要推动作用，但创新基础薄弱、发达国家掣肘、高端人才缺乏等问题导致我国的创新体系大而不强、关键技术领域面临"卡脖子"难题和成果产业化效率仍然较低。

因此，基于我国创新困境，面向国家重大创新战略，如何应对复杂战略环境，深入实施创新驱动发展战略，创造新经济增长点和巩固提高综合国力已成为当下发展重点，这不仅需要融合系统性与生态化的战略管理思维，获取国家、产业和企业等多层面创新型组织的支持，还需要综合考虑国际竞争环境、国内发展需求与组织特征，激活各类创新型组织的创新活力，积极把握各个战略期的主导优势和培育动态核心能力，以最大限度地平衡和利用内外部资源、条件、机会与威胁，全面提升组织竞争优势和国家综合实力。这些战略行动迫切地需要契合中国特色情境和系统性、多层面创新发展需求的战略管理理论予以指导。

综合优势是扎根于本土情境的战略管理理论，经过长期理论探索与实践反馈，不断发展和完善，其精髓在于系统观、生态观和把握创新主旋律，强调基于主导优势整合多种创新要素以培育组织特有的核心能力，并在以"主导优势—核心能力—综合优势"为主线的战略行动中持续发展综合优势，已在企业、集群、产业等多层面实现应用。创新型组织具有结构复杂性、战略分布层次性和整体统一性等特征，因此需要以企业、学研机构等微观创新主体为战略实施的底层基础，以产业、联盟、集群和生态系统等中观组织架构为重大工程攻关和系统性优势构建的中流砥柱，以新型举国体制和创新驱动发展战略为宏观制度动力及保障，三个层面螺旋交互、跨层融合，以多层面综合优势的构筑和生态化发展为战略行动的手段和总体目标，协同推进中国式现代化进程。

综上，综合优势理论与国家发展的战略需求呈现目标一致性和功能匹配性，据此构建面向中国新发展情境的"情境驱动—综合优势理论应用—战略应对"的思路，如图 1-1 所示。

总体而言，面对复杂、动态情境，综合优势理论应用从不同层面建立创新型组织战略优势、赋能综合国力提升的具体逻辑如下：一是基于复杂政治环境构建新型发展理念和国家创新战略，以建立多边政治关联，激发多层面、多主体创新活力，提升外部网络能力和综合性国际政治影响力；二是以提升经济实力与经济地位为目标设计产业、区域、全球一体化的创新发展战略，汇集全球创新要素、提升各类风险的应对能力以推动经济可持续发展；三是从产业层面优化创新发展路径，以生态化发展目标为牵引全面调整产业结构，提高产业绿色创新能力和建设新型产业体系；四是鼓励微观创新主体积极把握数字化革命新机遇，激活数据要素、培育数字创新能力和抢占数字竞争新优势，将数字化作为新型发展理念、一体化创新战略以及生态化发展目标的重要实现手段和赋能工具。

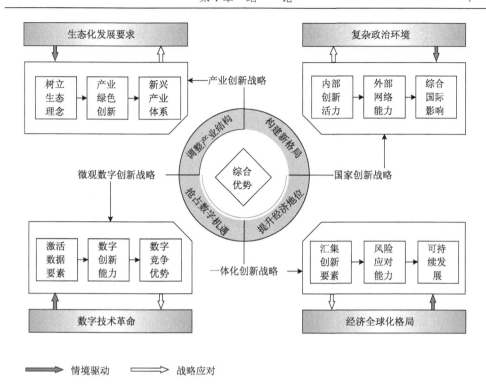

图 1-1 应对中国新发展情境的综合优势战略管理逻辑

1.2 国内外战略管理理论及研究进展

战略无时不在，无处不在。战略管理可以帮助组织在动态竞争环境下通过制定和执行战略来管理其资源和活动，以实现长期目标，重点是组织如何有效应对外部环境变化和内部资源配置，以增强竞争优势和持续创造价值。

1.2.1 国外代表性战略管理理论及研究进展

自 20 世纪 60 年代以来，国外战略管理学者先后提出了许多重要的战略管理思想、分析框架、概念模型和理论观点，推动了战略管理理论不断发展。具体地，20 世纪 60 年代至 70 年代，以 Chandler（钱德勒）、Ansoff（安索夫）、Learned（勒尼德）、Andrews（安德鲁斯）等为代表的战略管理学者最早开始关注企业竞争及发展战略，主张企业积极运用自身优势回应外部环境中的各项机会和威胁。20 世纪 80 年代的战略管理理论以 Porter（波特）的竞争战略观为代表，重点在行业结构和国家比较视角下研究了企业竞争优势的获取和提升战略。20 世纪 90 年代以来，战略管理理论将研究视角转入企业内部的资源及能力，相继形成了以

Wernerfelt（沃纳菲尔特）和 Barney（巴尼）为代表的资源基础观、以 Prahalad（普拉哈拉德）和 Hamel（哈梅尔）为代表的核心能力观以及以 Teece（蒂斯）等为代表的动态能力观，并持续衍生了一些适应知识经济和创新生态化情境的新兴战略管理理论，对完善战略管理理论体系、提高组织战略管理水平发挥了重要的推动作用。

1. 竞争战略观

Porter 是一位著名的战略管理学者，提出了一系列有关竞争的概念和理论。由 Porter 编著的"竞争三部曲"即 *Competitive Strategy*（《竞争战略》，1980 年）、*Competitive Advantage*（《竞争优势》，1985 年）以及 *The Competitive Advantage of Nations*（《国家竞争优势》，1990 年）三本著作中的理论思想被总结提炼为竞争战略观。其中，竞争战略划分为成本领先战略、差异化战略和集中型战略三种类型，Porter 强调企业应根据自身情况选择不同类型竞争战略以确保在行业竞争和目标市场获得领先地位，并提出"五力模型"，指出产业环境中存在着五种基本的竞争力量，即新进入者的威胁、供应商的议价能力、购买者的议价能力、替代品的威胁和现有竞争者之间的竞争强度，这五种力量决定了一个产业的结构及盈利能力。为了更深入研究企业如何在竞争中获得竞争优势，Porter 自 1985 年开始探讨企业内部不同价值创造活动之间的互动和协调，并提出价值链的概念帮助企业利用价值链分析自身价值增值活动中的各个环节，从而识别出可以实现差异化和成本领先的机会，并获得竞争优势。此外，Porter 在竞争优势研究中还发现企业的竞争优势不仅取决于所在行业和市场，还受到国家因素影响，因此自 1990 年开始研究国家在全球经济中的竞争优势，并构建钻石模型用于阐述国家或地区产业竞争优势的源泉，将产业竞争的核心要素划分为企业战略结构和同业竞争、生产要素、需求条件、相关及支持产业等四个方面，为企业战略选择提供了全面有效的分析工具。

Porter 的竞争战略观已受到学界的广泛关注，相关研究涉及企业、集群、产业等多个层面。后续研究表明，竞争优势决定企业的可持续发展，"产业景气—战略群组—核心能力"是企业竞争优势来源分析的核心范式[11]，构建产业集群并获取整体性、持续性竞争优势是推动产业集群形成和发展的关键路径[12]。也有学者将竞争优势的研究拓展至生态系统层面，指出生态优势是基于生态系统构建而产生的竞争优势，主要来自生态系统成员之间的异质性资源与能力、互补性合作结构和治理规则等[13]。

2. 资源基础观

Porter 的竞争战略观虽然解决了企业在市场竞争中获得成功的问题，但缺乏对企业内部资源及能力异质性和动态性的关注。随着相关研究的进展，越来越多的学者发现对于外部因素的研究无法准确解释"处于相同环境下的企业却有不同的绩效"的问题，于是更多的学者开始将研究焦点转入企业内部，并提出了资源基础观。资源基础观最早可以追溯到 1959 年 Penrose[14] 出版的 *The Theory of the Growth of the Firm*，其将企业看作资源的集合体，认为企业对包含人力资源、物力资源等在内的异质性资源的有效获取和合理运用，会促进企业的稳定成长和持续竞争优势获取；Barney 等[15] 在 Penrose 思想的基础上发表了 "The resource-based view of the firm: ten years after 1991"，认为企业的持久发展和其拥有的内部资源有很大联系，并指出资源"位势障碍"能够保护自身优势资源，在其被利用的过程中转化为成本优势，从而保证企业获得持续竞争优势；Barney[16] 进一步指出如果战略性资源在所有相互竞争的企业中均匀分布并且可以自由流动，企业将无法利用其获得持续的竞争优势。因此，企业要想获得长期竞争优势的"资源"必须具备四个特性：①有价值性；②稀缺性；③难以模仿性；④不可替代性[17]，自此资源基础观在学界引起了广泛关注。

总体而言，早期学界注重对资源基础观的内涵、组织资源特征、组织异质性资源和持续竞争优势之间的关系、组织资源对组织绩效的影响等方面进行研究。后来，随着资源基础观的内容不断丰富，相关的分支理论也逐渐得到学界的重点关注，如资源拼凑理论在创业领域的应用[18]，资源编排理论和创新战略的结合等[19]。

3. 核心能力观

在科学技术迅速进步和消费者需求多变的动态环境中，仅仅依赖已有的优势来获取持续的竞争优势对企业来说是远远不够的。虽然企业有着多种多样的资源，但是并非所有的资源都会为企业带来竞争优势。针对这些问题，1990 年 Prahalad 和 Hamel[20] 共同发表了 "The core competence of the corporation"，该文章的发表表明企业核心能力观的正式提出，他们认为决定企业竞争优势的能力是组织的积累性知识与技术流的有机结合，而不是单纯的企业资源。与资源基础观不同，核心能力观更强调组织能力的独特性、稀缺性和不可模仿性的特点。核心能力观的提出激发了广大学者讨论以能力为基础的战略管理问题，一些学者不断丰富和发展核心能力这一重要概念，并从多个角度进行定义，提出了核心能力整合观、网络观、协调观、组合观、知识载体观、元件-构架观、平台观、技术能力观等核心能力概念[21]。尽管关于企业核心能力观迄今为止还未取得统一的理论体系，不过学术界的普遍共识为企业核心能力是其获得竞争优势的根本原因。

当前学界重点关注创新型组织核心能力的培育和提升等问题。吴画斌等[22] 发现企业核心能力的形成是一个动态演化过程，并指出其提升过程呈现一种螺旋结构，即从"技术引进与消化吸收的模仿创新"到"内部研发和外部合作与兼并"

再到"技术整合与自主研发结合"的过程；王宏起等[23]和赵天一等[24]将核心能力的研究对象拓展至产业和产业创新生态系统层面，并发现产业核心能力形成是从小生境产品模仿创新到产品系列化自主开发再到全面拓展的产业协同创新能力进化，而产业创新生态系统在不同的数字化赋能阶段会依次培育分布式创新能力、重组创新能力和跨界融合创新能力三种核心能力。

4. 动态能力观

随着外界环境动态变化和不确定性的增加，企业在某一时刻形成的核心能力会转化为核心刚性，致使企业在维持现有竞争优势的同时也抑制了创新的持续。为此，Teece 等[25]提出动态能力的概念，即整合、建立和重构内外部资源和能力以应对动态变换市场环境的能力，并基于三个关键要素——组织过程、位势和发展路径构建了动态能力的战略分析框架。相较于其他战略管理理论，动态能力观具有两方面优势：一方面，动态能力拓展了资源基础学派的静态研究视角，经典战略管理理论认为企业在发展的过程中要被动适应环境，而动态能力则强调了企业的资源、能力要与外界环境进行动态匹配；另一方面，动态能力从演化视角克服了企业的核心刚性问题，企业具有的核心能力可以帮助企业获得核心竞争力，但也会使企业落入"惯性陷阱"，最终走向衰落，因此面对动态变化的环境，企业需要具备整合、构建和重构内外部资源的能力，使企业突破既有的路径依赖获得持续的竞争优势。

总体而言，动态能力观有助于解释企业如何提高与环境的动态匹配从而快速应对外部技术和市场变化[26]。近年来，学者对动态能力的研究视角多从要素、因素、流程、效应等方面进行分析，如焦豪等[27]构建了"研究视角—影响因素—作用过程—影响效应"的动态能力研究框架。现有研究认为动态能力的影响因素可分为组织层面和个体层面，并指出动态能力通过绿色创造力、创新、数字平台能力、运营能力等中介机制影响企业的短期经济绩效或长期竞争优势，整个过程还受到环境层面、组织层面、环境与组织交互层面因素的调节作用。

5. 创新生态系统战略观

随着生态系统相关研究的兴起，有研究发现生态系统内部成员间的关系以及所处位置容易受到威胁并影响竞争优势的大小。为解释这一现象，Adner[28]提出了创新生态系统战略观，将其界定为"核心企业与合作伙伴相互协调并稳定彼此在生态系统中的角色"，用来研究如何促进生态系统成员的协同与适配问题。与以提升自身竞争优势为核心的传统创新战略不同，生态系统战略构建决定着创新生态系统能否健康发展，其关键在于如何激发生态系统成员之间的互补、倍增效应。生态系统战略会随着成员在生态系统中所处位置的不同以及生态系统自身的演进不断变化[29]，因此，根据成员在创新生态系统中的位置可以将生态系统战略划分为核心成员战略和外围成员战略[30]；核心成员战略强调核心成员在竞争激烈的生态系统中有效协调成员间关系，同时维持自身的主导地位；外围成员战略则关注如何与核心成员目标保持一致，降低被其他成员替代的风险。

近年来学术界对创新生态系统战略的研究逐渐增加，目前主要集中于生态系统是什么以及如何运作等问题，Jacobides 等[29]对生态系统如何形成进行了研究，指出模块化是生态系统形成的原因，因为模块化能促使一组相互依存但不同的组织在没有完全分层指令的情况下进行协调。Burstrom 等[31]研究了组织如何利用人工智能在生态系统中实现商业模式创新，并且构建了进化模型来解释现有组织如何促进生态系统的战略转型。

1.2.2 我国代表性战略管理理论及研究进展

20 世纪 80 年代至 90 年代，随着改革开放逐渐深入并响应国家经济发展的战略需要，我国开始引入并广泛学习、吸收国外战略管理理论思想，为我国战略管理理论的初步发展奠定基础。自 21 世纪以来，我国在积极借鉴国外战略管理相关研究成果的同时，大批学者开始结合本土制度、经济、社会和产业情境积极进行全新的理论探索，先后提出了诸多指导中国特色创新型组织发展和竞争战略制定的本土战略管理理论，具有代表性的战略管理理论研究主要如下。

1. 和谐管理理论

和谐管理理论由席酉民教授于 20 世纪 80 年代首次提出[32]，基本思想是将西方严谨的科学哲学思维和东方的传统管理智慧进行整合，并与不确定性、模糊性、复杂性及快速变化的管理情境紧密结合，从而创造性地解决复杂问题。为了更好地处理管理中各种突发状况和紧急事件，并实现管理的预见性和有效性，和谐管理理论根据"物"和"人"两种管理对象的不同，将"和谐"两字进行拆分："和"对应人及其心理感受，解决由"人"的问题所导致的高度不确定性的管理问题；"谐"是指通过对制度、流程进行理性设计和优化，解决由"物"的问题带来的相对确定性的管理问题。

和谐管理理论经过三十多年的发展，已初步建立了一套较为完善的理论思想体系。王亚刚和席酉民[33]基于和谐管理理论整体性思维和动态特征，将战略制定和实施策略分为"主谐派"、"主和派"和"和谐交替派"三种类型，为企业或组织战略形成过程提供了新的研究视角。席酉民和张晓军[34]将企业动态能力的发展分为构建和演化两个维度，分别对应和谐管理理论中"谐则"与"和则"机制。此外，和谐管理理论还用于研究组织可持续竞争优势构建[35]、管理实践中合法性与独特性的平衡[36]、管理情境对研究与实践的影响等问题。

2. 柔性战略理论

在中国经济转型背景下，外部环境加速变化，企业不仅需要建立和实施明确的发展战略，更需要适应环境变化。为此，汪应洛等于 1998 年提出柔性战略的概念[37]，即企业为更有效实现企业目标，在动态环境下，主动适应变化、利用变化和制造变化以提高自身竞争能力而制定的一组可选择的行动规则及相应方案。柔性战略在实施的过程中强调战略的博弈性，因为随着外界环境不稳定的增加，企业无法完全掌握竞争对手的情况，因此很难通过增强预见性解决问题，只有在可行选择中采取行动，才能应对外界环境的变化。柔性战略作为战略类型中的一种，是企业适应科技发展迅速、企业经营变化无常而采取的一种主要战略形式，与强调适应外部环境不同，柔性战略试图以战略转换为纽带把战略形成、实施、评价与控制有效结合起来，形成一体化的战略管理模式。

柔性战略理论自提出以来受到国内学者的重点关注，并进行了多方面研究。徐国华和杨东涛[38]以中国制造企业为研究对象，发现市场调整柔性战略在支持性人力资源实践和公司绩效之间有调和作用。王德鲁等[39]从资源和能力视角分析了柔性战略系统的构成要素和其协同演化机制，并发现柔性要素自适应能力、锁定与路径依赖效应、相互竞争关系强度、柔性关联度以及时滞效应均会对复杂系统的演化产生重要影响。

3. 复合基础观

为了解释动态、复合的竞争现象并指导新时期的战略实践，陆亚东和孙金云于 2013 年提出了复合基础观[40]，具体指企业通过对自身拥有或外部可购买的资源与能力进行创新和整合运用，提供具有复合功能特征的产品或服务，用复合竞争的手段获取、创造出独特的竞争优势或发展路径。复合基础观的内涵包含三方面内容，其中复合式提供指企业为最大化满足目标客户群的延伸式、复合式需求而提供的具有更多整合功能、特征的产品服务价值；复合式竞争是指企业采用组合式的竞争手段并将这些手段有效地整合在价值创造中，实现比竞争者更高的性价比；复合式能力指企业能够协同整合来自内部和外部有形或无形资源的独特能力，三者统称"复合式战略"[40]。传统战略强调的是通过打造核心能力为企业带来竞争优势，忽略了组织实现竞争优势的过程，而复合基础观则强调对现有内外部资源进行创造性地整合利用，从而创造出独特的竞争优势或发展路径。

复合基础观是对现有战略管理理论的整合和延伸，并不断发展。陆亚东和孙金云[41]分析了复合基础观的动因并研究了其对竞争优势的影响，发现复合式战略的实施能够为企业带来速度优势和成本优势等两方面的特殊竞争优势，并且在新兴市场环境中，弱小企业可以通过 LEARN 模型即领导力视野（vision of leaders）、企业家精神、市场熟悉程度与快速响应、竞合共生网络、结构柔性等五个方面来提升自身的复合式能力[40,42]。

4. 全面创新管理理论

创新管理和战略管理是管理领域内的两个重要的理论和实践领域，二者相辅相成，一个有效的战略管理需要考虑到创新的因素，并将其融入战略管理各个环节中以实现组织的持续创新与战略发展。21 世纪初，许庆瑞院士提出了全面创新管理理论[43]，即以技术创新为中心，以提升持续竞争力为导向、以价值创造为目标，将创新过程中所需的各种要素（技术、组织、市场、战略、管理、文化、制度等）通过有效的创新管理机制、方法和工具进行组合和协同，激发创新成果。全面创新管理理论强调"全要素创新、全时空创新、全员创新和全面协同"，围绕战略需要，提升企业的创新意识、创新动力、创新能力、创新绩效和速度，实现企业价值创造，进而更为有效地完成企业战略意图。

结合 21 世纪时代发展趋势，全面创新管理是新经济时代我国企业培育核心能力、提高创新能力的重要管理机制，许庆瑞等[44]分析了转型背景下企业创新能力的提升路径，发现企业创新能力的发展以单一的技术能力为起点，经过组合创新能力的发展，最终进入全面创新能力阶段。吴画斌等[22]打开了企业由战略引领到全面创新引领的黑箱，发现企业核心能力的形成是一个动态演化过程，且提升过程呈现出一种螺旋结构。

5. 整合式创新理论

陈劲教授等于 2017 年提出整合式创新理论[45]，认为整合式创新是战略驱动下的全面创新、开放式创新和协同创新。理论的四个核心要素为"战略"、"全面""开放"和"协同"，强调企业应该在一个统领性、全局性的战略目标引领下全面整合、开放共享和协同利用创新活动所需的各类资源，实现创新成果的高质量产出和竞争优势的持续提升。在整合式创新理论框架中，"战略"置于统领位置，强调前瞻性视野、升维思考和全局观，能够为创新活动提供总体方向和行动路线，"全面"阐释了创新管理过程中要素、人员、时空相统一的必要性和价值性，"开放"划定了资源获取的范围以及要素流动的边界，"协同"体现了创新主体之间的关系联结和合作协调的基础逻辑[46]。同时，中国情境既是战略实施和创新开展的实际场景，也体现了一种价值观嵌入，旨在体现东方文化中"综合总体"的思维价值和"举国体制兼顾群众路线"的中国特色。

整合式创新理论的精髓在于整体观、系统观、战略驱动和着眼于重大创新，其强调了对传统研发管理、资源管理、人才管理、制度管理等相互独立的原子论思维范式的突破、升维和有机整合。只有依托前瞻性的战略引领和系统性的战略设计，企业、产业和国家才能将技术、资源、人才、制度、文化等要素有机整合，实现重大领域、重大场景、重大工程、重大技术的快速突破和持续创新，为企业和产业打造柔性、可持续竞争优势的同时，也为中国科技创新范式的跃升和2035年科技强国战略目标的实现贡献智慧和力量[47]。

1.2.3 现有理论及文献评述

通过对国内外战略管理理论进行梳理和总结，发现以竞争战略观、资源基础观、核心能力观、动态能力观、创新生态系统战略观等为代表的战略管理理论已成为国内外的研究热点，并取得了丰硕研究成果。国内以和谐管理理论、柔性战略理论、复合基础观、全面创新管理理论、整合式创新理论等为代表的战略管理理论仍处于持续探索和快速发展阶段。数字化时代，人工智能（AI）、区块链（block chain）、云计算（cloud computing）、大数据（big data）等各类数字技术蓬勃发展，深刻影响了组织的内外部环境，一方面使组织架构存在的必要性受到挑战，组织边界更加模糊，另一方面加速了组织内、外部环境的变化速度，战略管理需要更加敏捷、开放和柔性化，以适应环境动态、不确定的变化。因此，数字化时代为现有的战略管理理论带来了极大挑战，面向创新型组织长远发展议题，战略管理理论仍然存在以下不足。

（1）战略管理研究层面的单一性。现有战略管理理论大多将研究视角聚焦于单一企业层面，关注企业如何实现创新发展并持续提升竞争优势的问题。然而，随着我国战略性新兴产业、产业集群、R&D（research and development，研究与开发）联盟等创新发展规划的提出及相关实践的不断发展，企业层面的战略管理理论对产业、集群、联盟等多层面创新型组织的发展并不完全适用。此外，除了企业、产业、集群、联盟等层面，近年来创新生态系统战略在学界备受关注。虽然创新生态系统战略观已将战略研究边界拓展至"多主体—环境"交互的生态系统层面，却很少结合最新的数字化趋势，并且对系统竞争战略（战略要素分析、战略周期演化、战略路径设计等）的讨论尚不充分。因此，未来可重点关注数字化情境及其对战略管理的影响，深入探索我国多个层面创新型组织的战略管理理论及管理方法。

（2）战略管理理论框架的片面性。现有战略管理理论往往强调特定资源或能力的重要性，如资源基础观和核心能力观分别强调了资源或能力对竞争战略的作用，却忽视了资源和能力的协同作用对于组织竞争优势的影响。在实际的竞争环境中，组织的成功不仅仅取决于单一的资源或能力，还需要将资源和能力进行综合运用。此外，优势作为资源和能力的结果，却少有战略管理理论系统性探索"资源→能力→优势"的具体实现路径，以及这一过程中来自组织内外部的多重驱动要素及其复杂驱动机制。因此，未来需要深入探讨资源与能力对组织的协同影响以及资源、能力、优势三者之间的传导路径及驱动机制。

（3）战略管理理论体系的孤立性。现有的战略管理理论体系缺乏跨领域的整合和集成式发展，如创新创业理论、制度理论、政策理论、经济学、物理学、可拓学等理论方法在特定战略管理问题中的有机结合和应用。数字化时代，数字技术及平台的快速发展使得组织的边界变得模糊，不同领域的理论方法对于组织知识管理、资源整合和跨界融合创新更加重要，能够从不同角度发挥理论解释的互补优势，并找到更加系统性、多元化的解决方案。因此未来研究可以加强不同领域理论的集成探索和灵活应用，更好地指导创新型组织集聚跨领域的条件要素、模型工具和管理方法，培育跨界融合创新能力以更好地促进组织的转型升级。

（4）战略管理理论指导的因果单向性。现有战略管理理论更加注重对长期战略目标和行动计划的指导作用，往往强调战略制定和规划，而相对忽略了战略的执行和反馈环节。事实上，组织战略并非一成不变，需要随着内外环境变化和战略执行的状态、趋势和结果及时进行战略调整和优化。因此，未来的战略管理理论及研究需要将重点放在战略反馈上，通过在理论框架中加入因果反馈思想和双向链路，指导创新型组织形成"战略制定—战略执行—战略反馈—战略更新"的闭环，以促进竞争优势的持续提升。

1.3　综合优势理论研究目的与意义

1.3.1　综合优势理论研究的目的

综合优势理论本质上是运用系统工程思想，集资源观、能力观、战略观于一体的本土战略管理理论。面对日益深入的数字化时代，综合优势理论通过聚焦创新型组织在新的发展情境和多因素综合影响下的竞争优势持续发展问题，不仅有助于组织准确识别、广泛吸收和充分利用数字化时代的新发展机遇，还能以"兼收并蓄"的管理思维和开放性、系统性的理论框架克服现有战略管理理论的诸多局限性，包括研究层面的单一性、理论框架的片面性、理论体系的孤立性以及理论指导的因果单向性。因此，面对复杂多变的国际局势、数字化发展机遇和已有战略管理理论的局限性，在吸收借鉴国内外战略管理理论方法和总结实践经验的基础上，引入生态化发展理念、跨学科理论方法及系统工程思想，构建一套系统性的综合优势理论及管理方法，科学界定理论的相关构念、清晰阐释理论的核心思想及应用原则，深入揭示创新型组织综合优势发展机理，系统设计基于主导优势培育核心能力和发展综合优势的战略路径及管理方法，并选择典型性、多层面创新型组织案例进行实证应用研究，旨在为创新型组织的持续创新发展提供先进的理论指导、灵活的管理方法和科学的决策支持。

1.3.2　综合优势理论研究的意义

1. 理论意义

从创新型组织的新时期战略管理需要出发，系统总结和吸收已有战略管理理论的各自优点和特色，将竞争优势的研究边界和理论构念进行情境化拓展，以更好地契合时代发展特色及中国情境特色，具体包括三方面理论贡献。

一是为我国创新型组织的持续发展提供一套先进科学、兼具情境匹配性和动态拓展性的战略管理理论思想、分析工具及管理方法，同时也为跨国情境下（不同新兴经济体、新兴经济体与发达经济体）的综合优势比较研究奠定基础，以推动综合优势理论体系的国际化拓展以及国际战略管理理论的不断丰富。

二是通过构建和完善综合优势理论体系，有助于克服已有战略管理理论及研究中忽略创新型组织的多层面发展实践、对新情境及新现象关注不足、缺少跨领域理论融合、理论框架缺少反馈等诸多不足，从而更加准确、具体地指导创新型组织构建战略制定及反馈的闭环，促进综合优势持续发展。

三是在综合优势理论及方法探索过程中，还多方位融合了生态系统、可拓变换、制度比较、经典力学和模糊集合等生物学、逻辑学、社会学、物理学和模糊数学中的概念、模型及方法，有助于促进多学科理论在综合优势理论体系下的优势互补和融合发展，以全面捕捉、解释和指导日益复杂的战略实践。

2. 实际意义

在国际局势动荡变化和数字经济背景下，越来越多的创新型组织认识到单凭自身的资源条件难以在激烈竞争中生存和持续发展。综合优势理论思想及方法有助于创新型组织清晰地认知并系统分析其内外部的优势、劣势、机遇和威胁，准确判断其中的关键性要素（主导优势），确定最优战略方向和选择适宜的发展模式，然后遵循综合优势战略主线，围绕主导优势培育核心能力，通过高效的管理手段和灵活的发展路径促进内外部要素的组合优化和机会风险平衡，从而不断发展综合优势并进行柔性反馈，持续创造最佳的发展效益（经济、社会、生态效益）及综合竞争优势（技术、市场、品牌、管理优势），并由此带动更多创新型组织的发展和国家经济增长，其实际意义具体包括三方面。

一是对于我国各级政府，综合优势理论及应用研究有利于中央及地方各级政府借鉴其理论思想、管理机制和相关的研究结论，不断完善制度安排、法律法规和政策体系，分层规划并优化协调我国不同区域的创新型组织发展，形成"央地协同"的制度逻辑和政策组合支持，以加快发展新质生产力和构筑国家一体化的综合优势。

二是对于产业管理相关部门，综合优势发展动力、影响因素、过程及规律的全面揭示，能够为负责产业规划、创新发展、转型升级、安全监管等环节的直属部门和关联部门提供分工协作的决策依据，以及产业不同发展阶段的管理靶点，从而充分结合不同产业的特征及生态化发展需要，制定统筹企业、产业、集群、联盟、生态系统等多个层面的综合优势发展规划以及长、短期战略路径。

三是对于创新型组织及其合作机构，综合优势发展路径及管理机制的研究设计能够为其提供战略行动的科学依据及灵活方案：一方面，创新型组织应该根据自身的成长阶段及战略目标选择匹配性的综合优势发展路径，并通过管理机制的建立和动态调控，促进路径的持续优化及升级；另一方面，高校院所、服务组织等合作机构应根据创新型组织的综合优势发展路径做出一致性的战略选择，努力构建共同的战略目标和互惠共赢关系，并且根据创新型组织的发展阶段及时调整双方的合作重点，从而在实现自身价值的同时更好地满足创新型组织的发展需求，促进合作双方及所处产业、区域的综合优势生态化发展。

参 考 文 献

[1] 姚枝仲. 如何认识中国面临的战略机遇和风险挑战. 国际经济评论, 2023, (3): 9-18.

[2] 刘学良, 续继, 宋炳妮. 中国区域发展不平衡的历史动态、表现和成因: 东西差距和南北差距的视角. 产业经济评论, 2022, (2): 152-167.

[3] Li Y L, Pang D Z, Cifuentes-Faura J. Time-varying linkages among financial development, natural resources utility, and globalization for economic recovery in China. Resources Policy, 2023, 82: 103498.

[4] 葛浩阳. 全球化和逆全球化何以交替并行? 一个马克思主义的分析. 世界经济研究, 2023, (6): 3-13.

[5] 中国社会科学院经济研究所课题组, 黄群慧, 原磊, 等. 新征程推动经济高质量发展的任务与政策. 经济研究, 2023, 58(9): 4-21.

[6] 陈剑, 黄朔, 刘运辉. 从赋能到使能: 数字化环境下的企业运营管理. 管理世界, 2020, 36(2): 117-128.

[7] 李振东, 陈劲, 王伟楠. 国家数字化发展战略路径、理论框架与逻辑探析. 科研管理, 2023, 44(7): 1-10.

[8] 史丹, 聂新伟, 齐飞. 数字经济全球化: 技术竞争、规则博弈与中国选择. 管理世界, 2023, 39(9): 1-15.

[9] 徐盈之, 张瑞婕, 孙文远. 绿色技术创新、要素市场扭曲与产业结构升级. 研究与发展管理, 2021, 33(6): 75-86.

[10] 黄汉权, 盛朝迅. 现代化产业体系的内涵特征、演进规律和构建途径. 中国软科学, 2023, (10): 1-8.

[11] 李海舰, 聂辉华. 企业的竞争优势来源及其战略选择. 中国工业经济, 2002, (9): 5-13.

[12] 刘恒江, 陈继祥. 要素、动力机制与竞争优势: 产业集群的发展逻辑. 中国软科学, 2005, (2): 125-130.

[13] Li J T, Chen L, Yi J T, et al. Ecosystem-specific advantages in international digital commerce. Journal of International Business Studies, 2019, 50(9): 1448-1463.

[14] Penrose E. The Theory of The Growth of The Firm. Oxford: Oxford University Press, 1959.

[15] Barney J B, Wright M, Ketchen D. The resource-based view of the firm: ten years after 1991. Journal of Management, 2001, 27(6): 625-641.

[16] Barney J B. Organizational culture: can it be a source of sustained competitive advantage? Academy of Management Review, 1986, 11: 656-665.

[17] Barney J B. Firm resources and sustained competitive advantage. Journal of Management, 1991, 17(1): 99-120.

[18] 卫田, 万倩雯. 基于社会资本的资源拼凑: 政府资助期后社会创业企业持续双重价值创造的机制. 管理世界, 2023, 39(4): 100-119.

[19] Candi M, Beltagui A. Effective use of 3D printing in the innovation process. Technovation, 2019, 80: 63-73.

[20] Prahalad C K, Hamel G. The core competence of the corporation. Harvard Business Review, 1990, 68(3): 79-87.

[21] 陈劲, 王毅, 许庆瑞. 国外核心能力研究述评. 科研管理, 1999, (5): 13-20.

[22] 吴画斌, 许庆瑞, 李杨. 创新引领下企业核心能力的培育与提高: 基于海尔集团的纵向案例分析. 南开管理评论, 2019, 22(5): 28-37.

[23] 王宏起, 杨仲基, 武建龙, 等. 战略性新兴产业核心能力形成机理研究. 科研管理, 2018, 39(2): 143-151.

[24] 赵天一, 王宏起, 李玥, 等. 新兴产业创新生态系统综合优势形成机理: 以新能源汽车产业为例. 科学学研究, 2023, 41(12): 2267-2278.

[25] Teece D J, Pisano G, Shuen A. Dynamic capabilities and strategic management. Strategic Management Journal, 1997, 18(7): 509-533.

[26] 罗珉, 刘永俊. 企业动态能力的理论架构与构成要素. 中国工业经济, 2009, (1): 75-86.

[27] 焦豪, 杨季枫, 应瑛. 动态能力研究述评及开展中国情境化研究的建议. 管理世界, 2021, 37(5): 191-210.

[28] Adner R. Ecosystem as structure: an actionable construct for strategy. Journal of Management, 2017, 43(1): 39-58.

[29] Jacobides M G, Cennamo C, Gawer A. Towards a theory of ecosystems. Strategic Management Journal, 2018, 39(8): 2255-2276.

[30] 谭劲松, 宋娟, 陈晓红. 产业创新生态系统的形成与演进: "架构者" 变迁及其战略行为演变. 管理世界, 2021, 37(9): 167-191.

[31] Burstrom T, Parida V, Lahti T, et al. AI-enabled business-model innovation and transformation in industrial ecosystems: a framework, model and outline for further research. Journal of Business Research, 2021, 127: 85-95.

[32] 席酉民, 熊畅, 刘鹏. 和谐管理理论及其应用述评. 管理世界, 2020, 36(2): 195-209.

[33] 王亚刚, 席酉民. 和谐管理理论视角下的战略形成过程: 和谐主题的核心作用. 管理科学学报, 2008, 11(3): 1-15.

[34] 席酉民, 张晓军. 挑战与出路: 东西方管理智慧整合的方法论探索. 管理学报, 2012, 9(1): 5-11.

[35] 刘鹏, 席酉民. 基于和谐管理理论的多变环境下可持续竞争优势构建机理研究. 管理学报, 2010, 7(12): 1741-1748.

[36] 席酉民, 张梦晓, 刘鹏. 和谐管理理论指导下的合法性与独特性动态平衡机制研究. 管理学报, 2022, 19(1): 8-16.

[37] 汪应洛, 李垣, 刘益. 企业柔性战略: 跨世纪战略管理研究与实践的前沿. 管理科学学报, 1998(1): 24-27.

[38] 徐国华, 杨东涛. 制造企业的支持性人力资源实践、柔性战略与公司绩效. 管理世界, 2005(5): 111-116.

[39] 王德鲁, 宋学锋, 苑景莹, 等. 企业柔性战略系统构建及其协同演化机制. 系统管理学报, 2013, 22(5): 665-674.

[40] 陆亚东, 孙金云. 中国企业成长战略新视角: 复合基础观的概念、内涵与方法. 管理世界, 2013, (10): 106-117.

[41] 陆亚东, 孙金云. 复合基础观的动因及其对竞争优势的影响研究. 管理世界, 2014, (7): 93-106.

[42] 许强, 张力维, 杨静. 复合基础观视角下后发企业战略变革的过程: 基于纳爱斯集团的案例分析. 外国经济与管理, 2018, 40(7): 19-31.

[43] 许庆瑞, 郑刚, 喻子达, 等. 全面创新管理(TIM): 企业创新管理的新趋势: 基于海尔集团的案例研究. 科研管理, 2003, (5): 1-7.

[44] 许庆瑞, 李杨, 吴画斌. 企业创新能力提升的路径: 基于海尔集团1984—2017年的纵向案例研究. 科学学与科学技术管理, 2018, 39(10): 68-81.

[45] 陈劲, 尹西明, 梅亮. 整合式创新: 基于东方智慧的新兴创新范式. 技术经济, 2017, 36(12): 1-10.

[46] 陈劲. 整合式创新: 新时代创新范式探索. 北京: 科学出版社, 2021: 95-101.

[47] 陈劲, 吴欣桐. 面向2035年的中国科技创新范式探索: 整合式创新. 中国科技论坛, 2020, (10): 1-3.

第2章　综合优势理论研究

自 20 世纪 80 年代以来,世界经济的高速发展加速了创新驱动时代的到来。作为创新型组织的企业、R&D 联盟、集群、战略性新兴产业以及产业创新生态系统的持续发展问题,始终是企业、各级政府及专家学者的关注焦点。综合优势的特色类型与水平大小决定了创新型组织的发展速度与持续竞争能力,作为一种新的战略管理理论,需要对其研究对象、理论构念、核心思想和应用原则等进行科学界定和规范阐释,以确保综合优势理论构建、方法拓展和管理应用的科学性、规范性和可操作性。

2.1　综合优势理论研究对象

2.1.1　创新型组织的内涵特征

1. 企业及高新技术企业

企业(enterprise)作为最基本的创新型组织,是经济活动的主体和载体,承担创新发展的重要使命,具体指以营利为目的在市场上组织资源和生产要素,从事商品生产和服务提供的独立经济实体。创新是提升企业竞争力的源泉,通过持续研发创新,企业能够不断推出新产品和服务,满足市场需求并保持竞争优势。随着技术更新速度加快和科学技术的复杂性增强,高技术企业(high technology enterprise)最早在发达国家出现并快速成长。我国自 20 世纪 80 年代改革开放和企业制度改革以来,通过引进消化吸收的模仿创新和自主创新等方式,逐步在新兴技术及市场领域实现了技术、产品和商业模式创新,形成了具有中国特色的高新技术企业(high & new technological enterprises)。高新技术企业具体是指从事高新技术及高新技术产品的研究开发、生产和技术服务的企业组织,是我国"高精尖"知识技术的重要载体以及新兴技术研发与产业化的主力军[1],同时也是推动国家科技进步、产业发展和经济增长的重要力量。

我国对高新技术企业实行认定制度,目前按照《高新技术企业认定管理办法》(国科发火〔2016〕32 号)执行并实行定期复查和动态管理,取消不符合要求的企业资格。根据高新技术企业的概念及认定条件,可以概括其三点特征。

(1)高技术与高投入。高新技术企业以技术创新为核心竞争力,具有技术密集、知识密集和研发费用密集的特征。高新技术企业通常掌握领先的核心技术，追求实现技术突破，具有高技术性。同时，高技术性要求企业拥有高水平人才和专业知识，因此需要进行高端技术人才、研究开发费用、机械设备等长期大量的科研投入，使其具有高投入性。

（2）高风险与高收益。高新技术企业处于科技前沿，通常从事超前的研发和创新活动，需要大量的资源投入，又面临技术创新不确定、市场需求不确定、资金投入风险不确定等多方面问题，因此具有高风险性。同时，高新技术企业具有较长的投资回报周期，创新成果具有巨大的回报潜力，一旦技术创新成功便可以实现独特的技术优势，开拓新的市场领域，创造颠覆性的产品，提供高附加值产品和服务，带来持续的商业机会和高收益。

（3）高成长与高溢出。高新技术企业能够凭借其高技术含量推出具有市场竞争力的新产品和服务，在市场上占据优势地位，具备快速增长的潜力和能力。同时，高新技术企业在开展技术创新和产业发展过程中，会带来知识溢出、技术溢出、空间溢出等正向溢出效应，对整个产业链的发展和变革具有重要推动作用，能够引领并带动相关行业发展。

2. R&D 联盟

随着企业技术需求的不断增加及 R&D 活动日益复杂化，单一企业往往难以独立完成复杂技术的研发及产业化，各企业之间、企业与学研机构之间通过签订合作协议、共享资源、共同研发等方式，形成以技术创新为核心的 R&D 联盟。R&D 联盟具体指企业与其联盟伙伴进行协同创新的重要载体，是优化创新资源配置和提升创新效率的有效组织形式[2]，是两个及以上独立组织（企业、高校、科研院所、政府部门、行业协会等）之间集中资源和共同开发新技术的合作安排[3]。从结构和功能视角看，高新技术企业 R&D 联盟是指高新技术企业与其他企业、高校、科研院所、服务组织等建立的以协同创新和获取创新收益为目的的合作型研发组织[4]，其通常具有资源共享、风险利益共担、创新任务分工的联盟契约关系。R&D 联盟具有四个主要特征。

（1）拥有共同目标。共同目标是联盟构建的核心动力，也是吸引其他组织加入的关键。R&D 联盟成员通过建立合作共赢理念，共同追求技术突破、新产品开发、市场拓展等目标，并根据各自战略定位进行合作，共同致力于技术创新和产品开发，以提高各自的研发能力和市场竞争力。

（2）资源共享和分工合作。R&D 联盟的成员共享技术设备、专利知识、研发经验等方面资源，以促进知识共享和学习，提高整个联盟的创新能力和技术水平，并根据各自专业领域的知识及技术优势进行分工合作，以大大减少各自的研发成本并提高研发效率。

（3）风险和收益共担。R&D 联盟通常由多个企业、高校、科研机构等组成，它们共同承担研发项目所涉及的风险，并按照约定分配收益，以实现合作共赢。风险和收益共担机制有助于激发成员合作动力，并提高合作可持续性。

（4）长期性和动态性。R&D 联盟通常具有一定的稳定性，成员之间的合作关系不是仅限于一个项目或研发周期，而是建立在长期战略合作的基础上，为联盟提供了稳定的发展基础，并为持续技术创新提供支撑。同时 R&D 联盟还是一种动态灵活的合作形式，联盟成员可根据实际情况调整合作方式和参与程度，以适应不同的时期和情境。

3. 企业集群

集群（cluster）源自生态学，是指生活在同一栖所中、以共生关系相互联系的生物族群。随着社会分工和专业化发展，集群在产业中的应用不断发展，企业集群的建立可以使具有邻近性特征的企业通过协同合作方式实现生产效率提高和资源利用最优化，对推动区域经济发展和提升企业竞争力具有重要作用。从空间视角，企业集群是企业的一种空间组织形式，具体指某一地域范围内相互联系的企业、供应商及合作组织。从产业视角，集群可视为某一特定产业领域内的大中小企业和相关机构基于共同的目标和互补原则联系在一起，并集聚于一定地域范围的稳定集合体[5]，集群内的企业形成产业链上下游的分工协作关系[6]。企业集群具有三个主要特征。

（1）空间集聚性。集群通常集中在某一特定地理区域内，可通过相互之间的近距离、方便的交流合作来促进资源共享及产业协同发展，对提升区域内企业创新能力具有重要意义[7]。如硅谷聚集了许多科技企业，而华尔街则集中了金融机构，空间集聚有助于提高企业间协作，促进经济活动的集中发展。

（2）产业关联性。集群中企业通常具有相同的产业属性或类型，从事相似的经济活动，在产品或服务上有一定的关联性。这些企业在产业链上相互关联且相互依存，通过共享资源、协同合作、优势互补，推动区域产业的发展。

（3）效益外部性。当一个区域内的企业聚集成为一个产业集群时，该产业集群的效益将远远高于单个企业的效益，企业在某个区域集聚，带来信息的流动、技术的创新和市场的扩展，获得规模效应优势，并可以吸引外来投资，推动区域经济发展。

4. 战略性新兴产业

根据《国务院关于加快培育和发展战略性新兴产业的决定》（国发〔2010〕32号），战略性新兴产业（strategic emerging industry）是以重大技术突破和重大发展需求为基础，对经济社会全局和长远发展有重大引领带动作用，知识技术密集、物质资源消耗少、成长潜力大、综合效益好的产业。

战略性新兴产业的内涵主要从战略性和新兴性两个方面理解[8]。战略性说明具有广阔的市场前景和发展潜力，在国家发展战略中起到重要引领作用。新兴性说明处于发展初期、具有快速成长的潜力和市场竞争力[9]。新兴产业是新技术的产生、生产成本的下降、新消费需求的出现或经济社会的变化而使得某种新产品或服务得以市场化而形成的产业。目前，我国将战略性新兴产业划分为新一代信息技术产业、高端装备制造产业、新材料产业、生物产业、新能源汽车产业、新能源产业、节能环保产业、数字创意产业和相关服务业九大领域，具有四个主要特征。

（1）技术性和扩张性。战略性新兴产业以技术创新为驱动力，通过研发和应用新技术满足市场需求、推动产业发展和变革，实现持续增长和发展。同时，这些产业有较强的增长潜力和扩张能力，能够迅速扩展市场规模和业务范围。

（2）关联性和渗透性。战略性新兴产业与其他产业之间具有较强的关联性和渗透性。战略性新兴产业通常具备先进的技术和创新能力，其技术成果能渗透到其他产业，提供新的技术创新路径和解决方案。同时，战略性新兴产业在产业链上起到关键推动作用，通过与其他产业协同合作确保供应链高效运行。

（3）长期的经济效益。战略性新兴产业着眼于未来的发展趋势和市场需求，具有长期的经济效益。随着战略性新兴产业的发展壮大，其竞争力会逐渐增强，形成规模效应，带来长期可观的经济效益。

（4）风险性和不确定性。战略性新兴产业由于其技术含量高和发展潜力大，成长过程会面临技术风险、市场风险、资金风险和政策风险等多重风险。此外，由于其处于发展初期，技术发展、市场需求、竞争环境等方面不确定，整体发展前景存在不确定性。

5. 产业创新生态系统

当前世界已进入创新 3.0 时代，区域内各创新主体之间以及创新主体与创新环境之间，通过物质流、能量流、信息流的联结传导形成共生竞合、动态演化的复杂创新系统[10]。类比生物学中的生态系统，Adner[11]明确提出创新生态系统是一种能够将企业产品转变成面向客户的连贯解决方案的合作安排。根据研究范围不同，创新生态系统可以分为国家、区域、产业、企业等层面。

随着近年来国际环境的复杂多变，各国所处的经济社会环境日益复杂严峻，部分产业创新链面临中断，给很多企业和产业带来了致命打击。产业的创新发展与国家竞争力及国际地位密切相关，因此产业创新生态系统（industrial innovation ecosystem）的研究具有紧迫性和必要性。综合现有研究，产业创新生态系统是在一定的时间、空间范围内为促进某个产业创新发展而形成的复杂交互系统[12]，包括政府、企业、高校、科研院所等多元创新主体以及技术、政策、文化、资源等创新环境，通过人才、技术、资金等创新要素的流动实现价值共创[13]，具有五个主要特征。

（1）创新驱动性。创新是产业增长的主要驱动力，产业创新生态系统通过不同主体之间的合作和竞争实现技术创新、产品创新和商业模式创新，进而推动整个产业升级和持续生态化发展。

（2）产业链完整性。产业创新生态系统协助实现原材料供应、生产制造、产品销售等多个环节的完整产业链，通过内外部合作优化产业结构，推进产品和服务创新，增强产业链整体的竞争力和创新能力。

（3）结构复杂性。产业创新生态系统涉及政府、企业、科研机构、用户等多个参与主体，参与主体之间存在复杂的竞争合作和相互依赖关系，同时还涉及资源、知识、技术等各类环境要素的共享流动，具有"主体—环境"结构复杂性。

（4）动态演化性。产业创新生态系统中，参与主体之间的关系和角色处于不断变化和调整的状态，系统内部各类要素、物种、种群、群落也在相互作用、相互适应中不断更新和进化。产业创新生态系统需要适应不断变化的环境和技术趋势，保持结构灵活性和环境适应性。

（5）开放协同性。具体表现在两个方面：一方面，系统内部是开放的，参与主体可以自由进入和退出并相互开放、共享资源和经验，这种开放性能促进彼此之间相互学习和借鉴，促进创新能力提升；另一方面，系统与外部环境实时互动，以获得外部资源、市场需求和技术趋势等信息，促进跨领域合作与开放式创新。

2.1.2 创新型组织的相互关系

企业、R&D 联盟、集群、战略性新兴产业、产业创新生态系统五种典型的创新型组织之间紧密联系并相互促进，共同推动创新活动的有序开展、技术快速进步、经济稳定增长以及创新型组织和国家综合优势的持续发展。

在彼此联系和区别方面，企业是创新活动的基本单位和技术创新主体，同时是其他四种创新型组织的建设者和核心参与者，负责技术研发、产品创新和市场推广等任务。企业中最具技术创新特色的是高新技术企业，作为技术创新引领者，通常在尖端技术领域取得突破，形成先发优势和示范效应。

R&D 联盟是由多个企业以及企业与高校、科研院所等主体联合组成的创新合作联盟，通过共享资源、技术和知识等促进创新活动的协同开展。

企业集群是在特定地理区域内，由同一产业链内具有相关性的企业、供应商及相关机构组成的相互依存的创新聚集体。R&D 联盟和企业集群都致力于促进创新，但前者更注重技术的互补合作和创新分工，通常具有正式的契约关系，而后者更注重地理上的集聚，对空间邻近性的要求更高。R&D 联盟可以推动集群的快速形成，而集群的发展又能进一步推动更多 R&D 联盟的建立。

战略性新兴产业是国家重点发展的产业类型，与企业集群和 R&D 联盟相比，更突出"战略引领性"和"技术新兴性"两个核心特征，通常涉及前沿科技领域，具有巨大的成长潜力和潜在的经济、社会和生态效益。

产业创新生态系统由多种创新主体以及环境要素构成，其可以将前四种组织包含在内，但更强调系统整体的动态演化、内外部的资源流动以及"主体—环境"的多层次互动。综上，五种典型创新型组织的关系如图 2-1 所示。

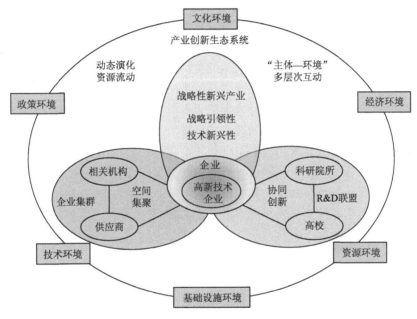

图 2-1　五类创新型组织的关系

2.2　综合优势理论核心构念

2.2.1　主导优势

主导优势（dominant advantage）是对资源基础观的扩展，是指代表创新型组织当前的发展特色和战略方向、最具发展潜力并能够引导相关因素协调发展的关键性优势要素[14]。主导优势的内涵、特征及分类如下。

1. 主导优势的内涵

（1）主导优势是影响创新型组织持续发展的关键性、基础性要素或要素组合。

主导优势既可以来源于创新型组织内部的优势要素，如宝洁的品牌优势、索尼的微型化技术等，也可以来源于创新型组织外部，如数字化情境下越来越多的企业依托数字平台整合资源和开展协同创新合作，此时主导优势是由企业自主搭建或载入的数字平台（可视为一系列数字资源的组合），凭借其分层模块化架构、要素集聚功能和多边网络效应，能够促进互补性资源整合、优化配置及重组创新。

（2）主导优势是创新型组织的特色竞争优势。创新型组织竞争战略的本质在于特色鲜明和与众不同，而主导优势是能够最大限度地反映或代表创新型组织发展方向、模式、策略和潜力的战略性优势要素。相对于竞争对手而言，主导优势在当前战略期能够更好地支撑创新型组织获取与众不同的产业位势和市场地位。

（3）主导优势具有战略导向功能。主导优势是在综合权衡组织内部的优势要素以及外部机遇、威胁和竞争态势的基础上，选择其中最具发展潜力的一个或一组优势要素。主导优势是培育核心能力和发展综合优势的战略根基，其选择、构建与转化直接决定了核心能力的特色类型以及综合优势形成、发展与周期性演化的速度、大小及态势，具有显著的战略导向性。

（4）主导优势具有显著的辐射带动效应。主导优势与创新型组织内外部更多要素之间存在显著关联性，能够引导广泛的关联主体及其资源能力的统一协调、编排和优化配置，形成互补协同和辐射带动效应。例如，可口可乐通过将其品牌优势从可乐饮品拓展到其他软饮的产品系列，带动了关联产品系列的本土化生产。

2. 主导优势的特征

（1）情境匹配性。主导优势必须充分反映创新型组织所处的"情境组合"，如数字化情境、制度情境、市场情境等。随着情境发展变化，已有主导优势地位会发展变化，当出现新的具有发展潜力的优势因素时，需对其关注和识别、重点培育，适时更换主导优势，以实现战略跃迁。因此，主导优势的选择必须审时度势，实现组织发展特色与复杂情境的动态匹配。

（2）战略引领性。由于主导优势具有高度的要素关联能力和辐射带动效应，将主导优势作为组织战略管理的核心要素，能够引导组织内外各类要素围绕主导优势进行统一集成、灵活调度和组合优化，以最优方向、最短路径实现战略变革。

（3）类型多样性。主导优势的类型可从不同维度进行划分，如根据优势要素的属性、功能和作用层面不同，可以划分为资源类、流程类、系统类主导优势；根据创新型组织内外不同主体的连接关系及强度不同，可以划分为单一连接网络型、分布式网络型和集中连接网络型主导优势。

3. 主导优势的分类

从主导优势的战略内涵及特征出发研究基本类型，并且在基本类型的基础上给出典型类别，可以为主导优势的科学管理和灵活选择提供依据。根据主导优势的属性、功能及作用层面，分成要素类主导优势、流程类主导优势和系统类主导优势三个基本类型。其中，要素类主导优势是指主导优势的界定与战略运用是围绕创新型组织拥有的某一类要素展开；流程类主导优势是指组织独特的一个或几个核心价值创造流程或其中具体的活动环节；而系统类主导优势则是在组织内外部资源、条件、机会和威胁的复杂作用关系下集中涌现并能够支配组织整体发展的系统性优势要素组合。以企业主导优势为例，其基本类型、典型类别及举例说明如表 2-1 所示。

表 2-1　主导优势的分类

基本类型	典型类别	主导优势举例
要素类主导优势	核心技术	索尼公司的缩微化技术、本田公司的发动机技术、英特尔公司的芯片研发与制造技术
	卓越品牌	宝洁公司、可口可乐的品牌优势
	优秀企业家	比尔·盖茨创建微软公司并作为"软件构架师"推动微软早期发展
	控制权	中国移动对通信领域的垄断，中石油占有排他性石油开采
流程类主导优势	研发环节	谷歌公司的研发一体化模式，长虹快速的技术引进、消化与再改进研发流程
	采购环节	作为全球最大汽车零部件公司——德尔福公司，具有对 6000 多家供应商高效管理流程
	生产环节	航空工业哈尔滨飞机工业集团有限责任公司的飞机批量生产流程，齐齐哈尔中国第一重型机械集团的大型特殊件加工工艺
	销售环节	亚马逊书店的网络销售模式，"康师傅"和"娃哈哈"高密度高覆盖率的销售渠道
系统类主导优势	优秀团队	联想集团打造"斯巴达克方阵"，全面提升 PC 机的竞争力
	全面质量控制体系	COCO-MAT 成为质量控制典范并获得 2004 年欧洲质量奖
	标准化商业模式	肯德基、麦当劳标准化快餐运营模式已成为支撑其全球化连锁经营关键
	快速市场反应体系	全球服装业排名前两位的 ZARA 和 H&M 甚至用 2~3 周的时间就能将时装展演中的最新款式推广至世界各地的旗下专卖店中
	全面创新体系	面对家电行业激烈竞争和客户需求多样化，海尔基于全面创新体系支撑其国际化拓展
	全面客户解决方案	IBM 公司在大型计算机领域的全面客户问题解决方案

2.2.2　核心能力

核心能力（core competence）是对核心能力观和动态能力观的整合与扩展。1990 年 Prahalad 和 Hamel[15]提出"核心能力"概念，认为核心能力是组织的积累性知识，特别是协调不同生产技能和有机结合多种技术流派的知识，核心能力作为竞争优势的来源得到理论界和实践界广泛关注和普遍认可。然而，由于结构惯性和核心能力刚性存在，组织在动态环境下依托核心能力形成的竞争优势甚至有可能变成劣势，如通用电气、福特、索尼等都一度陷入辉煌时期形成的核心能力刚性陷阱。因此 Teece 等[16]进一步指出组织需要培育更具战略主动性、适应性和柔性的动态核心能力。

综合优势理论中的核心能力即指动态核心能力，认为核心能力是以主导优势为基础，通过组织学习、持续创新、知识的积累及综合运用而逐步形成的一种独特的知识性能力体系。核心能力是创新型组织获取竞争优势和可持续发展的重要源泉。核心能力的内涵、特征及与主导优势的逻辑关系如下。

1. 核心能力内涵

核心能力是面对动态、复杂、不确定的竞争环境，围绕创新型组织主导优势进行资源整合、价值创新及市场竞争的过程中，经过长期的知识和经验积累形成的无形的、隐性的和独特的知识性能力体系。核心能力的本质是一组格式化的知识，其存在方式是由多维度细分能力构成的复合能力体系，载体是独特的价值创造活动组合，形成基础是主导优势。同时，核心能力根据组织内外部环境及主导优势变化而动态跃迁，形成新一轮核心能力。核心能力的内涵构成如图 2-2 所示。

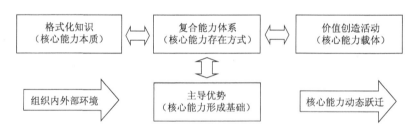

图 2-2　核心能力的内涵构成

2. 核心能力的特征

（1）依托性。主导优势是核心能力培育、拓展和动态跃迁的基础和方向标。创新型组织的主导优势类型将直接决定核心能力的类型、结构、作用范围及强度，从而影响创新型组织的战略方向、资源配置效率及创新合作模式，并进一步决定其综合优势的类型和发展水平。

（2）独特性。对特定的创新型组织而言，如果拥有的能力在行业中广泛扩散，甚至很轻易地被竞争对手所掌握，那么就不能称为核心能力。相反，创新型组织应围绕独具特色的主导优势进行知识、技能、经验的综合学习、知识积累和自主创新，形成个性、匹配、高门槛的核心能力，难以被竞争对手模仿和替代。

（3）动态性。核心能力是一个动态变化的知识体系，随主导优势发展变化而变化。面对动态复杂、不确定的发展环境，创新型组织的核心能力应具有更强的环境适应性和战略主动性，通过灵活调整以避免核心能力刚性。

（4）衍生性。创新型组织一旦形成核心能力，就有可能在某些价值活动建立竞争优势，形成核心产品及最终产品的系列化开发，并且向相近或相关技术进行拓展性"移植"，创造新的产品系列和开拓新的市场。

（5）系统性。核心能力是基于多方技术、知识与经验的系统性综合，不仅取决于主导优势，还与其共同愿景、组织学习和制度文化等其他要素密切相关。尤其是对于产业和产业创新生态系统而言，单一类型、优势环节的核心能力无法支持全产业链竞争力的持续提升，所以核心能力必然是立足产业整体层面、聚焦长期生态化发展的复合能力，是实现优势要素向独特、动态能力体系转化的关键。

3. 核心能力与主导优势的逻辑关系

根据核心能力的内涵特征及"主导优势→核心能力→综合优势"战略主线，通过举例阐述创新型组织核心能力与主导优势之间的逻辑关系，如表 2-2 所示。

表 2-2　核心能力与主导优势的逻辑关系

创新型组织	主导优势	核心能力
索尼公司	微型化技术	电子消费品的缩微化能力体系
哈飞集团	飞机批量生产流程	飞机批量生产能力
移动通信	通信领域的垄断控制权	移动通信市场控制能力
康师傅集团	高覆盖率的销售渠道	基于销售渠道形成的康师傅系列产品销售能力
海尔集团	全面创新体系	海尔家电消费品的全面创新能力

2.2.3　综合优势

综合优势（comprehensive advantage）是指创新型组织基于主导优势和核心能力形成的整体性、持续性优势，是组织依托自身资源及能力对内外一切优势、劣势、机遇、风险要素优化组合和动态平衡而形成的综合性竞争优势。综合优势的内涵、特征及与主导优势、核心能力的逻辑关系如下。

1. 综合优势的内涵

综合优势反映了创新型组织在一个战略期内的整体获益水平及可持续发展状态[17]。在综合优势形成的过程中，创新型组织内外部的优势资源、创新主体、机遇等各类因素不是孤立地存在和发挥作用，而是相互影响、相互制约和相互依存，需要不断地对优势、劣势、机遇和风险要素进行优化组合，实现"优劣平衡"、"转危为机"和"互补协同"，从而在主导优势升级和核心能力跃迁中，同步实现创新型组织综合优势的构筑及生态化循环。

2. 综合优势的特征

（1）集成性。综合优势是一种系统集成性优势。以产业创新生态系统为例，其综合优势是企业、高校、服务机构等创新主体要素和资源、技术、政策等生态环境要素在主导优势的战略引领和核心能力的杠杆作用下有效集成和协调整合而形成的。综合优势不是上述要素的简单叠加，也不是仅在某些方面具有的优势，更不是某个企业或组织机构的单一优势，而是按照系统发展目标方向及战略要求进行统筹规划和优化配置，以实现资源能力的高效互补和综合优势最大化。

（2）开放性。综合优势发展过程中不仅关注组织内部的要素集成，更注重对外部创新发展机会、潜在合作伙伴资源和能力的充分获取。尤其在数字化情境下，数字平台的建立为加强各类组织内部与外部之间、物理空间与数字空间之间信息交互、资源调度和创新合作等开辟了多元化的途径，有利于促进数字资源与实体资源在更大范围内的高效编排以及"资源—能力"捆绑效果和杠杆作用持续放大。

（3）持续性。在经济全球化、数字经济、创新驱动为主要特征的全球竞争环境下，综合优势的形成和发展是一个动态演化的过程，通过有效的战略控制可以促进综合优势长期、动态提升。综合优势既不是静态优势也不是绝对优势，它将随着其主导优势、核心能力以及外部环境条件的变化而变化。在面向未来竞争中，创新型组织能否通过科学的战略管理手段有效促进现有资源条件与未来资源条件之间的相互配合与平衡发展，放大现有优势的同时孕育和储备新一轮优势，是组织巩固既有技术及市场地位、实现持续创新发展的战略关键。

3. 综合优势与主导优势、核心能力的逻辑关系

主导优势、核心能力和综合优势之间存在同步提升和因果循环的关系。

一方面，创新型组织的主导优势与核心能力是其综合优势发展的必要根基和重要轴心，主导优势与核心能力的特征、类型、结构和大小将直接影响综合优势的类型和总体水平。从战略周期看，综合优势存在于组织演化的每一阶段，又因各阶段主导优势的特色类型及核心能力的具体构成而形成不同的综合优势类型及总体水平，从而呈现阶段式的综合优势发展路径。每一阶段的综合优势皆以前一阶段积累的综合优势为基础，促进组织综合优势的顺利接续和长期发展。

另一方面，在综合优势战略推进的过程中，还应注重战略的柔性调整和循环反馈。主导优势的动态选择、核心能力的培育及跃迁以及综合优势的持续发展是一个循环发展过程，需要建立综合优势的动态监控机制以及评价反馈机制，形成

一种自适应、自增强的"超循环"效应,表现为"当前主导优势→当前核心能力→当前综合优势→……→未来主导优势→未来核心能力→未来综合优势"良性循环轨道。反之,环境的激烈变化将会很快侵蚀组织能力及优势,使组织遭遇主导优势削弱、核心能力刚性等威胁,从而落入前期的"综合优势陷阱",其综合优势发展也将被锁定于次优轨道,逐步陷入恶性循环过程。

因此,在综合优势发展过程中,必须注重主导优势、核心能力和综合优势的动态协同性和因果循环性,既要通过不断的技术创新、产品创新和战略管理创新,提升创新型组织的主导优势和核心能力以促进综合优势发展,还要通过综合优势的动态监控和评价反馈,引导新一轮主导优势的选择、构建及核心能力动态跃迁,从而形成综合优势"正向促进+反向牵引"的生态化循环。

2.3 综合优势理论思想

2.3.1 综合优势理论提出

20 世纪 80 年代,我国正处于改革开放初期,学习和借鉴国外先进的管理理论成为时代特征,在 Porter 的"竞争优势"理论等一系列战略管理前沿研究成果激励和感召下,国内管理学界开始学习借鉴国外先进管理理论和管理知识,所以战略管理研究渐入高潮。同时,系统科学新思想与新方法开始快速融入管理理论方法研究及指导管理实践之中。

20 世纪 80 年代至 90 年代,随着我国经济改革与对外开放快速发展,对外经济发展战略研究已成为国家和地方经济管理领域研究热点问题之一。我们高新技术发展与战略管理研究团队参加了哈尔滨市政府组织的"哈尔滨市工业经济一体化发展规划"研究,承担了"哈尔滨市对苏联经济贸易综合优势比较研究"等工作,之后又承担了机械工业部科技计划项目"企业国际化经营综合优势研究",尝试着运用系统工程思想方法、比较优势理论和竞争战略理论等先进的经济管理理论方法,探索区域对外发展战略和企业国际化经营综合优势研究。在此基础上,运用系统理论思想开始了"综合优势理论"的探索,先后得到了多项国家自然科学基金项目和黑龙江省自然科学基金项目的资助,开展了高新技术企业、R&D 联盟、企业集群和战略性新兴产业的综合优势理论、管理方法以及应用等一系列研究工作,并逐步探索、总结和提炼出综合优势理论初步架构,包括综合优势理论构建原则、基本观点、解决问题的思路、主导优势及其选择方法、核心能力形成机理、综合优势发展机理、综合优势战略分析与设计方法、综合优势评价以及典型高新技术企业和战略性新兴产业等综合优势理论应用案例等,为综合优势理论的初步建立和在高新技术企业、高新技术企业集群和战略性新兴产业战略管理中的推广应用奠定了重要基础。

2.3.2 综合优势理论构建原则

综合优势理论作为一种面向企业、R&D 联盟、企业集群及战略性新兴产业等各类创新型组织持续发展、追求综合优势最大化的战略管理理论，在理论构建的过程中需要遵循一定的原则。北京大学武亚军教授指出一些管理学者认为好的管理理论需要具备概念明确、范围清晰、逻辑自洽、新颖有趣等特性，有学者则强调准确性、简洁性和普适性，另一些学者则认为好的管理理论还要具备实践相关性。为使综合优势理论符合上述特征，在探索并构建综合优势理论的过程中，研究团队对如何形成综合优势理论框架并提出综合优势理论核心观点及管理方法等达成了一些共识，即综合优势理论构建的六项基本原则。

（1）科学性原则。综合优势发展既要符合经济系统战略管理基本要求，而且也要符合不同类型创新型组织综合优势的内在发展规律。综合优势理论框架、理论观点及其战略管理方法设计都要有一定的科学性。在注重理论科学性的基础上，也要注重理论的简洁性和普适性，便于推广应用。

（2）集成性原则。综合优势理论致力于探索和构建一套新的战略管理理论方法，具有独特内涵和鲜明的理论观点，同时能够博采众长，有效借鉴吸收最新研究成果、理论思想、管理方法及实践经验，以使综合优势理论不断创新和完善。

（3）系统性原则。综合优势理论强调系统性观念，对研究对象互相联系的各方面及结构功能进行系统性认识，理论框架应具有整体性、层次性、连贯性和协同性，有关理论观点和方法的逻辑关系、功能联系及与整体的关系应和谐统一。

（4）动态性原则。面对动态、复杂、不确定性的组织内外部环境，要注重提高组织战略的柔性、主动性与创新性，并基于其内外部环境中的关键影响因素变化特点及各影响因素的综合作用情况构建主导优势、核心能力及综合优势战略关键点的选择、培育与转换机制，以使组织战略与环境因素实现动态匹配。

（5）生态性原则。综合优势理论重点关注组织持续竞争优势的形成、保持以及提升问题，强调预见性和适应性。在复杂多变的环境中，不仅要研究市场的短期变化，更重要的是要研究组织有关的经济、技术和社会长期发展趋势及可能获得的潜在机会和威胁，以提高组织的生态化战略管理水平和可持续发展能力。

（6）循环性原则。要实现创新型组织综合优势最大化的战略目标，任何组织都难以在一个战略周期内完成，往往需要多个战略周期，经历一个螺旋式不断提升和发展的过程，逐步实现组织持续发展目标。组织发展的每个战略循环不是上一个战略周期的简单的重复，而是一个组织创新发展新阶段。同时，要注重组织内外资源和战略管理知识与经验不断积累、循环利用和逐步提高。

2.3.3　综合优势理论核心观点

综合优势理论总体思想认为，为实现创新型组织的持续发展，需要对组织的内部资源及外部环境进行综合判断，在识别影响组织发展的关键要素（主导优势）的基础上，围绕主导优势有效集成并充分利用组织内外部的资源及条件培育独特的知识性能力体系（核心能力），并根据内外部环境变化而进行战略更新，不断对优势、劣势、机遇和风险要素进行优化组合，实现"优劣平衡""转危为机""互补协同"，从而在主导优势升级和核心能力跃迁中同步实现综合优势构筑及生态化循环。基于理论构建原则及总体思想，提炼综合优势理论核心观点。

（1）围绕"创新"主旋律形成并发展综合优势是创新型组织战略管理的永恒目标。从工业经济、知识经济到数字经济时代，创新始终是创新型组织持续发展的时代主旋律和不竭动力。相应地，创新主体、创新资源、创新能力和创新活动等成为创新型组织培育主导优势、构筑核心能力和形成综合优势的基础支撑、内生动力和重要手段。同时，当组织在各个战略期都力争实现了综合优势最大化时，则能够在长期上实现综合优势持续、高质量发展。

（2）基于主导优势培育核心能力以及基于核心能力发展综合优势是综合优势的最优发展路径。主导优势是核心能力的培育基础并反映其特色类型，能够为核心能力的有序形成以及动态跃迁奠定基础并提供新的方向，引导战略主体围绕新一轮主导优势重新整合内外部资源并持续开展组织学习和创新活动，因此，基于主导优势培育核心能力是核心能力形成与跃迁的最优路径；同样，基于核心能力构筑综合优势是保障创新型组织综合优势有序形成、稳定持续发展的最优方向，此时主导优势、核心能力与综合优势遵循相同的战略方向（对综合优势的贡献最大），与内外部环境的匹配度最高、合作伙伴资源及能力的互补性和拓展性最强，更有利于发挥"资源—能力—竞争优势"的协同效应，利于形成综合优势最优发展路径。

（3）"主导优势→核心能力→综合优势"是综合优势发展的战略主线。与综合优势的最优发展路径相一致，创新型组织系统分析并准确选择其主导优势、围绕主导优势培育核心能力，进而持续发展综合优势是综合优势理论框架的三个核心要素；如何充分利用主导优势集聚、编排广泛的关联性战略要素以促进核心能力快速培育，以及如何依托核心能力的深度开发和动态跃迁促进综合优势的形成、成长与生态化发展，是综合优势战略管理中的两大关键环节。因此，主导优势、核心能力、综合优势三者之间具有层次性、有序性与协同性，由此构成"主导优势→核心能力→综合优势"战略主线，有助于指导创新型组织的战略规划、设计和逐步推进，促进综合优势的快速形成和持续提升。

（4）内外资源整合是创新型组织综合优势发展的重要手段。在复杂多变和激烈竞争的环境中，任何创新型组织拥有的资源和能力都是有限的，难以满足其持续创新发展的需要，必须不断整合内外部的创新要素和资源。根据组织的战略目标及发展方向，围绕主导优势和核心能力进行内外资源的系统集成，抓住发展机遇，规避威胁，使其实现优势组合放大和风险抵消。因此，综合集成和有效利用内外部优势资源是组织发展综合优势的重要理念和手段。

（5）综合优势生态化循环是创新型组织可持续发展的重要保障。创新型组织内各主体协同发展，保持内外创新要素及创新活动实现动态平衡和生态化循环，是促进主导优势与核心能力提升，进而实现综合优势最大化的重要保障。当创新型组织每个战略周期结束或外部经济和技术环境出现重大变化时，需要对主导优势、核心能力和综合优势进行评估，以确定是战略调整，还是进入一个新的战略循环，而新的战略循环往往预示着综合优势战略升级。

2.3.4　综合优势理论模型

结合综合优势理论思想、基本概念及核心观点，围绕"主导优势→核心能力→综合优势"的战略主线，构建创新型组织综合优势理论模型，如图 2-3 所示。创新型组织围绕主导优势和核心能力进行系统布局、要素优化配置、战略实施及动态调整的过程，也是其综合优势形成、发展与生态化循环的过程。主导优势的导向作用以及核心能力的杠杆运用决定了综合优势的大小、特色和水平。

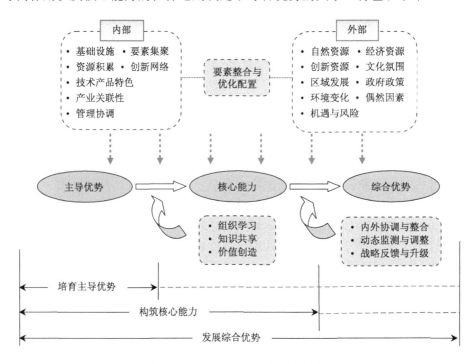

图 2-3　创新型组织综合优势理论模型

2.3.5　综合优势战略及指导作用

综合优势战略是指企业、集群、战略性新兴产业等创新型组织运用综合优势理论方法，并按照"主导优势→核心能力→综合优势"战略主线制定的面向组织持续创新发展和竞争优势巩固提升的战略规划及行动方案。综合优势战略与一般的组织发展战略在构架形式上具有一定相同之处，都包括战略愿景、战略目标、业务战略和职能战略（如营销战略、品牌战略、融资战略、人才开发战略、资源开发战略、数字化创新战略等）；战略的核心都旨在解决组织发展方向、发展重点、发展节奏、发展策略和发展能力的问题，最终形成一个科学可行、具有系统性和动态性的总体战略方案。但是，综合优势战略的独特之处在于以下几个方面。

（1）综合优势战略设计是基于"主导优势→核心能力→综合优势"战略主线展开的，相比传统组织发展战略的设计思路，其主逻辑明确、层层递进，有助于更好地理解和把握"资源—能力—优势"之间的复杂因果关系，从而制定面向组织不同发展阶段的战略重点以及具体策略（如基于数字资源的主导优势培育战略、基于资源联合编排的核心能力开发战略）。

（2）综合优势战略内容特色鲜明且重点突出，涉及主导优势选择、核心能力培育和综合优势发展的目标、路径及机制等内容，主要包括主导优势的动态选择机制，基于主导优势培育核心能力的方向、目标及路径，以及基于主导优势和核心能力发展综合优势的目标、路径及实现机制等。

（3）综合优势战略管理方法突出了对于组织主导优势、核心能力和综合优势"选择—设计—运用—动态监控"全流程战略管理方法的探索及集成运用，而且根据综合优势理论强调的"兼收并蓄"思想和可拓性，其能够不断融合和吸收国内外先进、适用的战略管理思想、方法、模型工具和应用策略，从而不断丰富和拓展综合优势战略管理方法体系。

综合优势战略在规划、设计并实际运用的过程中，能够对创新型组织的战略管理发挥重要的指导作用，主要包括以下几个方面。

（1）综合优势理论为企业、集群和战略性新兴产业等创新型组织的战略管理提供了一个系统性的规划思路和明确的操作流程，强调了应抓住主导优势、核心能力、综合优势三个相辅相成的战略关键点，积极观察、广泛吸收并且充分利用内外环境中的有利要素，在三个战略关键点的动态平衡和协同提升中实现可持续发展。创新型组织需要系统评估环境中的优势、劣势、机遇及风险，围绕"主导优势→核心能力→综合优势"的战略主线科学制定综合优势战略规划，对关联性要素、互补性主体及各项创新活动进行统一引领和系统推进。

（2）不同创新型组织的资源基础和战略目标不同，外部资源、机遇和条件也不同，选择的主导优势各有特色，其核心能力和综合优势也具有异质性。因此，创新型组织需要根据自身的优势特色以及各个战略期创新发展的实际需求，制定"个性化"的综合优势战略规划及发展路径。

（3）面对复杂多变的内外部环境，创新型组织还需要对当前战略期的主导优势、核心能力与综合优势进行实时监控、科学评估和柔性调整，面向"未来竞争"进行前瞻性的综合优势战略规划，选择新一轮战略期的主导优势并重新集聚生态系统中的跨界资源，从而促进核心能力的跃迁和综合优势生态化循环，有效避免主导优势削弱、核心能力刚性和陷入"过去竞争"阶段的综合优势陷阱。

2.4　创新型组织综合优势发展机理

根据综合优势理论核心观点"基于主导优势培育核心能力以及基于核心能力发展综合优势是综合优势的最优发展路径"，选择具有代表性且不同层面的三类创新型组织——企业、战略性新兴产业以及新兴产业创新生态系统，遵循"主导优势→核心能力→综合优势"战略主线，依次探究三类组织的综合优势发展机理，旨在为后续章节中企业、战略性新兴产业及新兴产业创新生态系统综合优势管理方法及应用研究提供理论基础，作为战略分析、设计、实施和调整的科学依据。

2.4.1　企业综合优势发展机理

主导优势、核心能力是企业特色定位和竞争优势的源泉，然而企业持续发展是一个复杂过程，需要主导优势、核心能力与企业内外资源、条件、机会、威胁等系统匹配，使得企业的特色优势因素和独特知识技能转化为企业综合优势。

1. 企业核心能力形成与演化模型

结合企业战略需求及环境特征，核心能力演化过程主要取决于六类因素。

（1）主导优势。主导优势是核心能力的显性表征，也是核心能力形成与发展的关键支配因素。

（2）价值创造。企业价值活动是核心能力的载体和战略归宿，核心能力的价值性功能特征有赖于企业价值活动，企业独特的价值活动、顾客价值传递过程和企业价值链协同管理均是企业核心能力形成与发展的重要因素。

（3）知识积累与综合运用。企业核心能力的本质是一组具有情景依赖的知识体系，知识积累与综合运用过程就是企业核心能力的形成与发挥的过程。

（4）创新发展战略。企业核心能力具有显著的战略耦合性特征，面对内外部环境的激烈变化，核心能力的形成有赖于企业制定科学合理的创新发展战略。

（5）内外部其他因素。主要指作用于企业核心能力形成与发展的各类资源、条件以及机遇与威胁等。企业内部因素围绕并协同主导优势支撑企业价值创造、知识学习与积累活动。外部环境因素作用于主导优势的确定、发展与转化过程，进而影响企业核心能力的动态演化。

（6）核心能力。企业核心能力有无、强弱、发展阶段都会影响主导优势的发展特色与水平。核心能力的提升使其价值创造活动更具效率，也会进一步影响企业知识吸纳、创造及综合运用效果，使其更具战略主动性与适应力，进而围绕主导优势对内外部各类因素进行有效集成，实现其内外环境动态一致性。

以上六类因素及其互动关系组成了企业核心能力形成与演化模型，如图 2-4 所示，沿着模型的"主导优势"与"核心能力"为轴线的两个切面恰好对应核心能力形成机理与演化机理。

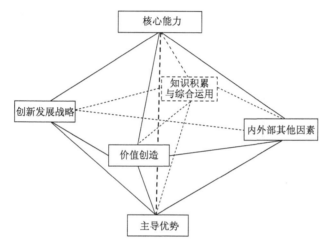

图 2-4　企业核心能力形成与演化模型

图 2-4 中，"知识—价值"互动模型和主导优势的战略导向作用揭示了围绕主导优势的企业核心能力的形成机理，而创新发展战略和内外部其他因素的动态变化及其影响作用则反映了企业核心能力的演化机理。

2. 企业核心能力形成机理

1）基于企业持续学习的"知识—价值"互动机理

企业核心能力的本质是独特的知识体系，而知识的有效积累和结构优化关键在于企业学习机制，因此，企业核心能力的持续积累提升过程有赖于企业高效的学习系统。对企业学习系统的结构层次以及作用关系的分析，应从核心能力的知识本质和价值功能两个方面入手。从参与主体审视企业价值活动，仍可以划分成单个员工从事价值环节中的具体业务、团队完成的特定或相关的价值环节以及企业组织完成整个价值创造活动三个方面。在知识构成、存储与积累转化方面，企业核心能力由专业知识、综合知识和整合知识构成，并存在"个人知识—团队知识—组织知识"的转化与积累。因此，促进企业"知识—价值"互动的学习系统也应当包含个人学习、团队学习和组织学习三个层次。

（1）个人学习。员工是企业的基本学习单元，个人学习可以通过图书、网络、学校以及各类培训获得专业知识，企业的岗位设定和工作职能对企业员工个人学习提出了知识标准并形成了一定的筛选机制，个人在参与价值创造环节的具体业务时实现了知识的内部化，形成了个人自身的专业性知识技能。总之，员工个人学习倾向于专业技能学习，更多为解决专业知识的获取与有效运用等问题。

（2）团队学习。企业中的团队类型划分和界定标准很多，根据价值链职能和任务导向，可以分成专业性团队（如技术研发、生产、财务职能等）、项目性团队（如项目可行性分析、新产品开发）和业务性团队（如公司业务单位）三类，其中专业性团队主要对价值链特定环节的职能，如企业研发部门主要由研发人员组成，但研发人员的知识结构不尽相同，而技术研发过程就是通过团队学习交流要将具有互补性研发人员的知识进行融合（非简单组合）并形成了新的综合知识，同时研发团队学习也实现了研发人员的知识共享与更新，项目性团队和业务性团队也有类似的团队学习机制。总之，将员工各自的专业性知识实现共享，并在完成特定价值环节和任务的过程中共同积累各类经验、知识和技能，且长期的团队价值创造活动与学习交流使得综合知识中蕴含了团队默契、快速响应、团队精神等内容，从而形成了以团队为特征的支撑企业特定业务和职能的综合知识。

（3）组织学习。组织学习是一种元学习，将组织中不同的甚至是互为矛盾的知识进行同步整合，价值活动的具体业务、价值链环节及有效衔接、价值链效率与特色优势提升三者之间存在一定的冲突，只有运用组织层面"元学习"机制才能转化为创造力。组织学习也是一种战略性学习，对企业主导优势、企业战略、内外环境、竞争对手、联盟伙伴进行系统学习，重点解决企业价值链定位、结构优化及升级问题。组织学习在将企业制度文化、组织惯例、使命与远景、企业家精神转化为团队和个人价值活动的过程中，使整合知识和企业的相关特色与标志性内容实现融合，成为企业核心能力具有嵌入性和情境依赖性的重要原因。

2）企业主导优势的战略导向机理

核心能力的形成积累有赖于基于企业学习的"知识—价值"互动机理，然而仍不能揭示企业核心能力异质性与稀缺性特征的形成及原因。主导优势是企业的特色定位，是核心能力的基础和集中体现，其选择与运用对核心能力的形成具有重要的战略导向作用，赋予了企业价值活动、知识积累及学习机制的特色内涵。

（1）主导优势对企业价值活动的支撑与导向作用。主导优势是决定企业发展的一个或少量相关优势因素，企业价值链构建与高效运作在很大程度上取决于企业主导优势的充分发挥。主导优势是企业面向未来竞争的最具发展潜力和特色的战略性优势因素，企业价值链优化与升级需要围绕主导优势特色展开。

（2）主导优势是企业知识积累的中心。在将主导优势转化为企业价值活动过程中需要融入更多知识性要素，凸显企业主导优势的核心价值环节。这一过程中，实现知识交流共享及形成综合知识和整合知识的可能性与总量也将变大。

（3）主导优势对企业学习的引导作用。企业学习是一种具有很强主观能动性的活动，其三个层面的学习活动也主要围绕主导优势的选择、强化与运用开展。在主导优势的选择与确定时，企业对外部环境审视、对竞争对手的辨识、对企业战略使命与远景的构思以及对企业优势因素的筛选，均伴随着更多的组织学习；在将主导优势转化为企业战略的过程中，需要通过组织学习形成企业的战略共识，更需要通过团队学习和个人学习来形成企业的战略行动。

总之，主导优势是企业能力系统的"引力点"，企业价值活动、知识积累及学习过程均围绕主导优势展开，赋予企业核心能力的特色内涵。基于主导优势的战略导向作用，在企业价值链和知识链之间实现学习性互动的过程中，具有企业自身发展特色的核心能力得以形成并不断强化。

3. 企业核心能力演化机理

根据企业核心能力形成与演化模型（图 2-4），核心能力的形成与演化实际上是一个长期、复杂的过程，主导优势也会在内外部因素的多重作用下进行调整与转化，成为企业核心能力的演化动力。为此需要围绕企业内外部因素等变化研究企业核心能力演化过程中的周期性演化轨迹、核心能力刚性和动态跃迁等问题。

1）企业核心能力周期性演化过程

企业其他内外部因素包括内部和外部因素，其中，外部因素又划分为宏观环境因素和行业环境因素。企业内外因素的动态变化与复杂作用直接作用于企业主导优势存在基础、战略导向功能和辐射带动作用，并且会影响企业知识积累和价值创造之间的互动学习机制，甚至阻断主导优势与核心能力之间的协同循环发展。企业核心能力在内外部因素综合作用下呈现出周期性演化轨迹，如图 2-5 所示。

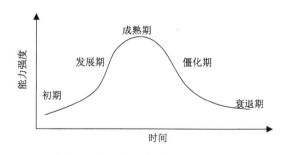

图 2-5　企业核心能力周期性演化轨迹

2）企业核心能力刚性形成原因

由图 2-5 可知，企业核心能力演化经历"成熟期"后将逐渐走向"僵化期"和"衰退期"，这一衰退趋势是由核心能力刚性导致的。现实中有很多的企业在发展过程中失去了原有的特色资源及能力优势，如 30 年前的世界 500 强企业已有很大一部分落榜。核心能力刚性的形成是由于企业多年积累的核心能力会有意无意地排斥其他资源和能力积累，其形成原因主要包括四个方面。

（1）核心能力的路径依赖性。企业核心能力形成与演化模型（图2-4）从动态的角度展现了企业核心能力的内涵与功能特征，其中，主导优势、知识积累与综合运用、价值创造、创新发展战略等均是企业长期关注的重点内容，并且嵌于企业系统或以管理遗产形成企业组织记忆，企业各层均会陶醉于昔日的成功经验，并根据过去的理解形成当前的战略决策，进一步影响企业未来的发展，这样的路径依赖性客观上抑制了企业的创造性思维和对新知识的吸收。

（2）企业外部环境因素的激烈动荡。政治、经济和社会各方面的风险均有可能对企业主导优势及核心能力产生影响，科学技术的迅猛发展造成企业环境的激烈动荡和跳跃，竞争对手产品与工艺的持续改进、跨行业替代产品的大量涌现等造成了企业长期积累的知识技能的价值衰减周期日益缩短或不确定，企业外部环境高频率的激烈动荡与跳跃超过了企业的实际承受力。

（3）企业战略失误。企业核心能力是一组"看不见、摸不着"的能力体系，具体企业的核心能力识别难度较大，基于能力的战略管理思维与传统战略管理思路存在本质区别，这在客观上造成了企业战略管理难度。企业战略对企业内外部环境因素系统性和动态性考虑不足，没有较好地体现企业主导优势、核心能力、内外部环境之间的动态一致性，均会遏制企业主导优势的发挥和核心能力提升。

（4）企业主导优势转化陷入困境。随着企业内外部环境变化，企业主导优势核心地位受到了侵蚀，需要从企业优势因素群中选择和确定新主导优势。即使主导优势被重新确定，由于原先主导优势的"专业化"影响，主导优势转换动力不足，各类资源与新主导优势匹配性不佳，也会造成企业核心能力刚性。

3）企业核心能力动态跃迁模型

为了有效避免核心能力刚性的出现以及对企业综合优势发展的阻碍作用，当企业主导优势与内外环境因素发生矛盾，特别是关键因素出现激烈动荡时，需要对内外因素和主导优势进行战略审视，围绕主导优势对企业的战略方向进行动态调整，还可以选择更具特色与发展潜力的主导优势，从而实现核心能力动态跃迁。企业核心能力动态跃迁过程如图 2-6 所示，其中 T_2 和 T_3 是跃迁的战略关键点。

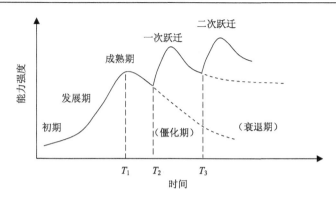

图 2-6　企业核心能力动态跃迁的过程模型

4. 企业综合优势发展过程

企业综合优势的发展过程就是围绕"主导优势→核心能力→综合优势"的战略主线实现企业内外部资源、条件、机遇及威胁的系统分析、优化组合与综合集成的过程，如图 2-7 所示。多因素综合集成分纵向集成与横向集成，其中纵向集成就是综合优势战略主线中三个关键点和两个关键环节的战略推进、战略协同及战略循环，而横向集成则是从多因素协同与系统综合角度对企业内外部资源、条件、机遇与威胁进行不断组合与系统优化形成企业综合竞争力。

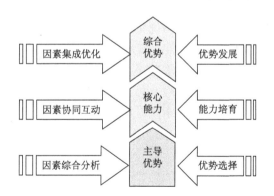

图 2-7　基于综合优势战略主线的企业综合优势发展过程

1）因素综合分析与主导优势选择

鉴于主导优势在企业综合发展中的战略导向作用，在对企业内外部各类因素进行综合分析基础上选择与确定主导优势是发展综合优势的首要环节，包括两个步骤：一是对影响企业发展的内外部资源、条件、机会与威胁等战略性因素进行系统性分析、筛选、分层与排序，剔除非关键因素，确定企业优势因素群；二是结合企业战略意图和发展实际，选择最具特色优势、潜力和辐射效应的一个或少数优势因素作为企业主导优势，并明确主导优势的大小、方向以及匹配性因素。

2）因素协同互动与核心能力培育

企业核心能力是基于主导优势的战略导向机理，企业价值链与知识链、企业战略及其他内外部因素协同互动而形成的知识性能力体系，其识别与培育是企业综合优势发展过程中具有"承上启下"作用的关键环节，包括四个步骤：①基于企业主导优势和战略发展需要而确定核心能力的特色定位、发展方向以及培育方式；②挖掘、激活与主导优势的相关存量知识体系，强化主导优势方向上的知识性资源投入、积累与综合运用；③在知识链与价值链的优化管理过程中突出企业主导优势的特色内涵，运用企业学习机制实现"知识-价值"协同互动，提升动态核心能力的知识量与价值功能；④基于企业内外因素变化压力和企业战略变革动力调整企业主导优势，实现企业动态核心能力的动态更新。

3）因素集成优化与综合优势发展

围绕主导优势、核心能力的企业内外多因素集成优化形成了企业综合优势，包括四个步骤：①遵循综合优势战略主线，动态保持企业主导优势、核心能力和综合优势发展方向的一致性，注重其协同运作与良性循环发展，实现纵向集成；②利用 SWOT［strength（优势）、weakness（劣势）、opportunity（机会）、threat（威胁）］等综合分析范式及其理论方法进行综合优势战略分析、设计与选择，从而实现企业内外部资源、条件、机遇、威胁各类因素的横向集成；③通过外部资源充分利用以及内外部资源的全面整合与优化改善企业资源结构与利用效率，综合协调企业内部价值活动和外部价值网络，实现企业生产边界迅速移动并保持经营有效性；④基于企业特色优势和柔性战略手段主动适应变化、利用变化以及创造变化，最大限度地利用机会并规避风险。总之，通过资源整合、价值链优化及战略柔性路径，能够实现企业内外部因素集成优化与综合优势全面提升。

5. 企业综合优势动态演化机理

企业主导优势和动态核心能力的特色与水平以及内外部各类因素综合集成的效应表现为企业综合优势发展水平，并且在时间维度上表现为企业综合优势的动态演化过程。总之，综合优势发展水平受到企业内外多方面因素的系统作用，将综合优势战略主线以及综合集成机理作为综合优势发展水平动态演化的决定因素进行分析，可以大致归纳为四类演化轨迹，如图 2-8 所示。

L_1：企业综合优势沿最优发展路线演化。企业综合优势能够在战略期内持续发展（如 T_0 至 T_1 阶段）和战略转换时平稳过渡（如在 T_1 或 T_3 点）。企业战略目标明确且战略转换及时，企业主导优势、核心能力与综合优势良性循环，企业内外部资源、条件、机遇与威胁实现优化组合与综合集成。

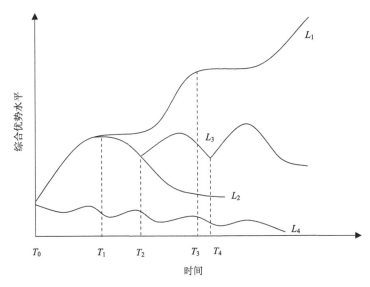

图 2-8 企业综合优势动态演化轨迹

L_2：企业综合优势自然演化轨迹。企业综合优势呈现出一般意义上的生命周期演化规律，以 T_1 为分界点。造成企业综合优势衰退的原因为企业战略性因素变化而没有相应的战略转变，具体原因包括：①主导优势衰退和核心能力刚性，即企业原有主导优势失去其主导地位，但没有其他优势因素进行战略更替，导致企业核心能力的跃迁过程受阻；②主导优势、核心能力和综合优势战略方向不一致，难以进行协同运作和良性循环发展；③主导优势、核心能力的战略杠杆效应没有得到有效发挥，企业内外部资源条件没有充分利用；④企业没有抓住更好的发展机遇，同时风险因素的负面作用逐渐显现。

L_3：企业综合优势长期处于大幅度波动与不连续性发展状态。例如，很多国有大中型企业发展处于这一发展状态，政府政策引导、体制改革甚至企业高层领导更迭均造成了"僵化—变革—僵化"循环发展困境，企业综合优势长期发展缓慢甚至不提高，其根源因素可以概括为：①不确定的、激烈的环境变化程度超过了企业的承受力，且企业发展受外部环境各类因素的周期性变化影响显著；②企业信奉"刚性"或"狭义"的战略管理理念，基于战略规划引领企业发展，但企业战略缺乏动态性、柔性与主动性，没有在综合优势发展"拐点"处（如 T_1 点）抓住发展机遇进行及时的战略调整与变革；③企业主导优势的转换或动态核心能力的更新决策（如在 T_2 或 T_4 点）不及时，且不能有效承接原有优势因素和知识能力；④没有围绕企业主导优势与动态核心能力进行企业规模化与多元化战略扩张，企业长期处于规模与范围不经济的运营状态。

L_4：企业综合优势长期低水平发展。企业发展缺乏严格意义上的战略管理，没有明确的主导优势和动态核心能力，企业整合外部资源、抓住机遇以及规避风险的关键资源、能力和特色优势缺乏，被动适应性的策略运用以及基于企业内部贫乏的资源条件的市场利基或是简单模仿追随，导致了企业综合优势的低层面、低水平演化。

2.4.2 战略性新兴产业综合优势发展机理

根据综合优势发展战略主线，在科学揭示基于主导优势的产业核心能力形成机理的基础上，进一步探索基于核心能力的战略性新兴产业综合优势发展规律，揭示战略性新兴产业综合优势发展机理，为战略性新兴产业综合优势管理方法及应用奠定理论基础。

1. 产业主导优势选择

战略性新兴产业主导优势是指对产业当前发展起关键性作用，并在未来能够主导产业发展的一个或多个要素的组合，具有如下特征：①产业主导优势是支撑战略性新兴产业发展的特色战略要素；②产业主导优势有显著的辐射带动效应，与其他要素关联性较高，并能引导相关要素协调发展；③产业主导优势能够体现产业未来战略方向，对产业升级起关键的导向性作用。从资源观的角度，战略性新兴产业的主导优势可以划分为要素类主导优势（如创新网络）、流程类主导优势、平台类主导优势等基本类型。

根据主导优势系统递进选择方法[14]，通过对影响战略性新兴产业发展的关键因素筛选、优势因素辨识和因素综合分析发现，战略性新兴产业主导优势呈现多要素、多主体综合作用的特征——集中优势资源与主体的创新网络成为推动新兴产业创新发展的主导力量。对特定的战略性新兴产业而言，依托具有自主知识产权的优势企业，通过与产业内的其他组织合作创新而逐步发展形成的产业创新网络聚集了大量引领产业创新的显性要素及知识技能，如创新型企业、高水平大学及顶尖科学家等，这些优势显性要素的聚集为创新网络的开发与培育奠定了重要基础，因此战略性新兴产业主导优势是基于合作创新形成的产业创新网络，各类创新体能够在创新网络中进行知识、信息、技术的交互，从而形成具备鲜明特色的产业优势。可以看出，主导优势的形成与发展过程伴随着创新网络规模从小变大、网络结构从简单到复杂，合作关系由弱变强的动态过程，各阶段的主导优势类型及其特征如表2-3所示[18]。

2. 基于主导优势的产业核心能力形成过程

产业核心能力的形成是基于其创新网络持续创新与知识积累的结果，有多条形成路径，根据综合优势理论，基于主导优势培育核心能力是最优的路径，这个过程本质表现为围绕主导优势进行组织学习与知识积累。战略性新兴产业核心能力形成过程模型如图 2-9 所示。

表 2-3　产业主导优势分类及特征

特征	碎片化网络	单一辐轴网络	多中心小世界网络
网络规模	基于共同愿景和目标进行自发合作，主体数量少，类型单一	掌握权力的网络中心开始出现，它们主动与其他主体开展合作，主体数量增多	早期网络中心成为网络基础设施提供商，鼓励主体合作，主体数量增加
网络关系	直接连接较多，连接数量少	强关系出现，间接联系增多	强弱关系不断更迭和交替
网络结构洞	没有明显的网络核心，结构简单	辐轴结构出现，单一网络中心占据结构洞	多个网络主体占据结构洞，平均路径缩小
网络稳定性	网络稳定性差，合作结束后关系解除	网络稳定性增加，单一中心更迭造成关系解除	网络趋于稳定，资源与权力分散

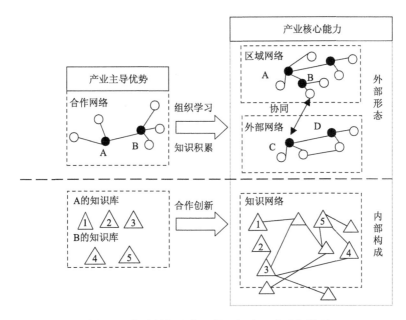

图 2-9　战略性新兴产业核心能力形成过程模型
图中虚线框表示产业的各要素模块；●表示网络中心，○表示外围主体

围绕产业主导优势进行组织学习和知识积累是形成其核心能力的最优路径，战略性新兴产业核心能力是一种基于产业自主创新网络形成的产业协同创新与发展能力，包括产业研发网络、生产网络和销售网络的多层网络构建能力与网络间协同能力提升。基于产业创新环节，不同类型网络之间实现优势与能力互补，对特定区域的战略性新兴产业而言，不一定所有创新环节都具有核心能力，需要根

据产业主导优势进行资源配置和组织学习，围绕最具优势的创新环节培育产业核心能力，逐步带动整个战略性新兴产业综合优势的提升。

3. 产业核心能力形成机理的案例研究

探究基于主导优势的产业核心能力形成问题属于探索性科学研究，案例研究可保证其研究深度，更加清晰地展示"怎么样"和"为什么"的问题。根据产业主导优势的阶段性特征，通过有关合作专利信息，能够清晰地反映产业协同创新状态，因此采用解释性案例与专利计量嵌入相结合的方法，论证基于主导优势的产业核心能力形成机理，为综合优势发展机理的揭示奠定基础。

以我国新能源汽车为案例揭示基于主导优势的产业核心能力形成机理，主要有以下原因：第一，在国家和地方政府的大力扶持下，我国新能源汽车产业技术水平大幅提升，某些技术领域处在了国际领先水平；第二，新能源汽车产业涉及动力系统、整车制造、电机电控系统等多个技术领域，单个企业难以完成产业创新使命，而我国新能源汽车产业创新网络已经初步形成，创新网络对产业绩效的驱动效益明显，自主研发的新能源汽车产品体系初步形成；第三，从数据可得性来看，理论界、产业界和政府部门的高度关注提高了新能源汽车产业数据的可得性和完整性。综上，中国新能源汽车产业发展经历初创、成长和初步成熟，具备良好的案例研究条件，通过其核心能力形成路径分析，以进一步揭示战略性新兴产业基于主导优势的核心能力形成机理，具有一定的典型性和代表性。

1）我国新能源汽车产业发展历程回顾

新能源汽车涉及的技术领域广，呈现明显的交叉与网络化态势，专利是技术创新的直接产出，专利合作网络一定程度反映了产业技术创新的状态和水平。对中国新能源汽车产业专利数据进行收集与分析，获得产业技术创新的定量数据。

第一，选择国家知识产权局专利数据库，经过多次试验和专家咨询，确定检索策略为"摘要=（（新能源汽车 or 电动汽车 or 混合动力汽车 or 纯电动汽车 or 燃料电池汽车 or EV or BEV or HEV or FCEV）[①]and（燃料电池 or 电池 or 动力电池 or 电池管理系统 or 驱动电动机 or 电动机调速控制装置 or 电机控制系统 or 传动装置 or 行驶装置 or 电机 or 充电 or 行驶））and 分类号=（H02J or B60L or B60W or H01M or B60K or G01R or F02D or B60R）"，检索时间跨度从1997年到2015年，共得到新能源汽车产业发明专利数据5048条，发现其年度申请数量呈现"缓慢积累—加速增长—全面爆发"的阶段性趋势：在2005年以前始终保持较低的专利申请水平（低于50条/年）；2006~2010年，新能源汽车产业发

---

① EV 全称 electric vehicle，电动汽车；BEV 全称 battery electric vehicle，电池电动汽车；HEV 全称 hybrid electric vehicle，混合动力汽车；FCEV 全称 fuel cell electric vehicle，燃料电池电动汽车。

明专利数量加速增长，逐年增长的趋势十分明显，并且在 2010 年突破 400 条的年度申请数量；2011~2015 年，新能源汽车产业发明专利数量呈现全面爆发特征，除了"三电"核心技术领域，一些互补技术领域也开始逐步壮大，使得产业发明专利的年度申请数量自 2013 年起突破 800 条，且持续增长潜力较大。为后续分析需要，筛选与清洗后得到其中合作发明专利数据 1271 条。

第二，对比亚迪、北京现代汽车等企业技术研发人员、政府官员、汽车行业协会负责人等进行访谈，获得一手资料；通过查阅学术论文、行业报告、官方网站等获得二手资料。对于定性资料的信效度检验，采用三角测量法并建立证据链，使数据资料相互印证并科学取舍。

结合产业专利申请趋势与产业重大机会窗口期，将新能源汽车产业发展历程分为 3 个阶段：基础技术积累与测试阶段（2005 年以前）、关键技术突破与产业化准备阶段（2006~2010 年）和技术标准引领与产业化阶段（2011~2015 年）。

（1）基础技术积累与测试阶段（2005 年以前）。中国新能源汽车产业的技术攻关正式开始于"八五"期间（1991~1995 年），国家科技攻关计划资助清华大学、远望集团等几所单位参与研发。"十五"期间通过国家 863 计划专项集中国内优势创新资源，成功研制出我国第一辆燃料电池轿车样车，初步建成燃料电池测试技术和动力蓄电池测试技术平台，确定"三纵三横"研发布局，重大项目引领的创新模式是为新能源汽车积累大量基础技术数据和测试经验，有利于关键技术自主创新。从专利申请看，"九五"期间（1996~2000 年）到"十五"期间（2001~2005 年）产业稳步发展。图 2-10 展示了基础技术积累与测试阶段发展架构。

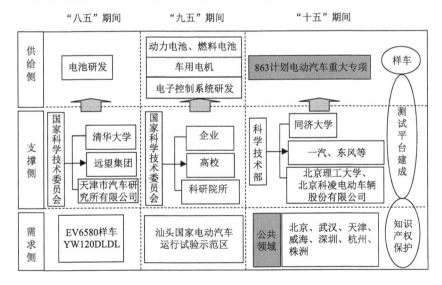

图 2-10　基础技术积累与测试阶段的产业发展架构

（2）关键技术突破与产业化准备阶段（2006~2010 年）。"十一五"期间 863 计划节能与新能源汽车专项持续支持新能源汽车产业技术研发活动，重点突破关键零部件瓶颈技术，支撑产业化示范推广，总投入 75 亿元，自主研发出高功率型动力电池和高能量型动力电池，形成镍氢和锂离子多个系列车用动力电池；我国已成为少数几个具有车用百千瓦级燃料电池发动机研发、制造和测试技术的国家之一；在车用电机方面，关键材料和零件研发取得初步成果；在电子控制系统领域已开始专利布局，2009 年启动"十城千辆节能与新能源汽车示范推广应用工程"。图 2-11 展示了关键技术突破和产业化准备阶段的产业发展构架。

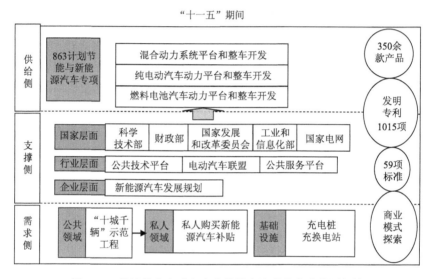

图 2-11　关键技术突破和产业化准备阶段的产业发展架构

（3）技术标准引领与产业化阶段（2011~2015 年）。技术标准是新兴产业全球竞争力的决定性因素，"十二五"期间，我国已经超过美国成为全球新能源汽车第一大市场，面对跨国巨头的技术封锁，截至 2014 年 9 月，我国已发布电动汽车标准 75 项，涵盖整车标准、关键系统及零部件标准、基础设施标准、基础与通用标准等，直接参与国际标准的制定工作，积极将我国技术标准升级为国际标准，并在充电设施标准化建设方面取得突破。在供给侧，我国已经基本实现"三纵三横"三平台的矩阵式研发体系；在支撑侧，形成国家规划、中央地方共同落实的多层次、多方面扶持政策体系，同时基于新能源汽车技术链、产业链和价值链，成立了多个国家、地方及企业级联盟；在需求侧，形成传统电力公司、整车企业、互联网公司及充电设备生产商等多主体参与的新能源汽车和基础设施运营模式，技术标准引领与产业化阶段的产业发展架构如图 2-12 所示。

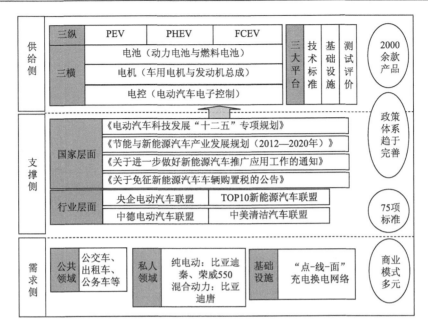

图 2-12 技术标准引领与产业化阶段的产业发展架构

PEV 全称 pure electric vehicle，纯电动汽车；PHEV 全称 plug-in hybrid electric vehicle，插电式混合动力汽车

《关于免征新能源汽车车辆购置税的公告》2024 年 6 月 1 日起废止

新能源汽车产业发展历程的回顾基本反映了基于主导优势培育核心能力的过程，但不同类型主导优势与产业核心能力的匹配关系需要进一步分析。

2）我国新能源汽车产业核心能力演化阶段

围绕主导优势演变，我国新能源汽车产业核心能力依次经历小生境产品模仿创新能力、产品系列化自主开发能力和全面拓展的产业协同创新能力三个阶段。

（1）小生境产品模仿创新能力。小生境产品是指符合特定生存环境的产品或服务，小生境产品模仿创新能力是产业特定环境下培育形成的产业核心能力，对处于起步阶段的中国新能源汽车而言，在汽车工业基础薄弱、技术积累不足的背景下，经过对国外产品的拆解与学习，结合对动力电池、电控系统等核心部件的进口，以模仿创新方式完成了样车的研发设计。这种小生境产品模仿创新能力是在产业起步阶段技术、信息、人才等要素不完备的条件下，围绕少数优势创新主体，集中优质资源，通过长期学习、创新与技术积累，经过自上而下的举国体制培育形成。从发明专利来看，该阶段中国新能源汽车技术专利数量少，中国第一汽车集团、丰田汽车和比亚迪汽车分别为排名前三位的专利权人，专利技术领域主要停留在动力电池等少数领域，本土企业和大学成为专利申请的主要力量，且以单个主体的专利申请为主；从专利合作网络来看，该阶段创新主体合作呈现明显的碎片化网络形态，如图 2-13 所示。

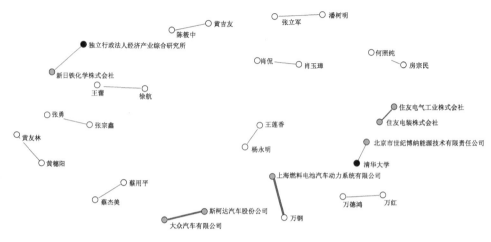

图 2-13　碎片化网络阶段

圆圈表示为拥有专利的某个创新体，圆圈的颜色越深表示拥有专利数量越多；圆圈之间的线条，表示创新体之间
专利合作次数，线条颜色越深或越宽表示合作次数越多

此时，专利合作网络节点数为 30，网络密度是 0.033，平均度只有 2，表明网络整体规模偏小，网络主体之间只是简单的合作关系，每个主体合作伙伴数量少且合作关系不稳定。在产品创新方面，通过模仿与技术嫁接开发了中国首台纯电动轿车等第一代样车，是小生境环境下的单一产品开发。

总之，当新能源汽车产业在基础技术积累与测试阶段，其主导优势依托于"碎片化"创新网络，基于此主导优势经过模仿与技术积累，形成了此阶段的产业核心能力，即小生境产品模仿创新能力，这是后发国家产业实现赶超的基础能力。此阶段围绕国内龙头企业、高水平大学和科研院所形成的创新网络为产业技术赶超提供了重要载体，不同主体之间以开发中国自主新能源汽车产品为共同愿景，展开合作研发，但由于传统汽车创新能力落后、新能源技术基础薄弱，采用引进模仿创新成为新能源汽车发展初期实现后发追赶的最佳路径。

（2）产品系列化自主开发能力。产品是功能的载体，产品系列化是多种功能的复合体，系列化开发是针对不同功能按照一定规则进行的产品系统开发活动，因此在经历了足够的技术积累之后，围绕不断发展壮大的创新网络，通过长期的持续学习与合作创新发展形成的产业核心能力。具体而言，关键技术突破与产业化准备阶段，龙头企业积累了大量先进的技术和管理经验，开始注重与其他企业的合作创新，尤其是民族车企逐渐崛起。在国家重大科技专项的支持下，通过多种合作形式，围绕电池、电机、电控系统进行自主研发与系统布局，产品系列逐步完善，产业整体竞争力显著增强。从发明专利来看，该阶段技术发明专利数量快速增长，前三位专利权人分别是奇瑞汽车、丰田汽车和重庆长安汽车，部分技术领域的研发与国际水平同步，例如，中国锂离子动力电池单体技术与综合性能和美国、日本同类电池相当。从专利合作网络来看，网络节点达到 68 个，网络连接数为 100，网络密度为 0.022，平均度提高到 2.94，表明网络主体数量增加，围绕重庆长安汽车等形成辐轴网络结构，如图 2-14 所示。

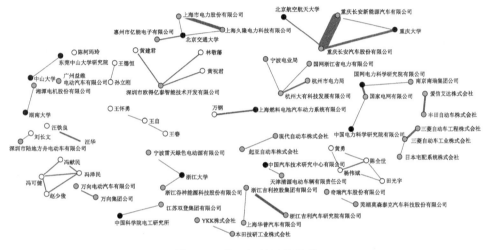

图 2-14　单一辐轴网络阶段

圆圈表示为拥有专利的某个创新体，圆圈的颜色越深表示拥有专利数量越多；圆圈之间的线条，表示创新体之间专利合作次数，线条颜色越深或越宽表示合作次数越多

在产品创新方面，核心企业具备自主产品开发平台和产品系列化开发能力，部分核心技术得到突破，产品得到市场认可，比亚迪公司已能自主开发混合动力汽车（如 F3DM）、纯电动轿车（如 E6）和纯电动客车（如 K9）全系列新能源汽车产品并实现量产。

应该看到，经历小生境产品模仿创新阶段的技术外溢，一批自主品牌汽车企业迅速成长，围绕这些企业形成的创新网络呈现"单一辐轴网络"特征，此时主导优势得到提升，而基于主导优势的产品系列化自主开发能力成为该阶段产业的核心能力。此时创新资源的引导配置更倾向于对企业主体的支持，尤其注重扶持优势企业主导的创新网络，这种高强度持续性支持培育了以奇瑞汽车、重庆长安汽车等为代表的核心企业的产品系列化自主开发能力。

（3）全面拓展的产业协同创新能力。全面拓展是在产品系列化自主开发的基础上，从产品创新、技术创新拓展到市场创新、管理创新、商业模式创新等全要素创新，全面拓展的产业协同创新能力是围绕产品系列化自主开发，经过产学研合作创新和高端协同创新形成的产业核心能力。具体而言，进入技术标准引领与产业化阶段，技术标准引领作用形成，此时核心企业具备新能源汽车产品系列自主开发能力，商业模式、配套设施等产业后端创新成为制约产业整体综合优势提升的关键，由此出现了大批配套企业，涵盖了从新能源汽车关键技术研发到基础设施建设的全产业链条。从发明专利来看，国家电网公司和奇瑞汽车、福田汽车进入了专利权人前三位，此时新能源动力电池、电机和电控三大核心系统全面突破，专利技术领域转向了电能储存系统及汽车供电或配电系统研发等需求侧。从专利合作网络来看，此时网络节点数持续增加到 86，表明更多创新主体加入新能源汽车自主创新活动中，网络平均度达到 7.44，网络密度为 0.043，标志着网络权力中心数量的增加，网络连接数达到 320，意味着创新主体之间的合作频率和强度大幅增加，产学研合作趋于常态化，国家电网、重庆长安汽车等多个网络权力中心出现，多中心小世界网络如图 2-15 所示。

可见，面向全面拓展的新能源汽车产业协同创新能力是在产品系列化自主开发能力的基础上逐步培育形成的，难以通过跨越式技术突破直接培育形成，因为产品是代表战略性新兴产业竞争的直接对象，产品的竞争是技术创新的结果，但产业竞争是全面创新的结果，因此围绕"单一辐轴网络"进一步形成以"多中心小世界网络"为代表的主导优势，成为技术标准引领与产业化阶段核心能力形成的基础，而在此基础上发展形成的产业协同创新能力成为该阶段产业核心能力。

综上分析，基于主导优势的战略性新兴产业核心能力形成过程如图 2-16 所示，各阶段产业主导优势是产业创新资源配置的载体，围绕主导优势的资源配置能快速培育并形成该阶段的核心能力并提升产业综合优势，由此可见，战略性新兴产业主导优势是产业核心能力和综合优势培育的逻辑起点，三者呈同步提升的动态关系。

3）产业核心能力形成动力

（1）创新驱动力。区域战略性新兴产业是智力资本密集型产业，对技术与工艺、产品与服务有很高的要求，因此创新驱动是战略性新兴产业核心能力形成的首要动力。根据产业主导优势发展阶段，创新驱动力分为技术引进模仿创新驱动、关键模块自主创新驱动和全面配套协同创新驱动。

中国新能源汽车产业技术引进模仿创新驱动力作用于碎片化网络发展阶段，在 863 计划项目支持下，北京汽车集团有限公司（简称北汽）以美国夏威夷大学赠送的道济电动轿车为原型，借鉴电控、电池和电机系统，通过学习与改进设计，研制了我国第一代纯电动轿车。关键模块自主创新驱动力作用于单一辐轴网络形成阶段，围绕新能源汽车产业三大关键模块，围绕电池、电机、电控系统开展技术攻关，在突破某一关键技术后，产品性能出现质的飞跃。全面配套协同创新驱动作用于多中心小世界网络发展阶段，在核心技术实现突破后，新能源汽车产业

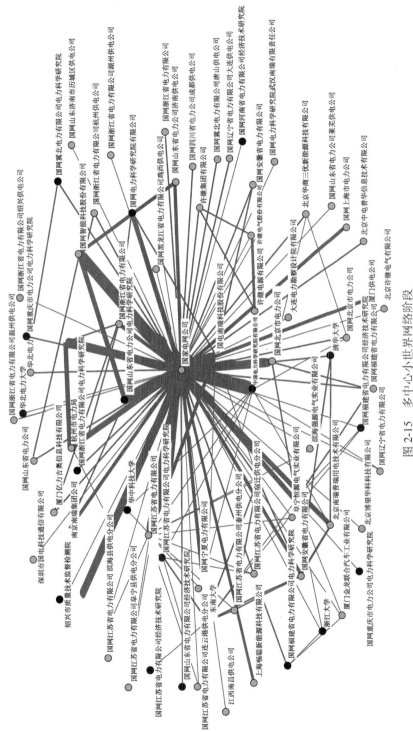

图 2-15 多中心小世界网络阶段

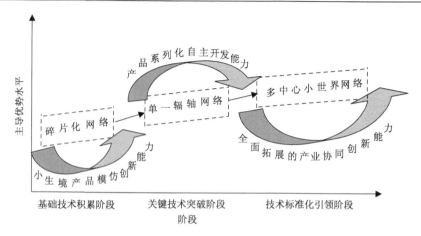

图 2-16　基于主导优势的战略性新兴产业核心能力形成过程

充电技术、车体材料技术等配套技术突破成为关键，围绕新能源汽车全产业链条，从前端原材料供给到后端基础设施建设进行全面协同创新，此时，不同环节的协同创新成为核心与关键，在充电桩等基础设施建设方面，国家电网公司发挥了整体协调与资源整合的作用，围绕快速充电技术开展协同创新合作，成为网络权力中心。

（2）需求拉动力。战略性新兴产业发展初期市场需求不确定性高，消费者对新产品、新服务的认识和接受需要很长的过程，因此新兴产业的领军企业常常扮演需求创造者和激发者的角色，区域战略性新兴产业需求拉动力分为小生境细分需求拉动、多样化大众需求拉动和全方位拓展需求拉动。

发展新能源汽车产业是全球应对气候危机下的战略选择，中国新能源汽车产品发展初期主要应用于公共消费领域，这是一个典型的小生境细分市场；此后伴随着消费者对日益严重的生态问题认知的变化，以及新能源汽车产品性能的不断提高，越来越多的新能源汽车进入大众消费领域，形成涵盖高中低不同消费群体的产品体系；当无人驾驶技术、互联网技术、智能感应等技术全面突破后，车企将更多定制化的需求加入产品之中，实现新能源汽车产品的全方位拓展。

（3）政策引导力。根据政策作用重点的不同，政策引导力分为供给侧政策引导、需求侧政策引导和供需结合的政策引导。

中国新能源汽车产业从最开始的支持电机研发，到支持研发平台的建立，主要集中于产品供给侧政策引导，为消费者提供高性能稳定的汽车产品。在市场推广阶段运用需求侧政策引导私人消费，例如，开展"十城千辆"示范推广，对个人消费者购买新能源汽车进行补贴，个别城市对新能源汽车不限行等。当我国新能源产业创新体系初步建立，各个新能源汽车企业具备系列化产品能力时，供需结合的政策逐步发力，通过技术规范的提高和技术标准的确定，严格确立产品技术性能标准，为消费者提供高质量新能源汽车产品。例如，2015 年，财政部等四部委联合下发新一轮新能源汽车补贴政策，新能源汽车补贴额度大幅退坡，但对车辆的技术要求不断提高，其中，纯电动汽车的补贴门槛由之前的 80 公里续航里程提高到 100 公里，这一政策转向表明政府正在逐步减少对市场的干预，降低产业的政策依赖性，倒逼产业技术创新。

综上，产业核心能力的形成动力在主导优势不同阶段有所区别，整体来看，创新驱动力呈现"S"形曲线增长趋势，转折点出现在单一辐轴网络形成时关键技术突破阶段；需求拉动力先缓慢增长后快速增长，小生境细分市场力量较小，在持续外力拉动下转入大众市场拉动，需求拉动力增大；政策引导力呈持续增长的双峰波动，当政策供给持续增加时会产生边际递减效应，企业出现寻租行为，当供需结合政策出现时下一个政策高峰到来，但随着市场主体的培育，政策市场双驱动模式出现，政策引导力下降。产业核心能力形成动力模型如图 2-17 所示。

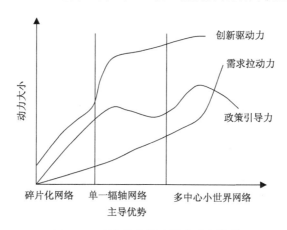

图 2-17　产业核心能力形成动力模型

4）产业核心能力形成机理模型

产业主导优势是战略性新兴产业核心能力形成的逻辑起点，主导优势经历从碎片化网络、单一辐轴网络到多中心小世界网络的演变过程，同时伴随产业核心能力从小生境产品模仿创新、产品系列化自主开发到全面拓展的协同创新能力的共同进化，并在创新驱动力、需求拉动力与政策引导力三重动力作用下实现产业核心能力的培育与持续提升。综上，根据产业核心能力的形成路径、过程和动力，构建基于主导优势的战略性新兴产业核心能力形成机理模型[18]，如图 2-18 所示。

4. 基于主导优势和核心能力的产业综合优势发展机理

1）产业综合优势形成的三螺旋结构

战略性新兴产业综合优势是指面对动态、复杂的发展环境，将产业优势资源、独特能力与外部资源和条件进行优化组合，从而形成的产业综合竞争优势。战略性新兴产业获取综合优势的最优路径，是在主导优势选择的基础上培育产业核心能力，并同时发展产业综合优势，三者是互为基础、滚动发展、协同共生、融合促进的关系。战略性新兴产业综合优势形成的三螺旋结构模型如图2-19所示。

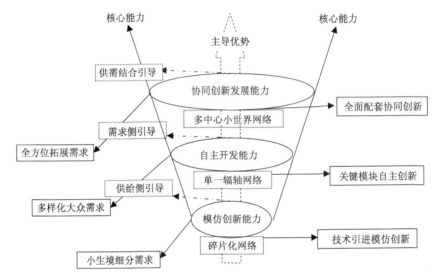

图 2-18　基于主导优势的战略性新兴产业核心能力形成机理模型

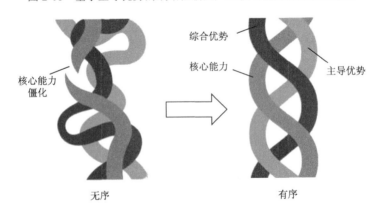

图 2-19　战略性新兴产业综合优势形成的三螺旋结构模型

由此可见，只有产业主导优势、核心能力与综合优势三者同步螺旋上升，战略性新兴产业才能快速形成综合优势并且持续发展，某一方面滞后或三者之间不匹配都会对综合优势发展产生阻碍作用。其中，主导优势是产业发展的基础条件，而核心能力只是构成产业可持续发展的必要条件，具有较强综合优势才是产业可持续发展的充要条件，原因在于虽然产业拥有了核心能力，但并不能保证核心能力可以转化为长期的竞争优势，核心能力可能会随着产业发展发生僵化；而且拥有相同类型和强度的核心能力的两个产业，可能因为产业外部资源利用水平、把握机遇的能力和应对变化的能力不同而使产业竞争力水平不同。因此，在主导优势和核心能力基础上不断提升综合优势是战略性新兴产业战略管理的核心问题。

2）产业综合优势生命周期演化分析

战略性新兴产业综合优势将伴随时间推进而发生变化，包括综合优势水平和发展方向的变化。从时间维度看，在多因素的共同作用下，产业综合优势的生命周期先后经历培育期、提升期和持续期，如图 2-20 所示。

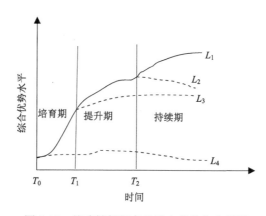

图 2-20　战略性新兴产业综合优势生命周期

L_1 表示产业综合优势最优发展路径，L_2、L_3 和 L_4 中虚线部分表示产业综合优势在 T_2、T_1 和 T_0 时点上，可能出现的产业综合优势退化的路径

任何产业都具有综合优势，只是在不同时间阶段的综合优势水平有所差异。在 T_0、T_1、T_2 关键时间节点必须注重综合优势战略的平稳过渡，避免陷入路径依赖。T_0 时刻，产业综合优势水平较低，如果不注重选择和培育产业主导优势，就容易发生产业综合优势退化，产业竞争力逐渐丧失；T_1 时刻，产业经过主导优势培育与选择，围绕主导优势进行核心能力培育，产业综合优势水平提高，此时须关注产业环境变化，避免主导优势固化和核心能力减弱；T_2 时刻是产业综合优势能否持续发展的关键节点，缺乏持续激励与刺激将会导致综合优势逐渐退化，为此需要建立一套系统性的综合优势持续发展机制。

根据产业综合优势不同生命周期阶段的演化曲线，分析各阶段产业综合优势生命周期的具体特征以及不同状态下的产业综合优势水平和方向，如表 2-4 所示。

3）产业综合优势发展机理模型

战略性新兴产业获取综合优势的最优路径是在主导优势选择的基础上培育核心能力并同时发展综合优势，三者虽然在三个层面却是协同共生的发展关系。其

表 2-4　产业综合优势生命周期演化状态

状态	生命周期阶段特征	产业综合优势水平	产业综合优势方向
曲线 L_1	在 T_1、T_2 战略节点实现了平稳过渡，通过综合优势培育期、提升期和持续期，产业主导优势、核心能力与综合优势协调发展，产业竞争力有效提升	综合优势最优发展路径，形成产业协同创新能力和持续发展优势	主导优势、核心能力与综合优势三者发展方向一致
曲线 L_2	经过综合优势培育期与提升期，产业具备一定竞争力，但在 T_2 战略节点出现拐点，主导优势固化或能力僵化导致综合优势下降	综合优势不可持续，出现优势阶段性退化	前期三者发展方向一致，但核心能力刚性，阻碍综合优势持续发展
曲线 L_3	经过综合优势培育期，产业综合优势水平有所提高，但在 T_1 时刻出现优势固化，综合优势提升期与持续期发展效果不佳，综合优势整体水平不高	综合优势水平不高，没有形成较强的协同创新与发展能力	综合优势发展方向与主导优势和核心能力方向出现较小偏差
曲线 L_4	从 T_0 时刻开始综合优势水平逐渐退化，没有围绕主导优势与核心能力进行必要的资源布局，产业竞争力逐渐降低，最终导致产业消亡	缺乏综合优势战略设计，没有形成区域产业规模优势	主导优势、核心能力与综合优势三者方向相互背离

中，产业核心能力起到承上启下的连接作用，是综合优势培育和发展的基础。产业综合优势发展过程需要关注以下几个方面。第一，综合优势形成与发展过程是开放的，内外部优势因素及资源可以自由流动，不仅要注重产业内的协同创新与发展，同时也要吸收外部积极（有利）要素发展和壮大产业自身。第二，不同战略性新兴产业中创新主体数量和规模不断变化，主体间联系复杂而紧密，产业主导优势选择不同，在此基础上构筑的核心能力及形成的综合优势也不尽相同。第三，只有主导优势、核心能力与综合优势三者同步螺旋上升，并保持方向一致，战略性新兴产业才能快速形成综合优势并且持续发展。第四，基于核心能力形成产业综合优势具有可持续性，在一个产业发展周期内，以最小投入获得最大优势是综合优势可持续的重要前提，需要据此设计产业综合优势战略规划。综上分析，构建战略性新兴产业综合优势发展机理模型，如图 2-21 所示。

2.4.3　新兴产业创新生态系统综合优势发展机理

随着综合优势理论从企业到产业层面的逐步拓展，产业综合优势理论能够为我国新兴产业战略管理和创新发展提供理论及方法指导，并强调"理论—情境"之间的动态匹配性，能够为数字化情境下的理论拓展奠定基础。在数字化情境下，新兴产业生态化竞争趋势不断深入，创新生态系统（innovation ecosystem）成为新兴产业日益重要的竞争战略单元[12]。新的情境孕育新的战略管理实践，迫切需要与之契合的战略管理理论作为指引[19]；同时，对现有理论的反思、拓展是保证其在新的情境下进一步发挥实践指导性的关键[20]。因此，有必要明晰数字化情境下产业综合优势理论拓展思路，并将新兴产业创新生态系统作为新的组织形式和战略研究对象，深入探究其综合优势发展机理，旨在为数字经济时代新兴产业的创新生态化发展和综合优势拓展提供先进的理论指导及战略设计依据。

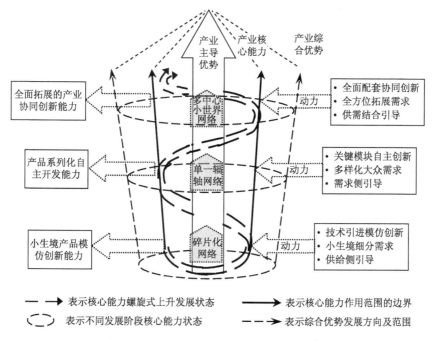

图 2-21　战略性新兴产业综合优势发展机理模型

1. 数字化情境下产业综合优势理论拓展思路

随着数字化创新实践深入推进，新兴产业的竞争战略单元和创新模式等发生变化，数字化创新成为产业综合优势理论在新情境下的全新战略视角[12]，由此拓展了理论适用边界、核心构念的类型以及实践指导范围，具体解释如下。

一是拓展了理论体系的适用边界。为更全面地捕捉新兴产业与生态化主体之间的创新活动和"主体—环境"多层级互动，产业综合优势理论的边界需要从产业内部主体、产业环境层面扩展到创新生态系统的广泛主体（政产学研金介用）及生态环境层面（多主体相关的资源、政策、市场等环境要素），即"产业→产业创新生态系统"。为此，需要将产业综合优势理论与创新生态系统战略观相结合[21,22]，构建新兴产业创新生态系统综合优势发展机理研究框架，并通过理论分析与案例研究结合的方式探究其综合优势发展机理。

二是拓展了核心构念的类型。在理论边界拓展的同时，产业综合优势理论的核心构念也要进行相应拓展，即"产业主导优势→产业创新生态系统主导优势"，"产业核心能力→产业创新生态系统核心能力"以及"产业综合优势→产业创新生态系统综合优势"。这些变化说明需要颠覆先前研究中确定的主导优势、核心能力和综合优势的类型。以主导优势为例，新兴产业主导优势是指由产业多主体构成的创新网络，聚集了大量引领产业创新的显性要素[23]；而在创新生态系统情境下，生态系统本身即可视为创新网络的高阶形态[24]，且数字化创新视角下的主导优势不仅局限于显性要素，还可以是数字化虚拟资源，因此需要结合数字化创新视角及创新生态系统情境重新探究综合优势核心构念的类型。

三是拓展了理论的实践指导范围。产业综合优势理论相关的研究成果旨在为产业管理部门的发展战略规划、政策体系优化和企业创新战略实践提供理论及决策参考；进一步探究新兴产业创新生态系统综合优势理论，包括明晰其核心构念、揭示系统综合优势发展机理并设计综合优势发展路径及管理方法体系，能够扩展理论成果的实践指导范围，为高校、科研院所、创新服务组织、平台企业等广泛主体提供"是否"、"何时"以及"如何"与新兴产业协同创新的战略路径及有效的行动方案，从而以更系统性的战略工具指导多主体共生发展。

综上，综合优势理论的兼收并蓄思维有助于吸纳数字化创新要素和创新生态系统理论思想，以系统观审视多元主体与生态环境的交互，以时空观聚焦产业整体竞争优势的长期、动态提升，以创新观统领数字化创新与竞争战略逻辑的共演，从而构建具有开放性和情境适应性的理论体系，推动数字化与生态化情境下的战略管理理论与实践同步发展。

2. 新兴产业创新生态系统综合优势发展动力

综合优势发展依托于多重情境要素的协同驱动[18]。结合创新生态系统战略观以及我国独特的制度情境、技术情境与市场情境，新兴产业创新生态系统综合优势发展的关键驱动力表现为政策引导力、技术推动力和市场拉动力。

（1）政策引导力。政策对技术复杂、不确定的新兴产业具有关键引导作用。在我国新型举国体制下，创新政策是引导新兴产业创新发展的制度工具，可以将政策工具划分为供给侧、需求侧、环境侧三种类型[25]。同时，由于数字化创新自生长性，层出不穷的新兴技术及商业模式往往改变组织形式并挑战现有制度，需要通过供给侧、需求侧、环境侧政策工具的互补协调和动态调整为系统各阶段的主导优势开发、核心能力培育和综合优势发展提供政策组合引导力。

（2）技术推动力。技术推动力是指系统主体通过积极响应竞争动态、市场变化和政策引导，通过前沿技术探索、关键技术突破、现有技术数字化改造等方式推动产业技术体系数字化升级，从而为综合优势的持续发展提供匹配性的技术支撑，主要表现为四个方面：一是加大研发投入，进行产业前沿技术和数字技术的基础及应用研究，提升创新源动力；二是以市场需求为导向，开展场景驱动的技术研发与细分场景应用；三是基于数字技术和平台开展产学研协同创新，加强产业关键技术及核心数字技术的联合攻关；四是在基础零部件、前沿技术等领域统筹布局，培育一批"杀手锏"技术以缓解综合优势发展的"卡脖子"问题。

（3）市场拉动力。用户也是创新生态系统的重要种群[26]，所以市场需求对系统创新的反向牵引和综合优势战略调整也发挥关键作用。我国拥有的海量用户基础，正驱动新兴产业创新向满足个性化、体验化的市场需求发展，尤其自新冠疫情以来长期居家的生活和工作模式拉动了在线服务及平台消费，大数据、云计算等技术赋予智能终端和各类平台更加实时、精准的营销和服务能力，由此兴起的远程医疗、VR看车、线上办公等新业态、新模式持续拉动系统进行"市场→技术→研发"逆向创新，为主导优势的动态转换和核心能力数字化升级提供动力。

因此，结合新兴产业创新生态系统综合优势发展的战略视角、三种发展动力和"主导优势→核心能力→综合优势"的战略主线，建立新兴产业创新生态系统综合优势发展机理研究框架，如图 2-22 所示。这一框架遵循"条件—行动—结果"的战略分析逻辑，条件是综合优势发展的情境驱动力（箭头框），行动是综合优势发展的战略主线（长方框），结果是系统当前战略期内快速形成综合优势，并在长期上实现综合优势持续发展（椭圆框）；数字化创新作为战略视角贯穿于各环节，体现主导优势选择的要素基础（数字化创新基础）以及核心能力培育过程（数字化创新过程），也是综合优势阶段性水平的重要体现（数字化创新产出）。

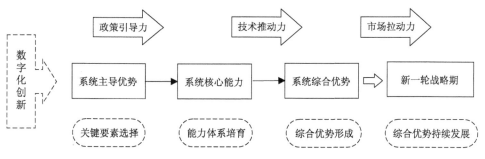

图 2-22　新兴产业创新生态系统综合优势发展机理研究框架

虚线框是对应实线框内容功能的解释

3. 新兴产业创新生态系统综合优势发展过程

1）研究方法及案例选择

采用探索性纵向案例研究，原因如下。①研究旨在回答"新兴产业创新生态系统如何形成和发展综合优势"，涵盖机理层面的探讨且先前研究不足，探索性案例研究有助于挖掘实践背后"如何"和"为什么"的理论逻辑，提炼并讨论现象中的关键构念[27]。②综合优势发展是一个长期、动态的过程，纵向案例研究在剖析动态过程中不同构念的联系和变化方面具有优势，有助于总结不同战略期中的战略要素因果关系及演变规律[28]。③相较于多案例研究，单案例更适用复杂系统的演化研究[29]。新兴产业创新生态系统是一个多主体协同的复杂系统，单案例研究能够将不同主体视为与系统协同演化的嵌入式分析单元[12]，以准确把握系统演化中的战略要素和关键事件，并保证对同一现象的相互印证和补充。

案例选择方面，通过理论抽样，选取我国新能源汽车产业创新生态系统为例，并基于三点原则。①典型性。"十四五"规划将新能源汽车产业列为现代化产业体系中的重要新兴产业，具有良好的发展前景；同时，产业生态正由零部件、整车制造、配套服务的"链式关系"演变成汽车、能源、通信等领域的"开放式生态"，产学研合作频繁，是一个典型的新兴产业创新生态系统。②匹配性。自《节能与新能源汽车产业发展规划（2012—2020 年）》出台，产业坚持电动化、网联化、智能化发展方向，数字化创新实践已由局部主体、环节逐渐扩散至整体，赋能核心能力与综合优势持续提升。因此，新能源汽车产业案例与数字化创新的战略视角及研究问题十分匹配。③启示性。我国新能源汽车的产销量持续攀升，自 2015年起连续保持全球第一，呈现出强大的国际竞争力。总结我国新能源汽车产业综合优势发展机理，能够为其他新兴产业提供重要的理论指导。

2）数据收集及分析

对不同类型数据编码如表 2-5 所示，其中年鉴、年报和研究报告覆盖 2012～2021 年十年统计期，政策、专利、文献和新闻的检索范围为 2012.1.1～2022.5.31。多渠道数据收集有助于案例证据之间"三角验证"，提高研究信度及效度。数据处理及分析方面，遵循质性资料的结构化数据处理及编码步骤[30]，采取数据缩减及转化、数据陈列、结论及验证三个阶段，通过对案例现象与涌现理论、现有理论与新理论反复比较、相互验证，确保案例研究结果的合理性和创新性。

表 2-5　数据来源与编码原则

数据类型	具体来源	数量/份	编码
官方资料	1. 统计年鉴：《节能与新能源汽车年鉴》《中国汽车工业年鉴》《中国汽车市场年鉴》等	16	Fa_1～Fa_{16}
	2. 企业资料：企业官网、上市企业年报、集团年鉴及志书、公开演讲、专题报告、微信公众号等	79	Fb_1～Fb_{79}
	3. 政策文件：国务院、国家发展和改革委员会（国家发展改革委）、工业和信息化部（工信部）、科学技术部（科技部）、财政部以及地方政府颁发的相关政策	42	Fc_1～Fc_{42}
	4. 联盟资料：新能源汽车、电动汽车、智能网联、智慧车等联盟的成员动态及合作信息	34	Fd_1～Fd_{34}
商业著作	《新能源汽车关键技术》《5G+智能网联汽车：新基建浪潮下的汽车产业革命》《战略性新兴产业创新机理与管理机制研究——基于多维视角》等	5	M_1～M_5

续表

数据类型	具体来源	数量/份	编码
研究报告	《中国战略性新兴产业发展报告》《中国新能源汽车产业发展报告》《节能与新能源汽车技术路线图》等	21	$R_1 \sim R_{21}$
文献资料	中国知网、WOS 数据库的中英文期刊、会议及学位论文	102	$L_1 \sim L_{102}$
专利数据	智慧芽专利数据库中我国新能源汽车技术领域的合作发明（授权）专利	2375	$P_1 \sim P_{2375}$
网页信息	新能源汽车网、第一电动网、人民网、新华网等重要媒体的采访及权威新闻报道；工信部、科技部网站的产业资讯	59	$S_1 \sim S_{59}$
访谈记录	1. 半结构化访谈：企业 R&D 人员 1 名（音频转录 1.1 万字），销售主管 1 名（音频转录 1.3 万字），产品经理 1 名（音频转录 0.8 万字），学术专家 3 名（音频转录 2.5 万字），电动汽车联盟理事 2 名（音频转录 0.9 万字），产业投资经理 1 名（音频转录 1.4 万字）	9	$Ia_1 \sim Ia_9$
	2. 非正式访谈：电话咨询 2 名科研院所工作者（音频转录 0.8 万字）、1 名产业部门管理者（音频转录 1 万字）和 8 名消费者（音频转录 2.3 万字）	11	$Ib_1 \sim Ib_{11}$
现场观察	走访观察吉利、蔚来、比亚迪和上汽的展厅和 4S 店；登录新能源汽车产业国家大数据实验室等了解平台功能	14	$O_1 \sim O_{14}$

注：WOS 全称 Web of Science，即科学网；上海汽车集团股份有限公司，简称"上汽"

3）我国新能源汽车产业创新生态系统演化历程

对我国新能源汽车产业创新生态系统的数字化创新关键事件以及政策变迁进行梳理，将系统演化过程划分为三个阶段，如图 2-23 所示，其中，虚线为阶段划分。

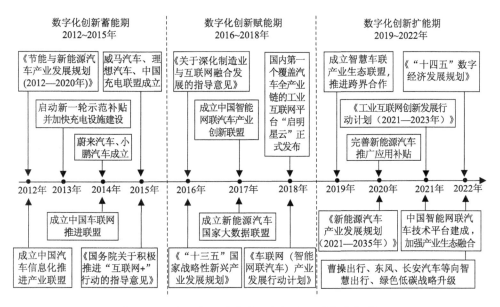

图 2-23　我国新能源汽车产业创新生态系统演化过程

中国充电联盟全称中国电动汽车充电基础设施促进联盟，成立于 2015 年 10 月

4）数字化创新蓄能期综合优势发展过程

蓄能是指积蓄能量以达到使用要求。2012～2015 年，系统内的数字资源持续扩张，并且出现更多的主体尝试开展数字产业化的"增量创新"或产业数字化的"赋能创新"[31]，即通过环境与主体的数字化蓄能，推动系统数字化创新全面启动。这一阶段称为数字化创新蓄能期（简称蓄能期），其典型证据及编码见表 2-6。

表 2-6　蓄能期典型证据及编码

聚合维度	二阶主题	一阶概念	典型证据援引
政策引导力	供需主导型政策	供给侧技术创新政策	突破混合动力、汽车电子和轻量化材料等节能关键技术；支持物联网、大数据研发在新能源汽车中的应用，探索充电导航服务模式
		需求侧市场培育政策	依托一、二线城市推广新能源汽车，并给予消费者购车补贴
技术推动力	数字技术渗透与技术体系完善	核心技术突破	电动汽车联盟联合企业、高校共同承担"下一代高性能纯电动轿车动力"研发课题
		配套技术创新	充电基础设施促进联盟建立了充电设施智能信息平台以及设施互联互通的技术创新激励机制
		数字技术渗透	"互联网+"技术向新能源汽车创新链全面渗透，新能源汽车成为互联网和 AI 应用的重要载体
市场拉动力	逐步显现的多样性需求	公共需求增长	推广应用城市新增或更新的车辆中新能源汽车的比例高于 30%
		私人需求扩张	车企需尽快提供路况大数据分析、充电桩导航等服务，应对续航能力差和充电设施不足
主导优势	数字资源	数据	吉利 3.0 阶段成立数字化工厂部，领导数据库的搭建并探索数据驱动的业务模式创新
		数字技术	中国车联网推进联盟加快云计算、大数据等技术应用，加快"车内网"向"车间网"技术转型
		数字基础设施	车用传感器、高精处理器、车主交互系统等软硬件设施是新能源汽车产业的数字化基础
核心能力	分布式创新能力	分布式变革能力	比亚迪 2012 年跨入二次腾飞元年，凭借 IT 和新能源汽车领域的资源技术积累开启智能化风潮
		多点协同创新能力	2014 年比亚迪与百度、戴姆勒、新加坡科技研究局建立多边云合作，协同研发自动驾驶技术

（1）情境要素的驱动机制。在蓄能期，根据政策引导力、技术推动力和市场拉动力的各自特征和作用方式，情境驱动机制分别表现为供需主导型政策、数字技术渗透与技术体系完善、逐步显现的多样性需求。

在政策引导力上，供给侧技术创新政策与需求侧市场培育政策是该阶段核心特征。供给侧技术创新政策旨在推动产业关键核心技术及配套技术发展,以及加快数字技术创新及在新能源汽车中的应用。需求侧市场培育政策旨在通过政府采购、应用示范和用户补贴形成早期稳定的市场规模。第二轮示范期(2013～2015年)扩大了新能源车公共采购,同时延续购车补贴,全面激活市场需求。

在技术推动力上,"十二五"期间我国新能源汽车产业创新生态系统基本形成"三纵三横"矩阵式技术创新体系,核心技术的突破和配套技术的创新成为技术体系完善的重点。同时,数字技术基于融合性向产业技术体系全面渗透,核心企业作为技术采纳和应用场景探索先锋,推动了数字技术与产业关键技术的初步融合。如北汽 2014 年与京东联合推进车联网技术孵化和"三电"技术的数字化升级;上汽 2015 年坚持两化融合战略,围绕"互联网+新能源"打造新技术优势。

在市场拉动力上,第二轮示范期呈现稳步增长的公共需求以及迅速扩张的私人需求。与公共车型用途单一、运行路线及时间相对固定等特征不同,私人需求更加多样化,使用场景丰富且使用时间碎片化,从而倒逼车企围绕电池性能、快速充电、设施互联等进行新一轮创新,探索路况分析、充电导航等数据驱动服务。

(2)数字资源主导的战略变革。主导优势的选择需要满足两个特征:一是代表系统当前情境下的发展特色,是众多要素中最具潜力的优势要素;二是呈现较强关联能力,对其他要素发挥协调、带动作用以实现战略变革。基于情境驱动机制分析,明确数字资源是该阶段的系统主导优势。

自"两化融合"和"互联网+"逐步深入,以数据、数字技术与数字基础设施为代表的数字资源大规模产生并持续积累,凭借其虚拟替代性、要素协同性和价值增值性,不断为系统增加新的要素组合,提升资源配置的效率并创造商业机会,从而支撑了更多主体进行战略变革。如长安汽车 2015 年提出"654"智能化战略;启明信息 2012～2015 年推进信息化战略,通过开发数字资源而成功研发车联网、H 平台导航等产品,为产业链生态伙伴带来新优势。

(3)分布式创新能力培育。结合理论分析与案例归纳,将"蓄能期"系统核心能力确定为分布式创新能力,解构为分布式变革能力与多点协同创新能力。

分布式变革能力指系统不同生态位上新增数字化创新的"新成员"或既有创新主体在战略变革下成为"转型者",逐步实现技术、产品、商业模式创新等系列化变革的能力。一方面,2014 年至 2015 年间蔚来、威马、小鹏等"互联网造车"新势力相继成立,以数字资源为主导对产业资源进行数字化编排与重构,成功在"三电"为核心的系统中占据了利基生态位。如小鹏依托领先的数据算法及软硬件集成能力,率先推出自动驾驶功能。另一方面,上汽、比亚迪等系统核心主体,充分发挥在各自区域的牵头示范作用,带领生态伙伴开展数字资源主导的数字化转型。如比亚迪依托其在新能源汽车领域的产业链垂直整合优势,与上下游伙伴在研发、生产、销售等环节的数字化转型中逐步探索，实现云服务、Car Pad 车载平板或称为车载平板一体机等技术的车载应用，并推出用户数据驱动的"精诚服务"。

多点协同创新能力是指系统不同生态位的主体在实现分布式变革的基础上，凭借数字资源的互联互通和兼容共享性而降低跨地域的合作门槛及协调成本，在更广范围开展多点式、云协同创新的能力。如蔚来自 2015 年在全球建立研发中心，基于大数据分析和网络通信技术，在研发中心之间实现知识、技术、人力等创新资源优化配置；比亚迪 2013～2015 年与北京理工大学、百度、戴姆勒等开展"线上+线下"合作，推进智能控制和无人驾驶技术协同突破。

（4）"多点突破"综合优势形成。综上分析，系统在"蓄能期"基于供需主导型政策引导、数字技术渗透与技术体系完善以及多样性需求拉动的情境驱动机制，以数字资源为主导牵动各类要素、主体由物理空间向数字空间转移，通过"情境—资源—战略"匹配开展数字化创新战略变革。在战略变革中，系统通过"互联网造车"新成员的机会开发及核心企业主导的初步转型探索，逐步培育分布式创新的核心能力，启动产业生态从单点到多链、由优势领域向配套领域的数字化转型升级，即以"多点突破"的态势形成综合优势并持续发展——2015 年我国新能源汽车的产销量首次超越美国，跃升至世界第一，并且自 2016 年起逐年扩大生产制造规模和市场销售优势。蓄能期系统综合优势发展过程如图 2-24 所示。

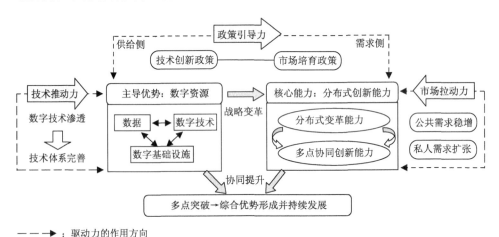

——————▶：驱动力的作用方向

图 2-24　蓄能期系统综合优势发展过程

5）数字化创新赋能期综合优势发展过程

赋能是指赋予更大能力以实现资源优化配置、功能拓展升级和迭代创新的过程。在政府、核心企业、联盟等配合下，系统为了更高效地整合数字资源，自"十三五"开始推进多类数字平台建设,以赋能分布式主体的智能连接、模块化分工与创新迭代,促进数字化创新持续深入。数字化创新赋能期(简称赋能期)的典型证据及编码见表 2-7。

表 2-7　赋能期典型证据及编码

聚合维度	二阶主题	一阶概念	典型证据援引
政策引导力	环境主导型政策	行业监管政策	生产油耗车将扣分,生产新能源车增加积分,未在当年抵消负分的车企将面临处罚
		公共平台政策	打造一批网络化协同制造的公共服务平台;加快工业互联网建设,打造多层次平台服务体系
技术推动力	数字技术与产业技术体系耦合升级	协同创新链重构	百度、腾讯、小米等互联网巨头加入产业生态,持续扩张和重构"互联网+新能源"协同创新链
		数字技术孵化	深度学习、AI 算法、生物识别等新兴数字技术的孵化为新能源汽车产业的升级带来新机遇
市场拉动力	逐新趋异的个性化需求	科技体验需求	随着智能感应、高精定位等技术应用,具有科技优势的车型更受用户青睐
		增值服务需求	蔚来推出 Service Package 用户无忧包,提供上门保养、手机停车和代驾服务
主导优势	数字平台	企业内网平台	上汽数据中台、AI 中心等支持能力加强,提供综合数据服务能力与互联基础
		产业生态平台	电动汽车联盟搭建了资源共享、合作研发和共性技术服务平台,深度整合产业链生态资源
核心能力	重组创新能力	平台整合能力	基于"互联网+制造"平台,蔚来对宁德时代、南方和顺、江淮汽车的资源进行模块化整合
		平台重构能力	广汽 2017 年与华为和移动建立跨平台研发体系,并与腾讯打造生产、销售、服务全流程管理模式

注:广州汽车集团股份有限公司简称广汽

(1)情境要素的驱动机制。在"赋能期",情境要素驱动机制表现为环境主导型政策、数字技术与产业技术耦合升级、逐新趋异的个性化需求。

在政策引导力上,我国 2016 年启动新能源汽车"补贴退坡"计划,从行业监管与公共平台建设两个方面加大环境侧政策力度。如 2017 年出台的双积分政策旨在引导节能技术创新,《汽车产业中长期发展规划》提出建设智能网联汽车大数据交互平台,支持车企完善自身的数据平台并接入车联网公共服务平台。

在技术推动力上,数字技术开始与产业技术体系耦合升级,推动新能源汽车由交通工具向智能终端和数字空间等转变。"十三五"期间百度、阿里、腾讯等互联网企业加强与新能源车企合作,基于优势互补搭建技术联合孵化平台,加快新兴数字技术与产业核心技术链的协同重构。中国智能网联汽车联盟于 2017 年成立,旨在促进数据共享和技术交流,培育智能网联汽车的新技术、新业态和新模式。

在市场拉动力上，逐新趋异的个性化需求成为主流，促使更多的车企将重心转向科技体验和定制服务的提供上。一方面，车主呈年轻化趋势，更崇尚科技并敢于尝鲜，引领车企探索语音交互、智能座舱等技术以增强科技体验；另一方面，为满足便捷化、个性化需求，车企开始拓展数字化增值服务。如比亚迪 2017 年搭建的云服务平台能够提供远程控车、线路优化等定制服务。

（2）数字平台主导的战略升级。在"赋能期"情境驱动下，系统主导优势由初级数字资源转换为多层次的数字平台，依托平台的模块化架构、网络效应和互联功能，主导综合优势战略统一规划和升级。结合理论与案例，将数字平台视为多维平台嵌套体系，包括企业内网平台与产业生态平台。

企业内网平台指系统内企业在原先信息管理系统之上叠加部署的数据管理平台，以实现研发、制造、销售等各部门数据共用和资源共享。如吉利为解决各部门数据孤立问题，2016 年与阿里云共建云平台，提升数据协同服务能力；上汽自 2017 年加快数据中台和云服务中心建设，旨在打通分公司数据并服务于细分需求场景。内网平台的建设为企业接入产业生态平台提供了架构基础。

产业生态平台指核心企业、政府等牵头搭建的产业链数字化生态协同平台，可以推动上下游数据贯通、大中小企业资源共享和产学研用合作，包括协同研发、资源共享、协同制造、创业孵化等类型。如在协同研发方面，百度 2017 年推出全球首个自动驾驶开放平台 Apollo，广泛吸引新能源车企、移动运营商和出行服务商加入 Apollo，加快构建研发需求实时发布、研发项目合作的产业链协同研发体系。在资源共享方面，新能源汽车国家大数据联盟 2018 年建设开放实验室，联盟成员可以登录平台进行数据查询分析、模型开发和代码共享。

综上，两类平台建设反映了系统战略的升级过程，即从企业内部协同走向产业生态协同，促进异质性主体的互补式和依附式升级。

（3）重组创新能力培育。"赋能期"系统培育的核心能力可归纳为重组创新能力，即系统主体在分布式创新的基础上，依托数字平台摆脱链式关系、地理限制而建立直接联系，以更大范围、更高效率地实现创新资源及能力组合、模式重构与迭代创新的能力[31,32]，具体解构为平台整合能力与平台重构能力。

平台整合能力指吸引异质主体在产业生态平台集聚，实现智能连接、资源互补和创新导航的能力。平台凭借智能分析技术，一是能促进供需匹配与精准对接，通过合作扩大网络效应；二是模块化整合创新资源，引导潜在创新主体根据补短板、铸长板的原则进行功能重组；三是对产业关键共性技术统筹布局，引导各主体围绕技术瓶颈开展协同创新。如新能源汽车国家监测管理平台通过对全国车辆运行数据、安全事故等进行实时分析，为车企提供统一、及时的创新导航以联合解决不同场景的技术痛点，如高温环境下的电池起火。

平台重构能力指在平台赋能下不断重构研发、制造和服务模式以实现迭代创新的能力，具体体现在研发模式向众包化转型，制造模式向敏捷化、共享化升级，以及服务模式向个性化、科技体验型迭代。如比亚迪、上汽、东风等基于新能源汽车工业互联网打造了"云制造"服务体系，提供按需及时响应的敏捷制造服务；吉利 2018 年推出 GKUI[①]平台，汇集了阿里云服务、高德地图导航、科大讯飞智能语音等，为车主提供 AI 导航、个性音乐、场景推荐服务。

（4）平台赋能综合优势成长。结合以上分析，赋能期系统基于环境侧政策引导、协同创新链推动和个性化需求拉动的情境驱动机制，以数字平台为主导集聚分布式主体，依托平台体系的联动赋能引领战略升级。战略升级中，系统通过平台整合与重构培育了重组创新能力，满足模块化分工、技术瓶颈联合攻关、科技体验等需求并迭代创新，同步提升创新数量、质量和速度。因此，数字平台与系统主体相嵌升维，系统由分布式连接的松散网络向"多维平台嵌套"体系演进，赋能综合优势在"多点突破"态势上的持续成长。根据《中国新能源汽车产业发展报告（2019）》，我国新能源汽车产业在 2018 年基本形成平台体系化、智能网联化发展格局，国际竞争力综合指数由 2013 年的第五位升至第三位。"赋能期"系统综合优势发展过程如图 2-25 所示。

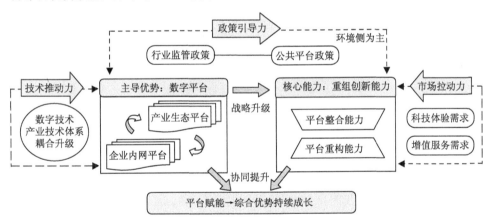

图 2-25　"赋能期"系统综合优势发展过程

6）数字化创新扩能期综合优势发展过程

扩能是指扩大创新合作的范围以实现跨产业协同。在 2019 年补贴退坡、新冠疫情、贸易摩擦升级等复杂形势下，系统面临新的机遇和挑战，开始将战略视野转向外部的关联产业及广泛互补者，基于数字生态系统的架构支持开展跨界融合[12]，共建具有包容性和韧性的产业生态。此阶段为数字化创新扩能期（简称扩

---

① GKUI 全称为 Geek user interaction，即吉客智能生态系统。

能期），其典型证据及编码见表 2-8。

表 2-8　"扩能期"典型证据及编码

聚合维度	二阶主题	一阶概念	典型证据援引
政策引导力	均衡型政策	要素协同政策	建立技术、人才、数据、金融等多要素支撑的数字化转型服务生态
		市场拓展政策	平缓补贴退坡节奏，推广应用补贴延至 2022 年
		生态优化政策	布局融合基础设施，围绕"双碳"加速能源转型
技术推动力	数字技术主导技术体系重构	关键性数字技术发展	以新能源汽车为智能网联率先应用的载体，促进环境融合感知、决策控制技术研发及应用推广
		关联性技术融通创新	吉利的"一网三体系"将智能能源、制造和服务连接成一个完整的技术路线图
市场拉动力	绿色智慧出行的拓展性需求	智慧出行需求	希望在自动驾驶中拥有安全保障和空闲时间体验工作办公、娱乐休闲、网络购物等车载功能
		绿色低碳需求	广汽"GLASS 绿净计划"塑造低碳价值，赢得市场共识
主导优势	数字生态系统	数字基层生态	中科创达在智能软件领域深耕，提供"万物互联+AI+5G"和"软件定义汽车"的产品及服务
		数字跨界生态	除了百度与吉利联手、360 投资哪吒外，华为、小米、腾讯也在新能源汽车领域布局生态合作
核心能力	跨界融合创新能力	跨界伙伴搜寻能力	长安携手联想、恩智浦等香格里拉联盟成员互补创新，并与小米、格力构建跨界朋友圈
		前沿创新能力	智慧车联联盟以数字车钥匙、机车互联为技术前沿，探索"智能汽车+智能终端"模式

　　注：GLASS 绿净计划英文全称为 green low-carbon for achieving sustainable success，是广汽集团发布的一项综合性计划，旨在通过绿色低碳发展行动实现可持续发展

　　（1）情境要素的驱动机制。在"扩能期"，情境要素的驱动机制表现为均衡型政策、数字技术主导产业技术体系重构、绿色智慧出行的拓展性需求。

　　在政策引导力上，我国自 2019 年对新能源汽车供给侧、需求侧和环境侧政策均衡布局，在供给侧支持大数据服务等数字产业发展，为新能源汽车产业融合创新提供技术、基础设施、服务等多要素支撑；在需求侧通过延长补贴、车辆下乡等激发市场的二次成长；在环境侧推进新基建和低碳生态建设，如 2021 年提出构建"低碳循环发展经济体系"，引导系统各主体开展"双碳"绿色创新。

　　在技术推动力上，"扩能期"系统"十四五"期间深化"三纵三横"研发布局，在原先"三电"的基础上进一步突出数字技术的重构作用，依托智能网联等"新三横"加快关键数字技术发展以及新能源汽车技术与关联技术领域融通创新。如吉利与 Concordium（瑞士区块链开发商）合作推动区块链研发及在新能源汽车场景的率先应用，同时布局科技生态网，围绕芯片、软件、数据和卫星网加强跨界研发合作。

在市场拉动力上，绿色智慧出行的拓展性需求成为新趋势。更多车主追求车与生活互联、软件定义、线路优化等智慧体验，推动新能源汽车和智能软件、智慧交通等领域融合。如一汽 T33 可与上百种家居设备互联，迎合智慧生活走进汽车需求。同时在"双碳"号召下，绿色出行需求驱动产业清洁化变革。如 2022年曹操出行提出科技重塑绿色出行；长安汽车推进三次创业，向低碳出行公司转型。

（2）数字生态系统主导的战略跃迁。在"扩能期"情境驱动下，系统主导优势来源不再限于系统内部单一要素或平台，而转向由更广泛数字化相关主体、数字资源及平台共同构成的数字生态系统。相比新能源汽车产业创新生态系统，数字生态系统界域更广，旨在促进数字创意萌发、数字技术研发及在各行各业的应用扩散[12,33]，故可视为一种分层生态体系，包括人工智能、大数据等核心数字产业构成的数字基层生态，以及数字技术在不同产业融合形成的数字跨界生态。

其中，数字基层生态提供数字技术"增量创新"的同时，还作为数字基座为更多产业数字化提供支撑。如科大讯飞不仅提供 AI 产品，还通过"平台+赛道"模式拓展智能汽车、智能手机等服务。这些细分赛道由于底层技术、平台架构的通用性能进一步促进跨产业合作，形成数字跨界生态。如智慧车联开放联盟覆盖手机、汽车、通信等产业，在各自实现手机软件开源、智能车载系统、V2X（vehicle to everything，车与一切事物的信息交互）通信的基础上进一步推进车机互联和车云网建设。综上，在数字生态系统的支撑下，车企有潜力联合广泛的生态伙伴进行战略跃迁，培育适应未来竞争的核心能力。

（3）跨界融合创新能力培育。系统"扩能期"培育的核心能力可归纳为跨界融合创新能力，解构为跨界伙伴搜寻能力和前沿创新能力。

跨界伙伴搜寻能力是指扫描跨产业的优质伙伴并在新技术领域或应用场景建立合作的能力。如上汽与海尔在房车、智能家居领域协同研发"车家互联"技术，与腾讯、阿里、OPPO 等国内伙伴布局互联网内容生态，与 Mobileye、TTTech 等国际伙伴联合探索视觉芯片、安全控制系统在自动驾驶场景的应用。

前沿创新能力指企业在跨界合作深入推进中探索前沿科技与未来市场的能力。为促进综合优势持续发展，系统应以核心企业为先锋，围绕智慧绿色出行需求加强跨界合作。如上汽、比亚迪与英伟达、Momenta 在车载芯片、高精导航等智慧化领域加强研发，共同推动车能融合和车路协同；吉利与协鑫、德科物联在液态阳光、城市储能等领域深入探索，并已在丹麦、冰岛等推广绿色甲醇汽车。

（4）"生态互融"综合优势拓展。结合以上分析，"扩能期"系统基于均衡型政策引导、技术体系融合推动、拓展性需求拉动的情境驱动机制，以数字生态系统为主导优势进行战略跃迁。在战略跃迁中，系统在分布式创新与重组创新的基础上进一步培育了跨界融合创新的核心能力，深入推进新能源汽车"新四化"的同时也与手机、能源、旅游等关联产业融合发展。因此，当前系统正向"跨界融合创新生态系统"的高级别生态范式演化，引领"生态互融"综合优势的形成及新一轮拓展，助力新质生产力的快速形成以及现代化产业体系建设。"扩能期"系统综合优势发展过程如图 2-26 所示。

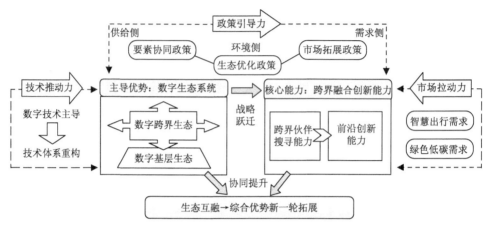

— — — ▶ ：表示三种驱动力作用方向

图 2-26　"扩能期"系统综合优势发展过程

4. 新兴产业创新生态系统综合优势发展机理模型

本书通过我国新能源汽车产业创新生态系统的纵向案例研究，探索了数字化创新视角下新兴产业创新生态系统综合优势发展过程，揭示了系统综合优势发展的关键驱动力及战略路径的演变规律，据此构建数字化创新视角下新兴产业创新生态系统综合优势发展机理模型，如图 2-27 所示，并提炼三点规律。

（1）新兴产业创新生态系统经历数字化创新"蓄能期→赋能期→扩能期"三个阶段演化。基于数字化创新的战略视角，系统依次形成了不同类型及水平的综合优势，并通过"战略变革→战略升级→战略跃迁"实现综合优势持续发展。

（2）基于我国独特的制度、技术和市场情境，系统综合优势发展受到政策引导力、技术推动力、市场拉动力三重动力的综合驱动。其中，政策引导力呈现"供需主导型→环境主导型→均衡型"演变；技术推动力呈现"数字技术渗透→数字技术与技术体系耦合升级→数字技术主导技术体系重构"演变；市场拉动力呈现"多样性需求→个性化需求→拓展性需求"演变。

（3）伴随数字化创新全面启动、持续赋能和多向拓展，系统主导优势经历"数字资源→数字平台→数字生态系统"的动态选择；在主导优势的战略引领和要素协同作用下，系统依次培育了分布式创新、重组创新、跨界融合创新的核心能力，即通过优势资源与潜在资源的数字化联动编排，构建独特、动态的核心能力体系；

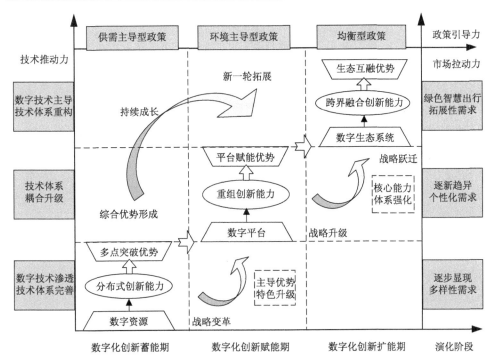

图 2-27　数字化创新视角下新兴产业创新生态系统综合优势发展机理模型

虚线表示创新生态系统数字化创新三个演化阶段的划分以及技术推动力与市场拉动力三种状态的划分

在主导优势升级和核心能力动态强化的过程中，系统综合优势同步形成、成长并拓展，呈现"多点突破→平台赋能→生态互融"的发展特征，并积极响应情境动态性而向新一轮战略期"跃迁"，构筑未来竞争优势。

综上，企业、战略性新兴产业、新兴产业创新生态系统综合优势发展机理的系统性揭示，为本书后续章节中面向三类创新型组织的综合优势管理方法及应用提供了必要的理论依据和先进的设计思想。创新型组织综合优势战略分析、管理机制、发展路径等研究都必须遵循综合优势发展机理，并根据企业、战略性新兴产业、新兴产业创新生态系统各自的情境特征和战略管理重点而进行灵活设计。

2.5　综合优势理论应用原则及多层面应用重点

2.5.1　综合优势理论应用原则

为了使综合优势理论能够有效应用于多层面创新型组织的战略管理，并有助于组织充分利用内外部资源、条件与机遇，沿着最佳路径积极创造、形成和发展综合优势，不断提高创新生态化发展的战略管理水平，综合优势理论在实际应用中需要遵循以下原则。

（1）系统性原则。由于创新型组织综合优势研究的本质是对影响其发展的各种内外要素全面分析，并运用系统工程思想方法，探讨多要素系统综合与优化的战略路径及管理方法，因此在综合优势理论应用研究过程中，需要秉持开放性态度集聚和协调广泛的优势要素，并不断吸收战略管理理论研究成果、方法手段和成功的实践经验，不断地丰富和完善综合优势理论体系、管理方法及应用策略。

（2）主导优势原则。在综合优势战略管理中，必须准确选择和确定组织的主导优势，并围绕主导优势配置资源和培育核心能力，这有利于组织确定其战略方向、路径和具体策略，合理配置和利用内外部资源，掌控主导优势的变化，为构筑核心能力和发展综合优势奠定坚实基础。

（3）战略主线原则。为了确保组织综合优势持续发展，无论组织发展处于哪一阶段，综合优势理论在实际应用中都必须坚持"主导优势→核心能力→综合优势"的战略主线，把基于主导优势培育核心能力和基于核心能力发展综合优势作为战略设计、实施和动态协调的核心任务。

（4）竞争性原则。参与市场竞争是创新型组织持续创新发展的实现路径和催化剂，只有通过市场竞争才能获得更多的机遇、创新动力并实现生态化发展。因此，各创新型组织需要认真分析目标市场各主要竞争对手的实力、优势和条件，研判国内外市场竞争环境趋势，设计适应全球竞争的综合优势战略及管理方法。

（5）持续性原则。复杂多变的环境要求创新型组织面对"未来竞争"必须有前瞻性的眼光和更强的战略主动性，通过综合优势理论应用研究，进一步提高其动态适应能力，不仅要研究市场与技术的短期变化，更重要的是要研究长期的经济、技术和社会发展趋势及组织潜在的机会和威胁，在科学分析的基础上充分利用机遇和条件优化资源配置和调整综合优势发展规划，促进可持续发展。

2.5.2 综合优势理论多层面应用重点

结合综合优势理论研究对象、理论核心思想和典型创新型组织综合优势发展机理，对多层面创新型组织的综合优势理论应用重点进一步归纳和总结，为综合优势管理方法及应用研究奠定基础。综合优势理论方法应用研究一般应包括五个层次，即企业层次、企业联盟层次、企业集群层次、产业层次和产业创新生态系统。本书重点介绍企业层次、产业层次和产业创新生态系统的应用研究。

1. 企业综合优势战略管理研究

企业综合优势战略管理研究是综合优势理论应用研究的第一层次内容，主要是为了探索和建立企业综合优势战略管理的方法体系以及应用策略，即在 2.4.1 节揭示企业综合优势发展机理的基础上，遵循"主导优势选择→核心能力培育→

综合优势发展"的战略主线科学设计企业综合优势管理方法，包括五方面内容。

（1）企业主导优势分析方法设计。提出企业主导优势选择流程，设计企业主导优势定量化选择方法。通过对企业内外环境全面分析，对企业内外部的资源、条件与发展机会等进行分类、识别、逐层筛选、定量分析以及优化组合，找出对企业创新发展具有战略引领性和广泛关联性的影响因素，将其确立为主导优势。

（2）基于主导优势的企业核心能力培育机制设计。设计企业核心能力培育机制框架，提出企业动态核心能力识别模型和培育定位重点，重点构建企业核心能力开发机制、提升机制以及重构机制。

（3）企业综合优势发展路径设计。从企业综合优势理论思想与发展机理角度，围绕主导优势、核心能力及多因素综合协同，设计企业资源整合路径、价值活动优化路径和柔性战略路径，并研究企业综合优势发展路径互动机制。

（4）企业综合优势战略管理应用流程设计。遵循企业综合优势理论思想与战略主线，结合企业战略管理实践需要，提出综合优势战略管理应用流程框架，建立企业综合优势战略分析流程与设计方法，设计综合优势战略实施控制系统与战略绩效评价指标体系，并给出支撑企业综合优势战略实施保障机制。

（5）华为综合优势战略实证研究。对华为综合优势发展演化过程进行分析，科学制定华为综合优势发展战略，并建立华为综合优势战略实施控制系统、战略绩效评价指标及实施保障策略。

2. 产业综合优势战略管理研究

产业综合优势战略管理研究是综合优势理论应用研究的第四层次内容，主要是为了探索和建立综合优势理论应用于战略性新兴产业综合优势战略管理的方法体系及应用策略，主要包括六方面内容。

（1）战略性新兴产业综合优势战略分析。遵循综合优势理论思想及其战略主线，结合战略性新兴产业的内涵及特征，对其综合优势发展的关键要素、内外环境以及目标定位进行战略分析，重点包括产业主导优势分析、核心能力分析、发展环境分析和发展定位分析四个部分。

（2）战略性新兴产业综合优势战略设计。重点包括产业综合优势战略目标设计、产业综合优势战略路径设计（基本路径和具体路径）、产业综合优势战略方案设计（主导优势开发战略、核心能力培育战略和综合优势发展战略）和产业综合优势发展机制框架设计四个部分。

（3）战略性新兴产业综合优势规划机制设计。基于综合优势发展机制研究框架，对规划机制的内涵、功能定位、构建原则和机制构成进行分析；设计产业战略分析、战略设计、科技资源配置、科技成果开发以及产业综合优势战略协调五个方面，以指导产业规划制定。

（4）战略性新兴产业综合优势培育机制设计。综合优势培育的关键是确定主导优势，为此设计基于社会网络方法与专利数据的主导优势选择方法与流程，以及基于主导优势的产业协同创新驱动要素与过程；基于核心能力培育综合优势是产业综合优势规划实施的基础，因此设计产业核心能力识别开发具体措施；设计产业综合优势培育路径和培育策略，以保证基于主导优势和核心能力发展综合优势的战略主线顺利推进。

（5）战略性新兴产业综合优势平衡机制设计。作为确保产业综合优势规划实施的重要组成部分，界定综合优势平衡机制的内涵和功能定位，构建产业综合优势平衡控制方法，设计综合优势风险预警指标体系及方法，提出综合优势激励约束策略，以保证产业综合优势发展方向、目标与发展过程的生态性和协同性。

（6）典型战略性新兴产业综合优势发展实证研究。以黑龙江省石墨烯产业为例，在对黑龙江省石墨烯产业综合优势状况进行科学判断的基础上，制定石墨烯产业综合优势发展规划，设计石墨烯产业综合优势培育和平衡的相关内容，提出石墨烯产业综合优势发展对策，以验证产业综合优势发展机制对石墨烯产业创新发展的可行性和科学性。

3. 产业创新生态系统综合优势战略管理研究

产业创新生态系统综合优势战略管理研究是综合优势理论应用研究的第五层次内容，旨在探索和建立综合优势理论应用于新兴产业创新生态系统综合优势战略管理的方法体系及应用策略，即在 2.4.3 节新兴产业创新生态系统综合优势发展机理揭示的基础上根据新兴产业创新生态系统"主导优势选择→核心能力培育→综合优势发展"的战略路径演变规律，科学设计面向不同情境的新兴产业创新生态系统综合优势发展路径及管理方法，并且在路径设计、路径选择方法、路径实现机制、路径实践应用等研究中始终贯穿战略路径的逻辑主线，具体包括以下四方面内容。

（1）新兴产业创新生态系统综合优势发展路径设计。根据 2.4.3 节新兴产业创新生态系统综合优势发展机理（解答"Why"需要发展综合优势及其内在规律），分类设计综合优势发展的三类基本路径，包括基于分布式创新、重组创新、跨界融合创新的综合优势发展路径，并根据不同新兴产业创新生态系统的情境差异性从三个维度细分出 18 条子路径，旨在解答路径类型、路径目标、路径具体过程、路径相互关系是什么的"What"问题。

（2）新兴产业创新生态系统综合优势发展路径选择方法。在对综合优势发展路径进行分类设计的基础上，进一步提出路径选择的依据、基于"种群-环境"匹配的路径选择方法、基于可拓变换方法的路径转换策略并提炼面向未来战略期的路径优化方向，旨在解答不同类型新兴产业创新生态系统选择"Which"最优路径和"When"进行战略更新的问题。

（3）新兴产业创新生态系统综合优势发展路径实现机制。在综合优势发展路径类型及方法设计的基础上，从综合优势发展动力、发展过程和发展效果三个维度进一步构建路径实现机制，包括综合优势发展政策驱动机制、综合优势发展过程控制机制和综合优势发展效果评价机制，旨在解答"How"保障路径目标的顺利实现并提升路径可操作性的问题。

（4）典型新兴产业创新生态系统综合优势发展路径应用研究。根据典型性、匹配性和启示性原则，选择黑龙江省生物医药产业创新生态系统为应用性案例，进行新兴产业创新生态系统综合优势发展路径应用研究。首先分析系统结构特征及综合优势发展状况，其次应用路径选择方法为其选择当前匹配的综合优势发展路径，并提出具体的路径实施步骤，最后构建针对性的路径实现机制，保障路径的顺利推进并实现预期目标。

综上，通过机理探索—路径设计—路径选择方法—路径实现机制的研究逐步推进，能够为理论研究成果的实践应用提供一套系统性的管理方法及应用策略；而通过对典型新兴产业创新生态系统进行综合优势发展路径应用研究，不仅能够验证理论及方法研究的科学性和实践适用性，而且能为新兴产业创新生态系统综合优势的战略制定和优化提供先进的理论指导、路径参考和政策建议。

参 考 文 献

[1] 刘海兵, 杨磊. 后发高新技术企业创新能力演化规律和提升机制. 科研管理, 2022, 43(11): 111-123.

[2] 曹阳春, 张光宇, 张静. 研发联盟如何激活企业创新绩效: 基于 fsQCA 方法的组态分析. 管理学刊, 2022, 35(6): 128-139.

[3] Kok H, Faems D, Pedro D F. Ties that matter: the impact of alliance partner knowledge recombination novelty on knowledge utilization in R&D alliances. Research Policy, 2020, 49(7): 104011.

[4] 王玉冬, 武川, 徐玉莲. 高新技术企业 R&D 联盟伙伴匹配性分形评价研究. 科技进步与对策, 2017, 34(5): 112-120.

[5] 焦豪, 马高雅, 张文彬. 数字产业集群: 源起、内涵特征与研究框架. 产业经济评论, 2024, (2): 72-91.

[6] 金杨华, 施荣荣, 吴波, 等. 产业集群赋能平台从何而来: 功能开发与信任构建共演的视角. 管理世界, 2023, 39(5): 127-145.

[7] 王宏起, 王珊珊. 高新技术企业集群综合优势发展路径与演化规律研究. 科学学研究, 2009, 27(7): 999-1004.

[8] 顾强, 董瑞青. 我国战略性新兴产业研究现状述评. 经济社会体制比较, 2013, (3): 229-236.

[9] Forbes D P, Kirsch D A. The study of emerging industries: recognizing and responding to some

central problems. Journal of Business Venturing, 2011, 26(5): 589-602.

[10] 李万, 常静, 王敏杰, 等. 创新 3.0 与创新生态系统. 科学学研究, 2014, 32(12): 1761-1770.

[11] Adner R. Match your innovation strategy to your innovation ecosystem. Harvard Business Review, 2006, 4: 98-107.

[12] 赵天一, 王宏起, 李玥, 等. 新兴产业创新生态系统综合优势形成机理: 以新能源汽车产业为例. 科学学研究, 2023, 41(12): 2267-2278.

[13] 张治河, 高中一. 人工智能产业创新生态系统模型的构建与分析. 科研管理, 2023, 44(10): 10-21.

[14] 王宏起, 武建龙. 企业主导优势及其选择方法研究. 中国软科学, 2010, (7): 151-157.

[15] Prahalad C K, Hamel G. The core competence of the corporation. Harvard Business Review, 1990, 68(3): 79-87.

[16] Teece D J, Pisano G, Shuen A. Dynamic capabilities and strategic management. Strategic Management Journal, 1997, 18(7): 509-533.

[17] 王宏起. 企业综合优势理论研究. 管理世界, 2005, (4): 151-152.

[18] 王宏起, 杨仲基, 武建龙, 等. 战略性新兴产业核心能力形成机理研究. 科研管理, 2018, 39(2): 143-151.

[19] 陈劲, 曲冠楠, 王璐瑶. 基于系统整合观的战略管理新框架. 经济管理, 2019, 41(7): 5-19.

[20] 陈冬梅, 王俐珍, 陈安霓. 数字化与战略管理理论: 回顾、挑战与展望. 管理世界, 2020, 36(5): 220-236.

[21] Adner R. Ecosystem as structure: an actionable construct for strategy. Journal of Management, 2017, 43(1): 39-58.

[22] Jacobides M G, Cennamo C, Gawer A. Towards a theory of ecosystems. Strategic Management Journal, 2018, 39(8): 2255-2276.

[23] Tomas D S, Bermejo P H D, Moreira M F, et al. The structure of an innovation ecosystem: foundations for future research. Management Decision, 2020, 58(12): 2725-2742.

[24] 柳卸林, 董彩婷, 丁雪辰. 数字创新时代: 中国的机遇与挑战. 科学学与科学技术管理, 2020, 41(6): 3-15.

[25] 王宏起, 汪英华, 武建龙, 等. 新能源汽车创新生态系统演进机理: 基于比亚迪新能源汽车的案例研究. 中国软科学, 2016, (4): 81-94.

[26] Panico C, Cennamo C. User preferences and strategic interactions in platform ecosystems. Strategic Management Journal, 2022, 43(3): 507-529.

[27] Yin R K. Validity and generalization in future case study evaluations. Evaluation, 2013, 19(3): 321-332.

[28] Eisenhardt K M, Graebner M E. Theory building from cases: opportunities and challenges. Academy of Management Journal, 2007, 50(1): 25-32.

[29] 谭劲松, 宋娟, 陈晓红. 产业创新生态系统的形成与演进: "架构者" 变迁及其战略行为演变. 管理世界, 2021, 37(9): 167-191.

[30] Gioia D A, Corley K G, Hamilton A L. Seeking qualitative rigor in inductive research: notes on

the Gioia methodology. Organizational Research Methods, 2013, 16(1): 15-31.

[31] 张超, 陈凯华, 穆荣平. 数字创新生态系统: 理论构建与未来研究. 科研管理, 2021, 42(3): 1-11.

[32] 刘洋, 董久钰, 魏江. 数字创新管理: 理论框架与未来研究. 管理世界, 2020, 36(7): 198-217.

[33] Sussan F, Acs Z J. The digital entrepreneurial ecosystem. Small Business Economics, 2017, 49(1): 55-73.

第3章 企业综合优势管理方法及应用

3.1 企业主导优势选择

3.1.1 企业主导优势选择的影响因素

一般地，企业外部环境因素决定了企业需要建立什么样的竞争优势，而企业内部资源条件与战略意图则决定了企业可以建立什么样的优势特色。根据综合优势两类思想，作为表征企业特色的显性优势因素，主导优势选择受到企业内外部环境因素综合影响。宏观环境因素、产业环境因素以及企业内部因素均会成为影响企业主导优势选择的关键因素，且三类因素存在一些固有的差异性，准确把握三类因素对企业主导优势构成基础与功能发挥的作用特征，有利于企业主导优势科学选择。

一般地，宏观环境因素通过影响整个产业环境的结构、规则与技术水平等，进而作用于企业内部环境因素以及企业主导优势选择。相比而言，宏观环境因素属于典型的间接作用方式，影响范围最宽；宏观环境因素的作用时效性也较长，存在很多的"潮流"与"趋势"，对面向未来竞争的主导优势选择意义重大。宏观环境是一个复杂巨系统，涌现出来的一些关键因素是不以企业个体利益为转移的，很多的潮流、规则、水平、结构具有显著的刚性特征。鉴于整个社会对企业作为创新主体和价值创造主体的认同，宏观环境对企业行为的调控作用有加强趋势，如中央政府直接参与塑造"优势企业""名牌企业"等，国家间建立的各类"战略合作伙伴关系"也直接落实到了双方的企业，贸易非关税壁垒制定也几乎针对特定的国外出口企业。

与宏观环境因素相比，产业环境因素对企业主导优势选择的影响较为直接，但面向全球和立足本土的产业环境的动态性、复杂性和不确定性有增强的趋势，产业边界和企业边界趋于模糊，主导优势的选择需要体现出更强的战略主动性。也就是说，企业主导优势的选择需要确保企业能够敏锐观察并充分利用产业制度及政策、基础设施、产业链结构、市场需求、竞争关系等产业环境变化以及人才、资金、技术、数据、设备、供应关系、生产关系、销售渠道、服务网络等各类型产业资源，并积极塑造产业环境与竞争规则。主导优势选择不仅要考虑当前条件的可行性，更要考虑在产业环境动态变化过程中主导优势的水平与特色的持续保持与提升。

　　企业内部组织资源、要素、条件、流程、结构等方面的可塑性强，动态系统优化保证了主导优势基础条件的强化和功能的有效发挥。企业战略的本质就是变革，主导优势的选择与转化就是一种战略变革，通过内部主动变化达到利用和适应外部变化的目的。

　　从一般性角度给出三类因素对企业主导优势选择的影响方式、持续时间、影响范围与程度等方面的作用特点，具体如表 3-1 所示。

表 3-1　三类因素对主导优势选择的影响特点比较

特点	宏观环境因素	产业环境因素	企业内部因素
影响方式	间接作用	间接作用	直接作用
持续时间	持续时间最长，形成了一定"趋势"和"潮流"	持续时间趋于变短	大部分因素的作用时间较短
影响范围与程度	影响到产业及其所有企业，但是程度不尽相同	对某些产业环节上的企业产生影响	影响企业内部主导优势或相关优势因素
可控性	一些规律可以把握，可塑性较差	具有一定的可塑性	服务于企业战略
变化特点	战略性因素出现带有不确定性	各类因素动态变化，因素间的作用关系复杂	围绕主导优势进行动态优化组合
应对逻辑	适应环境和利用环境	积极利用产业资源和改变竞争规则	突出优势特色，强调战略变革

3.1.2　企业主导优势选择流程

　　主导优势来源于企业内部的优势因素，同时其选择过程又受到宏观环境、产业环境以及企业内部因素综合作用的影响，如图 3-1 所示。

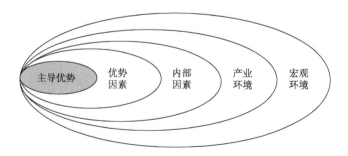

图 3-1　企业主导优势选择的系统与递进关系图

　　根据图 3-1，企业主导优势选择应当突出两个方面[1]。

　　（1）影响因素系统分析。企业主导优势的选择受到处于不同时空关系各类因素的综合影响，企业主导优势的科学选择需要系统考虑各类影响因素及其综合作用关系，不仅要考虑企业内外部各类因素，还要系统把握各类因素的未来变动速度与幅度。

（2）递进选择路径。主导优势是决定企业长期发展的一个或少量优势因素，其选择过程必然是一个逐步筛选与辨识的过程。一是需要筛选内外部对企业发展起关键影响作用的因素，包括宏观环境因素、产业环境因素和企业内在因素；二是需要在企业内部关键因素中进一步辨识深刻影响企业现在和未来发展的优势因素群；三是综合围绕关键因素综合作用关系，在优势因素群中选择最具发展潜力的一个或少量相关优势因素作为企业主导优势。

根据企业内外部因素对主导优势选择影响作用以及企业主导优势在企业长期发展中的核心地位，设计企业主导优势选择模型如图 3-2 所示。

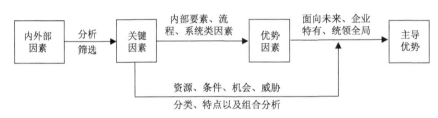

图 3-2　企业主导优势选择模型

1. 关键因素筛选

这一环节和很多战略环境因素分析的思路与方法类似，对宏观层面、产业层面以及企业内部三个层面的影响因素进行系统分析，剔除非关键因素，筛选出在可预估的战略期内正在或即将深刻影响企业发展的关键因素，既包含促进企业发展的积极因素，也包含制约企业发展的负面因素。三个层面影响因素对企业发展的影响程度不尽相同，同一层面的因素对企业发展的作用方式与程度也不同，而且影响因素之间也存在一定的因果关系或支配从属位势，因此，企业内外部环境因素分析要突出"关键性"原则，即需要对三层面因素进行动态扫描、深入分析以及重要程度排序，筛选出对企业发展影响程度深、持续时间长、处于根源性与核心地位的关键因素。

2. 优势因素辨识

优势因素特指在企业内部环境中有效支撑企业发展的要素类、流程类和系统类关键因素，可以围绕以下四个方面进行辨识。

（1）从企业自身发展历程中识别。企业在长期应对环境变化和进行战略性投入过程中，积累形成了一定的优势特色，应当从企业以往的关键投资、关键战略、关键事件中分析企业拥有的优势因素。

（2）根据所属行业属性识别。行业属性特征是外部环境系统的集中体现，企业持续发展的基本前提就是要尽可能把握所属的行业本质，如白酒行业的酿造与发酵工艺、服装行业的市场导入速度等均可以认为是行业的特征属性，符合这些行业本质需要且高于行业平均水平的内部关键因素，可以认为是企业的优势因素。

（3）通过与竞争对手特色比较识别。企业优势因素在于更好地维系企业持续竞争力。与从事同类产品或替代产品生产，尤其是处于同一战略集团的其他企业相比，处于优势地位的资源条件、核心业务流程和系统特色因素可以作为企业的优势因素。

（4）依据对企业战略愿景支撑力度识别。企业战略愿景描述了期望中的未来企业，当前企业发展现状与企业战略愿景存在一定的差距，而这一差距产生及其弥补主要表现为企业内部因素对企业战略设想的支撑作用，优势因素就是与未来战略愿景差距较小并且可以有效支撑企业战略愿景实现的内部关键因素。

3. 关键因素综合分析

优势因素的识别只是形成了企业主导优势的选择空间，但实际上主导优势的选择受到了包括优势因素群在内的宏观环境、产业环境以及企业内部其他关键因素的综合作用影响，因此，企业关键因素的分类与分层以及组合分析有利于明确与企业持续发展息息相关的关键因素的具体状态及其互动关系，以提高企业主导优势选择的针对性。

（1）关键因素分类与分层。处于不同空间的关键因素可以具有相同的功能作用，根据综合优势理论思想可以将企业内外部关键因素按照资源、条件、机会与威胁进行分类与分层，具体描述如表 3-2 所示。

表 3-2　企业关键因素的分类与分层

分类	分层				
资源	拥有的资源	可控制的资源	可利用的资源	…	资源缺口
条件	优越的条件	有利的条件	基本条件	…	条件不足
机会	已把握的机会	可创造的机会	可利用的机会	…	不确定的机会
威胁	可规避的威胁	可承受的威胁	可控制的威胁	…	不确定的威胁

（2）关键因素组合关系分析。在企业综合优势发展过程中，企业内外部的资源、条件、机会与威胁等关键因素不是简单相加，不同层面的因素以及同一类型的不同因素之间不是孤立地存在和发挥作用的，而是相互影响、相互制约、相互依存的，需要对多个关键因素之间影响作用关系进行综合分析，常见的关键因素组合关系及其对企业主导优势选择的要求如表 3-3 所示。

表3-3　常见的关键因素组合关系及其对企业主导优势选择的要求

关系类型	对主导优势选择的要求
因果关系（causality，CY）	对原因性因素的重点关注
依存关系（dependence，D）	对相关因素同时关注
抵消关系（offset，O）	发挥具有正面效应的因素
放大关系（amplification，A）	有效运用杠杆效应
约束关系（constraint，CT）	权衡机会成本，突破约束瓶颈
转换关系（transformation，T）	积极应对，促成正向转换
冲突关系（collision，CN）	取重舍轻，进行战略一致性调整
没有关系（no relation，N）	需要分别应对

4. 主导优势确定

企业主导优势的选择要建立在企业内外部环境关键因素综合分析的基础上，其选择过程就是对企业各类关键因素及其组合关系的有效性评估，包括一个或少量相关优势因素的应对。这不仅包括确立主导优势在企业优势因素群中的战略中心地位，也包括基于主导优势最优搜寻，以实现对影响企业发展的资源、条件、机会和威胁等一系列关键因素的战略性匹配、权衡与取舍。因此，根据企业主导优势的战略内涵，在优势因素群中进一步选择，要突出企业特有（企业特色优势）、面向未来（企业战略方向）和统领全局（辐射带动效应）三个标准，具体如表3-4所示。

表3-4　企业主导优势确定标准

三个标准	标准细化	可能应对的关键因素
企业特有	企业特色位势	全球价值链升级、产业组织结构变动、产业边界融合等
	企业特色价值创造	行业本质属性、同类产品或替代产品的竞争压力等
	企业特有的资源条件	企业内部资源缺口与条件不足，外部资源条件的高成本获取等
	企业能力特色	竞争对手特色优势强化，企业原有特色优势被竞争对手模仿等
面向未来	明确发展方向	顺应企业外部环境形成的"潮流"与趋势
	拥有发展潜力	抢占发展机遇等
	应对未来竞争	经济、产业、产品周期性变化，市场饱和形成的激烈竞争，规避各类风险等
	体现战略意图	企业战略使命、远景与目标，领导意志与偏好等
统领全局	高度关联	与企业更多因素存在显著的关联性
	优势因素群的核心	优势因素不同战略功能及其相互匹配关系
	企业战略重心	企业内外部各类因素力量对比与均衡点
	战略杠杆效应	企业内外部资源、条件、机会和威胁综合作用关系及其总体效应

总之，企业主导优势选择是一项具有战略创新性的系统工程，不仅要满足多维度选择标准，而且在主导优势选择过程中还可以引入由管理者、员工、顾客以及其他利益相关者共同参与的 360 度分析、评估与决策机制，以提高企业主导优势选择的准确性。

3.1.3 企业主导优势定量化选择方法

企业主导优势选择是一项复杂的系统工程，其准确确定需要"从定性到定量，实现方法的综合集成"。结合企业主导优势选择流程，综合运用 Delphi（德尔菲）法和解释结构模型（interpretive structural modeling，ISM）系统研究企业关键因素分析与筛选、优势因素辨识以及主导优势确定，有利于提高企业主导优势选择的准确性与科学性。

1. 企业关键因素筛选方法

企业主导优势选择受到了宏观环境、产业环境以及企业内部多种因素的影响，Delphi 法恰好满足了涉及多层面、多领域、多学科知识交叉与综合运用的求解要求，从而提高企业关键因素筛选效率与准确性。综合 Delphi 法实施步骤、模糊综合评价思路以及"关键性"原则，企业关键因素确定方法描述如下[2]。

（1）组成企业内外部环境扫描专家组。按照企业所处的宏观环境、产业环境以及企业内部环境的复杂程度及其所涉及的知识范围，确定专家组规模和成员构成。一般地，企业所涉及的环境层面因素众多和变化复杂，则需要考虑引入更多具有相关知识的专家，但通常专家组总体规模不超过 20 人。

（2）向所有专家咨询深刻影响本企业未来发展的内外部因素，并附上有关企业发展的所有背景材料（包括企业发展历程、现状、企业战略远景以及与企业发展相关的产业、宏观环境发展情况）。各位专家根据他们所收到的背景材料进行关键因素识别，并做出书面的答复。答复的问卷要件如表 3-5 所示。

表 3-5 问卷要件

关键因素层面与具体名称	因素分类（资源、条件、机会或威胁）	对企业发展影响方式与程度	判断依据阐述
宏观环境的 A 因素 产业环境的 B 因素 企业内部的 C 因素			

（3）将专家组所有成员第一次回复的意见进行汇总，形成企业内外部环境关键影响因素备选库 F_N。如果对相关意见的分歧很大，可以将第一次收集与汇总

的意见再次分发给各位专家，以便做第二次、第三次修正，直到所有专家都不再改变自己的意见为止。

（4）评估备选关键因素重要性。确定备选关键因素与本企业持续发展的关联性评语集，如可以设 $X = \{X_1, X_2, X_3\}$ {生死攸关，非常重要，一般重要}={1, 0.5, 0}；同时邀请上述的专家组进行循环评估，并将所有专家对每个备选关键因素选定为相关评语集的人数进行汇总。

（5）构造备选关键因素评价矩阵 R，即备选关键因素属于"企业持续发展重要性"评语集 $X = \{X_1, X_2, X_3\}$ 的程度。

$$R = \begin{bmatrix} r_{11} & r_{12} & r_{13} \\ \vdots & \vdots & \vdots \\ r_{i1} & r_{i2} & r_{i3} \\ \vdots & \vdots & \vdots \\ r_{n1} & r_{n2} & r_{n3} \end{bmatrix} \tag{3-1}$$

其中，$r_{ij} = a_{ij}/n$ $(i = 1, 2, \cdots, n; \ j = 1, 2, 3)$，$a_{ij}$ 为第 i 个备选关键因素选评价值 X_j 的人数，n 为参加评价的总人数。

（6）筛选企业关键因素。计算评价值 $V = RX^{\mathrm{T}} = (v_1, \cdots, v_i, \cdots, v_n)^{\mathrm{T}}$，并根据关键因素的特征和主导优势分析需要，剔除评价值 $v_i < 0.5$ 的备选关键因素，其余为能够影响企业持续发展（主导优势选择）的关键因素集 $F_L = (f_1, \cdots, f_i, \cdots, f_L)$。

2. 企业主导优势确定方法

企业内外部环境的综合作用关系在很大程度上取决于关键因素之间的力量对比，借助 ISM 可以将各个孤立的关键因素的作用关系进行系统综合，从而明确各个关键因素在企业持续发展和主导优势选择中的作用方式、影响范围与程度。ISM 是 1973 年由 Warfield（沃菲尔德）教授为解决复杂的社会经济问题而开发的一种结构模型，其目的在于把任意包含许多离散的、无序的、静态的要素或子系统，利用相关人士的专业知识和实践经验明确所涉及各类要素之间关系的概念认识，并用矩阵和图形进行系统描述与数学运算，从而构成一个多级递阶的解释结构模型。

（1）关键因素分类、分层与转换处理。在构建企业关键因素解释结构模型之前，需要对关键因素进行分类、分层以及转换处理。优势因素群是企业主导优势备选库，企业拥有的有关自身资源要素、价值流程以及总体特色的关键因素可以列为企业的优势因素群，应当进行标记和重点分析。对其他的关键因素根据前面的 Delphi 法中问卷要件中的"因素属性"判断，将这些关键因素分成资源、条件、机会和威胁四类，而且便于企业关键因素之间作用关系的分析，需要将企业内部的劣势与不足以及外部的四类因素从企业利用和应对的角度进行"等量"转换。

关键因素的分类、分层以及转换分析如表 3-6 所示。

表 3-6 关键因素的分类、分层与转换

关键因素分类	分层或转换			
优势因素/F_S	要素类	流程类	系统类	…
资源/ F_R	将"资源缺口"转换为"企业弥补资源缺口可行性"	将"可控制资源"转换为"企业控制外部资源效率与效果"	将"可利用资源"转换为"企业利用外部资源效率与效果"	…
条件/ F_C	将"条件不足"转换为"企业克服条件不足可行性"	将"有利条件"转换为"企业利用外部有利条件效率与效果"	将"优越条件"转换为"企业利用外部优越条件效率与效果"	…
机会/ F_O	将"已把握机会"转换为"企业已获取的绩效"	将"可创造机会"转换为"企业创造机会的可能性及其效果"	将"可利用机会"转换为"企业利用机会的可能性及其效果"	…
威胁/ F_T	将"可规避的威胁"转换为"企业规避威胁的可行性"	将"可承受的威胁"转换为"企业承受威胁能力与后果"	将"可控制的威胁"转换为"企业控制威胁可能性与后果"	…

（2）确定关键因素间的关联性。结合各类关键因素的功能特点和环境扫描专家组的观点意见，同时参照表 3-3 总结的关键因素间的常见关系类型，按照四条规则进行关系打分：①假设有关键因素 S_i、S_j，若 S_i 对 S_j 有直接影响，则 a_{ij} 赋值 1，若 S_i 与 S_j 没有直接影响，则 a_{ij} 赋值 0（$i=1,2,\cdots,L$; $j=1,2,\cdots,L$）；②对于 S_i、S_j 存在相互直接影响关系的情况，影响大的一方赋值 1，影响小的一方赋值 0，当 S_i、S_j 彼此之间直接影响程度相当时，则各赋值 1；③当 S_i、S_j 不存在直接作用关系时，则各赋值 0；④当 $i=j$ 时，则认为是因素自我作用，则 a_{ij} 赋值 1。从而形成关键因素间的邻接矩阵：

$$A = \begin{bmatrix} a_{11} & a_{12} & \cdots & a_{1L} \\ a_{21} & a_{22} & \cdots & a_{2L} \\ \vdots & \vdots & & \vdots \\ a_{L1} & a_{L2} & \cdots & a_{LL} \end{bmatrix} \tag{3-2}$$

（3）求解关键因素间的可达矩阵。矩阵 A 描述了各个关键因素之间路长为 0 或 1（不能大于 1）的可达状态，同理 A^2 则可以反映关键因素之间路长不超过 2 的可达情况，以此类推，两个关键因素之间路长也不可能超过 $L-1$，因此必然有关键因素的可达矩阵 M 满足：$A^{r-2} \neq A^{r-1} = A^r = M, r \leqslant L-1$。

（4）关键因素层级划分。层级划分的目的是将企业关键因素分成不同的层次，以便于确定各关键因素之间的决定或支配关系。在分析时需要首先引入并界定可

达集 $R(F_i)$ 和前因集 $A(F_i)$，其中，可达集是指在可达矩阵中关键因素 F_i 所在行中所有元素为 1 的列所对应的元素组成的集合，而前因集则是指可达矩阵中关键因素 F_i 所在列中所有元素为 1 的行所对应的元素组成的集合。若 F_i 为处于最上一级的关键因素，则应当满足：$R(F_i) = R(F_i) \cap A(F_i)$。在找出最上一级的关键因素后，将其在可达矩阵中所在的行和列去掉，可以用同样的方法确定处于二级的关键因素，以此类推，直到将所有的关键因素进行层级划分。

（5）层级内关键要素间关系确定。可以根据邻接矩阵 A 描述的关系进行确定，也可以通过可达集和前因集进行判断，若处于同一层级的关键因素 F_i、F_j 之间存在强关联（特别是存在回路关联），则 $R(F_i) \cap A(F_j) \neq \phi$（空集），若 F_i、F_j 相互独立，则 $R(F_i) \cap A(F_j) = \phi$。

（6）根据关键因素关系划分（包括层级划分和层级内部关系确定）确定企业关键因素解释结构模型。

（7）从最低一级开始搜索，将处于基础支配地位的一个或少量相关的优势因素确定为企业的主导优势。

总之，企业主导优势选择要系统权衡企业关键因素综合作用的关系，在选择过程中面临到量化与非量化、理性与非理性分析与决策问题，现有的单一方法难以保证决策科学性与准确性。面对复杂巨系统与复杂问题，运用系统工程方法论构建面向主导优势选择问题的"从定性到定量的综合集成方法体系"，更具有实践指导性与操作性。

3.2　企业核心能力培育机制

3.2.1　企业核心能力培育机制框架设计

1. 企业核心能力培育机制设计思路

企业核心能力培育机制设计要遵循核心能力的本质、形成机理以及演化规律，重点突出以下几方面理论思想。

（1）遵循核心能力的知识本质。企业核心能力是基于企业情境依赖的一组"格式化"的知识体系，支撑企业持续价值创造的隐性知识积累是企业核心能力培育的关键。围绕核心能力这一知识本质，企业核心能力培育机制应当融入企业知识管理、组织学习等相关机制内容，从而促进企业知识技能的快速积累与优化运用[3]。

（2）凸现主导优势的轴心地位。根据企业核心能力形成机理，企业主导优势是核心能力的显性要素，主导优势的分析、确定以及转化与企业核心能力识别、开发、提升、重构过程相对应，主导优势的准确把握在很大程度上决定了企业核心能力培育效率。

（3）体现过程性原则。企业核心能力具有周期性演化与路径依赖性特征，其培育机制的设计需要遵循企业核心能力的成长阶段与发展轨迹，并且需要明确各个成长阶段培育重点与控制关键点。

（4）引入动态一体化管理思想。内外部环境的动态、复杂、不确定性变化使得任何既定的规则、假设的持续稳定时间趋于缩短，因此，企业核心能力培育机制需要引入动态一体化设计理念，提高企业核心能力环境适应性功能。总的来说，企业核心能力培育机制的一体化功能应当体现在两个方面：首先，企业核心能力特色水平强化与"破坏性创造"实现一体化；其次，基于主导优势的知识技能积累与基于核心能力的战略性运用进行耦合互动。总之，动态一体化管理体现了面对动态环境的核心能力培育机制的实时调整与逐步完善，保证了在任何时点上修正所形成核心能力的基本假设和机制的灵活性[4]。

（5）重视外部知识技能的有效整合。知识经济时代，知识已经成为企业最为重要的生产要素，外部知识资源的充分利用可以提高企业核心能力的培育效率，从而更好地应对瞬息万变的竞争环境。因此，企业核心能力培育机制应当是一个开放的知识吸收与转化系统，联盟、集群等中间性组织形式有利于企业获得急需的互补性知识技能，关键人才招聘、知识信息搜集也有助于企业核心能力的提升与更新。

2. 企业核心能力培育机制框架

围绕企业核心能力周期性演化，其培育过程一般需要开发、提升和重构机制得以保证，其中，开发机制旨在为企业主导优势赋予更多的知识性内涵，强调企业核心能力相关知识技能的获取与开发；提升机制则围绕企业主导优势的特色提升，强化系统性学习功能，优选核心能力提升路径；企业重构机制则是围绕新的主导优势转化、企业战略要求以及企业内外部关键因素的变化而进行核心能力的战略性重构，规避核心刚性，保证企业核心能力"代际"间的顺利推进与平稳过渡。企业核心能力识别与定位是核心能力培育与战略运用的逻辑起点，为企业核心能力的开发、提升、重构以及相应的资源投入与战略制定提供重要的决策依据。因此，企业核心能力培育机制包含识别与定位、开发、提升以及重构等四个子机制（图 3-3），服务于企业核心能力的全过程系统培育。

面对动态复杂的内外部环境，企业核心能力的培育过程不能局限于"识别—定位—开发—提升—重构"的单方向线性管理逻辑，而应当引入模块化、并行工程、综合集成等管理思想与控制方法，构建一体化培育机制。

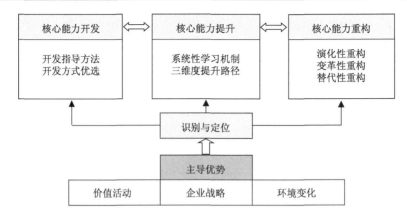

图 3-3　企业核心能力培育机制框架

（1）企业核心能力全过程识别与定位。识别与定位不仅仅是核心能力开发前的决策工作，而且是贯穿于核心能力培育的全过程。通过对企业核心能力发展状态、水平、演化轨迹以及与企业战略、主导优势等匹配性进行经常性、实时性的识别与定位，有助于企业核心能力机制构建与培育阶段及其任务的划分，而且还可以对企业核心能力培育效果进行监控与调整，如在提升阶段，需要进行核心能力发展方向的偏移性识别与调整性定位；在重构阶段，则需要进行新核心能力的辨识与再定位。

（2）"开发—提升—重构"一体化管理。作为企业核心能力培育机制的主体部分，其一体化培育要体现在以下三个方面。

一是逐层推进。企业核心能力培育要按照开发、提升和重构三个阶段逐层推进，围绕主导优势将相关资源集中投入，使得企业核心能力的特色、水平在最优发展路线进行迅速开发、提升与转换，避免资源分散、浪费或战略方向迷失。

二是协同并行。随着内外部环境的激烈变化，企业选定的主导优势时刻会失去其主导地位，为了避免企业核心刚性，三个子机制的协同并行运作可以实现企业核心能力平稳发展，如在核心能力开发阶段不仅要开发主导优势的核心能力，而且要围绕其他优势因素发展一系列互补性或替代性能力，为企业在重构阶段核心能力再定位提供多样性选择，同时，面对具有不确定性的机遇与威胁，核心能力没有进入提升阶段就需要重构或再开发，此时提升的核心能力可能已经经过变革性或替代性重构。

三是循环发展。在核心能力重构后，就进入了新一轮核心能力"开发—提升—重构"，此时面对新的核心能力培育战略，培育机制被赋予了新的功能与任务。

（3）企业核心能力培育机制协同优化。企业战略、价值活动以及其他内外部因素形成了企业核心能力培育机制的基础环境，企业核心能力的培育又需要遵循

"主导优势—核心能力—综合优势"战略主线，要求企业内外部资源、条件、机会与威胁的战略一致性与动态匹配。另外，企业核心能力培育机制应当具有构架和内涵修改与完善功能，通过对企业内外部环境的实时跟踪与动态反馈达到培育机制自学习与自优化。

3.2.2　企业核心能力识别与定位

企业核心能力发展态势以及未来战略要求的系统分析与准确把握是企业核心能力培育的逻辑起点，并且服务于企业核心能力培育的全过程。

1. 企业核心能力识别

企业核心能力作为持续竞争优势之源得到了理论界和实践界的普遍认可，企业纷纷将持续竞争优势的构建聚焦于核心能力的培育与战略运用。然而，作为一组以隐性知识为主的知识性能力体系，企业核心能力深植于企业产品、技术、生产流程、企业文化和制度之中，企业核心能力的准确识别成为企业有效实施基于能力的战略管理范式的重要前提。

1）企业核心能力识别思路

遵循企业核心能力的内涵本质和形成与演化机理，企业核心能力识别思路要突出间接性、动态性和系统性。

（1）间接识别。核心能力是一组企业特有的、以隐性知识为主的知识性能力体系，其缄默性特征增加了识别难度，而主导优势是企业核心能力的形成基础和集中体现，通过对具有显性特征的主导优势的类型、特色和发展潜力等方面的准确把握，可以达到间接识别企业核心能力的目的。另外，企业价值活动效率以及企业战略绩效与要求也可以间接反映企业的核心能力。

（2）动态识别。一方面，企业核心能力具有显著的路径依赖性；另一方面，企业核心能力特色水平面向未来竞争需求，企业应当具有更新竞争能力以与变化的竞争环境保持一致的能力。因此，顺应企业战略和内外部环境因素变化要求以及企业核心能力演变轨迹，从纵向时间角度对企业核心能力演变过程进行动态识别。

（3）系统识别。企业核心能力有着丰富的内涵构成，且在其形成与发展过程中，与企业主导优势、价值活动、知识管理、组织学习、战略管理、文化制度等融为一体，因此，从系统角度进行核心能力识别成为必然选择，包括采用系统化识别分析方法和全方位的识别内容。

2）企业核心能力识别模型

根据企业核心能力的内涵本质、形成与演化机理以及识别思路，构建核心能力识别模型如图 3-4 所示。

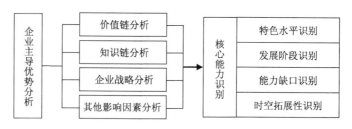

图 3-4　企业核心能力识别模型

（1）企业核心能力识别重点内容。核心能力识别服务于企业核心能力的高效培育与战略运用，侧重于识别以下四方面内容。

一是特色水平识别。企业外在的竞争力高低取决于核心能力的特色水平，因此，首先需要辨识企业在哪方面具有独特的能力；其次，和竞争对手相比较，企业核心能力"异质性"水平的高低；最后，还要明确企业核心能力特色水平被市场认可的程度。

二是发展阶段识别。企业核心能力具有周期性演化特征，通常可以分成开发期、提升期和重构期三个发展阶段，而处于不同发展阶段的企业核心能力，其培育目标和战略运用重点存在显著的差异。

三是能力缺口识别。面对企业持续发展战略要求，确定企业核心能力当前以及未来存在的能力缺口，有助于明确企业核心能力的培育重点，并为采取有针对性的能力弥补措施提供重要决策依据。

四是时空拓展性识别。在综合考虑企业内外部资源、条件、机会与威胁的基础上，明确企业能力培育与战略运用的有效时空区域。首先，市场空间可以分为本地、区域或全球等级别，需要明确企业核心能力可以在哪个级别的市场空间支撑其独特的竞争优势和价值创造活动；其次，通过企业可以涉足的领域或产业确定核心能力领域空间有效拓展区域；最后，综合评估企业核心能力特色水平可以在多长时间内得以维系。

（2）企业核心能力识别分析维度。企业核心能力识别是一项系统工程，需要从不同维度对企业核心能力发展现状与态势进行全方位识别分析。

一是企业主导优势分析。主导优势是决定企业生存与发展的最为关键的显性优势因素，更是企业核心能力的形成基础和集中体现，因此，企业主导优势的确定是核心能力识别的关键点，企业主导优势分析要重点突出：①本企业有别于竞争对手的特色优势；②主导优势在企业资源整合、价值创造以及战略实践中的核心地位与决定性作用；③企业现有的主导优势的发展潜力与转换压力。

二是企业价值链分析。独特的价值活动是企业核心能力的重要载体，面向市场需求特点和客户让渡价值，将企业价值链与竞争对手的价值链进行优劣势比较，反映企业核心能力的独特价值性及其潜在的提升空间。

三是企业知识链分析。知识链分析是围绕知识的吸收与传播、内化与外化、积累与扩展等的流量与效率来识别企业拥有的独特的知识性能力体系,主要包括:①企业知识链是如何体现、发挥和发展企业主导优势的特色与水平的;②在企业的知识链中,哪些知识对企业的价值创造起关键作用;③识别对知识本身的创造、融合和内部交流起重要作用的"元知识",这种能创造企业特有知识的知识是核心能力难以被模仿复制的重要保障。

四是企业战略分析。第一,企业已取得的战略绩效反映了企业核心能力特色水平及运用效率;第二,企业的长期发展战略对未来核心能力的特色水平提出了新的要求,凸显了企业可能面临的能力缺口。

五是其他影响因素分析。宏观环境或产业环境的因素的激烈变化会形成决定企业核心能力持续发展的威胁或机遇,一些企业内部优势因素的出现和位势变化也可能会形成企业现有主导优势转换以及相应核心能力重构的压力。总之,企业内外部其他各类关键因素动态变化会深刻影响企业核心能力特色水平,并形成企业核心能力新的演化周期和时空边界。

2. 企业核心能力培育定位

通常,企业现有核心能力与企业综合优势发展战略所需要的核心能力之间存在一定差距,核心能力培育定位可以理解为企业未来综合优势发展对企业核心能力特色、发展方向、价值功能、延展性以及发展水平等方面的战略要求,在很大程度上决定了企业核心能力的开发模式、提升路径、重构机制以及相应的资源投入。

(1)企业核心能力特色定位。企业主导优势特色是否鲜明取决于其承载的知识技能,企业核心能力的培育就是要强化主导优势特色,体现为企业核心能力的独特性、缄默性和难以模仿性特征。具体地,特色定位要确立核心能力相对于企业内部其他能力以及其他企业核心能力的独特地位;企业核心能力的特色需要持续保持其缄默性,以及探索进一步提升的可行路径;同时,企业核心能力的培育需要投入独特的资源和积累相应的知识技能,这些因素使其难以被竞争对手模仿。

(2)企业核心能力发展方向定位。要赋予企业核心能力相对稳定性与绝对动态性的功能特征,企业核心能力发展方向受到了主导优势、战略需求、演化路径、动态环境等因素的影响。首先,核心能力的发展方向要和主导优势保持一致,相应的资源投入和知识技能积累要围绕主导优势展开,同时,企业主导优势的转化也使得核心能力需要进行平稳过渡与战略性重构。其次,企业综合优势发展战略要求企业具有应对各类关键影响因素以及整合企业内外部各类资源条件的能力。再次,企业核心能力存在周期性演化,并呈现出了一定的路径依赖性,企业核心能力现有水平、结构与功能决定其未来发展方向。最后,企业核心能力发展方向不仅受制于已规划的企业发展战略，而且内外部环境复杂性、动态性以及不确定变化也要求企业核心能力发展方向进行动态调整。总之，企业核心能力发展方向定位要求企业战略的管理者在系统分析基础上形成"是否调整"、"何时调整"和"如何调整"的战略决策。

（3）企业核心能力价值功能定位。核心能力的价值功能是企业生存之本，企业核心能力的培育要反映未来市场需求变化。企业核心能力需要定位于被市场和顾客认可的价值链"战略环节"，服务于企业独特的价值创造活动。核心能力提升过程就是运用主导优势持续提升企业价值创造效率的过程，企业价值链重构、业务流程再造或价值创新战略实施均需要相应的核心能力价值功能支撑。

（4）企业核心能力延展性定位。根据 Prahalad（普拉哈拉德）和 Hamel（哈梅尔）的"树型结构"，企业核心能力可以形成核心产品以及最终产品，并能够进行拓展性"移植"，表现为衍生性功能特征。因此，企业核心能力的培育要支撑将主导优势转化为企业核心产品以及最终产品的系列化开发。实际上，核心能力延展性对应于企业的发展战略，核心能力的培育要服务于企业长期发展战略要求，企业开辟新市场、开展新业务或涉足新领域均需要企业核心能力具有更强的渗透、转移以及整合功能。

（5）企业核心能力发展水平定位。核心能力在前期成长一般要经历基本能力和亚核心能力阶段，其发展水平可以通过时空维度得以反映。企业核心能力发展水平定位重点关注：面对企业未来战略的核心能力总体需求水平，面对内外部环境变化的企业核心能力柔性水平定位，主导优势辐射带动效应和战略杠杆效应的充分发挥，企业核心能力缺口有效弥补方式以及未来成长路径最优化设计等。

3.2.3　企业核心能力开发

企业核心能力开发机制侧重于解决已选定的主导优势的相关知识技能的有效获取问题，根据企业知识来源与获取途径，可以分成内部获取与外部获取两大类，而且面对不同的企业战略需要、主导优势特点以及企业内外部环境变化，两类开发机制各有其优缺点，并存在一定的互补性[5]。

1. 企业核心能力开发指导方法

企业核心能力开发指导方法分为演化法和孵化法，其中，演化法是指将某些技能的建立融入企业员工的日常工作中，而孵化法则是成立专门小组承担能力开发。企业核心能力开发指导方法是企业获取核心能力的总体方法论，结合核心能力形成机理重点考虑以下三方面内容。

（1）两类指导方法的优缺点。孵化法与演化法在核心能力培育中的优缺点及管理重点如表 3-7 所示。

表 3-7　孵化法与演化法的优缺点

类型	优点	缺点	关键点控制
孵化法	建立新能力的成功概率较大，营造良好的开发环境有利于能力在初期的迅速成长	将开发的能力在全公司推广的阻力较大，开发的能力也可能不适合成为全局性的能力内核	能力开发围绕具体关键性项目开展，避免"空中楼阁"，同时强化能力推广过程管理
演化法	涉及全局的变革，可以形成辐射整个企业的核心能力体系	开发难度和阻力较大，开发所处的环境可能正是需要企业改变环境	注重能力开发与企业文化、资源条件、项目关联性等系统匹配

（2）两类指导方法与主导优势基本类型对应关系。主导优势分成了要素类、流程类和系统类三个基本类型，其中，基于要素类主导优势培育核心能力的过程主要围绕特定资源要素积累或运用过程中的相关知识技能的集中开发，更符合孵化法培育指导思路；相对应地，系统类主导优势则倾向于演化法。对于流程类主导优势培育核心能力的指导方法选择则可以是演化法，也可以是孵化法，进一步的确定还应当考察其他的因素，如果流程类主导优势是围绕更为具体的特定环节的流程设计与改造，并且在流程改进过程中可以进行逐层推进和分步实施，则倾向于采用孵化法开发核心能力，而如果流程类主导优势确定与构建就是新流程对旧流程的全方位替代，则倾向于演化法。一般地，主导优势基本类型与核心能力开发指导方法对应关系如图 3-5 所示。

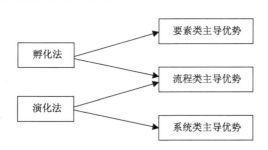

图 3-5　两类指导方法与主导优势基本类型对应关系

（3）两类指导方法综合运用。在围绕特定主导优势进行核心能力开发的过程中，最优开发过程应当实现企业内外部知识技能的有效整合。两类指导方法的综合运用则可以实现核心能力内部开发和外部开发之间有效结合。以企业自主创新能力的开发为例，如果企业采用了集成创新开发模式，则可以在孵化法指导下通过市场购买、战略联盟获取相应的技能，同时运用演化法进行综合集成能力开发，同样地，引进、消化、吸收、再创新则可能会经历"孵化—演化—孵化—演化"一系列指导过程，具有很强的综合性和灵活性。

2. 企业核心能力内部开发机制

核心能力是企业拥有的独特的知识性能力体系，其开发过程通常依赖于企业特有的主导优势和资源条件，内部开发是企业进行核心能力开发的首选机制，其具体形式有完全内部开发和外部辅助下的内部开发两种。

1）内部开发的优缺点与适用条件

核心能力内部开发就是在企业发展战略和开发思路指导下，主要依靠自身实力和内部活动进行所需知识能力开发。

（1）内部开发的优点。第一，采用内部开发可以对企业先前积累的知识能力资源进行充分保留。第二，对企业能力切实需求和相关资源条件较为明确，使得企业核心能力开发始终围绕主导优势展开。第三，企业核心能力开发与企业文化、价值活动以及其他内部环境因素兼容性较好，提高了企业核心能力独特性、价值性以及在企业发展中的核心地位。第四，企业核心能力的开发主要就是隐性知识的创造与积累的过程，相同的情景、惯例和心智模式，降低了隐性知识的因果模糊性，有利于隐性知识在企业内部积累与传播。第五，企业核心能力在开发阶段独特性较弱，内部开发机制具有一定的隔离作用，避免了相关知识技能流失或被模仿。

（2）内部开发的缺点。内部开发机制也存在众多缺点，主要表现为：①当前企业参与市场竞争是一种多因素综合竞争，作为竞争基础的核心能力也必然包含了更多的知识能力要素和更强的功能特征，越来越多的企业采用核心能力进行内部开发时受到了自身资源条件不足的限制；②当前市场需求和竞争环境瞬息万变，而企业内部开发核心能力需要相当长的时间跨度，使得企业在核心能力缺乏状态下难以应对更多的风险和机会；③企业作为一个开放系统而存在，而企业核心能力开发过程的"闭门造车"可能会形成"排他综合征"，脱离市场和竞争环境实际需要，从而走入"能力陷阱"；④核心能力开发过程是一项战略性的变革，内部开发可能会遭遇"缺陷性"能力要素难以优化组合的困境，而走出这样的困境需要外部动力。

（3）内部开发的适用条件。根据以上的优缺点也可以看出，内部开发机制适用于资本雄厚、开发实力强的大企业，如华为、海尔等均强化核心能力的内部开发机制。同时，很多独特的主导优势也使得企业只能采用独立开发，例如，以技术秘密作为主导优势的有机化学企业只能选择内部开发机制。总之，内部开发机制得到青睐的关键在于更好地提高了核心能力的独占性和模仿壁垒，从而支撑企业的持续竞争优势。

2）内部开发关键控制点

围绕企业核心能力内部开发过程的关键点与关键环节，需要突出以下管理重点和机制保障。

（1）重塑创新性的企业文化与愿景。企业拥有雄厚的资本实力只是采用内部开发的必要前提，而具有创新性的企业文化与远景必不可少，很多世界一流企业均具有原创性精神文化和独霸行业的战略决心。因此，内部开发作为一项战略性变革，首先应当重塑企业文化与战略远景。

（2）遵循一定的模式和程序。企业核心能力内部开发一般会历经较长的时间跨度，具有计划性与规范性的开发模式与程序可以避免能力开发流于形式，隐性的知识技能得到有效的创造、积累与转化。对于孵化法，则要明确能力开发团队组建、团队内能力开发、能力企业层面扩散等步骤与时间表，其中，能力在企业层面的成功扩散是关键环节；演化法也需要对能力开发定位、关联性多项目并行实施、知识技能积累与共享等流程环节的科学规划。

（3）资源保障。企业核心能力内部开发资源需求量较大，在有效继承企业有价值的知识性遗产的同时，需要将资源投入上升到企业战略层面，避免短期与局部利益，集中企业全部优势资源用于能力开发。例如，运用孵化法进行核心能力内部开发时，开发团队应当由企业各部门精英组成，甚至具有招聘短缺人才的权力，其他相关的创新性资源也应当优先配置。

（4）企业内部知识有效积累与转化。企业核心能力开发的成功标准是独特的知识技能为整个企业所拥有，因此，构成核心能力的隐性知识积累与转化尤为关键。核心能力在开发过程中需要将相应的知识技能明晰化，通过操作规范、示范、体验等手段将关键的隐性知识传递给企业所有员工。另外，通过企业学习型组织的构建改变所有员工的心智模式，有效促进个人知识、团队知识和企业知识的积累与转化。

（5）企业外部知识信息的有效获取。企业对外部知识信息的有效获取不仅可以低成本地利用相关知识技能，而且可以较好地规避"能力近视"。首先，具有开拓能力的优秀人才招聘可以为企业带来急需的思想、知识与技能；其次，动态跟踪外部相关知识信息动态，通过了解市场需求变化和竞争态势调整能力开发战略与机制。

3. 企业核心能力外部开发机制

面对复杂、动态、不确定的环境变化，企业内部开发面临高额的投入和巨大的风险，外部知识资源的充分利用成为越来越多企业核心能力开发机制的重要组成部分。企业核心能力的外部开发机制是与内部开发相对而言（并不排斥内部开发），主要形式有联盟、并购以及市场购买三种。核心能力的本质是知识体系，而知识技能作为重要的无形资源也可以通过企业外部获取，三类外部开发机制体现了充分利用外部知识资源的综合优势核心观点，其优缺点、适用条件以及管理控制点如表 3-8 所示。

表 3-8　企业核心能力的外部开发机制

项目	联盟	并购	市场购买
特征描述	从联盟伙伴或联盟运营中获得互补性知识技能	收购拥有理想核心能力的企业	在市场上购买所需要的知识技能
优点	稳定的协同关系和联盟学习环境有利于获得伙伴隐性知识，并分担开发能力的风险与成本	能力获取迅速，实现了"带土移植"，更多知识学习机会内部化	基于市场机制提高知识技能获取针对性和效率
缺点	可能难以找到合适的伙伴，已有核心能力易被伙伴模仿，协同开发管理成本高	额外购买大量没有实际价值的资产；企业间存在文化、使命、惯例等冲突，制约能力发挥；骨干员工及其知识的流失风险	知识技能定价极难；过分强调优势要素或主导优势，而忽略相关应用技巧；竞争对手也可获取
适用条件	①联盟双方知识技能有互补性；②存在共同的市场机会和能力需求；③面对动态复杂的竞争环境；④企业资本实力不强	①企业具有并购经验和资本实力；②所需的技能极难学习或模仿；③企业采用了多元化扩张战略	①所处领域技术更新快；②知识技能可交易性与可移植性；③知识技能信息的系统性与完整性
关键控制点	①联盟伙伴优选；②明确联盟知识技能投入和开发任务；③联盟能力开发的过程管理机制；④注重发挥"桥梁人物"的知识吸收与转化能力；⑤构建联盟单向、双向以及多向学习机制	①准确评估被并购企业核心能力实际价值；②重塑或融合被并购企业的文化、使命、惯例等；③对被并购企业的知识技能进行明晰化与内部化；④防止被并购企业重要无形资产流失	一方面，增强对外部知识信息的扫描能力，提升其敏感性，构建顺畅的外部知识技能获取通道；另一方面，对购买的各类能力要素组合与集成。总之，确保企业人员理解相关知识并获取完整的信息是关键

4. 企业核心能力开发机制优选

（1）核心能力开发机制与主导优势基本类型。企业核心能力共有五类开发机制，其中，内部开发机制最为基本，而联盟和并购充分利用其他企业已有的知识技能和开发实力，均适用于所有主导优势基本类型；市场购买更强调所需知识技能的具有明确界定、易于标价等市场交易条件，比较适用于要素类主导优势的核心能力开发。企业核心能力开发机制与主导优势基本类型的对应关系如图 3-6 所示。

（2）企业核心能力开发机制优化组合。企业核心能力内部开发机制与外部开发机制各有其优缺点，存在很强的灵活选择性与功能互补性。在实际中，很多企业核心能力开发机制设计带有很强的综合性，内部开发（包括完全内部开发和外部辅助下的内部开发）是企业核心能力开发的最根本方式，强调了企业知识技能的内部化功能，同时，迫于环境变化、资源约束限制，企业会选择联盟、并购或市场购买等外部开发机制。因此，针对具体企业，企业核心能力开发机制的选择除满足开发企业基本条件及对应的主导优势基本类型外，还应当权衡内部开发机制与外部开发机制，以及单一开发机制还是组合开发机制，从而确定最优组合开发机制。

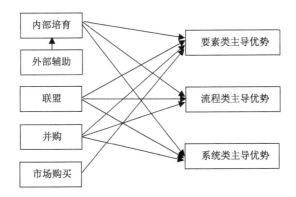

图 3-6　企业核心能力开发机制与主导优势基本类型对应关系

每一种获取方式都存在着特定的成本和收益，企业核心能力开发机制大体上可以与科层组织、网络以及市场交易等三类治理机制相对应，其中，内部开发对应于科层组织，联盟对应网络，而并购和市场购买对应于市场交易，知识技能的开发主要包括知识创造与知识内部化，相应的有创造成本（C_C）与学习成本（C_L）；核心能力的持续独特价值即为收益，主要由先动收益（V_F）与垄断收益（V_M）两部分构成，假设内部培育、外部辅助、联盟、并购、市场购买分别由 i、ei、a、m 和 b 表示，则一般的规律如下：

$$C_{C_i} > C_{C_{ei}} > C_{C_a} > C_{C_m} > C_{C_b}; \quad C_{L_i} < C_{L_{ei}} < C_{L_a} < C_{L_m} < C_{L_b}$$

$$V_{F_i} < V_{F_{ei}} < V_{F_a} < V_{F_m} < V_{F_b}; \quad F_{M_i} > F_{M_{ei}} > F_{M_a} > F_{M_m} > F_{M_b}$$

企业核心能力开发机制的选择首先要尽量提高企业核心能力的水平与特色，即 V_F 与 V_M 总和最大；同时满足核心能力开发成本最低，即 C_C 与 C_L 总和最低。

3.2.4　企业核心能力提升

当企业核心能力进行初期开发之后，便进入提升阶段。企业核心能力提升主要是对正在成长的核心能力进行主动加强与拓展，加快其成长速度，提升其水平、特色、价值功能以及动态适应性。

1. 企业系统性能力提升学习机制

企业核心能力的提升仍然是知识技能进一步创造、积累以及转化过程，而高效的系统学习机制是迅速提升企业核心能力的根本保障。根据企业核心能力的形成机理，并与全方位、灵活性的企业核心能力开发机制相对应，从学习主体（个体学习-组织学习）、学习范围（外部学习-内部学习）、学习类型（探索性学习-

利用性学习）以及学习导向（单回路学习-双回路学习）四个相辅相成的方面构建促进企业核心能力提升的系统性学习机制，如图 3-7 所示。

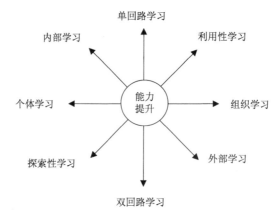

图 3-7　企业系统性能力提升学习机制

1）主体协同学习

企业核心能力由专业知识、综合知识和整合知识构成，并且通过个体、团队以及组织三类主体的学习活动得以创造、转化与积累。团队学习是个体学习和组织学习两个层次的中间层次，团队包括专业性团队（如技术研发、生产、财务职能等）、项目性团队（如项目可行性分析、新产品开发）和业务性团队（如公司业务单位）三类。事实上，企业核心能力的持续提升首先会受制于企业三类主体的协同学习机制，高度协调的学习机制促进了三类知识结构趋于优化与总量持续增加，反之会形成影响企业知识技能积累的三个不完整的学习循环，即有条件的学习、不完整的学习和机会主义式学习，使得本来应该连续的持续上升的螺旋式的学习出现间断。为此，围绕学习主体需要构建以下三方面的学习机制。

（1）积累性学习机制。随着企业活动的多样性与复杂性增强，面临的新问题也越来越多，然而很多员工将问题解决完之后，就会紧接着做下一项任务，通常会忘记或未能整理从中学到的新东西供未来或其他人参考。此类"有条件地学习"同样也会出现在团队学习和组织学习过程中。因此，采取相应措施将"干中学"形成的隐性知识进行有效编码与储存尤为重要。对于单个员工，通过一定的激励机制和相应的知识储备手段以及制度安排，将其在岗位或工作中形成的独特技能与经验进行记录与储存，如岗位心得、操作技巧、改进建议等。企业团队在致力于特定价值环节的过程中，需要将团队层面的综合类知识进行编码与储存，对于负责核心能力孵化的团队更应如此，可以形成手册、项目报告等。同样地，企业在经历一定的战略期或者处理关键事件之后，需要回顾和总结经验与教训，专注于整合类知识的积累，形成备忘录、蓝图等。

（2）共享性学习机制。很多时候个人、团队获得知识难以为企业所有，突出表现为一些核心成员或团队流失造成企业核心能力削弱与瓦解的风险，此种情况在基于要素类主导优势或运用孵化法指导开发核心能力时尤其重要。因此，应当将核心成员、团队知识进行企业层面的"明晰化"，通过企业内部有效扩散能最大限度地提升能力。实践中，企业可以通过采取类比、隐喻和假设、倾听和深度会谈、知识挖掘、商务职能、专家系统等方式实现隐性知识的外化；同时企业成立知识管理委员会，对员工和团队形成的独特知识进行审查，符合企业能力开发标准的知识存入企业知识数据库以及通过其他媒介工具中进行共享。

（3）转化性学习机制。共享性学习机制可以解决部分专业性知识、整合性知识向综合性知识转化的部分作用，而核心能力的持续提升，一方面需要转化更多的综合性知识，另一方面也要求综合性知识向整合性知识、专业性知识的融合，突出"战略性学习环"在核心能力提升中的统领作用。在企业核心能力提升过程中，"自下而上"和"自上而下"是两个具有不同学习功能的转化机制。在实践中，一方面需要树立"关键人才""创新团队"等，作为企业标志性知识资源，同时也需要将企业使命、文化、惯例、战略愿景等内化为企业员工、团队的知识。

2）内部学习与外部学习

企业是一个开放的系统，企业需要与外界进行各类知识信息交流与互动，因此，企业核心能力的提升需要准确界定企业学习范围，实现企业学习边界有效移动。核心能力的提升是企业主导优势强化以及相关特色性知识技能进一步创造与积累的过程，企业内部学习具有很好的共同"学习背景"（包括熟悉的文化、战略、价值活动，也包括相应的学习工具、交流的术语等），使得企业知识技能创造更有针对性，隐性知识传递与转化较为容易，保证了企业核心能力的持续独特性与价值性，但同时相对封闭的系统也使得企业知识学习不再考虑外部环境关键因素动态变化，使得企业陷入"能力陷阱"。相对应地，外部学习可以充分地考虑当前外部环境，尤其是知识技术动态变化，通过外部知识的持续获取提升企业核心能力的培育效率。因此，在强化内部知识创造与积累的同时，需要综合运用动态联盟、关键人才引进、外部培训、专家咨询等各种手段不断获取相关的互补性、潜在替代性知识技能。

3）单回路学习与双回路学习

企业核心能力提升不仅要基于已开发的知识技能进行扩散，还要在扩散的过程中进行修正，使得企业核心能力在动态复杂内外部环境变化下持续增强。单回路学习是解决"知道如何做"，是充分运用核心能力提升企业价值创造效率的过程，此类学习忽视了内外部环境的动态复杂性变化，很容易使企业核心能力的灵活性降低甚至丧失；而双回路学习则是针对"知道为何要这么做"的问题，对企业核心能力存在基础与价值功能提出了质疑，要求企业始终围绕内外部环境动态变化进行知识技能总量创造与结构优化。因此在企业核心能力提升过程中要恰当运用单回路学习与双回路学习，尤其要充分发挥双回路学习的反馈性学习功能。

4）利用性学习与探索性学习

企业核心能力提升依赖于利用性学习与探索性学习的协同与互动，其中，利用性学习主要挖掘企业、团队以及个人甚至企业外部的各类知识技能，通过对现有知识技能获取与充分利用来提升企业核心能力；而探索性学习主要侧重于不断创造新的知识技能，赋予企业主导优势新的知识内涵。因此，企业长期生存依赖于参与足够的利用性学习以确保组织当前的生存，并且参与足够的探索性学习以确保组织未来的持续发展。

2. 企业核心能力提升路径

系统性学习机制保证了企业知识技能的总量增加与结构优化，而企业核心能力的特色水平、价值功能以及持续时间均反映企业核心能力可以在多大程度上支撑企业参与竞争，即为企业能力边界。企业能力边界可以划分为市场边界、领域边界、时间边界三个维度，三个能力边界维度有效扩展的路径优选也就成为企业核心能力快速提升的重要战略决策。

（1）企业核心能力市场维度扩展。市场维度主要强调核心能力可以支撑企业参与有效竞争的市场范围，也就是将主导优势转化为规模经济效益的核心能力体现。通常将市场划分为本地市场、区域市场、国家市场、多国市场以及全球市场等，在开拓和参与更广阔的市场竞争过程中，企业面临的竞争对手越来越强大，需求差异化增强，市场因素复杂性、不确定性程度提高，这些也迫使企业需要提升其核心能力在市场中的影响力。

对于一些全球化程度比较高的高（新）技术产品市场，企业的市场竞争不再有本地与外地、本国与外国之分，企业从介入市场那天起，它所面对的就是全球化市场竞争，唯一可以做的就是尽快提升企业核心能力在全球化市场中的影响力（包括市场份额、产品附加值、新产品更新速度等），如 Intel 公司、微软公司、谷歌公司的核心能力提升均遵循此类路径轨迹。

（2）企业核心能力领域维度扩展。企业核心能力还在于通过核心产品开发产生协同效应与范围经济。企业核心能力领域维度扩展主要强调主导优势在多领域中充分运用的能力。一般地，企业领域扩展包括水平扩展与垂直扩展，例如，宝钢一方面提升其不同型号钢材的系列化冶炼与成型能力，另一方面加强铁矿石开采和钢材深加工的能力。企业核心能力领域拓展不同于我们通常所指的一体化或多元化，它强调深层次的知识技能共享与转移，而非一般资源要素或价值活动的共享，例如，美国 3M 公司围绕黏胶带方面的核心能力领域边界扩展，使得该公司涉足了黏性便条、磁带、照相胶卷、压力敏感带以及表面涂料等很多"非相关多元化"领域。核心能力领域维度提升时需要区分产业与知识技能的划分标准，很多产业表层的条框分割掩盖了共享的核心能力进一步提升的空间。

（3）企业核心能力时间维度扩展。核心能力的时间边界决定了企业特色竞争优势的长期性。企业核心能力持续保持是企业主导优势科学选择以及相关知识技能持续创造与积累的结果，强调企业核心能力在发展期快速成长和成熟期跨度延长。具体到特定企业，企业核心能力既可以体现为市场维度的持续性，还可以体现为领域维度的持续时间。

（4）企业核心能力提升路径选择模型。根据企业核心能力三维拓展性分析，可以形成企业核心能力提升路径选择模型，如图 3-8 所示。不同企业的核心能力提升路径均可以通过该选择模型得以标注和反映，如海尔的核心能力首先围绕电冰箱创新能力达到世界级水平创新，而后开展其他家电产品创新能力提升，最后涉足其他技术领域，其核心能力提升轨迹可以标注为：$M_1OT_1 \rightarrow M_2OT_2 \rightarrow M_3OT_2 \rightarrow M_3W_1T_2$ 或 $M_3W_1T_3$，英特尔公司的核心能力提升大体上遵循了 $M_3OT_1 \rightarrow M_3OT_2 \rightarrow M_3OT_3 \rightarrow M_3W_1T_3$。

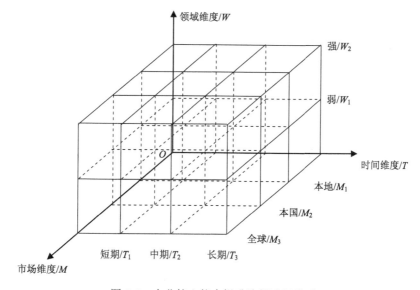

图 3-8　企业核心能力提升路径选择模型

3.2.5　企业核心能力重构

随着内外部环境的激烈变化和企业战略目标的实现，企业原有的核心能力可能会失去其竞争特色，企业主导优势需要重新进行选择与战略转化，相应地，企业核心能力也需要围绕主导优势的转化而进行系统性重构。通用电气公司已经由传统型企业转变为服务型企业，IBM 也通过硬件制造商向技术集成商的成功转型而重塑行业领先者地位。因此，企业核心能力重构实质上是特色知识技能的重新创造、积累与优化配置过程，通过企业核心能力重构机制设计与优化可以实现克服企业核心"刚性"、支撑主导优势的战略转化以及核心能力更新与"跃迁"的目的。

1. 企业核心能力重构关键维度

由于企业的专有资产和能力是一个内生的积累过程，在任何时点上企业的能力位势由其所继承的演进路径所塑造，企业的能力位势又限制了其在静态时点上战略和行为选择的范围，影响核心能力进一步演化的方向，因此，企业核心能力重构关键维度要遵循动态能力的"3P"〔过程（process）、位势（potential）、路径（path）〕维度相对应，其中，企业价值链与知识链及其互动学习过程就是核心能力的"组织与管理过程"，而主导优势特色水平可以集中反映企业的"能力位势"，企业核心能力形成与发展轨迹则可以作为"路径"维度，三者共同决定企业核心能力重构，如图 3-9 所示。

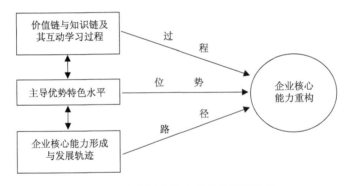

图 3-9　企业核心能力重构的关键维度

首先，企业价值链与知识链及其互动学习过程对核心能力重构影响深远，运用个体、团队、组织三层学习机制进行相关知识技能的创造与整合过程，也是企业知识链、价值链以及内外部企业资源条件进行协调、整合以及重构的过程，企业核心能力流程性嵌入在提高被模仿壁垒的同时，也使得核心能力重构受制于企业整个运营体系的调整与再造。

其次，主导优势是企业核心能力的集中体现，其能力位势（特色水平）由企业核心能力所继承的形成与发展路径所塑造，同时当前的企业主导优势特色与水平又会决定企业核心能力未来重构空间与机会吸引力。因此，主导优势作为企业核心能力的基点与"抓手"，企业核心能力重构需要围绕企业主导优势的动态转换展开。

最后，企业核心能力在特色强化与重构双重机制共同作用下进行演进，并形成一定的路径依赖性，企业核心能力重构战略需要考虑不同时点上企业核心能力可能的演进方向与柔性水平。

2. 企业核心能力周期性重构方式

一般地，企业核心能力围绕主导优势以及内外部环境变化进行周期性演化，顺次经历开发阶段、提升阶段以及转化阶段，然而，面对动态、复杂、不确定的环境，企业核心能力重构机制不仅强调在转化期进行核心能力替换，而且应当运用动态一体化管理思路，将能力重构贯穿于企业核心能力形成与发展的全过程，有利于降低核心能力重构的惯性阻力，实现现有能力与未来能力之间的平稳发展。总的来说，企业核心能力周期性重构方式可以分为演化性重构、变革性重构和替代性重构三类。

1）企业核心能力开发期的演化性重构

核心能力开发阶段也是企业主导优势选择与确定的过程，主要是通过选择机制和获取机制来形成企业的战略性租金。

（1）系统性选择。主导优势是决定企业发展的最为重要的优势因素，同时，企业主导优势的发挥也需要其他一系列优势因素的系统匹配，因此，对企业优势因素群战略地位的关注，一方面支撑企业应对多面竞争，另一方面也成为企业主导优势动态转化的"战略性储备"。企业在进行主导优势选择以及核心能力培育定位时，也需要对其他优势因素进行分类、分层选择与战略布局，并明确其相应的知识技能缺口。

（2）多样性开发。企业在围绕主导优势进行核心能力开发的过程中，也需要重视其他优势因素的知识技能开发，形成有重点的多样性能力开发格局，不仅避免了能力获取过程中造成的"短板"效应，而且围绕优势因素群的能力多样化开发也为企业核心能力的变革与替代提供更大的选择空间。

总之，在企业核心能力形成与发展初期，主导优势的战略地位难以准确定位，相应知识技能的价值功能也没有完全被市场认可，因此，企业更倾向于运用演化性重构机制，即在密切关注内外部关键因素动态变化的过程中，通过优势因素群的系统性选择以及相应能力的多样化开发应对环境的不确定性变化。

2）企业核心能力提升期的变革性重构

核心能力提升期关注企业核心能力的快速提升，是企业主导优势战略地位凸现和特色优势强化的关键期。

（1）赋予主导优势新的知识内涵。企业主导优势可能会受到内外部关键因素不确定性变化的影响，突出表现为新知识、新技术不连续性创新，此时需要将新知识技能与企业已开发的核心能力进行有效结合，通过新知识内涵的赋予来进一步凸现企业主导优势战略地位。随着科学技术的飞速发展，很多企业核心能力在发展期就面临变革性重构。

（2）企业核心能力发展方向调整。主导优势的有效发挥有赖于相应的核心能力的创造、积累与运用，然而很多时候各类环境因素激烈变化使得企业核心能力培育方向与主导优势战略导向之间产生偏差，因此需要对企业核心能力进行调整性培育定位，尤其要对核心能力的提升路径进行动态优化。

（3）企业核心能力适应性变革。随着企业核心能力与主导优势、价值活动、知识活动、企业战略、文化管理等的系统融合，企业核心能力的"刚性"弊端显现，相应的适应性变革要求强烈。适应性变革建立在企业核心能力杠杆效应充分发挥的基础上，侧重于现有核心能力的知识技能完善与构架优化，服务于企业领域扩张、市场扩张的战略需要以及持续优势特色的保持。

（4）新核心能力的探索性开发。随着现有核心能力逐步成熟，企业需要密切关注所在行业、领域以及竞争对手等关键因素的动态变化，并对企业内部优势因素群的战略位势与演化格局进行重新审视，选择可能应对未来竞争变化需要的一些优势因素进行探索性知识技能开发，为替代现有核心能力进行战略储备。

3）企业核心能力转化期的替代性重构

在此阶段，逐渐衰退的核心能力难以支撑企业主导优势的特色优势和战略地位，企业需要进行主导优势转化，相应的核心能力也需要进行替代性重构。替代性重构的重点在于迅速开发新的核心能力和保持企业核心能力的水平并实现"跃迁"，以保证新旧核心能力之间平稳过渡。

（1）迅速开发新核心能力。首先，准确选择更具发展潜力的主导优势是新核心能力开发的重要基础与前提，建立在提升阶段的探索性开发基础上的一些优势因素已经初具特色，从中选择新主导优势可以有效规避相应核心能力开发的"时间压缩不经济"。其次，迅速整合企业内外部相关知识技能，并引入高效率的系统开发与学习机制，围绕新选定的主导优势进行核心能力的全方位开发与特色水平提升。

（2）企业核心能力水平保持及"跃迁"。企业核心能力替代的最大负面效应可能是新核心能力的总体水平明显低于替换之前的核心能力，从而造成企业新主导优势特色不显著和综合优势下降。因此，企业除保证新核心能力迅速开发外，还应当围绕企业核心能力的培育再定位进行价值链、知识链的协同优化，并对企业内外部各类因素进行系统整合，实现企业主导优势、核心能力以及综合优势的协同发展与整体"跃迁"。

3. 企业核心能力重构支撑策略

企业核心能力重构是一项系统工程，相关支撑策略的科学构建有助于提高企业核心能力重构效率。

（1）主导优势的转换是先导。首先，主导优势与核心能力共同决定了企业优势特色，作为显性优势因素的主导优势，其重新定位与转化相对容易把握；其次，企业主导优势转化可行与有效的前提是要有更具发展潜力的优势因素作为替代，否则企业核心能力重构性培育缺乏基础。

（2）企业组织与管理流程优化与再造。核心能力内嵌于企业的各种组织与管理流程中，围绕主导优势的转化，企业价值活动流程、知识管理流程以及企业组织结构与资源配置模式等也需要重新定位、优化与再造，从而支撑企业核心能力重构机制的有效运行。

（3）启动创新性学习系统。将企业的学习机制进行创新性功能构造与发挥，使得外部学习、探索性学习以及双回路学习成为企业学习机制的主导力量，从而促进企业核心能力相关知识技能的快速积累与更新。

（4）企业文化的变革。改变抽象的方面通常通过改变比它更具体的方面来进行。首先，需要将企业文化中较为具体的制度性内容进行变革，通过构建符合新知识技能开发与积累的制度规范来带动非正式性文化内容革新；其次，企业需要充分发挥创新型领导、核心员工以及优秀团队的模范带头效应与辐射带动效应，从而激活企业整体文化活力。另外，企业还要引入先进的文化理念。先进的文化理念有利于改造或重塑企业文化体系。总之，只有企业文化的变革才能孕育新的核心能力。

3.3　企业综合优势发展路径

3.3.1　企业资源整合路径

企业资源是在向社会提供产品或服务的过程中能够实现企业战略目标的各种要素组合，企业可以将其看作各种资源的不同组合。面对动态、复杂、不确定的竞争环境，企业综合优势持续发展需要其他更多资源要素的共同支撑[6]，即围绕企业主导优势和核心能力特色与水平以及动态演化过程进行各类资源全方位整合。

1. 内部资源配置

企业资源优化配置需要考虑的因素众多，是典型的多目标决策问题，其中，企业主导优势与核心能力杠杆效应的充分发挥是关键，重点要关注：①企业主导优势与核心能力在企业拥有资源中的突出地位，战略重心越"重"，其辐射带动效应（可能是潜在的）也就越大；②企业核心能力发展特色与水平可以反映在多大的市场和多宽的领域参与竞争，也有助于明确在其战略扩张中的资源需求状况；

③主导优势与核心能力指向了企业的战略方向，从而明确企业相关资源投入和配置的战略导向。围绕企业主导优势和核心能力的内部资源配置主要依次通过企业内部资源配置现状分析、总体布局以及优化调整得以实现，如图 3-10 所示。

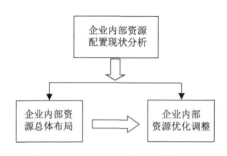

图 3-10　企业内部资源配置过程

1）企业内部资源配置现状分析

企业内部资源配置现状也需要围绕主导优势与核心能力展开。首先，要准确评估企业内部拥有的资源类型、数量、质量以及分布状态，很多资源可以通过财务部门、人力资源部门、研发部门、销售部门等进行逐次统计与评估，从而确定其配置状态。但从与企业主导优势以及核心能力的关系紧密程度的战略层面出发，应当重点关注两方面的内容：第一，企业资源分类与分层应当更好地体现企业拥有资源的战略地位，如分为战略性资源和一般性资源、关键资源与辅助性资源、稀缺资源与普通资源等；第二，企业资源分析应当注重区分不同资源的配置特征，如通用性资源与专有性资源，数据资源与物化资源等，其中，通用性资源或数据资源可以进行共享，而专有性资源和物化资源更倾向于转移。

其次，需要发现企业各类资源条件与主导优势、核心能力匹配方面可能存在的突出问题：①一些资源投入与企业主导优势、核心能力的发挥没有必然的关联性，从而造成了资源过度投入或浪费；②与企业主导优势和核心能力的发展或发挥紧密相关的一些战略性资源没有得到充分的利用，表现为资源"闲置"或"过剩"；③企业资源分配按照企业部门或职能而非主导优势与核心能力展开，资源分布条块格局，制约了企业资源在内部顺畅流通、全面共享以及优化组合；④企业资源配置过程中没有考虑各类资源的自身特点以及资源之间的紧密关系，造成了资源价值、功能协同效应难以发挥，总体利用效率偏低。

2）企业内部资源总体布局

企业资源的配置要服务于企业主导优势与核心能力的发展与发挥，在将主导优势与核心能力顺次转化为核心产品、关键业务以及最终产品的过程中，需要相应的资源要素予以支撑。

从资源配置优先权来看，应当采用战略重要程度逐层降低的思路进行配置，支撑企业主导优势和核心能力的战略性资源、关键性资源应当优先考虑配置，另外，再考虑一般性资源和辅助性资源的配置问题。从战略性资源向一般性资源延伸的层次（深度）以及同一层次的资源类型与数量（宽度）均取决于核心能力的特色与水平，最大限度地发挥企业资源的范围效应与规模效应。

企业资源的层级划分除了考虑资源的相对战略地位，通过资源之间的功能关联可以达到"由上而下，逐层细化"的配置目标。一般地，企业资源之间存在无关性、依存性、增补性三种关系类型，如图 3-11 所示，假设企业的主导优势是某类独具特色的核心技术，战略性资源 A 是相应的配套技术，关键资源 B 是 R&D 人员，关键资源 C 则是企业的市场渠道，资源 1 表示企业的产品工艺，资源 2 是企业的信息平台，则企业主导优势与 B 之间是依存关系，战略性资源 A 和 B 之间也是依存关系，A 对企业主导优势有增补效应，而 C 对企业主导优势的增补效应以及与 B 的依存关系的实现则分别需要辅助性资源 1、资源 2 的链接。同样地，战略性资源与一般性资源之间以及一般性资源之间也存在三类关系，需要逐层进行关系识别并优化配置。

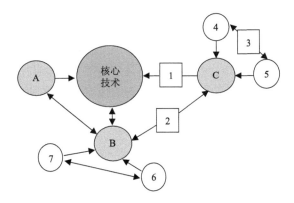

◉代表战略性资源或关键资源，○代表一般性资源，□代表辅助性资源；单向箭头代表资源之间的增补效应，双向箭头代表资源之间的依存关系

图 3-11 企业内部资源总体布局示意图

3）企业内部资源优化调整

企业资源难以穷尽的重要原因还在于企业资源之间相互交融（如无形资源与有形资源的交融）以及资源之间存在转化性（如财务资源可以向很多资源转化），一方面为企业资源配置造成了更多的约束条件，另一方面也为企业资源优化调整提供了可能性。

（1）企业资源的共享。当前很多企业的数据资源的战略地位在逐步提升，占据很大的比重，这类资源在企业内部的共享并不会引起自身的消耗，通过搭建数据共享平台等投入就可以提升知识性资源的价值效用，解决更多资源部门割据的问题。

（2）企业资源间转化。对于很多闲置资源或剩余资源可以减少投入或市场交易等实现资源之间的转化，从而形成更多的战略性资源或关键资源，解决企业资源薄弱环节，通常表现为资源剥离与资源瓶颈的转化。

（3）企业资源间替代。从事相同产品生产或服务提供的不同企业，其生产要素投入比例存在"逆转"，即通过资源之间等效替代（相似性替代或异质性替代）来实现企业内部资源优化调整。

2. 外部资源整合

企业综合优势理论重点强调充分利用外部资源，运用基于市场机制、中间性组织的外部资源整合方式，可以迅速弥补企业资源缺口，降低资源获取成本，充分发挥主导优势与核心能力的杠杆效应。

1）企业资源缺口

企业综合优势战略实施有赖于企业资源优化与组合问题，资源约束必然会影响企业主导优势、核心能力的发挥，因此，分析并准确识别企业资源缺口是外部资源整合的前提和根源。

（1）企业资源缺口的形成。企业资源缺口是在围绕主导优势、核心能力发展企业综合优势的战略过程中，现有资源状况与实现综合优势战略所需的资源之间的差距，总的来说有以下几种情况可能造成资源缺口问题：首先，企业主导优势、核心能力具有强大的潜在辐射效应，当前的企业资源状况使得企业主导优势、核心能力显得"相对过剩"；其次，围绕企业主导优势、核心能力进行内部资源布局时，企业存在资源瓶颈或薄弱环节，特别是某些战略性资源或关键资源短缺；再次，尽管一些企业的资源配置状态较优，但是企业资源整合成本较高，尤其和竞争对手相比，其资源边际贡献较低，使得企业主导优势与核心能力的发挥受到了制约；最后，面对动态、复杂、不确定的竞争环境以及企业资源总体价值约束，企业短期缺乏足够的资源条件应对突发的威胁或把握稍纵即逝的机遇。

（2）企业资源缺口识别关键点。企业资源缺口识别建立在企业资源现状分析基础上，重点关注制约企业主导优势、核心能力以及相关战略性因素有效发挥的资源问题。

一是资源缺口形成类型的判断。分析企业资源缺口形成属于以上四种情况的哪一种。

二是资源的需求价值判断。第一，根据企业资源布局层级判断企业短缺资源属于战略性资源还是一般性资源，属于关键资源还是辅助资源，通常战略性资源与关键资源均可以显示出资源本身的价值属性。第二，资源短缺引发的价值"权重"变化，所涉及资源的缺口越大，相应"权重"也加大。第三，企业短缺资源的控制权判断。结合资源的可获得性与需求价值，判断企业应当将此类资源定位于拥有的、可利用的还是可控制的资源。第四，资源缺口的动态性识别。企业资源缺口存在一定的动态性，首先，企业内外部环境处于动态变化中，使得企业资源的需求价值处于动态变化之中；其次，资源之间存在很强的关联性，一种资源瓶颈的解决可能会以其他资源的付出为代价；最后，当原来的资源约束消除后，系统会跃升到新的层次，并会碰到另一个资源约束。

　　2）企业外部资源整合方式

　　企业外部资源整合方式主要区分为中间性组织机制类型与市场价格机制类型，其中的市场买卖、并购以及战略联盟是比较常用的方式。各类外部资源整合方式各有其优缺点，面对不同的资源缺口，体现出不同的资源组织效率[7]。

　　（1）市场买卖。主要通过市场价格竞争机制获得相应的资源。自由市场买卖可以对资源公平定价，具有更多的资源供给方和供给渠道，使企业的资源瓶颈得到迅速解决。然而自由市场对于企业的战略资源，特别是具有很强的情景依赖性的异质性资源获取存在低效率或不可获取性，战略性要素市场是不完全的，很多战略性资源无法购买。因此，自由市场对于企业所需的通用性资源（以辅助资源和一般性资源为主，包括少量的战略性资源）获取效率较高。

　　（2）并购。企业并购行为从整体上看依赖于市场机制，而从被并购企业的资源关联性来看则又属于企业内部机制，整合外部资源的优点在于可以迅速获取战略性资源和关键资源，尽可能地保存了资源发挥功能所依赖的情景，注重资源的依存性和增补性关系，增强了企业对关键资源的控制权和配置权，从而达到全面强化核心能力和拓展核心能力的战略目的。当然，并购带来的一揽子资源也可能会给并购企业的资源整合与配置带来整合成本甚至负面影响：首先，在并购中更关注被并购企业的关键资源或战略性资源以及其他急需的资源，而被并购企业可能会有很多并购企业不需要的资源；其次，并购企业的主导优势与核心能力与被并购企业的资源整合需要成本，而且可能会有整合失败的风险。因此，理想的被并购企业也并不是总存在的。

　　（3）战略联盟。企业战略联盟突破了传统市场机制和传统组织机制配置资源的弊端，在资源整合中具有一些突出优势：一是对于不出售、不可分离、不流通、不可转移或获取成本过高的异质性资源，企业可以通过建立战略联盟实现资源的共享；二是与自由市场买卖和并购相比，战略联盟方式受企业资源总量价值的约束较少，形成一定的"乘数效应"，有利于发挥企业主导优势、核心能力的杠杆效应；三是企业内外部经营环境的不确定性越来越大，导致很多战略性资源的需求价值也难以准确评估，战略联盟的"风险共担"机制有利于具有不确定性机会的捕捉和风险的规避。当然，战略联盟方式也会存在资源整合无效率，其根源在于运用联盟伙伴资源时存在契约的不完整性（缺乏绝对的拥有权与使用权），使得联盟企业间的资源配置与协调成本上升，另外，"风险共担"的基础上也存在"利益共享"，企业主导优势与核心能力的垄断地位可能会被联盟伙伴侵蚀。

（4）其他外部资源整合方式。以上三种形式是外部资源整合的典型形式，为了降低资源整合成本，企业需要在科层组织和自由市场之间的"广阔地带"进行寻找，战略联盟本身也具有广泛的内涵，如企业战略联盟还可以分成契约式和股权式两种，它们对不同资源的整合效率、联盟伙伴资源的约束力以及协调成本存在很大的差异性。企业嵌入在一定的生态系统之中，与其他构成主体之间存在着各类资源网络关系，如集群网络、虚拟企业网络、供应链、政企合作、产学研网络等在很大程度上也是基于资源的互补、共享、交换而产生的外部资源整合形式，在它们各自特定的约束条件范围均存在较高的资源整合效率。

3）企业外部资源整合方式优选

企业外部资源整合方式各有优缺点，结合企业的资源缺口类型和面临的外部资源供给面，企业外部资源整合方式的选择主要取决于资源整合效率，也就是资源的预期收益和资源整合成本之间的比例关系。预期收益可以通过资源的需求价值判定得以反映，重点突出该资源对企业主导优势、核心能力的发展与发挥的战略性收益。资源整合成本侧重于考虑三方面：①资源获取所需要的时间决定了企业是否可以迅速弥补资源缺口，从而形成一定的机会损失；②资源搜寻与定价形成的交易成本，如很多战略性资源在自由市场上难以找到，其搜寻成本也就趋向于无穷大，而并购附带的很多无用资产造成了被并购资产定价过高；③资源不可转移与不可分割性造成的资源内部化成本，如自由市场购买的特定战略性资源可能会损失掉相关的知识、经验等无形资产，而被并购的资源和并购企业的资源也存在很多矛盾，联盟方式下围绕企业主导优势与核心能力进行资源配置时则可能需要付出更多的协调与监控成本。因此，通过资源整合效率的比较，可以对企业特定条件下资源缺口的弥补方式进行优选。

现实中，企业在特定战略期内缺乏的资源不止一种类型，可能同时存在多种战略性资源和一般性资源的短缺，根据三类典型的外部资源整合方式优缺点，通常战略性资源倾向于并购和联盟方式，而一般性资源则倾向于市场机制，因此围绕企业主导优势、核心能力的资源布局，企业也会依次形成企业内部、并购、联盟以及市场资源整合机制布局，并且几种资源整合机制可以同时存在。

另外，企业外部资源整合机制也是一个逐步优化的过程，企业战略调整与转变、行业关键因素变化以及其他环境因素动态变化可能会使得相关的资源价值、供给面发生转变，企业外部资源整合方式也需要变化。

3. 资源持续发展

资源是企业经营的基础，也是企业经营的结果，新的资源常常是通过已有战略的实施而得到积累或者扩展的，因此，企业资源的整合必须考虑利用现有资源实现当前战略和开发新资源以实现未来优势之间的平衡。

1）面向核心能力提升的资源整合

围绕核心能力整合内外部资源的过程也是企业核心能力提升的过程，通过长期动态性整合实现企业资源在数量、质量、结构、分配、组合等方面的全面改进。

企业核心能力的边界扩展包含市场、领域以及时间三个维度，企业核心能力的边界扩展是企业发展战略的集中体现，企业的资源整合战略也需要进行相应的协同匹配。当企业核心能力的市场边界进行拓展时，对市场开拓方面的资源就需要整合，如销售网络的构建、销售人员的招募与培训、国际专利申报等，很多跨国公司构建的"技术换市场"战略联盟也是对我国市场资源的整合。围绕核心能力领域边界拓展的资源整合也是很多企业采用的重要战略举措，如本田公司发动机核心技能应用于割草机等农业机械时，需要其他配套技术资源协同整合。核心能力的持续性强化也需要投入相应的战略性资源以应对各类侵蚀性因素，如英特尔公司持续加强微处理器技术开发的相关资源投入。当然，企业核心能力的边界扩展可能是两个或三个维度同时进行，此时的资源整合也要求同时考虑这些维度。总之，企业核心能力边界的拓展速度和强度要求相应的资源予以支持，否则可能会影响企业核心能力强化以及企业综合优势的实现。

从长期的资源整合过程来看，企业资源可以基于技术、功能、产品的关联实现由组合到融合的转变。围绕企业核心能力的资源融合主要突出两个方面：第一，企业核心能力与企业各层次、各类别的资源进行融合，不仅提高了企业核心能力的"异质性"和"持久性"，而且使得企业战略资源的"内部化程度"和使用效率显著提高；第二，企业各类资源之间的融合，通过企业内外部资源融合、新资源与传统资源融合、无形资源与有形资源融合、个体-团队-组织资源融合等，提高企业资源整体使用效率。

2）面向核心能力重构的资源整合

企业主导优势的转化以及核心能力的重构要求企业现有资源与未来资源的平衡发展。

（1）在企业核心能力的不同重构阶段，均需要对相关资源的数量、质量、类型、战略位势等进行相应的调整。为了应对不确定性的竞争环境，在核心能力演化性重构阶段，企业资源整合的关键在于战略性资源与关键资源的有效获取、快速积累与系统筛选，为企业主导优势的选择和优势因素群形成提供资源支撑。面对企业内外部环境的动态性变化，企业核心能力的变革性重构则需要战略性数量与价值比重的快速提高，同时，面向核心能力适应性变革需要引入或积累一些新资源，并对原有资源的战略位势进行动态调整。在核心能力替代性重构阶段，企业面对的机会与威胁也逐步明朗，原有企业资源也因为核心能力的丧失而使价值功能显著降低，企业需要运用相应的资源调整策略和有效资源整合方式围绕新的企业主导优势与核心能力进行资源结构重新整合与优化。

（2）企业核心能力培育机制的协同并存性有利于应对重大机会或威胁的周期性与多样性，企业潜在的核心能力、发展的核心能力以及过时的核心能力对应着一定资源构成，并需要相应的资源整合方式，由此形成的企业资源时空并存性有利于支撑企业核心能力的顺利重构和企业综合优势持续发展，如图 3-12 所示。

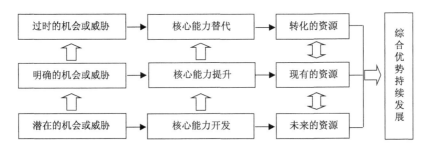

图 3-12　面向核心能力重构的企业资源平衡发展逻辑

4. 企业资源整合三维模型

首先，从空间维度看，企业资源整合路径就是企业内部积累与外部整合方式的优选；其次，从时间维度来看，企业资源整合过程又可以是满足现实战略需要的资源整合和面向未来竞争的资源整合之间的权衡；最后，无论是资源的内外整合还是现在资源和未来资源的平衡发展，企业总是尽量提高资源位势，即围绕主导优势与核心能力整合更多的战略性资源。因此，在综合考虑企业资源整合三个维度之间协同关系的基础上，构建企业资源协同整合空间选择模型，如图 3-13 所示。

实际上，企业资源是一个连续体，企业资源间的位势区分只是一个相对的概念，短期资源整合就是在资源的总量和可能的转化空间约束下的优化配置问题，而从长期来看，企业资源结构、总量、质量、类型都可以进行改变。当然，内部资源积累与外部资源整合在促进企业综合优势发展的过程中不是相互独立的，而是存在着显著的互动关系。当企业的资源总量和质量比较低时，外部资源的整合对于企业进一步发挥内部资源功能价值有非常重要的意义；而当企业的资源实力雄厚，且拥有更多的战略性资源时，通过外部方式整合到互补性资源，也是具有战略意义的。企业资源整合空间模型不仅可以从时空维度分析并设计特定资源的整合路径，而且还可以对企业总体资源的数量、质量、类型等的系统整合提供优化选择空间。

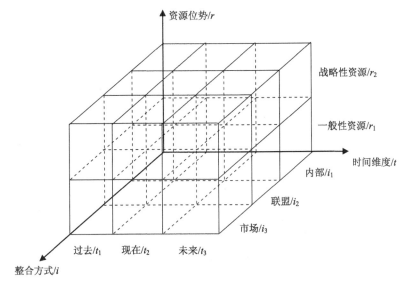

图 3-13　企业资源协同整合空间选择模型

3.3.2　企业价值活动优化路径

企业战略在于一组独特的价值活动，通过价值链活动和价值链关系的调整来创造企业生产边界的适应性。在全球价值链背景下，企业的竞争优势可以通过多种租金来源获得，既有内生于价值链的租金，也有外生于价值链的租金，既有企业内部租金，也有企业间租金。因此，面对全球化背景，围绕企业主导优势、核心能力的特色水平与动态演化过程对企业内外部价值活动进行系统设计与动态优化，综合集成多种价值活动治理模式的效率优势，就成为企业运用主导优势与核心能力有效应对各类机会与威胁并实现企业综合优势持续发展的重要路径。

1. 企业价值活动分类与特性

企业运营由一系列的价值活动构成，如果把生产经营过程中的每一件可以独立完成的工作都作为"活动"，分析将过于繁杂并失去战略意义，因此，将与企业主导优势与核心能力的战略关联性作为根本准则，对企业现有的价值活动进行分类与特性分析。

1）企业价值活动分类

在企业众多的价值活动中，并不是每一个价值环节都会创造价值，企业的价值活动可以分成核心活动、亚核心活动和一般活动，其中，核心活动与企业主导优势、核心能力关联性最强，是企业价值活动中的战略性环节；由企业其他优势因素支撑，与企业核心环节进行有效协同的环节称为亚核心活动，它在企业价值链中处于相对重要的位置；其他的价值活动可以归为一般活动。

2）企业价值活动特性

企业价值活动优化集中表现为价值活动效率的提高，而企业价值活动效率又取决于价值贡献、成本、经济性以及关联性等综合影响。

（1）企业价值活动贡献，指企业不同价值活动环节的价值产出额，通常核心环节、亚核心环节以及一般环节对企业价值贡献依次降低。

（2）企业价值活动成本。企业某一价值活动成本分析，不仅要考虑在企业中所占的成本比重，还要与行业平均水平进行比较，并且需要从动态角度分析其成本变动趋势。

（3）企业价值活动经济性。不同价值活动的经济性驱动因素是不相同的，可以将企业价值活动分为规模经济型和范围经济型，通常生产装配活动重点要考虑规模经济，而销售活动则受范围经济的影响更为显著。

（4）企业价值活动之间的关联性。价值活动环节的关联性分析角度众多，从与企业价值创造的关系角度而言，可以分成直接活动和辅助活动；从价值活动之间的时空关联性而言，企业价值活动可以分成承接约束关系、协同关系、平行关系等；从企业价值活动之间的相互作用关系分析，企业价值活动之间存在替代效应、增补效应以及挤兑效应。

2. 企业内部价值活动优化管理

企业内部价值链是核心能力的载体，围绕企业主导优势、核心能力的水平与特色，进行企业内部价值活动环节优选和总体布局，是充分发挥企业主导优势和核心能力的关键。

1）企业内部价值活动优化模型

借鉴价值工程和价值曲线优化的思路，围绕企业主导优势与核心能力构建企业内部价值活动优化模型如图 3-14 所示。

（1）企业内部价值活动优化标准。一方面，要考虑企业主导优势、核心能力的特色与水平，企业内部价值活动优化要体现这一战略"主题"，这是形成企业独特价值活动的关键；另一方面，综合企业价值活动的贡献、成本、经济性、关联性考察企业价值活动存在的问题和改进的关键[8]。另外，在价值活动优化过程中也要顺次按照核心活动、亚核心活动和一般活动展开。

（2）企业内部价值活动优化方式。基于优化标准，对企业内部价值活动优化主要采用强化、削弱、增加和剔除四种方式进行优化，具体如表 3-9 所示。

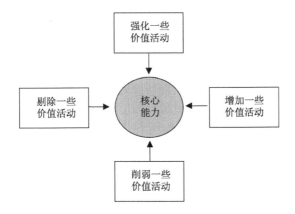

图 3-14　企业内部价值活动优化模型

表 3-9　企业内部价值活动优化方式

方式	核心能力特色与水平	价值贡献	成本比重	经济性	关联性
强化	体现核心能力特色的核心环节	可以使价值贡献大幅上升	成本比重增加较少或不增加	范围效应或规模效应的发挥	价值活动的瓶颈或薄弱环节
削弱	不是承载核心能力的核心环节	价值贡献不大，削弱使得价值降低较少或不变	成本比重过大，削弱可以使得成本大幅下降	经济性不明显或不协调	与较高位势价值活动形成部分挤兑
增加	促进核心能力发展与发挥	更大的价值贡献	成本相对较少	与整体价值活动经济性匹配	增补效应或可以替代低位势的价值活动
剔除	没有必然联系	几乎不创造价值	成本过高	经济性冲突或严重不经济	没有任何联系，或与较高位势价值活动形成挤兑

2）企业内部价值活动战略布局

企业内部价值活动环节的优选在很大程度上界定了企业的内部价值活动范围，需要进行充分体现和发挥企业主导优势和核心能力的战略布局。

（1）在对企业价值活动进行战略布局时，要突出企业价值活动的战略重点，与企业主导优势与核心能力紧密关联的核心价值活动应当首先布局，然后考虑与核心价值活动匹配的亚核心价值活动，最后再考虑起支撑与辅助作用的一般价值活动。企业价值活动的逐类分层布局使得企业价值活动更有助于企业主导优势、核心能力的发展与发挥。

（2）企业价值活动布局还受制于企业核心能力的领域维度、市场维度、时间维度的影响范围，并围绕"核心能力—核心产品—业务—具体产品"逻辑确定企业内部价值活动的宽度与深度。

3. 企业外部价值活动战略协作

随着分工进一步细化和产品复杂度的提高,无论是增强企业自己的特色优势,还是开拓新的市场,均需要与其他企业共同创造新价值,企业外部价值活动战略协作成为企业价值活动优化管理的重要方面。

1)企业外部价值活动战略协作动因

企业外部价值活动战略协作的原因众多,从企业基于主导优势、核心能力发展综合优势的战略主线审视,主要有以下几方面。

(1)增强企业价值活动特色优势。完整的产品或服务的价值创造需要经过一系列的价值增值活动,任何企业的主导优势与核心能力都不可能支持所有的价值活动,企业所有价值活动内部化和企业核心能力的独特性之间存在冲突,也就是"广"与"专"的矛盾,价值活动的有效外部化有利于企业独特核心能力的发展与发挥。

(2)提高企业价值活动适应性。以顾客、竞争、变化为特征的企业经营环境充满了机会与威胁,企业通过外部价值活动战略协作可以迅速组建完整、有效的价值系统,提高企业的反应速度与应对能力。

(3)对企业内部价值活动补充。企业基于自身主导优势、核心能力进行价值活动战略布局,企业内部价值链的某些核心活动或亚核心活动没有达到应有的效率水平,企业需要运用具有替代效应或增补效应的外部价值活动突破瓶颈或弥补薄弱环节。

(4)价值活动的扩充。和企业的主导优势、核心能力水平相比,企业已有的价值活动体系存在"规模"或"范围"不足,运用外部价值活动战略协作可以使得企业核心能力的"杠杆效应"得到充分发挥。

2)企业外部价值活动战略协作方式

企业外部价值活动分工协作方式众多,且是在企业内部价值活动向市场价值交换延伸的广阔区域产生的。根据价值创造战略目的、协作紧密程度、时空分布等方面,典型的企业外部价值活动战略协作方式有战略联盟、虚拟企业、供应链、企业集群等,如表3-10所示。

表3-10 企业外部价值活动典型战略协作方式

特点	战略联盟	虚拟企业	供应链	企业集群
价值创造战略目的	风险共担,利益共享	市场机会驱动型组织	完整价值链顺畅衔接	"弹性专精"中间性产业组织
与企业内部活动价值关联性	增补效应主导	增补效应主导	增补效应主导	替代效应、增补效应并存
价值活动协作紧密程度	紧密	紧密	较为紧密	较为紧密

续表

特点	战略联盟	虚拟企业	供应链	企业集群
价值活动空间分布	没有要求	通常在不同地域	没有要求	集中于同一区域
价值活动时间持续性	较为持续稳定	短期	持续稳定	持续稳定
价值活动竞合关系类型	竞争合作并存	合作主导型	合作主导型	竞争合作并存

3）企业外部价值活动战略协作方式优选

战略联盟、虚拟企业、供应链、企业集群等典型的企业外部价值活动战略协作方式各有其战略侧重，但它们之间也存在着显著的交叉与嵌入关系，现实中的企业正是通过这些价值活动战略协作方式中的一种或几种嵌入到价值网络中。面对动态、复杂、不确定的共同价值创造或利益冲突，需要综合优选企业外部价值活动协作方式，从而构筑更具效率的企业外部价值活动战略协作网络。

采用何种外部价值活动协作方式仍然取决于企业价值活动的效率，企业主导优势、核心能力特色与水平以及企业面对的机会、威胁类型与特点，形成了不同外部价值活动协作方式的最优效率区域。具体地，企业外部价值活动的增加值侧重于两大方面：一方面，企业外部价值活动通过增补效应提升了企业内部价值活动创造效率，如美国国家半导体公司（National Semiconductor，NS）确认自己的核心活动和竞争优势是半导体开发之后，将原料供应、仓储、货物包装、分拨和运输业务外包给联邦快递公司（Fed Ex），由于联邦快递公司的货运和报关效率为世界之最，所以，NS 的供货周期从 60 天缩短为 2 天，其效益显著提高；另一方面，企业将其主导优势、核心能力作用于外部价值活动，也会形成一定的网络增值效应，据统计，近 10 年来位居世界前列的 2000 家公司中，战略联盟的投资回报率高达 17%，超过一般企业的 50%。企业的价值活动成本首先包括机会把握可能造成的机会成本，各类威胁对企业核心价值活动的侵蚀会造成沉没成本，长期的价值活动战略协作存在核心价值活动被其他战略协作伙伴模仿的可能性。另外，针对不同的战略协作方式，其相应的战略协作管理成本不同。一般地，外部价值活动战略协作方式的收益与成本变动规律如表 3-11 所示。

表 3-11　外部价值活动战略协作方式的收益与成本变动规律

效率维度		战略联盟	虚拟企业	供应链	企业集群
收益	增补效应	大	大	中	中
	网络效应	大	大	中	大
成本	机会成本	小	小	中	小
	沉没成本	小	小	中	小
	替代效应	大	中	小	大
	管理成本	大	大	中	小

4. 企业价值活动持续优化升级

面对动态、复杂、不确定的机会与威胁，内部价值活动优化管理和外部价值活动战略协作共同促进了企业综合优势快速发展，围绕企业主导优势、核心能力的动态演化对企业内外部价值活动的取舍与转化以及无缝联结与融合的过程也就成为企业价值活动动态优化与升级过程。

1）围绕核心能力提升的价值活动"归核化"

价值活动"归核化"主要指围绕企业核心能力的独特价值活动体系动态构建过程。企业核心能力在围绕主导优势进行开发与提升过程会依次经历弱、中、强三个阶段，同时面向企业主导优势战略导向与核心能力特色的一系列价值活动也可以分成核心活动、亚核心活动和一般活动，因此需要根据核心能力动态提升过程对企业价值活动进行持续定位和内外部战略取舍。企业在进行最优生产边界搜寻过程中，一方面，企业内部价值活动从"自成体系"（围绕核心能力的核心活动、亚核心活动和一般活动分类分层布局）向更多核心活动倾斜（一般价值活动的外部化或向亚核心活动和核心活动转化）；另一方面，企业通过外部战略协作方式动态优选形成了更具效率的价值网络，企业在价值网络中核心地位逐渐巩固与提升的同时，企业的整个价值活动网络也朝着最优方向动态演进。围绕核心能力提升的企业价值活动"归核化"方式如图 3-15 所示。

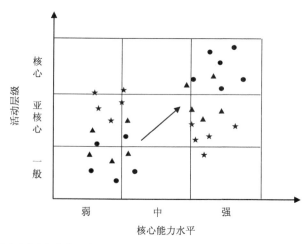

"●"代表企业内部价值活动，"▲"代表与企业协作程度高的外部价值活动，"★"代表与企业协作程度低的外部价值活动，指向右上方的箭头表示企业活动体系的整体迁移

图 3-15　企业价值活动"归核化"

2）围绕核心能力重构的价值活动体系重塑

从时间角度看，企业价值活动体系重塑要服从并服务于企业核心能力的重构

过程；从空间角度看，企业价值体系重塑需要同时关注企业内部价值活动重新布局和外部价值网络协作演化两个相辅相成的方面[9]。

（1）核心能力演化性重构阶段的价值活动布局。在对未来可能面临的机会与威胁进行预测的基础上，尽可能围绕企业优势因素群建立相应的亚核心活动或核心活动体系，对于比较有前景的一般活动可以通过联盟、虚拟企业等紧密的外部协作方式进行互动学习与知识积累，进而提升价值效率。

（2）核心能力变革性重构阶段的价值活动体系发展。随着机会与威胁的逐步显现，企业加强具有价值创造潜力的核心活动或亚核心活动的内部化过程，积极与占据高端价值活动环节的组织进行战略协作，同时积极融入具有强大网络价值效应的联盟网络或集群网络。在此阶段，企业通过对相关价值活动内部化和战略协作控制以及多重价值网络构建，可以有效应对企业面临的各类机会与威胁，并且为企业活动价值系统的再造储备能量。

（3）核心能力替代性重构阶段的价值活动体系再造。随着各类机会与威胁成为不可逆转的"潮流"，企业需要围绕新选定的主导优势与正开发的核心能力进行企业价值活动再定位与重新布局，具体包含三方面的内容：首先，凸现与新主导优势紧密相关的价值活动，对于达到新核心能力要求的活动选择内部化，而对于超过核心能力水平的部分，企业需要通过建立战略联盟、发展虚拟企业等紧密外部价值活动协作方式来迅速补充；其次，对附加值少的价值活动则基于价值创造最优效率区域确定合适的外部价值活动协作方式；最后，对于没有前景的价值活动及其相应的价值网络则选择放弃或动态更新。总之，在对企业价值活动再定位的基础上，通过对企业内部价值活动和外部价值活动协作方式的重新战略布局与取舍，构建了企业独特的价值活动，实现了核心能力替代性重构阶段的企业价值活动体系再造。

3）企业价值活动持续升级

随着全球化程度越来越高，企业面临的各种机会与威胁均具有全球性特点，融入全球价值链已成为当前企业跻身全球市场，并不断提升国际竞争力的重要途径。根据全球价值链升级分类，将企业价值活动升级分成工艺流程升级、产品升级、价值链功能升级以及链条升级四种类型，其中，围绕企业核心能力动态提升的"归核化"方式可以促进企业价值活动实现工艺流程升级和产品升级，而围绕核心能力重构的价值体系重塑方式则重在价值链功能升级以及链条升级等，具体描述如表 3-12 所示。

3.3.3 企业柔性战略路径

动态、复杂、不确定的竞争环境要求企业具有更强的战略"预见力"、主动性和应变能力，很多企业综合优势发展需要转向柔性战略路径，即运用主导优势与

表 3-12　企业价值活动升级类型与特点

企业价值活动升级类型	企业内部价值活动	企业外部价值网络	核心能力演化过程	企业价值活动优化方式
工艺流程升级	占据核心工艺流程并升级	其他匹配流程同步升级	开发与提升过程	价值活动体系"归核化"
产品升级	开发核心产品	其他配套产品同步升级		
价值链功能升级	从"U"形曲线中间向两端移动	横向网络需要同步升级	重构过程	价值活动体系重塑
链条升级	内部价值活动重新布局	重新构建新的外部价值网络		

核心能力"主动适应变化、利用变化和制造变化",通过快速集成与动态匹配内外部资源、条件、机会与威胁来实现企业主导优势、核心能力杠杆效应的发挥和企业综合优势的持续发展。不同于资源整合路径和价值活动优化路径的战略逻辑,企业柔性战略路径更多地体现了机会或风险导向特点,在系统综合资源柔性、能力柔性、组织柔性、生产柔性和文化柔性等众多战略维度的基础上,从企业总体设计并优化综合优势的时空发展轨迹,以全面增强企业对环境的适应性、速度优势、多样化竞争优势以及战略决策选择性优势等[10]。

1. 企业战略所有权配置

战略所有权是对战略形成、实施等拥有的权力,面对内外部环境的动态不确定性,战略所有权有效配置可以提高战略柔性水平和环境适应能力,围绕企业核心能力的战略所有权配置可以使得企业主导优势、核心能力在动态环境得到有效发挥,从而促进企业综合优势的持续发展。

(1)企业战略所有权和柔性战略。柔性战略本质上是为了应对环境的不确定性而增加公司战略制定与实施的自由度,也就是通常的集权与分权的最佳平衡点搜寻。假设企业战略由公司层发展战略和业务层竞争战略构成,而通常企业业务单元面对的竞争环境相对更为激烈,业务竞争战略适用的有效时间跨度较短,很多战略假设往往在战略没有完全实施完就已经发生改变,此时企业也不能仅仅按照"公司层发展战略→业务层竞争战略"的集权顺序进行战略制定与实施,而是需要将更多的战略制定与实施的权利下放到业务竞争单位。同时,随着环境变化,一些业务单位的项目与活动在企业内部的相对战略位势发生变化,需要将一些业务项目与活动上升到公司战略层面。因此,企业战略所有权动态配置体现了动态战略一体化管理理念,有效集成了战略形成与实施的集权与分配两方面优点,有利于企业有效实施柔性战略。

(2)企业战略所有权配置矩阵。企业战略所有权配置主要受制于主导优势与核心能力的特色水平,同时也取决于受环境变化的影响程度。对企业主导优势与核心能力的发展与发挥具有深远影响的项目与活动，且该项目或活动受环境变化动态性影响程度低，则需要维持其战略所有权，或者将业务层面的战略所有权通过集权上升为公司层水平；而与企业核心能力的战略关联性仅仅是短期的，且所受环境动态变化的影响程度如果较高，则需要将战略所有权进行下移，如图 3-16 所示。例如，肯德基将运营模式的标准化活动作为公司层面的战略所有权，而对于面向不同国家或区域的业务单位或具体店面则可以开发适合本土特色的食品，而当该食品达到可以在更多国家或区域推广时，则该食品标准化活动就上升为公司层战略活动。

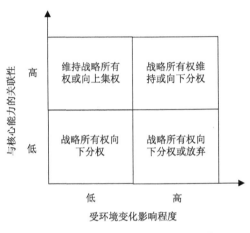

图 3-16　企业战略所有权配置矩阵

2. 企业战略期权布局

期权是一种延迟决策的权利，运用战略期权可以更好地应对环境不确定性，提高企业战略柔性。

1）企业战略期权与柔性战略

当面临多种不确定性机会或威胁时，企业常常会陷入战略决策困境，此时可以充分借鉴金融衍生工具的期权投资组合思想来降低公司战略决策风险，即当不确定性随着时间的推移得到一定的释放之后，再做出进一步的战略取舍。通过较少的投入获得未来更大战略选择与转换空间的权利就是企业的战略期权，企业战略期权有效布局也就成为柔性战略的重要组成部分。对未来可能出现的几种机会和威胁进行战略性项目或活动投资组合，形成了一定的排他性权利，当不确定性因素得到释放或明晰之后，对当初投入形成的战略选择空间要进行进一步的筛选，相反地，面对动态不确定的环境因素，如果没有进行战略期权安排，可能就没有"机会窗口"，仅仅等待机会的到来没有任何战略意义。总之，战略期权的基本功能在于，当不确定性很高时进行有关的投资，从而，当不确定性得到一定的释放时使自己处于一种可进可退的有利地位。

2）企业战略期权时空布局方法

企业战略期权应当围绕企业主导优势与核心能力特色水平以及动态演化机理进行时空布局。

（1）企业战略期权空间维度布局。企业战略期权可以通过企业自身投入进行内部布局，也可以通过各类协作形成外部战略期权布局。对于进行内部还是外部布局的决策，一般需要考虑四方面的因素。首先，要考虑企业核心能力水平与特色是否可以支撑企业进行相关的期权投入，即期权组合与企业核心能力之间应当具有一定的战略关联性。其次，战略期权投入也要考虑一定的多样性，即通过多样性应对环境的不确定性。再次，战略期权投入还要考虑到不确定性释放之后企业可能承担的沉没成本问题。最后，还要考虑战略期权可能带来的战略性收益。战略期权内部和外部布局各有其效率边界，而且通常情况下，企业可以同时进行内外部战略期权布局，从而获得两种战略期权布局方式的效率优势，如表3-13所示。

表3-13　企业战略期权空间布局决策分析

决策因素	内部布局	外部布局
核心能力的水平与特色	需要企业核心能力特色水平完全支撑企业战略期权	可以利用其他组织的核心能力，从而弥补企业能力缺口
期权多样性	具有相关性的战略期权系列化布局	可以进行不相关多样化布局
沉没成本	独自承担	共担
战略性收益	随着竞争环境在一定范围内动态变化时，企业可以独占并保持企业特色优势	与协作组织分享战略性收益，可以更好地应对突变的竞争环境

（2）企业战略期权时间维度布局。战略期权应当围绕企业核心能力演化过程进行布局。企业核心能力会依次经历开发、提升和重构过程，相对应的企业战略期权的预期、数量、投入强度、多样性以及空间分布存在差异性，如表3-14所示。

表3-14　基于企业核心能力演化的战略期权布局

布局重点	开发期	提升期	重构期
预期	面对未来可能的机会与威胁，促进核心能力开发，并通过适应和利用环境变化使得综合优势最大化	充分发挥企业核心能力应对逐步显现的各类机会与威胁	面对机会与威胁的转变，需要推进核心能力平稳过渡和综合优势持续发展
数量	根据关键机会与威胁的不确定性程度设定所布局期权的数量	战略期权数量下降	战略期权数量较提升期大幅增加
投入强度	每个期权的投入额度相对偏小	每个期权的投入额度相对很大	将战略期权侧重布局在新主导优势方向上

续表

布局重点	开发期	提升期	重构期
多样性	期权多样性受制于企业优势因素群，具有一定相关基础上的多样性	在企业能力边界拓展方向上进行布局，战略期权多样性下降	通过多样性提升应对不确定性的能力
空间分布	充分利用外部期权布局方式减少能力限制	企业通过战略期权的内部布局强化获得特色优势，并且通过外部战略期权布局发挥剩余能力	重点充分利用外部期权布局获得多样性知识技能并降低沉没成本与风险

（3）企业战略期权系统布局。战略期权布局需要与企业核心能力开发、提升与重构的一体化培育过程相匹配，战略期权布局的动态性、对冲性和多样性功能特征有利于企业核心能力有效发挥和综合优势持续发展（图 3-17）。

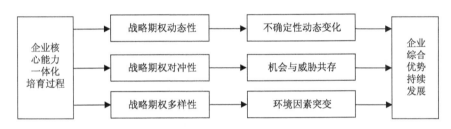

图 3-17　企业战略期权系统布局

首先，动态性功能是指随着预期环境因素不确定性的释放以及新环境因素的涌现，通过企业战略期权战略布局重点持续动态调整与优化，依次服务于开发、提升以及重构阶段的企业核心能力的发挥。

其次，企业经常会同时面临各类机遇与挑战共同的发展环境，相应地，需要运用战略期权对冲机制同时应对企业核心能力的强化因素与重构因素。

最后，企业战略期权围绕企业核心能力演化方向进行相关性、系列化布局有利于降低沉没成本，但是随着环境因素变化激烈程度增加，企业战略期权的多样性有利于更好地摆脱"核心刚性"，避免企业综合优势发展水平激烈波动或趋于下降。

3. 企业战略预警机制

企业战略预警机制体现了综合优势的战略主动性思想，有效支撑企业柔性战略的形成、实施与转换。

1）企业战略预警与柔性战略

作为企业柔性战略路径的重要组成部分，围绕企业核心能力边界，企业战略预警侧重于柔性战略形成前环境扫描和机会与威胁识别，以及面对环境突变的战略调整或替代方案的快速形成与有效实施，如图 3-18 所示。

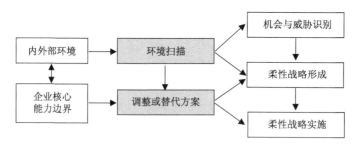

图 3-18　企业战略预警与柔性战略关系

2）环境扫描机制

环境扫描机制主要功能是将错综复杂的环境征兆信息转化为预警信息，为企业柔性战略制定提供重要依据。一般地，环境扫描机制主要包括内外部环境综合扫描、设计预警指标体系、确定预警基准与警戒线、预警信息评估以及机会与威胁识别结果等，其逻辑关系如图 3-19 所示。

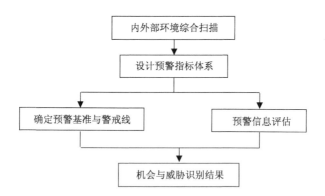

图 3-19　企业环境扫描机制构成

（1）内外部环境综合扫描。需要对影响企业主导优势与核心能力发展与发挥的宏观环境、产业环境以及企业内部环境动态变化进行综合扫描，特别要关注环境激烈变化形成的征兆信息搜集。环境扫描在于为企业柔性战略制定提供支撑。

（2）设计预警指标体系。指标体系设计要遵循系统性、敏感性、可预测性、信息可获得性等原则，指标构成以及权重确定要重点围绕可能深刻影响企业主导优势与核心能力的关键因素展开，由上至下依次包含警度、警情和警示指标。另外，根据关键环境因素转变和企业核心能力周期性演化，运用指标收敛方法和权重分配方法对指标体系进行优化设计。

（3）确定预警基准与警戒线。理论界常用的监测基准有计划基准、时间基准、空间基准和经验理论基准，作为典型的综合扫描机制，企业战略预警评价指标测算涉及计划、时间、空间以及领域经验等四个维度，所以在实际应用过程中，评价基准设计要考虑这些基准的优化组合。警戒线的确定对于正确辨识机会与威胁并及时、准确发出预警警报具有十分重要的作用，警戒线确定要综合考虑企业战略目标、抗风险或捕捉机会能力以及预警系统的灵敏度。

（4）预警信息评估。根据数据可获得性、可量化程度以及丰富程度，选择恰当的综合评价方法，扫描结果分析要重点参考评价基准以及警戒线，并综合运用单指标和多指标分析方法。

3）预警方案形成机制

在对企业内外部环境综合扫描的基础上，可以围绕正在显现的关键机会与威胁进行预警方案设计，预警方案形成主要包括相互依存的两个方面：构建预警方案库和启动应急预案。

（1）预警方案库构建机制。预警方案库由捕捉机会或规避风险的一系列预警方案构成，通常在机会或威胁显现之前已经形成。预警方案库设计与动态优化要重点突出四个方面：①围绕深刻影响企业主导优势选择与转化和核心能力形成的关键环境因素综合集成形成预警方案，在核心能力发展不同演化阶段可能面临的机会与威胁设计预警方案；②行业关键成功因素把握也是预警方案的重要依据；③在企业发展历程中和处于同一战略集团的竞争对手成功或失败的战略行动中凝练预警方案；④在企业环境扫描基础上捕捉到未来逐步显现的战略性预警信息，进而形成预警方案。总之，企业预警方案库随着企业综合优势发展和内外部环境动态变化而逐步建立、优化和完善。

（2）应急预案启动机制。应急预案启动通常是在机会与威胁出现时快速形成战略调整或替代方案并加以有效实施。一方面，根据显现的机会或威胁的相关预警信息，从方案库中选择最优方案，或者对次优方案进行快速修正与改进；另一方面，预警方案启动是一项非常规的战略行动，且涉及企业方方面面的匹配，因此，企业应急预案启动需要一个系统的策略组合，需要包括预警文化、预警组织、预警系统方法以及预警信息系统等组成的支撑体系与运行环境。

4. 企业柔性战略适度管理

为了在动态、复杂、不确定的环境中保持优势特色和赢得竞争，企业需要实施柔性战略推动企业内外部资源、条件、机会与威胁的动态集成与持续优化，然而企业战略柔性强度和企业战略性投入之间存在显著正相关，企业战略系统适度管理有利于提高企业综合优势发展速度。

1）企业战略柔性水平确定

企业战略柔性水平确定主要取决于环境变化激烈程度和企业核心能力特色水

平两个方面。一方面，随着环境动态、复杂以及不确定性程度上升，企业需要较高的战略柔性水平加以应对。另一方面，企业战略柔性与企业核心能力特色水平有关，处于开发期或重构期的核心能力特色不明显，企业相对的环境承受能力较弱，企业需要制定并实施一系列柔性战略应对可能机会与威胁，相反地，处于高水平的企业核心能力则需要相对较低的战略柔性水平。

2）企业柔性战略手段最优匹配

企业柔性战略主要通过战略所有权、战略期权及战略预警三种柔性战略手段的综合运用实现，三者存在一定的互补与替代效应，并且三种柔性战略手段运用存在最佳成本与收益组合，因此在特定环境和核心能力水平前提下，企业战略柔性水平适度管理也就转化为战略所有权、战略期权和战略预警的最优匹配问题。

（1）互补效应分析。企业战略所有权侧重于战略形成与实施的组织决策机制，战略期权侧重于形成"机会窗"来应对环境不确定性，而战略危机预警则支撑机会与威胁识别和柔性战略方案的形成与实施，三者在形成与实施柔性战略方面具有一定的互补效应，具体如图3-20所示。

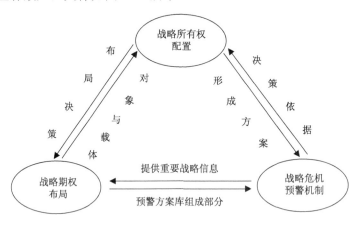

图3-20　三类战略柔性手段功能互补关系

（2）替代效应分析。替代效应是由三类柔性战略工具应对环境因素以及发展综合优势过程中存在的战略性功能重叠造成的：①战略预警水平的提升可以更好地监测未来机会与威胁变化规律，可以避免更多战略所有权分权问题，同时也可以适当降低战略期权多样性水平；②战略所有权适当分权则可以提高企业市场竞争战略灵活性，降低战略期权布局数量，客观上也使得企业接触到更多的环境信息；③企业战略期权科学有效布局和多样性水平提升可以增强环境不确定性应对能力，并减少对战略决策高效性和预警信息准确性的依赖程度。

（3）战略性成本收益分析。在企业发展核心能力并构建综合优势的过程中，三类柔性战略工具都会产生战略性的成本和收益，在环境变化激烈程度和核心能力水平一定的情况下，企业的最佳战略柔性水平对应着唯一的成本收益最优解。首先，在柔性战略总体水平一定的前提下，形成了柔性战略成本与收益上限；其次，三类柔性战略手段投入均存在边际贡献递减规律，形成了各自成本收益上限；再次，三类柔性战略工具互补效应形成了成本收益下限；最后，在可能的取值区域内基于三者替代效应进行投入力度动态组合，当三者的边际贡献一致时，形成了最优组合方案。

总之，企业战略柔性水平取决于企业所面临的环境变动程度和企业核心能力水平，且在特定的环境和能力水平前提下，企业柔性战略最优配置能够将战略所有权、战略期权以及战略危机预警的互补与替代效应综合权衡，转化为最佳的投入产生搜索过程。

3.3.4　企业综合优势发展路径互动与选择

发展企业综合优势是一项系统工程，需要围绕主导优势与核心能力进行企业内外部资源、条件、机会与威胁的动态匹配，企业资源整合、企业价值活动优化以及企业柔性战略构建三者之间存在一定的互动耦合关系，同时，根据主导优势的类型、特点进行综合优势发展路径的设计与选择，有利于准确把握企业的战略发展逻辑、关键点与关键环节，提高企业综合优势管理效率。

1. 企业综合优势发展路径互动机制

企业资源整合、企业价值活动优化以及企业柔性战略之间存在互动关系，如图 3-21 所示。

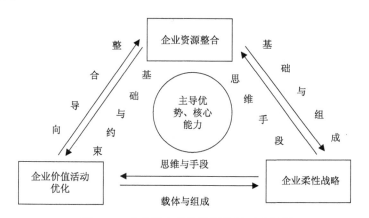

图 3-21　企业综合优势发展路径互动机制

（1）主导优势与核心能力是战略中心。在企业综合优势三类发展路径中，其根本目的均是要最大限度地发挥企业主导优势、核心能力的战略杠杆效应。根据企业主导优势、核心能力的类型、特色、水平以及动态演变过程进行资源整合、价值活动优化以及柔性战略运用，从而实现企业内外部资源、条件、机会与威胁的系统集成。

（2）资源整合与价值活动优化互动。企业资源是企业价值活动的基础，将企业的价值活动假设为生产函数，则企业的资源更多体现为企业的各类资本投入，资源的类型、总量、质量均影响企业的价值创造效率。反过来，企业价值链优化过程实际上是对企业战略环节重新定位的过程，构造一种有别于竞争对手新的盈利模式，企业资源的组织、运用、协调与控制等各项活动直接以价值创造为导向；另外，企业通过价值活动进行价值创造与"价值让渡"也促进了企业资源的积累与转化。实际上，企业资源整合与价值创造存在明显的互动耦合关系，企业资源与价值活动不匹配会造成"战略缺口"，而企业综合优势发展过程也就是"战略缺口"的弥补过程，两者之间的战略地位区分则在于不同的主导优势类型及其综合优势战略逻辑的不同。

（3）价值活动优化与柔性战略互动。持续高效的价值创造是企业综合优势战略的根本归宿，企业价值活动优化就是价值活动动态定位与价值创造效率的最优搜寻过程，需要能够主动把握机会或规避威胁的柔性战略思维予以指导，并将企业柔性战略管理手段应用于企业价值活动优化过程中，例如，对企业价值活动体系的韧性进行评估和提升，以及对影响价值活动效率的内外部环境因素进行动态扫描与战略预警。同时，企业价值活动优化是企业柔性战略实施的重要载体与组成部分，企业柔性战略的实施有赖于企业价值活动优化及其与其他各类子系统的柔性互动，企业柔性战略转化对应于企业价值活动体系的动态调整与重构问题，并且需要考虑企业价值活动体系调整与转化的速度以及成本等。

（4）资源整合与柔性战略互动。主动的资源积累、整合与有效运用是企业柔性战略实施的基础，企业资源柔性也是企业柔性战略的重要组成部分。面对企业内外部的动态、复杂、不确定性环境，企业综合优势的持续保持与提升有赖于企业开发新的资源、采用一些可能损害现有地位的替代资源以及为资源向新的竞争领域延伸而进行投资，通过主动的资源积累和有目的的资源柔性提高来积极支持风险策略和应对潜在风险。反过来，企业资源整合需要有效运用柔性战略的思维与手段，企业战略所有权与战略期权对企业战略性资源积累、分配、共享以及转化具有重要的战略指导意义。企业柔性战略思维与管理手段贯穿于企业资源整合的全过程，资源柔性管理应重点关注：资源在未来可以使用的范围，资源用途转变的成本，资源用途转变所需时间。

2. 企业综合优势发展路径选择与设计

企业综合优势发展路径选择与设计要体现纵向集成和横向集成思路。第一，企业综合优势发展路径要依次考虑企业主导优势类型与战略导向、企业核心能力的水平与培育定位以及企业综合优势战略发展目标与重点三个层面的内容，企业综合优势发展路径就应当由主导优势、核心能力以及综合优势三个战略关键点和两个战略关键环节组成。第二，企业在主导优势选择与转化、核心能力培育以及综合优势发展中均需要系统考虑企业内外部关键因素，并基于企业内外部资源条件的整合以及对各类机会把握和威胁规避来设计并选择企业综合优势发展路径。

（1）企业综合优势基本发展路径选择。企业资源整合、价值活动优化以及柔性战略是企业综合优势三类发展路径，而企业主导优势是在综合考虑内外部关键因素基础上做出的特色定位与发展方向选择，不同主导优势要求综合优势发展路径各有所侧重，主导优势基本类型决定企业综合优势基本发展路径选择。

主导优势是企业的战略核心，企业内外部关键因素均应当围绕企业主导优势战略导向功能进行综合集成与系统匹配，进而保证了企业综合优势的快速提升与持续保持。企业主导优势分成要素类、流程类以及系统类三个基本类别，其构成基础与功能特征实际上分别与企业资源整合路径、价值活动优化路径以及柔性战略路径相对应。选择要素类主导优势的企业在发展综合优势的过程中更应当关注企业内外部资源整合效率，此时的价值活动和企业柔性战略处于相对次要的战略地位，这是因为要素类主导优势是以企业的关键优势资源要素作为存在基础的，其主要功能特征也是要获得优势资源的超额租金，所以其特色优势的延续与放大也就成为围绕此优势资源要素进行相关资源的积累与整合，从而发挥要素类主导优势的战略杠杆效应。流程类主导优势与企业价值活动优化路径以及系统类主导优势与企业柔性战略路径的对应关系也是同样的道理。基于主导优势基本类型的企业综合优势基本发展路径选择如图 3-22 所示。

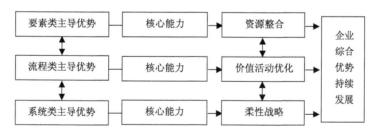

图 3-22　基于主导优势基本类型的企业综合优势基本发展路径选择

（2）企业综合优势具体发展路径设计。企业综合优势具体发展路径对应了具体企业的不同战略发展期，体现出了企业综合优势发展路径的多样性情景依赖性特征，同时，鉴于现实中企业的具体发展路径各具特色，只能从共性角度给出企业综合优势具体发展路径的设计思路。将企业主导优势、核心能力以及内外部的资源、条件、机会与威胁作为企业综合优势具体发展路径设计的重要依据，并通过时空维度展现其关键设计内容，具体如表 3-15 所示。

表 3-15　企业综合优势具体发展路径设计

维度		主导优势、核心能力	资源、条件、机会与威胁
空间维度	企业内部	企业内部资源、流程或者战略权的优化配置问题	突出企业内部各类优势因素的战略地位
	企业外部	企业外部资源、流程或战略权的外部效率比较与优选	战略缺口的外部弥补方式优选
	企业内外部	企业内外部资源、流程或战略权的内外部系统匹配	综合集成企业内外部力量，并积极把握机会和规避风险
时间维度	现在	根据核心能力特色与水平进行资源、流程或战略权的内外部优化配置与综合集成	应对当前机会与威胁
	未来	根据核心能力战略定位进行综合优势发展路径设计	应对未来的机会与威胁
	现在与未来	根据核心能力演化进行综合优势发展路径设计与优化	应对各类机会与威胁的发展路径的并存性与动态调整

（3）综合优势发展路径动态转化。综合优势发展路径动态转化也就是路径再选择问题，以上基本路径、具体路径选择思路对综合优势发展路径再选择也是有效的，仅从主导优势和综合优势发展路径的基本类型层面出发，重点探讨企业综合优势的发展路径动态转化与企业主导优势转化途径以及核心能力重构过程的匹配性，包括三个方面。

一是综合优势发展路径与主导优势转化途径。三个主导优势基本类型形成了六类转化途径，相应地企业综合优势基本发展路径也有六类转化情况。二是综合优势发展路径与核心能力重构过程。企业核心能力的发展也要着眼于未来竞争，强化机制和重构机制共同作用于企业核心能力的演化过程，并围绕更具发展潜力的优势因素进行未来核心能力的重构过程，因此，企业综合优势发展路径的设计与选择也要应对未来的机会与威胁，使得现有发展路径与未来发展路径实现顺畅转化。三是企业综合优势发展路径动态转化的反作用。企业主导优势、核心能力以及综合优势具有依次推进、协同发展以及滚动提高的过程，企业综合优势的发展路径动态转化也会反过来影响企业主导优势转化以及核心能力重构的效率，这是因为企业主导优势的转化与核心能力重构的战略动因也是更好地实现企业内外部资源、条件、机会与威胁的动态匹配，而综合优势发展路径缺乏替代方案则会造成前两者变化的无效性。

3.4　企业综合优势战略管理应用流程

选择企业主导优势、培育核心能力和发展综合优势是在动态、复杂、不确定性环境下获取企业综合优势的重要战略机制,并为当前先进的企业战略管理手段、工具以及方法的动态优选与系统集成提供重要依据。因此,围绕企业综合优势战略主线,构建企业综合优势战略管理应用流程,旨在为企业战略管理实践提供重要的方法手段支持。企业综合优势战略管理应用流程构架如图 3-23 所示。

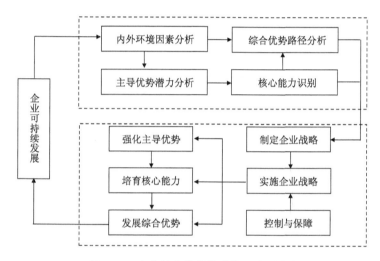

图 3-23　企业综合优势战略管理应用流程

3.4.1　企业综合优势战略分析与设计

企业综合优势战略分析与设计应当遵循"主导优势—核心能力—综合优势"战略主线,突出三个战略关键点和两个战略环节的一体化战略逻辑。同时,根据综合优势的战略主线进行优选和集成当前先进的战略手段与工具,也是企业综合优势战略分析与设计的重点[11]。

1. 企业综合优势战略分析框架

企业综合优势战略分析要遵循合理的战略逻辑,同时每一个环节的分析均要考察其时空维度,以体现战略分析的系统性与动态性,结合企业战略管理实践需要设计企业综合优势战略分析框架如图 3-24 所示。

从横向角度来看,要突出企业内部的优势因素以及其他资源条件的中心地位,同时要关注产业以及宏观环境层面的机会与威胁、可利用的资源条件以及其他不确定性因素对企业未来发展的深刻影响。企业内外部环境关键因素系统组合与动态匹配是企业综合优势战略制定的重要基础与依据。从纵向角度看，一方面要按照主导优势、核心能力以及综合优势的顺序依次分析，另一方面，企业主导优势的特色水平、未来潜力、转换压力以及强化手段在核心能力、综合优势层面也有相应的战略内容，以体现综合优势战略分析的纵向一体化。

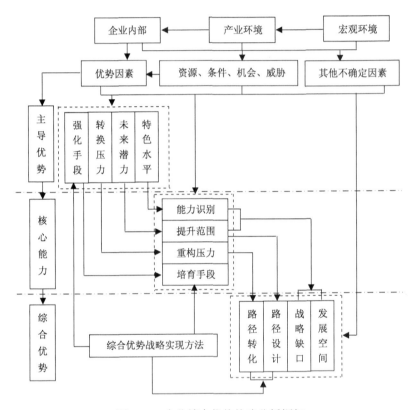

图 3-24　企业综合优势战略分析框架

　　此外，企业综合优势理论强调对其他先进的战略管理方法、工具的有效吸收和系统集成。企业能够在激烈的竞争环境中生存和持续发展取决于自身综合优势水平的大小，当前流行的各类企业发展战略也就成为一系列"表层战略"，是企业用于强化主导优势、培育核心能力以及发展综合优势的战略手段。战略方法与工具无优劣之分，而是在企业综合优势时空发展维度中均有可能存在最优效率区域。这些企业战略实现方法对于企业主导优势、核心能力以及综合优势的共同作用也是综合优势战略协同性和动态一体化的体现。因此，企业综合优势战略实现方法的动态、系统及可行性分析是企业综合优势战略分析的重要内容。

2. 企业综合优势战略设计

结合企业战略管理实践，企业综合优势战略设计应当包括战略目标、战略重点及战略实现方法三个层面，对每层内容可能包含的要素和设计思路进行阐述。

1）企业综合优势战略目标设计

（1）远期目标。首先，面向企业战略远景，确定企业综合优势持续发展速度、幅度以及预期达到的水平；其次，从企业综合优势战略系统匹配性角度，确定企业最具发展潜力的主导优势，并对企业核心能力进行培育战略定位。

（2）近期目标。近期目标不仅是企业发展综合优势的阶段性战略目标，也是企业综合优势发展水平在时间维度的具体体现。为了便于衡量、沟通以及实施与控制，可借鉴评价企业竞争力和战略绩效的可量化指标对近期目标进行描述，主要包括企业固定资产规模、市场占有率、销售收入、投资回报率、业务或领域范围变动等，对于不同企业或企业的不同战略期，近期目标战略各有所侧重。

（3）企业综合优势战略目标设计准则。主要强调四个方面：①目标适度，即通过对企业内外部资源、条件、机会与威胁的最优化综合集成是可以达到的；②目标柔性，目标制定要注重整体发展，而非仅仅是具体数字，随着战略时间维度加长，企业近期目标、中期目标以及长期目标的柔性逐渐增加；③短期盈利性和长期持续性发展相平衡，短期盈利性可以激发近期战略目标实现的积极性，而长期目标则更注重能力发展和资源积累；④面对动态、复杂、不确定的竞争环境，企业应具有更前瞻的眼光和更强的战略主动性，并勇于预见、善于预见并积极构造战略架构。

2）企业综合优势战略重点设计

面向企业综合优势战略目标，并重点突出企业综合优势战略主线的三个关键点和两个关键环节。第一，从综合优势一体化管理角度辨识企业主导优势、核心能力、综合优势三者的相对薄弱性，并将最为薄弱的关键点强化作为企业近期战略重点；第二，进一步深入分析制约当前三个关键点尤其是相对薄弱的关键点的战略缺口，并将战略缺口的弥补作为近期战略重点；第三，企业主导优势、核心能力以及综合优势的现有水平与预期战略目标之间的差距，明确三者未来的战略重点；第四，从动态演化角度分别设计企业主导优势选择与转化、核心能力培育以及综合优势发展的战略重点，第五，面对深刻影响企业发展的各类机会与威胁设计相应的战略重点，具体如表 3-16 所示。

3）企业战略实现方法设计

面向企业综合优势战略目标的实现，突出企业综合优势战略重点内容，结合企业主导优势选择与转化、核心能力培育以及综合优势发展路径设计与选择的相关方法手段，在系统权衡综合优势三个关键点和两个关键环节协同性与动态一体

表 3-16　企业综合优势战略重点设计

设计角度	战略目标
三个关键点匹配性	首要强化的战略关键点
制约三个关键点的具体因素	①主导优势：战略导向不明确、特色水平低、存在基础削弱、需要转化等；②核心能力：水平低、定位不准、开发不力、需要提升、需要重构等；③综合优势：路径错误、路径效率低、路径转化等
与战略预期差距	主导优化、核心能力、综合优势水平应当增长的速度与幅度
动态演化	近期的主导优势强化、核心能力开发与提升以及综合优势具体发展路径优化与效率提升，长期则所有的内容都可以改变
机会导向	明确企业应对各类机会或威胁的战略关注时机以及程度

化的基础上，进行企业综合优势战略实现方法的系统设计。具体到特定企业和特定战略环境，企业综合优势的战略实现方法都有其独特性，因此只能从普适性角度给出设计的思路。企业战略周期性发展特征是主导优势、核心能力以及综合优势协同发展与动态演化的集中体现，大体上可以分成初期、成长期、成熟期、持续提升期四个阶段；而企业主导优势、核心能力、综合优势水平及其战略影响力可以通过企业规模、领域（或业务）范围、市场范围三个维度得以反映，企业战略实现方法是强化主导优势、培育核心能力的同时将主导优势与核心能力转化为企业综合优势的一系列战略举措，如表 3-17 所示。

表 3-17　企业综合优势战略实现方法设计

企业战略期	三个关键点协同演化	战略实现方法		
		企业规模	领域（或业务）范围	市场范围
初期	主导优势确定、核心能力开发、综合优势构建	产品发明	机会联盟、并购	市场创造 市场渗透
成长期	主导优势强化、核心能力提升以及综合优势快速发展	产品发展 品牌	一体化战略 相关多元化 企业集团、并购	市场发展 跨国联合
成熟期	主导优势、核心能力发挥以及综合优势最大化实现，同时推进三者的共同转化	品牌 产品革新 产品发明	无变化、收获、外包、许可经营，联盟、不相关、多元化	多国家聚焦 全球化
持续提升期	三者转化顺利推进，并进入下一个战略循环	产品发展 全方位创新	放弃、转向、外包、许可经营，并购与重组	全球化

3.4.2　企业综合优势战略实施控制

企业综合优势战略的有效实施涉及众多因素的系统匹配，基于企业不同层次、类型的战略因素的因果关系进行企业综合优势战略实施控制，有利于清晰地描述企业综合优势战略目标、重点任务以及战略实现方法的因果关系，并能对企业战略实施过程进行动态监控。运用战略地图的战略描述和战略控制功能，对企业综合优势战略实施进行控制。企业战略地图依次将企业的学习与成长层面、内部流程层面、客户层面以及财务层面作为因果关系图来进行战略描述，从而"利用战略地图来规划战役"，具有很强的战略实施控制功能。综合战略地图和企业综合优势发展机理，提出企业综合优势战略实施控制逻辑，如图 3-25 所示。

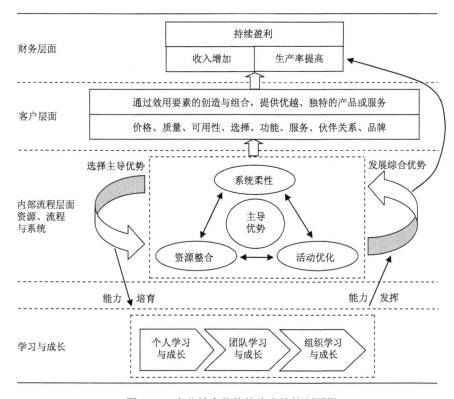

图 3-25　企业综合优势战略实施控制逻辑

从综合优势战略实施控制维度看，企业综合优势的战略本质是持续改进企业的价值创造效率与效果，因此客户层面和财务层面的战略主张和行动仍然是适用的；企业核心能力本质是一组知识体系，其培育过程也更多地体现在从事一系列价值活动的个人、团队乃至企业组织三层面的学习与成长过程中；内部流程层面的内容最为复杂，是将无形资产转化为有形成果的一系列战略行动，而且应当体现出与众不同的价值创造战略本质，因此将"内部流程"细化为"资源、流程与系统"，对应于企业主导优势的三个基本类型和综合优势的三个基本发展路径。

从战略实施的因果关系链看，虽然那些不被公司财务系统衡量的企业无形资产（重点指企业积累的知识、技能、信息等）的价值占到了企业价值的75%以上，但是企业的无形资产需要依附于显性要素发挥作用，企业需要围绕选定的最具发展潜力的资源、流程或者系统类显性优势因素进行知识技能的积累，进而带动企业资源整合、价值流程优化或企业系统柔性战略实施，因此，企业的"学习与成长"与"资源、流程与系统"是遵循一定战略顺序下的协同与互动过程。企业"资源、流程与系统"的价值效率首先应当满足顾客的价值主张，即向顾客让渡更多的剩余价值，并通过生产效率提升保持良好的财务增长。实际上，财务指标一般都是具有滞后性，客户对企业让渡价值的认可是财务指标实现的前提。

企业综合优势战略控制可以对企业战略方案及其推进过程进行系统描述，并为综合优势战略目标的实现提供指向，其关键应用内容与策略有以下两方面。

（1）"自上而下"与"自下而上"保证了战略目标与其实现过程的"对话"。图 3-25 中的箭头只是标注了战略要素之间的因果关系，财务层面→客户层面→内部流程层面→学习与成长的"自上而下"过程是企业综合优势战略目标、重点任务以及战略实现手段的细化过程，并可以对每个层面的战略要求进行量化或标准化；相反地，"自下而上"则是根据战略要求对综合优势战略实施推进过程的检查与控制，如果出现偏差，应当寻找根源或相关制约因素，并通过一系列具有因果关系的战略因素的系统调整来保证企业综合优势战略的有效实施。

（2）根据具体企业背景及其战略方案开展战略实施控制。具体到特定的企业，其战略控制要突出系统性、重点性和动态性。首先，任何一个企业综合优势战略的顺利实施几乎涉及以上所有的战略因素，企业综合优势战略控制是多因素、全方位的控制。其次，企业综合优势战略实施控制都应当包含以上财务层面，客户层面，内部流程层面，学习与成长等四个维度，但是每个维度中的内容具有一定的侧重点和或缺性，如"资源、流程与系统"维度说明了企业运营过程应当有赖于系统柔性、资源整合、活动优化这三类因素的战略协同，但是企业主导优势类型决定了三者的不同战略地位，同时形成了截然不同的综合优势发展路径；同样地，企业"学习与成长"维度的三类主体的战略位势也是不同的；而"客户层面"的效用要素也有或缺性。最后，随着企业战略环境的动态变化和综合优势战略推进，在企业不同的战略实施阶段，企业控制的重点也是动态变化的。

3.5　华为综合优势战略实证研究（1988～2010 年）

作为战略管理理论方法研究，通过选择案例分析方法进行实证研究，一方面可以论证并完善企业综合优势理论思想和方法体系，另一方面也通过案例实证阐述企业综合优势理论方法在企业战略管理实践中的应用过程。

根据企业综合优势的构念及逻辑关系，选择华为技术有限公司（简称华为）进行单案例实证研究，符合案例研究的理论抽样规则和实证研究要求：①华为 22 年（1988～2010 年）发展历程正好处在全球知识经济和我国改革开放的大背景下，所属的信息产业迅猛发展，符合动态、复杂和不确定性的环境特征；②华为综合我国各类生产要素的比较优势（而非绝对优势）形成持续特色竞争优势，印证了我国社会主义市场经济伟大实践，与扎根中国本土的战略管理理论——企业综合优势理论相呼应；③华为的成功引起了国内外各阶层广泛关注，相关资料丰富，可以多渠道收集并且相互印证；④现有战略管理理论方法对华为成功的解释存在很大分歧，陷入"盲人摸象"的窘境；⑤华为面临的内外部环境以及进行的战略实践仍然具有代表性，奇瑞、娃哈哈、海尔、联想等同样折射出了类似的综合优势思想，基于华为案例研究结果具有逐项复制特征，保证了综合优势发展机理与管理机制的普适性。

为此，通过文献、统计年鉴、年报、咨询、访谈及相关媒体报道等途径收集华为实证资料，建立案例研究数据库，形成证据链，并采用质性分析和历史演化分析相结合的案例研究方法进行分析论证，重点围绕"主导优势→动态核心能力→综合优势"战略主线研究华为综合优势动态演化过程，并运用企业综合优势战略管理应用流程对华为综合优势战略进行再设计，提出实施控制与保障策略。

3.5.1　华为综合优势发展演化分析

1. 华为主导优势动态演进与合理性分析

1）华为主导优势战略演进分析

华为发展历程可以划分为三大战略期，相应地，其主导优势依次为数字程控交换机技术、集成产品开发流程、全面电信解决方案，在各自战略期内主导了华为的持续发展，具体如表 3-18 所示。

表 3-18　华为主导优势战略演进分析

比较分析	数字程控交换机技术	集成产品开发流程	全面电信解决方案
华为战略期	集中单一产品战略（1988～1997 年）	多元化战略（1998～2000 年）	国际化战略（2001～2010 年）
基本（典型）类型	要素类（核心技术）	流程类（研发流程）	系统类（全面客户问题解决方案）
华为具有主导作用的显性优势因素	拥有用户级交换机（private branch exchange，PBX）和 C&C08 的自主核心技术	与 IBM 进行合作，建立集成产品开发（integrated product development，IPD）流程	面向全球大型电信运营商需要的产品、技术、服务集成系统

续表

比较分析	数字程控交换机技术	集成产品开发流程	全面电信解决方案
华为的特色优势	在国内交换机市场，具有显著的价格优势	拥有比思科等竞争对手更低的系列化电信产品开发成本	摆脱与国内中兴、大唐等的"价格战"，跻身顶级电信设备供应商行列
华为的战略方向	基于交换机核心技术占据国内市场份额	通过低成本研发流程支撑多元化扩张	高品质、低价格成套标准电信设备供应战略赢得全球竞争
辐射带动华为其他因素共同发展	几乎将自己全部的销售利润投入到 C&C08 研制	到 2002 年，华为几乎 100% 的项目按 IPD 运作	集中内外部资源条件提供 3G、LTE（long term evolution，长期演进）标准的成套电信设备

2）华为选择全面电信解决方案合理性分析

对华为选择全面电信解决方案作为其主导优势的合理性分析，也就是对华为内外部环境因素进行综合分析基础上的主导优势选择过程，鉴于篇幅限制，仅从影响华为选择全面电信解决方案的关键因素展开，忽略掉一些非关键因素分析与剔除过程。

（1）关键因素筛选。自 2001 年以来，华为面临的内外部环境发生了巨大变化，影响其主导优势选择的关键因素主要集中在以下三个方面。

第一，宏观层面关键因素。首先，党的十六大明确提出"信息化带动工业化"和中国企业"走出去"战略[①]；其次，新一代移动通信（3G）列入了我国"十五"和"十一五"中长期科技发展规划；最后，按照《与贸易有关的知识产权协议》（Agreement on Trade-Related Aspects of Intellectual Property Rights，TRIPS）要求，我国从 2001 年开始对外逐步开放电信业。

第二，产业层面关键因素。进入 21 世纪，通信产业作为知识经济的基础性和前导性产业发展迅猛：①通信产业全球化程度加强，围绕 3G、LTE 标准展开激烈竞争；②深圳通信产业集群形成，产品配套程度提高；③爱立信、高通、思科等跨国公司控制相关基础专利与核心技术；④国外通信设备巨头纷纷到中国、印度等发展中国家成立研究中心或建立 R&D 联盟；⑤国内优势企业中兴、大唐等存在同样的低成本研发优势和产品结构；⑥各国大型电信运营商的业务重点向服务增值前移，对电信设备综合性能要求越来越高。

第三，华为内部关键因素。在资源要素方面，华为拥有任正非、孙亚芳等一批优秀企业家，掌握着交换机核心技术，专利申请量逐年增加，华为品牌的国际知名度也逐步提高。在价值活动流程方面，华为 1996 年着手构建人力资源管理流

---

① 江泽民在中国共产党第十六次全国代表大会上的报告，https://www.gov.cn/test/2008-08/01/content_1061490_4.htm。

程，并于 1998 年起引入以 IPD 为核心的 IT 流程体系；在企业素质与系统特色方面，华为 80%以上员工拥有本科（含本科）以上学历，45%以上员工从事与研发相关的工作，在工艺化、工程化技术开发以及集成创新方面具有优势，具有面向客户需求设计并生产成套电信设备的优势，并形成了一定向心力的企业文化。在成长历程方面，华为选择了"先易后难"的发展路径，依次经历了"农村包围城市"、"第三世界"市场和发达国家市场。在战略愿景与使命方面，华为致力于"丰富人们的沟通和生活"，实施"以客户为中心"的战略使命，大力推进国际化战略，并将这些内容写入了《华为基本法》。另外，华为在国际化市场拓展中也暴露出一些弱点："土狼"文化，缺乏基础性关键、核心技术等。

（2）优势因素辨识。对华为内部的要素类、流程类以及系统类关键因素进行优势因素辨识如下。①交换机核心技术。华为从成立之初就致力于交换机开发与生产，数字程控交换机技术优势是华为的优秀传承。②华为品牌。华为的品牌在国际市场上具有一定的影响力，是支持华为进行国际化扩张的重要资产。③华为专利。华为专利申请量快速增长，在很大程度上规避了与国外通信设备巨头之间的专利纠纷问题。④华为集成产品开发流程。为了与国际一流管理水平看齐，华为自 1998 年以来致力于集成产品开发流程建设，形成了华为低成本研发优势。⑤华为文化。"狼"文化是华为成立之初就倡导并有别其他企业的"软实力"，通过特有的向心力长期支持华为快速扩张。⑥华为全面电信解决方案。满足电信运营商的需求特点与趋势，更好地体现华为战略愿景使命，形成了有别于传统电信设备供应商特色优势。

（3）关键因素综合分析。主导优势源于优势因素，华为关键因素综合分析可以简化为优势因素发展与发挥的有效性分析，通过表 3-19 所示的组合关系也可以看出，华为的全面电信解决方案与其他关键因素没有形成严重的冲突、抵消或约束关系，并使得华为内外部资源、条件、机会和威胁因素达到最佳匹配。

表 3-19 华为关键因素综合分析

关键因素（分类）	交换机核心技术	华为品牌	华为专利	IPD流程	"狼"文化	全面电信解决方案
80%以上员工拥有本科（含本科）以上学历（资源）	A	N	CY	N	N	D
工艺化、工程化及其集成化技术（资源）	A	O	D	CY	N	A
深圳通信产业集群形成，产品配套程度提高（条件）	N	N	N	A	N	D
新一代移动通信（3G）列入国家科技规划（机会）	CT	N	CT	O	N	A

关键因素（分类）	交换机核心技术	华为品牌	华为专利	IPD流程	"狼"文化	全面电信解决方案
"先易后难"的市场开拓路径（机会）	CT	CN	CY	CT	CN	CY
我国从 2001 年开始对外逐步开放电信业（威胁）	O	CN	CY	CN	CN	T
围绕 3G、LTE 标准展开全球性竞争（威胁）	CT	CN	CT	O	CN	CY
高通、思科等控制专利核心技术（威胁）	O	O	O	CT	N	T
国外巨头到发展中国家成立研发中心或联盟（威胁）	O	N	O	O	O	T
大型电信运营商对设备综合性能要求提高（威胁）	O	CN	O	CT	CT	CY

注：表中的 CY、D、O、A、CT、T、CN 和 N 分别表示华为的关键因素之间的因果、依存、抵消、放大、约束、转换、冲突和没有关系，关键因素之间的具体关系参见表 3-3

（4）全面电信解决方案的主导作用分析。华为全面电信解决方案体现了其特有、面向未来和统领全局的主导优势确定标准。首先，选择全面电信解决方案比以 IPD 为核心的流程优势更具独特性，较好地规避与中兴、大唐等国内同类企业的"价格战"问题，并跻身于思科、爱立信、阿尔卡特朗讯等顶级电信设备供应商战略集团。其次，选择全面电信解决方案，充分利用华为现有的工艺化、工程化及其集成技术，使华为有效应对我国推进新型工业化、自主创新和国际化战略带来的重大机遇和挑战，完成从产品与技术层面竞争向未来 3G、LTE 标准层面竞争的转变，更好地满足大型电信运营商成套设备综合性能需求新特点，从而实现"丰富人们的沟通和生活"和"以客户为中心"的愿景与使命。最后，全面电信解决方案在华为优势因素群中居于核心地位，辐射带动了华为的交换机核心技术、自主知识产权、IPD 流程等优势因素，充分利用了深圳通信产业集群的产品配套优势和高通等国际巨头的 3G、LTE 核心技术，将华为的战略重心推向了"微笑曲线"的两端。

2. 华为动态核心能力培育过程分析

华为动态核心能力也是围绕其主导优势进行动态培育的，按照华为主导优势的动态选择过程分析并论证动态核心能力的培育机制。

1）核心技术研发能力培育

1988 年用户级交换机的自主开发不仅使华为明确将核心技术作为其主导优

势，相应地，华为也进入核心技术研发能力的开发阶段。

（1）开发机制。鉴于资源和地位约束，华为选择了孵化法进行开发，并集中自身的研发资源进行内部开发。

（2）提升机制。核心技术研发能力的提升过程也是华为数字程控交换机技术强化的过程，1994 年 C&C08 数字程控交换机技术成功推出是华为动态核心能力有效提升的重要标志。在系统性学习机制方面，华为在核心技术开发中开始积极利用各种智力资源并进行外部学习，如成立北京研究中心，聘请各类专家学者等；同时也注重知识技能的内部组织学习，如基于"狼"文化理念的团队建设和 1996 年着手的人力资源管理体系全方位建设。在企业动态核心能力提升路径方面，华为开始了"农村包围城市"的提升路径，专注于交换机核心技术开发，并且在全国范围具有了中短期的动态核心能力。

（3）重构机制。在主导优势转化为研发流程之前，华为就着手进行动态核心能力的重构，为主导优势的再定位以及顺畅转化提供前瞻性与主动性战略准备。在 1995 年，也就是核心技术能力提升阶段，华为成立了知识产权部进行研发规范化管理，1996 年人力资源管理体系的建设不仅支持华为核心技术开发能力，而且服务于企业研发人员乃至整个企业的人员招聘、培训、工作分析、岗位配置以及晋级等流程化管理，此外，1995 年着手制定，并于 1998 年推出的《华为基本法》是对企业愿景、价值观以及整个企业文化的梳理与再思考，为流程性研发能力的重构提供铺垫和减少阻力。

2）流程性研发能力培育

（1）开发机制。与国际先进管理理念与方法接轨，流程性研发能力开发采用了演化法，并侧重于外部开发机制。1998 年华为耗资上亿元，与 IBM 合作，构建 IPD，对产品从研发到可生产性进行全过程测试和优化。在流程性研发能力开发过程中，IBM 曾经有 70 个咨询师同时在华为的总部工作，从而保证相关隐性知识技能的内部化，实现动态核心能力的"带土移植"。

（2）提升机制。自华为引入 IPD 流程之后，通过通信技术与产品研发的流程化和规范化管理，使创新成果高效率地转化为经得起市场考验的产品，到 2002 年，华为全部项目按 IPD 运作。在流程性研发能力提升路径方面，华为在保证交换机核心技术的基础上，开始涉足通信网络其他配套技术与产品以及网络终端设备，并开始拓展国际市场，统计数据显示，2001 年华为的光纤系列产品占据亚太地区市场首位。

（3）重构机制。从全面电信解决方案选择合理性分析也可以看出，自 2001 年之后的宏观环境与通信产业环境因素发生激烈变化，使得华为流程性研发能力在提升过程中面临着被重构的压力。有利于 IPD 流程向全面电信解决方案转化以及相应动态核心能力重构的战略举措有：①1996 年华为构建的人力资源管理体系全面提升了企业整体人员素质；②自 1998 年起构建并逐步完善的以 IPD 流程为核心的 IT 管理体系服务于整个企业的系统化运作；③1998 年《华为基本法》明确规定企业未来专注于"电子信息领域实现顾客的梦想"，对华为以后的动态核心能力培育定位影响深远；④1996 年华为向和记黄埔提供固定网络解决方案，1997 年推出全球移动通信系统（global system for mobile communications，GSM）设备，2001 年为俄罗斯国家电信部门提供客户电话管理系统（customer telephone management system，CTMS）设备等，均是华为尝试面向电信运营商的增值服务提供全套产品方案的体现。

　　3）全面电信解决能力培育

　　华为的全面电信解决能力也是围绕全面电信解决方案选择与强化而构筑的。

　　（1）开发机制。作为系统类主导优势，华为选择了演化法作为全面电信解决能力开发指导方法。华为采用了并购、联盟和专利许可等系统组合的外部开发机制，2002 年收购 OptiMight，增强了华为的光传输技术能力，并于 2003 年收购 Cognigine，进一步强化华为的交换机和路由器核心处理器的自主创新能力；2002 年成立并加入 TD-SCDMA①联盟，2003 年 8 月与拥有更多核心专利的西门子成立 TD-SCDMA 合资公司，致力于 TD-SCDMA 无线系统开发，2003 年 9 月华为又与英飞凌科技公司合作构建低成本 WCDMA（wideband code division multiple access，宽带码分多址）手机创新平台；当华为发现根本无法绕过美国高通公司的 3G 网络的核心技术时，于 2004 年与高通达成专利许可协议，并将自己定位于非核心专用芯片开发。总之，华为动态核心能力开发当时面向 3G 的广阔空间，运用 R&D 联盟重在降低研发风险和整合研发资源，专利许可可以应对技术垄断和侵权纠纷，而并购则是华为对外部创新能力的内部化整合和有效补充，这一系列外部开发机制的组合运用也体现了总体开发效率最大化原则。

　　（2）提升机制。2009 年，华为充分利用联盟学习机制，基于其已有的全面电信解决方案优势，满足 3G 标准电信运营商全方位的产品与服务需求，从而提升其全面电信解决能力。华为全面电信解决能力提升路径仍然可以用市场、领域以及时间维度进行分析阐述。在市场维度，华为从最初的以国内市场为主转移到同步拓展其他发展中国家，并最终转向全球市场开发能力的培养。在领域维度，首先向艾默生出售安圣电气，然后以出让新华三集团股份的方式来对华为领域边界进行收缩。在时间维度上，2000 年，华为致力于面向 3G 乃至 4G 通信方案解决能力的持续性培养；2004 年，围绕 3G 通信网络与移动终端设备的核心技术、产品以及综合集成能力进行培养。

---

　　① TD-SCDMA 全称 time division-synchronous code division multiple access，即时分同步码分多址。

3. 华为综合优势发展路径及其转化分析

华为综合优势发展路径体现了动态、复杂、不确定性的战略环境下主导优势、动态核心能力杠杆效应的有效发挥以及综合优势最大化实现过程。从主导优势选择与转化以及动态核心能力周期性培育过程可以看出，华为综合优势发展路径依次为资源整合路径、价值活动优化路径以及柔性战略路径。

1）资源整合路径

基于数字程控交换机技术及其研发能力对各类创新资源有效整合成为此战略期华为综合优势发展路径。

（1）内部资源配置。华为内部资源配置重点突出数字程控交换机技术及其研发能力的发展与发挥，华为 1988 年成立并进行交换机等电信设备代销，而 1989年就将代销交换机收入作为研发经费，尝试用户级交换机研发并取得成功，紧接着集中力量又推出 BH03、HJD48 和 JK1000。1992 年，华为的销售额突破亿元大关，但任正非却几乎将全部收入投入到网用大型交换机设备开发，冒着"全军覆没"的风险加大自主创新力度，并于 1993 年成功推出 2000 门 C&C08，1994 年又研制成功超万门 C&C08 交换机，其价格比国外同类产品低三分之二。这一系列核心技术与产品的巨大成功几乎集中了华为所有的创新资源。

此外，鉴于华为与国际巨头之间的技术差距，为了发挥华为技术与产品的价格优势，华为进行大量投入并运用"群狼战术"开拓农村市场，实施"农村包围城市战略"。

（2）外部资源整合。面对华为数字程控交换机技术与产品开发及其市场化的战略需要，华为综合多种方式整合外部创新资源，以弥补其核心技术研发能力的发展与有效发挥形成的资源缺口。首先，积极引进各类优秀研发或销售人才；其次，1995 年成立北京研发中心，专注于数据通信业务，并于 1996 年建立上海研发中心，主要负责移动通信业务；再次，与德州仪器、摩托罗拉、IBM、英特尔和微软国际知名企业成立联合研发实验室，不仅有利于技术协同创新，而且促进了华为产品销售和上下游供应链之间有效协作；最后，华为于 1997 年在莫斯科建立合资公司贝托华为，并在巴西也成立合资企业，促进了外国当地市场的迅速开拓。

（3）资源持续发展。华为围绕数字程控交换机技术及其研发能力的资源整合充分考虑了现有资源与未来资源之间的平衡发展。首先，华为的资源结构得到了进一步的优化，1995 年成立的知识产权部促进了华为自主创新成果的大量产生和系统管理；1996 年的人力资源体系建设使得华为研发人员、销售人员等战略性人力资源的规模和质量大幅度提升；集中华为大量创新资源的北京研发中心和上海研发中心均于 2004 年通过了 CMM5（capability maturity model for software 5，软件能力成熟度模型 5）级认证。其次，华为资源动态平衡服从并服务于数字程控交换机技术研发能力的边界扩展，在市场维度，早期华为派出大量的销售人员与县镇的电信局建立客户关系以开拓农村市场，在随后初步涉足国际市场时则通过建立销售联盟整合市场资源，依次开拓、俄罗斯、巴西以及其他第三世界国家市场；在领域维度，华为最初集中自身研发资源专注交换机核心技术与产品，而随后则通过成立研究中心、重点实验室以及联合实验室等，加强和拓展数据通信和移动通信技术的研发；在时间维度，华为每年保持 10%以上的销售收入用于研发投入，使得数字程控交换机技术能力持续保持与提升。

（4）资源整合路径三维综合分析。从企业内外部资源整合以及动态平衡发展系统分析，华为的资源整合体现了一定的演变规律：①围绕数字程控交换机技术研发的战略性资源比重上升，且品牌、销售渠道等资源位势也在迅速提升；②华为资源整合方式由单独的内部积累与优化配置向充分利用合资、联盟等方式转变，并特别注重国外资源整合；③企业从模仿创新到自主创新性能力培养过程中，专利技术成果、研发人员、研发设施等不再是仅仅把握当前市场机遇和应对当前国外竞争对手的技术垄断压力，更多的是面向未来技术变化与市场需求，如 1997年推出 GSM 设备。

2）价值活动优化路径

自 1998 年华为选择集成产品开发流程作为主导优势，相应地，其综合优势发展也转向价值活动优化路径。

（1）内部价值活动优化管理。华为价值创造效率的提升有赖于围绕集成产品开发流程的一系列价值活动优化与战略布局。首先，为了促进流程性研发能力的发展与发挥，华为成立了世界研发中心（图3-26），同时也对国内的北京、上海以及南京的研发中心业务的职能进行调整，实现内部研发活动优化管理。其次，华为于2001 年将其分公司 Avansys（安圣电气）出售给艾默生，实现价值活动非核心环节剔除；最后，为了实现与集成产品开发流程相匹配，华为的集成供应链、人力资源管理、财务管理、质量控制以及生产工艺等也进行优化，并实现了 IT 管理。

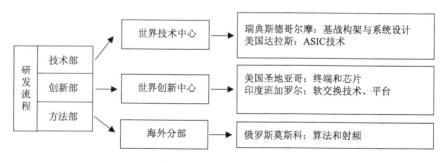

图 3-26　华为外部研发活动战略协同

ASIC 英文全称为 application specific integrated circuit，即专用集成电路

（2）企业外部价值活动战略合作。华为的外部价值活动战略合作主要集中在相对薄弱的销售活动，并专注于构建长期稳定的供应链网络，1999 年成为中国移动全国 CAMEL Phase II 智能网的主要供应商，2001 年与俄罗斯国家电信部门签署 CTMS 设备合同，同年华为的 Gbps SDH 系统开始在德国的柏林进行商用。另外，通过与 IBM、合益集团（Hay Group，HG）和普华永道会计师事务所（Price waterhouse Coopers，PwC）等世界一流管理咨询公司合作，华为进行价值活动再造和 IT 管理体系构建。

（3）企业价值活动动态优化。华为围绕集成产品开发流程及其能力实现了价值活动"归核化"发展。首先，华为内部研发中心战略性布局、安圣电气的出售以及其他一系列价值活动匹配性优化管理，使得华为具有了更为强大的低成本研发优势；其次，华为选择与国内外大型电信运营商建立供应链网络，同时提高了外部网络价值创造效率和华为在网络中的核心地位。

从价值活动升级方式看，华为主要在研发能力推动下实现工艺升级和产品升级。一方面，借助产品的成本优势，华为不仅成为中国移动的主要供应商，而且在一定程度上得到了国际市场的认可；另一方面，华为开发出了更多的核心技术与产品，华为品牌在国际上具有了一定的知名度和影响力，2000 年海外销售额超过 1 亿美元。

3）柔性战略路径

随着内外部环境因素的复杂性和不确定性程度的提高，华为将其主导优势和动态核心能力培育定位于全面客户问题解决，其综合优势发展也转向了柔性战略路径。

（1）战略所有权配置。战略所有权科学配置可以同时综合集权和分权的优点，从而提高战略形成、实施与控制的动态一体化管理效率。首先，华为通过组织结构调整搜寻集权与分权的最优平衡点，从直线职能制转向矩阵型结构——事业部制＋中央集权制，在公司的纵向等级结构中逐步引入横向和逆向的网络动作方式，既确保正向直线职能系统制定和实施决策的政令畅通，又可以对逆向和横向的求助系统做出及时、灵活的响应。其次，战略所有权分配还可以从华为各项业务的战略重要性动态调整得以体现，2003 年对网络处理厂商 Cognigine 的收购，是从公司层面强化华为在交换机和路由器核心处理器方面的研发能力；2005 年放弃对 H3C 的控股权以及 2006 年将在 H3C 中股权出售给 3Com，则反映了华为对企业数据网络设备及服务业务战略所有权的逐步下放直至放弃；华为对 3G 业务的公司级战略控制到华为技术与华为移动分离，也体现了战略所有权动态分配问题。

（2）战略期权布局。华为运用战略期权可以更好地应对电信产业迅猛发展涌现出的不确定性机会与风险。华为对 3G 标准的投入带有很强的期权性质，从时间维度看，华为 1995 年就着手 3G 标准的研发投入，2001 年之后，随着 3G 标准成为电信产业未来发展不可逆转的"潮流"，华为对 3G 的投入逐渐加大，且累计研发投入超过 60 亿元。华为对 3G 标准战略期权进行了全方位布局，涉足 TD-SCDMA、CDMA2000 和 WCDMA 三大标准，并且同时开展 3G 通信设备与移动终端业务，通过参与更多的国家或地区的 3G 网络"全面客户问题解决方案"来构建战略缓冲区。值得注意的是，通过与其他组织的合作形成外部战略期权布局是华为重要的战略举措，具体如表 3-20 所示。

表 3-20　面向 3G 标准的华为合作性战略期权布局

时间	合作内容	战略预期	到期效果
2002 年	作为核心成员成立 TD-SCDMA 联盟	树立未来 TD-SCDMA 标准的话语权	2006 年定为国家通信标准，2008 年中国移动启用 TD-SCDMA
2003 年	成立西门子华为 TD-SCDMA 合资公司——鼎桥通信	抢占 TD-SCDMA 通信产品市场	2007 年中国移动招标，鼎桥通信获得 10% 的份额，但低于战略预期份额
2003 年	与英飞凌科技公司合作开发低成本的 WCDMA 手机平台	把简化版的 WCDMA 手机控制在 CDMA 手机同等价位水平	打破关于 WCDMA 手机价格居高不下的局面
2004 年	华为与高通签订 CDMA 专利授权使用协议	华为无法绕过高通公司核心技术，服务于华为 3G 技术集成战略需要	华为在 CDMA2000 和 WCDMA 领域的产品抢占了较高的市场份额
2005 年	以上四项战略期权的综合性考虑		华为已经掌握了包括 WCDMA、CDMA 2000 和 TD-SCDMA 产品在内的全套移动通信解决方案，成为全球 3G 通信设备主流供应商
2006 年	华为和摩托罗拉成立 UMTS 联合研发中心	旨在为全球客户提供功能更强大、全面的 UMTS 产品解决方案和高速分组接入（HSPA）方案	WCDMA 作为首选空中接口技术获得完善，还集成了 TD-SCDMA 和 HSDPA 技术
2009 年	中国华为和瑞典爱立信在欧洲建设 LTE 移动宽带	LTE 是 3.9G 的全球标准，是 3G 与 4G 技术之间的一个过渡	未到期

注：UMTS 英文全称 universal mobile telecommunications system，即通用移动通信系统；HSDPA 英文全称 high speed downlink packet access，即高速下行链路分组接入；HSPA 英文全称 high speed packet access，即高速分组接入

（3）战略预警机制。自 1995 年成立知识产权部，尤其是在 2003 年与思科发生专利纠纷后，华为全面强化知识产权（专利）预警机制，扫描跟踪通信产业技术变化，强化研发投入力度，从支撑华为全球化竞争角度进行专利创造、申请、实施、保护甚至购买和交叉授权的一体化管理。值得一提的是，面对思科的蓄意控告，华为采取了紧急预案，借助联盟伙伴（也是思科的竞争对手）3Com 的地位和优势成功应对。另外，华为基于世界贸易组织（World Trade Organization，WTO）规则有效应对国际政治风险，并运用表外融资将资产负债率精准地控制在

贷款预警线附近。

（4）柔性战略适度管理。华为采用的柔性战略同时包含战略所有权、战略期权以及战略预警，并根据华为的电信客户问题解决能力特色与水平对柔性战略的总体水平以及三个战略手段构成进行优化配置。一方面，3G 是截至 2010 年全球信息产业前所未有的技术革命，而华为当时的电信客户问题解决能力跻身世界顶级供应商水平，因此，华为柔性战略也就是面向 3G 的战略。另一方面，华为柔性战略手段结构优化也体现了三者之间的互补与替代效应。将 3G 的战略所有权提升到公司级水平，且充分利用内外战略研发期权，同时关注 TD-SCDMA、CDMA2000 和 WCDMA 三大标准及其通信设备与移动终端业务，而专利预警不仅为 3G 的战略所有权和战略期权提供信息扫描支持，同时也形成了严密的战略性专利预警方案。

4）华为综合优势发展路径协同管理

华为在三个战略期依次经历了资源整合、价值活动优化以及柔性战略路径，体现了不同战略环境和主导优势下的华为综合优势发展逻辑，如图 3-27 所示。同时，在任一战略期，华为也需要兼顾资源、流程和系统三个战略维度，只是这三个战略维度对华为综合优势的贡献存在显著差异。

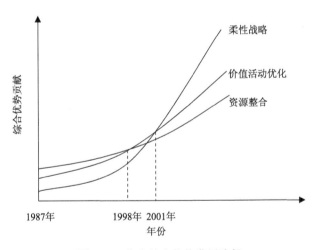

图 3-27　华为综合优势发展路径

3.5.2　华为综合优势战略分析与再设计

华为在实现其"全球领先的电信解决方案供应商"宏伟战略愿景的过程中，其所面对的内部外部环境因素处于动态变化中，根据华为当前所面临的战略困境和新的战略要求，其综合优势发展战略需要进行再设计。

1. 华为综合优势战略分析

华为技术有限公司数据显示，2009 年，华为销售收入为 218 亿美元，比 2008 年增长 19%，2010 年的销售额达 280 亿美元。当时的华为已经位列第三大国际电信设备供应商，然而未来发展仍然面临着一些突出的战略困境，离成为世界一流的"全面客户问题解决方案"电信设备供应商还有一定差距。面对以金融危机和 3G 标准缓慢商业化等为代表的战略环境因素的动态、复杂和不确定性变化，需要运用综合优势战略主线对华为发展战略进行重新审视和系统分析。

1) 对华为全面电信解决方案的影响

从 1988 年至 2010 年的宏观环境、产业环境以及企业内部因素三个方面及其组合分析来审视"全面客户问题解决方案"作为华为主导优势的发展潜力或可能面临的转化压力。

（1）宏观环境。知识经济时代的技术日新月异，技术与产品集成创新趋势显著，信息产业未来发展空间巨大，所以华为专注于通信产业，而且提供全面电信解决方案，是大势所趋。信息产业从经济利益和国家安全角度，一直就是经济贸易（如 TRIPS 协议）利益和国家安全争议的焦点，对全面电信解决方案负面影响大于单个的信息产品，如收购 3Com 的失败以及打开美国市场的艰难就和华为是中国企业以及任正非具有军方背景有很大的关系；印度国营电信公司（Bharat Sanchar Nigam Limited，BSNL）也以"安全"为由，与华为三次毁约。另外，当时的金融危机制约全球经济增长，而以美国为首的贸易保护主义开始抬头，如 2009 年 12 月 8 日，印度财政部宣布将对中国生产的同步数字体系（synchronous digital hierarchy，SDH）传输设备征收临时反倾销税，华为的税率达到 50%；同时随着美国经济次贷危机日趋严重，美国对中国优秀企业的"专利屠宰"已经提前到来，2009 年，华为又卷入两起美国专利诉讼。

（2）产业环境。通信产业变化异常激烈，深刻影响华为全面电信解决方案特色优势的持续保持与强化。①通信产业全球价值链分析。通信产业也符合全球价值链的"微笑"曲线规律，华为通过更多的上游核心技术与产品以及下游服务业务的"内部化"，进而形成全面电信解决方案，这是逐步占据全球价值链核心环节的重要战略途径。通信产业的全球化程度越来越高，尤其是 3G 标准和 NGC（next generation core，下一代核心网）的普及，包括我国在内的发展中国家和发达国家的信息产业的差距将进一步缩小，一方面使得华为更容易融入全球价值链，另一方面也使得很多跨国公司可以在发展中国家建立生产基地、研发和服务中心，削弱华为全面电信解决方案的成本优势。②通信产业区域聚集分析。随着通信产业的迅猛发展，组成通信产业全球价值链的"片断"以集中区的状态分布在不同国家或地区，华为可以在全球范围内选择更专业、更具效率的区域建立生产基地、研究中心或联盟伙伴来分工协作，共同形成全面电信解决方案。③通信产业内竞合关系分析。华为在跻身世界级的全面电信解决方案的供应商的过程中仍然会受制于与供应方、需求方、替代品、同业者及潜在进入者之间的竞合关系，如图 3-28 所示。

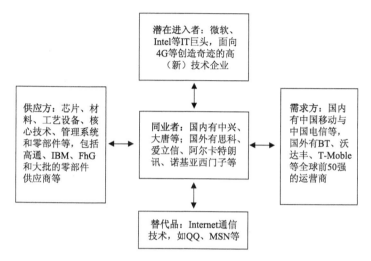

图 3-28　华为产业内竞合关系

BT 全称 British Telecom，即英国电信集团

FhG 全称 Fraunhofer-Gesellschaft，即弗劳霍夫协会，是德国的应用科学研究机构

在需求方层面，国内外需求方均为大型电信运营商，以国内为例，由原来的六家重组为四家，2010 年的 1 月 13 日，国务院又宣布"三网融合"，使得国内电信运营商规模进一步扩张。出于国家安全和经济利益，国内外电信运营商均会受到政府操控，我国 3G 牌照发放在很大程度上保护了需求方的利益。从需求趋势来看，需求方进一步移向综合性的服务增值业务，而将通信设备生产与网络布局业务剥离给设备供应商，要求设备供应商提供端到端的全套通信设备解决方案，相应地，华为的全面电信解决方案符合这一需求特点与趋势。另外，处于垄断地位的电信运营商具有很强的议价能力，如 2008 年，中国移动、中国联通的利润率均达到 20%以上，而华为的利润率仅为 6.28%。从长远来看，为了满足大型电信运营商通信设备的个性化需求和持续升级，华为需要建立稳定的沟通协作关系。

在同业者层面，思科、爱立信、阿尔卡特朗讯、诺基亚西门子等当前全球公认的一流通信设备供应商，均认为华为低价格战略极具"侵略性"，思科与华为之间的侵权事件就是一个敌对性竞争的缩影，爱立信已明确提出"毫无疑问，华为是我们最大的竞争对手"，而阿尔卡特朗讯、诺基亚西门子的重组战略很大原因也是为了更好地应对华为之类的对手进攻。华为可以利用低成本策略抢占国外竞争对手的市场份额，而对中兴、大唐等的影响则不明显，中兴与华为的战略定位、产品系列和市场范围几乎如出一辙，中兴每年的研发投入也在 10% 以上，中兴甚至在国际市场上和华为开展"价格战"，而且中兴、大唐更是华为国内市场的劲敌，2007 年中国移动 TD-SCDMA 招标，中兴获得了 52% 的份额，大唐为 30%，而鼎桥通信（华为控股企业）则只有 10% 的份额。尽管，华为与其他电信设备供应商存在激烈竞争，但面对 3G 标准的"专利丛林"和商业化需要，未来也存在一定的合作空间。

在供应方层面，华为的全面电信解决方案是典型的复杂高新技术产品与服务方案，涉及众多技术综合集成，供应商类型与数量众多，供应链管理复杂，高通等巨头掌握芯片和 3G 基础专利，使得这些供应商具有很强的议价能力，同时，这也使华为产生了进行专利购买和获得专利许可的战略需要。

潜在进入者和替代品的威胁较小，且存在相对较多的合作空间，但是通信产业的迅猛发展，时刻需要防止颠覆性技术变革带来的风险。

总之，如图 3-28 所示，横向关系对华为全面电信解决方案的影响较大，供应方和需求方的垄断使得电信设备供应业务利润缩减，同业者的战略雷同进一步加剧了竞争。

（3）企业内部因素。这里主要分析影响华为全面电信解决方案的内部关键因素。①创新资源。华为在国内外设立了 14 个研究中心，其中位于印度以及国内的南京、北京和上海的研究中心通过 CMM5 级认证，每个研发中心各有所侧重，聚集全球创新资源进行同步研发。华为在 1988 年至 2010 年期间长期保持高于销售额 10% 的研发经费和占员工总量 40% 的研发人员，并又坚持将研发经费的 10% 用于预研。②企业流程。华为以集成产品开发和集成供应链为主干业务流程，辅以财务、人力资源等流程，全面展开公司业务流程的重组与再造，并建设了支撑华为流程运行的完整 IT 架构。③企业素质。在技术素质方面，截至 2009 年底，华为累计申请专利 42 543 件，2009 年专利合作条约（patent cooperation treaty，PCT）专利申请量位居全球第二；华为 LTE（3G 向 4G 的过渡）领域的专利拥有量跻身全球第三，占到全球总量的 12%；华为已加入 123 个国际标准化组织，担任 148 个职位，并累计提交文稿 18 000 多篇。在人员素质方面，华为常年以校园招聘为主，本科以上（含本科）学历的员工超过了 80% 的比例，在全球设有 29 个培训中心，并坚持"低重心"培训。在管理素质方面，华为进行了一系列管理变革，逐步与国际接轨，积极引进业界最佳实践，建立了面向客户需求的高效率管理体系，提升了全球化客户快速反应速度。④企业战略。全面电信解决方案更好地"丰富人们沟通"（华为战略愿景）和"聚焦客户关注的挑战和压力"（华为战略使命），也符合"以客户为中心"的战略假设，且准确而适度的主导优势确定也可以更好地保证企业足够的成长空间。

以上四个方面展现了华为内部优势对全面电信解决方案的有效支撑与系统匹

配，然而截至 2010 年，华为仍然存在一系列内部制约因素，当时的品牌形象仍被视作低成本产品的代名词，与电信业相对成熟的北美市场消费者需求格格不入；同时华为当时的研发主要是对西方公司已有创新成果的一些功能或特性上的改进与集成，仅仅取得了工程设计和实现方面的创新。因此，全面电信解决方案在很大程度上只是为华为指明了战略方向，其特色优势的保持与发挥还需要更多的优势因素积累与综合集成。

2）华为全面电信解决能力识别

对华为全面电信解决能力进行系统分析与识别。

（1）华为全面电信解决能力关键维度分析。

一是华为主导优势分析。华为选择全面电信解决方案作为其主导优势，相应地，华为的动态核心能力也就集中体现为全面电信解决能力。选择全面电信解决方案顺应了全球经济一体化和通信产业技术标准化与综合集成的发展趋势，充分发挥了华为低成本综合集成创新优势。

二是华为价值链分析。华为强化特色价值环节和弥补薄弱环节并重，通过提升价值活动体系整体运作效率来形成最优的电信解决方案。一方面，华为将大量的资源集中于研发和销售环节，其产品附加值也主要得益于高效的产销一体化机制；另一方面，为了弥补与国际跨国公司的价值活动运作效率方面的差距，华为逐步引入并提升包含集成产品开发、集成供应链、人力资源管理、财务管理和质量控制与生产工艺等在内的基于 IT 的管理流程。

三是华为知识链分析。首先，华为运用"低重心"人员培训战略，其培训体系涵盖了新员工培训、管理培训、技术培训、营销培训、专业培训和生产培训等六个方面，并采用轮岗制和"导师制"，服务于企业的全面电信问题解决。其次，华为加强研发活动核心环节的知识管理，截至 2010 年，华为专业研究队伍占员工总数的 46%，依次由技术战略类、技术研发类、技术产品与工艺类以及技术销售与服务类等人才构成。最后，华为看重人才的发展潜力，以大批量应届毕业生招聘为主，注重潜力和素质的人才聘用符合高新技术密集的通信产业的竞争要求，是华为全面客户问题解决能力培育与运用的原动力。

四是华为战略分析。从战略绩效看，2009 年华为合同销售额突破 300 亿美元大关，同比增长 30%，五年平均增长率达到 39%；作为世界第三大通信设备供应商，华为的产品和解决方案已经应用于全球 100 多个国家，以及 36 个全球前 50 强的运营商。从华为长期发展战略看，华为定位于国际顶级通信设备供应商，对其未来的全面电信解决能力的全方位拓展与提升提出了新的要求。

五是华为面临的其他内外部因素分析。作为典型的高新技术领域，通信技术的飞速发展和广泛应用为华为迅速成为世界级供应商奠定了坚定的基础，同时 3G、LTE 等技术变革不确定性也为华为全面提升电信解决能力的特色水平提供了新的机遇和挑战。另外，华为内部的"人海战术""土狼文化""低成本产品标签"等对其全面电信解决能力的负面影响逐步显现。

（2）华为全面电信解决能力系统识别。对华为的全面电信解决能力的特色水平、发展阶段、能力缺口以及时空拓展性进行全方位系统识别。

一是特色水平识别。截至 2010 年，华为总体上已经成为世界级的通信设备供应商，然而在当时的"第一方阵"中的诺基亚、思科、爱立信、阿尔卡特朗讯、诺基亚西门子等同业竞争者均具有很强的全面电信解决能力。同时，随着华为全球化战略的实施，华为的综合集成创新成本在上升。因此，全球电信解决能力特色水平面临挑战。

二是发展阶段识别。自华为选择全面电信解决方案作为主导优势以来，保持了快速的增长势头，且其全面电信解决能力还有很大的培育与战略运用潜力，因此，可以确定华为的全面电信解决能力处于快速提升期。

三是能力缺口识别。华为全面电信解决能力缺口主要体现为持续强化"全面电信解决方案"特色以及发展综合优势所面临的战略困境：①截至 2010 年，在销售收入和市场占有率高速增长的背后隐藏着利润率逐年下降的事实，暴露出了华为"人海战"和"价格战"的弊端，其低成本优势逐渐被削弱；②在一些发达国家市场，尤其是北美市场，当时的华为仍然被认为是仅仅具有廉价产品供应能力，而非全面电信解决方案提供者，这和华为创造有限的"客户让渡价值"不无关系；③通信产业属于典型的高新技术产业，提供全面电信解决方案不仅仅是满足电信运营商的当前需求，华为当前的以客户为导向的技术创新战略容易导致技术开发"短视化"现象；④过分注重工艺化、工程化技术开发以及"拿来主义"指导下的技术集成，而缺乏基础性、关键、核心技术开发，经常会面临"短暂优势"的尴尬。

四是时空拓展性识别。时空拓展性识别主要侧重于全面电信解决能力提升阶段的最优效率边界搜寻。①从市场维度看，华为全面电信解决能力可以辐射全球市场，然而其动态核心能力是沿着"先易后难"的路径进行提升的，2010 年以前华为在西欧市场竞争惨烈，而在北美市场更是收获甚少，华为的市场能力边界需要进一步扩展，培养真正具备全球客户电信问题解决能力，这样不仅可以抢占更大市场份额和更丰厚的利润，而且对发展中国家市场具有"示范"和固化作用；②从领域维度看，华为涵盖了移动、宽带、IP、光网络、电信增值业务和终端等领域，能够为客户提供有竞争力的通信解决方案和服务，然而仅仅通过简单的研发和生产成本决定业务是否内部化，反而使得华为特色不明显，华为内部研发和生产显得臃肿和无效率，华为需要从更具战略主动性和长远性角度专注于核心领域，拥有解决全面电信问题的核心技能；③从时间维度看，华为需要提升其全面电信解决能力的柔性和适应性，以支持其持续稳定发展。

3）华为综合优势发展路径分析

从主导优势、动态核心能力以及综合优势战略协同性的角度，围绕全面电信解决方案及其动态核心能力，对华为的战略所有权、战略期权以及战略危机预警等方面进行系统性分析，进而提出华为综合优势发展路径优化管理的针对性建议。

（1）华为战略所有权配置分析。华为战略所有权可以通过战略决策权和企业所有权得以反映。

在战略决策权方面，根据《华为基本法》，华为实质上为中央集权制，而推动事业部对外扩张的经营权、财务权和人事权则都掌控在公司手中，这得益于任正非对人性的深刻洞悉，即大多数人在没有约束的情况下缺乏自治力、主动性和责任感。然而，在华为进行全球化扩张时，事业部没有明确的全球化竞争战略以及相应的配套子战略，这和提供具有个性化、多变性的全面电信解决方案存在冲突，而且这种冲突有增强的趋势。

在企业所有权方面，华为是迄今仍未上市的大型民营科技企业，以任正非为首的华为高层普遍认为不用上市的理由是"华为暂时还不缺钱，而且可以规避股市风险"，这种对资本市场的狭隘理解也就成为华为综合优势持续发展道路中的重要制约因素。2001 年，华为就将其子公司安圣电气出售给艾默生，很大程度上也是迫于严重的资金缺口，而资本市场可以有效弥补资金缺口，形成不确定环境下的战略缓冲区。事实上，资本市场是华为向全世界展现自我的重要平台，通过所有权分散可以从利益或情感方面得到更多相关利益者的认可，使得华为品牌从业界向全球各个角落传递。总之，通过上市融入全球资本市场，可以向世人展示：中国的华为，也是世界的华为。

（2）华为战略期权布局分析。主要涉及研发、专利、产品、标准、品牌、人才等方面的战略期权布局问题。

一是研发期权。华为在 3G、次世代网络（next generation network，NGN）、交互式网络电视（internet protocol television，IPTV）甚至 LTE 等未来关键技术领域研发进行了大量的战略性投入，但在取得一些研发成果的同时也支出了大量的研发成本，截至 2006 年底，华为的 3G 亏损超过 40 亿元，NGN 亏损超过 10 亿元，这和华为战略期权涉及技术领域过于宽泛有很大的关系。值得注意的是，华为没有充分地运用外部合作进行研发战略期权布局，正如华为一位高级研究人员所指出的，"华为并不将研发合作看成一种有效获得具有竞争力的技术成果的手段"，这种合作成果仅仅是华为创新能力的补充，从而使得研发战略期权布局成本居高不下，而应对环境不确定性的针对性则下降。

二是专利期权。华为与思科专利侵权纠纷之后，华为又陆续受到诺基亚、阿尔卡特朗讯、诺基亚西门子的专利压制，使得华为 2004 年之后 PCT 专利申请爆炸式增长，2008 年华为占据全球专利申请公司（人）首位，很大程度上支持了华为"全面客户问题解决方案"的形成和完善。然而面对通信领域技术的瞬息万变，在当时的环境下，拥有大量专利需要高额的研发投入与维持费用，专利战略仍然定位于防止侵权并获得具有自主知识产权的产品，而在形成核心技术与产品、运作技术标准方面更具长远战略意义的专利战略考虑较少，从而使得当时的华为在专利方面的战略期权布局显得臃肿而不经济。

三是产品期权。作为通信设备供应商，华为产品组合较为全面。然而，当时华为的大多数产品是金牛产品和瘦狗产品，明星产品已经很少，在 2009 年之前 3G 仍然是个问题产品，产品动态组合存在断层，未来靠什么产品获得高速增长将是华为的一大难题。另外，华为提供全面电信解决方案时，通过简单的成本效率确定自己生产还是购买其他供应商产品形成产品系列，而缺乏长期的产品战略布局，将难以应对未来产品快速更新换代和个性化与多样化需求。

四是标准期权。对于通信产业，标准相对于技术、产品更具有确定性，华为积极加入国际标准化组织并提供大量的标准提案，是全球扩张过程中抓住机会和应对威胁重要的战略期权布局。但是，标准期权也不能仅仅停留于参加所有"游戏"，当然更不是参与所有"游戏"规则制定，而是有重点地分层布局标准期权，实现标准战略、专利战略、研发战略、产品战略之间的协同匹配，共同支撑华为一流的全面电信解决方案。

五是品牌期权。截至 2010 年，华为在全球扩张中一贯通过低价格占领市场，留给国际市场的深刻印象也就是廉价产品，不仅造成自身利润率偏低以及与面向客户的战略定位冲突，而且低成本产品的形象成为当时拓展西欧、北美高端市场的阻力。为了改善这一形象，华为通过成立 H3C 来借助 3Com 的国际品牌优势，而且在开拓北美市场时也一改往日低调，进行大量的广告宣传，另外，积极应对思科侵权诉讼也向全球展示了创新的华为。然而，当时的华为在国际市场上仍然是二流品牌，制约了华为打造一流的全面电信解决方案提供商的战略目标实现。

六是人才期权。国际化管理人才缺乏，通过对国外输送销售人才不是长久之计，而长期国外本土化高端研发与销售人才培养，有利于满足当地市场差异化需求。

（3）华为战略危机预警机制分析。战略预警可以提高企业的战略前瞻性和主动性，而在 2010 年之前，华为在危机预警方面，尤其是在战略预警方面（相对于策略性预警），存在一定纰漏。华为对小灵通市场前景估计失误，2003 年与思科专利纠纷案，在美国市场的蹒跚而行，在印度市场被 BSNL 三次毁约的情况，以及 2009 年又卷入两起美国专利诉讼等，均说明华为的战略预警对华为后续发展的重要性。

（4）适度管理存在的问题。综合上述柔性战略路径三方面分析，2010 年之前的战略所有权配置使华为的战略形成与决策僵硬，战略期权布局臃肿而特色不显著，而当时的战略预警机制存在缺失，因此，华为战略总体柔性水平的提高，以及三类战略手段结构的进一步优化是如今华为取得领域内核心主导地位的基石。

2. 华为综合优势发展战略制定

在对华为主导优势影响因素、动态核心能力发展状态以及综合优势柔性路径进行系统分析的基础上,面向未来可持续发展,制定华为综合优势发展战略。

1)华为战略目标设计

(1)成熟期战略目标。华为成熟期战略目标主要包括主导优势、动态核心能力以及综合优势长期战略预期。①全面电信解决方案强化。从华为主导优势的关键影响因素以及与其动态核心能力、综合优势的系统匹配性看,华为全面电信解决方案在未来可预见的战略时间段内仍具有很强的发展潜力,应当持续强化全面电信解决方案的存在基础与战略导向功能。②全面电信解决能力培育。围绕已选定的电信解决方案,进行全面电信解决能力快速提升,使华为提供的全面电信解决方案达到国际一流水平。③柔性战略路径优化管理。华为处于综合优势快速发展阶段时,其综合优势发展速度与增长幅度的持续保持,是实现"丰富人们沟通"战略愿景的唯一途径。围绕全面电信解决方案特色强化与能力培育,通过综合优势柔性战略路径动态优化,使华为综合优势全面提升,成为世界一流的电信设备供应商。

(2)成长期战略目标。华为该阶段战略目标实际上就是从追求数量向数量质量并重以及由规模向规模效益兼顾,在该阶段具体有以下几个目标。①经营目标:五年之内的销售额应当达到 400 亿美元,同时销售利润率应当提升到 10%以上;保持国内市场份额同时,进一步提升在日本、欧洲等发达国家与区域的市场份额,并在北美市场开拓有实质性进展。华为应当成为中国首家进入世界 500 强的竞争性行业的企业。②研发目标:研发投入应当提高到 15%以上,加强对预研以及基础、核心、关键技术的投入力度,并提高研发投入产出效率,从而达到国际一流电信设备制造商研发投入与产出水平。③专利目标:适当削减国内专利的申请与维系数量,保持 WIPO(World Intellectual Property Organization,世界知识产权组织)、PCT 专利增长速度;专利申请导向由单独获得更多自主知识产权向获得核心专利、对外许可以及运作技术标准转变。④产品目标:围绕 3G、NGN、IPTV进行产品系列组合,强化供应链流程和实施外包业务,将大量非核心产品生产外部化。⑤品牌目标:华为国际品牌排名挺进前 100 名。⑥人才目标:华为国外本土化员工比重应当和当地的销售额比重相匹配。

2)华为战略重点

面向综合优势战略目标的全面实现,从主导优势、动态核心能力以及综合优势协同发展角度设计华为战略重点,具体如表 3-21 所示。

表 3-21　华为战略重点

战略要素	战略目标
关键点	全面电信解决能力作为三个关键点中的相对薄弱点,应当重点加强
制约三个关键点的具体因素	①华为全面电信解决方案是直接面向全球电信运营商的高端需求特色定位,需要在控制核心技术以及对内外部技术、产品综合集成方面加强,增强其存在基础和战略导向功能。②华为的全面客户问题解决能力水平偏低,其具体提升路径为:在市场维度方面,从国际化能力向全球化能力转变,有效应对西欧、北美电信运营商的高端需求;在领域维度方面,在对电信领域进一步细分的基础上,专注重点领域及其关键技术,突出全面电信解决能力特色;在时间维度方面,企业知识技能学习活动要更具有长远性,通过实施"低重心"培训,构建坚实的"能力基",进而培养关键人才和核心团队,以此增强华为全面电信解决能力的可持续性。③当前综合优势发展路径需要进一步优化,在战略所有权配置方面,应当赋予事业部更多的战略决策权,同时借助上市优化企业所有权。在战略期权布局方面,华为将 3G、NGN、IPTV 以及 LTE 的核心技术研发内部化,而对 4G 不确定性技术采用合作研发;强化基础、核心、国际专利申请,专利战略重心应转向核心技术与产品以及技术标准;加强 2G 产品潜力挖掘、3G 产品规模化生产以及 LTE 成熟产品内部化生产,将大量非核心产品转为外部采购;完善华为的"金字塔"式标准战略;继续打造国际知名品牌;积极推进高端人才本土化战略。在战略预警方面,加强国际政治风险、专利纠纷、产业技术变革以及市场需求动态变化等战略性预警,为柔性战略实施提供有力的信息支撑,同时提高华为对危机应对快速响应机制
与战略预期差距	在成长期阶段,华为在 3G、NGN、IPTV 领域的全面电信解决方案展现了其精准的战略定位和有效的提供方式选择。全面电信解决能力提升是该阶段华为中期战略目标实现的关键,加快提升速度与幅度,可以弥补能力缺口;华为优化并充分挖掘该阶段战略所有权和战略期权的柔性战略效率,强化战略预警机制,全面提升战略柔性水平。在成熟期阶段,通过"全面电信解决方案—全面电信解决能力—柔性战略路径"的综合优势战略实施,使华为成为世界一流的电信设备供应商
动态演化	成长期阶段通过动态核心能力提升强化全面电信解决方案特色优势,华为通过优化发展路径和挖掘效率,保持了其综合优势的持续增长速度,成熟期阶段则需要关注华为"全面客户问题解决方案"的主导优势内涵改变、动态核心能力变革性重构
机会导向	在成长期阶段的机会有 3G、NGN、IPTV 以及 LTE 的需求规模迅速扩展;成长期阶段威胁有思科和爱立信等同业竞争对手、电信运营商的强大议价能力、北美国家政治敌视与市场壁垒。在成熟期阶段的机会有 4G 市场及 5G 潜在市场;该阶段的威胁有通信领域不确定性技术变革以及颠覆性的替代产品。这些均是华为综合优势发展过程中需要重点应对的机会与威胁

3）华为综合优势战略实现方法

从主导优势、动态核心能力以及综合优势发展分析,围绕华为综合优势持续快速提升的成长期阶段与成熟期阶段,从企业规模、领域（业务）范围以及市场范围三个方面设计华为综合优势战略实现方法,具体如表 3-22 所示。

表 3-22　华为综合优势战略实现方法

华为战略期	华为三个战略关键点协同演化	华为战略实现方法		
		企业规模	领域（业务）范围	市场范围
成长期	全面电信解决方案的基础与战略导向功能强化，全面电信解决能力边界调整与水平提升，通过柔性战略路径提升华为综合优势增长速度与幅度	产品战略：快速增加 3G 和 LTE 产品规模，并对外授权部分 3G 专利技术，打造国际一流品牌	放弃或外包 2G 非核心业务，通过企业集团、并购提高 3G 和 LTE 研发与制造一体化程度和多元化发展	垄断国内市场，聚焦发达国家市场
成熟期	华为全面电信解决方案特色的充分发挥，考虑全面电信解决方案的转化压力及其能力重构	产品战略：4G 标准与专利许可，重心向上游核心产品和下游服务增值移动	放弃或外包 3G 和 LTE 非核心业务，通过战略联盟应对环境不确定性	全球化高端市场

3.5.3　华为综合优势战略实施

1. 华为综合优势战略控制

华为通过战略因果关系链进行综合优势战略控制，并围绕学习与成长层面、内部流程层面、客户层面和财务层面及其因果关系提出战略实施控制逻辑，如图 3-29 所示。

2. 华为综合优势战略实施保障

（1）组织保障。华为的组织保障策略也主要针对"华为矩阵式"组织结构存在的问题。首先，"华为矩阵式"不同于通常意义上的矩阵式组织结构，而是本身带有显著的中央集权特征，因此，应当采用更具信息流畅性和应对环境不确定性功能的扁平化组织结构；其次，"华为矩阵式"是直线职能制为主和矩阵式为辅的主次分明的对称性组织结构，限制了组织功能的多样性和环境适应性，华为需要进行组织结构多元化改进；最后，"华为矩阵式"组织结构写入了《华为基本法》，必然造成了组织结构的滞后性和僵化，为此，华为需要提高组织结构柔性，将组织结构持续改进和完善作为综合优势战略的一部分。

（2）制度保障。首先，从华为员工持股制度的无效率状态可以看出，从利益相关者角度积极改善华为治理结构成为当前制度建设的关键；其次，面向未来通信产业技术创新的不确定性增加，华为应当增加导向性制度，剔除一些僵化的约束性制度，通过少量规则增加员工创新空间；再次，鉴于华为战略决策权过分集中的问题，华为形成实质性的民主决策参与制度，可以提高华为综合优势战略制定科学性和实施效率；最后，华为要重视员工的精神激励，构建物质与精神并重的激励制度。

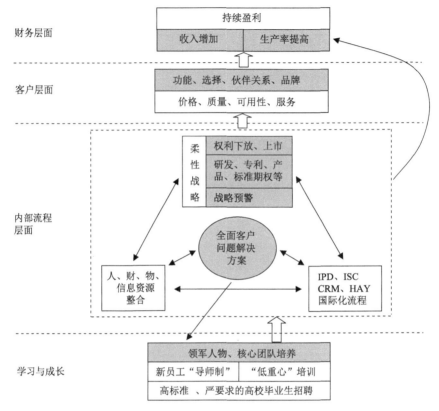

图 3-29　华为综合优势战略实施控制逻辑

ISC 全称 integrated supply chain，即集成供应链

CRM 全称 customer relationship management，即客户关系管理

HAY 全称 HayGroup，即合益集团

（3）文化保障。"狼性文化"是华为作为民营科技企业有效应对通信产业激烈竞争过程中长期积累而成的，在华为艰苦创业过程中起到了积极作用。然而随着华为逐步成为全球性的大型电信设备供应商，"狼性文化"表现出了一系列负面影响：过分强调竞争而对外缺乏竞争合作理念，过分强调群狼一致行动而对内缺乏容忍的氛围和海纳百川的思想，以过分强调利润追逐而失去了崇高的愿景。要成为一流的全面电信解决方案提供商，需要融入"人性文化"元素，实现物质和精神追求并重，形成竞合理念、宽容思想和崇高的愿景，从而支撑华为有效综合集成企业内部成员、供应商、客户甚至同业企业等各方力量。

参 考 文 献

[1]　王宏起, 武建龙. 企业主导优势及其选择方法研究. 中国软科学, 2010, (7): 151-157.

[2]　Savic L C, Smith A F. How to conduct a Delphi consensus process. Anaesthesia, 2023, 78(2): 247-250.

[3]　王毅, 陈劲, 许庆瑞. 企业核心能力: 理论溯源与逻辑结构剖析. 管理科学学报, 2000, (3): 24-32.

[4]　束军意, 曹希敬. 略论动态一体化集成创新. 科学学与科学技术管理, 2010, 31(4): 114-117.

[5]　黄静, 武建龙. 企业动态核心能力开发模式及实证研究. 学习与探索, 2017, (7): 150-153.

[6]　孙善林, 彭灿, 杨红. 高管团队社会资本对企业开放式创新能力的影响研究: 以资源获取与资源整合为中介变量. 研究与发展管理, 2017, 29(2): 71-81.

[7]　武建龙, 鲍萌萌, 陈劲, 等. 产业联盟创新生态系统升级路径研究. 科研管理, 2022, 43(9): 20-31.

[8]　袁忆, 张旭, 郭菊娥. 科技成果转化价值活动的商业模式探析. 管理评论, 2019, 31(7): 13-21.

[9]　简兆权, 伍紫莹. 价值活动重组与垂直联盟: 山寨模式下的创新启示. 科学管理研究, 2015, 33(2): 69-72.

[10]　王德鲁, 宋学锋, 苑景莹, 等. 企业柔性战略系统构建及其协同演化机制. 系统管理学报, 2013, 22(5): 665-674.

[11]　王宏起. 企业综合优势理论研究. 管理世界, 2005, (4): 151-152.

第 4 章　战略性新兴产业综合优势管理方法及应用

根据战略性新兴产业综合优势理论应用重点，战略性新兴产业综合优势管理方法及应用研究主要包括产业综合优势战略分析、产业综合优势战略设计、产业综合优势发展机制设计及典型产业的实证应用。其中，产业综合优势战略分析是战略设计的基础，战略设计以综合优势持续发展为战略目标进行战略路径、战略方案和综合优势发展机制框架设计；综合优势发展机制基于战略性新兴产业综合优势发展机理进行系统性设计[1]，具体包含产业综合优势规划机制、综合优势培育机制和综合优势平衡机制，并给出对应的管理方法、应用策略和实证案例。

4.1　战略性新兴产业综合优势战略分析

战略性新兴产业综合优势战略分析一方面有利于厘清当前战略性新兴产业现状，为后续战略设计奠定坚实基础，另一方面也为产业战略分析提供一个可行框架，具体包括产业主导优势分析、核心能力分析、发展环境分析和发展定位分析四个方面。

4.1.1　产业主导优势分析

对产业现有主导优势的分析有利于了解和掌握产业创新网络现状、产业目前的资源条件、产业特色以及可能存在的优势方向，是综合优势战略管理的前提和基础环节。根据战略性新兴产业综合优势发展机理[1]，其主导优势是一个复杂的网络关系系统，网络中的节点是不同类型的主体，而网络关系是产业利益相关者基于合作产生的联系，产业主导优势的分析维度如图 4-1 所示。

在全面、系统地分析产业主导优势的基础上，需要进一步对关键网络进行分析，战略性新兴产业的技术主导特性决定了技术研发网络相对于其他网络较为重要和关键，这一点在新兴产业国际竞争中得到了充分体现。例如，美国新能源汽车三大巨头在研发资金投入、人员投入、技术先进性等方面遥遥领先于其他企业，成就了美国新能源汽车在全球的优势地位。可以认为，战略性新兴产业主导优势的核心是技术研发网络，尤其是核心技术、关键技术、共性技术的供给水平直接决定了产业整体竞争力。因此在主导优势分析模型的基础上进一步对技术研发网络进行分析，有助于掌握产业技术创新状态、优势企业、创新团队以及领军人才等。

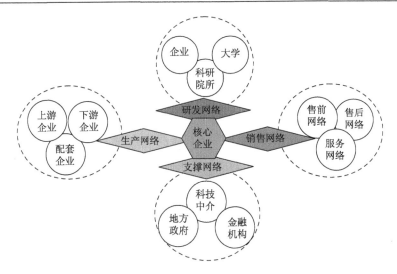

图 4-1　产业主导优势的分析维度

4.1.2　产业核心能力分析

　　战略性新兴产业核心能力是不同创新环节能力的集合，但不是简单的能力组合，而是新兴产业表现出来的协同创新与发展能力，对战略性新兴产业而言，培育并发展协同创新能力是新兴产业综合优势的重要根基，只有通过多环节、多层次、多要素的协同发展，才能实现产业整体竞争力最大化。需要指出的是，产业核心能力的形成并不是一蹴而就，而是基于主导优势，通过长期的学习、创新和积累发展形成，因此产业核心能力对产业战略规划的影响具有长期性、动态性和复杂性，只有围绕核心能力进行长远发展规划，把产业核心能力培育作为产业发展规划的重要组成内容，才能保证产业发展规划的时效性。否则，当外部产业环境发生动荡或者产业核心能力退化时，产业发展规划没有及时更新和重新设计，将影响产业整体竞争优势的提升。产业核心能力的分析流程如图 4-2 所示。

4.1.3　产业发展环境分析

　　战略性新兴产业所处的发展环境包括宏观环境、行业环境以及区域环境，这些因素都是影响产业创新和综合优势发展的重要因素。其中宏观环境包括政治环境、经济环境、社会环境和技术环境；行业环境包括对影响战略性新兴产业发展的行业特征、产业结构、价值分布以及竞争环境的分析，属于中观层面的定性分析；区域环境是战略性新兴产业综合优势发展的微观环境，包括区域创新条件、区域产业基础和区域创新氛围。产业发展环境分析的 SWOT 矩阵如图 4-3 所示。

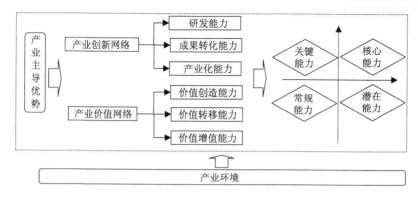

图 4-2　产业核心能力的分析流程

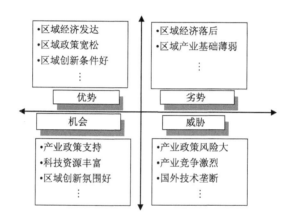

图 4-3　产业发展环境分析的 SWOT 矩阵

4.1.4　产业发展定位分析

产业发展定位是指根据战略性新兴产业独特的优势、所处的经济发展阶段和运行特点，确定要重点发展的战略性新兴产业门类、产业组织和技术领域。

第一，战略性新兴产业首先立足于区域产业基础和重大发展需求，我国各省区市产业发展的基础条件差距较大，区域产业承载力是科学定位产业发展方向的关键，其判断需要综合考虑本地区高新技术产业占比、区域 R&D 人员数量、区域 R&D 经费投入、发明专利申请量等，重点引导本地区产业承载力低的战略性新兴产业，重点培育和发展产业承载力处于中等和高等水平的战略性新兴产业。

第二，从市场需求的角度来看，战略性新兴产业旨在面向全球竞争，满足国际高端市场，在产业发展过程中，必然从满足区域战略需求开始，逐步发展成为瞄准国际市场的主导产业，根据市场规模、市场结构和市场潜力综合判断，包括产业从业人数、产品收入、产业集中度等方面，满足区域市场需求的是幼稚型产业，满足国内市场需求的属于潜力型产业，满足国际市场需求的是竞争型产业。

第三，从技术成熟度看，处于不同技术发展阶段（单一技术、技术链、技术系统）的新兴产业，在战略定位、发展目标及支持策略上必然有所区别。综上，战略性新兴产业发展定位分析模型如图 4-4 所示。

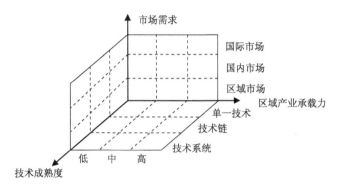

图 4-4 战略性新兴产业发展定位分析模型

在此基础上，从区域产业承载力、技术成熟度和市场需求三方面构建战略性新兴产业发展策略选择模型，如图 4-5 所示。

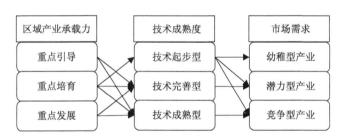

图 4-5 战略性新兴产业发展策略选择模型

4.2 战略性新兴产业综合优势战略设计

在产业综合优势战略分析的基础上，战略性新兴产业综合优势战略设计必须充分体现层次性、协同性和动态性原则。层次性表现为产业综合优势战略是面向创新驱动型产业的发展规划，是针对不同产业环节的战略设计，涵盖技术、产品、市场、政策等多个层面的不同环节。协同性一方面表现为不同层面产业战略的相互作用、影响与协同，保证了战略实施过程中各环节的有序衔接，另一方面体现在不同战略性新兴产业综合优势战略之间的协同性。动态性体现在产业综合优势战略伴随主导优势、核心能力的动态变化而进行的柔性调整以及战略路径的灵活选择。

4.2.1 产业综合优势战略目标设计

从时间维度来看，产业综合优势战略目标既包括短期目标，也包含中长期战略目标，短期目标是尽快选择并确定产业主导优势，以为快速培育核心能力奠定基础，中期目标是培育产业核心能力，以更好、更快地构筑产业综合优势，长期战略目标是实现产业综合优势最大化。从目标范围来看，产业综合优势战略目标可以分解为技术目标、产品目标、市场目标、政策目标和总体发展目标等多个层面，不同层面的子目标设计需要考察的战略要点有所区别，但应该充分体现产业综合优势的战略主线，具体战略目标分解体系如图 4-6 所示。

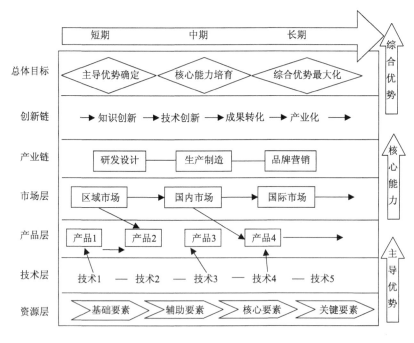

图 4-6 战略性新兴产业综合优势战略目标分解体系

综合优势战略目标设计运用"自上而下"的思想，逐层进行目标分解。首先，创新驱动是战略性新兴产业的典型特征，从不断完善产业创新链到培育和发展产业创新生态系统，是战略性新兴产业发展目标在时间维度上的扩展。

其次，基于创新链形成的协同创新能力和基于产业链形成的产业发展能力共同形成战略性新兴产业核心能力。

最后，市场、产品、技术和资源都是对上级目标的进一步细分，构成了产业微观层面的目标体系。应该看到，产业综合优势战略是一个目标体系，各层次目标之间是相互支撑、相互协同的，缺少任何一个层面的战略目标都会影响整体目标的实现。

4.2.2　产业综合优势战略路径设计

战略路径是实现战略目标的具体途径，其设计是在充分分析产业内外部创新环境、资源和目标的基础上展开的，包括总体战略路径和具体战略路径。

1. 总体战略路径

产业综合优势总体战略路径是战略性新兴产业发展总体方向的体现，是产业综合优势规划的重要环节，相比而言，具体战略路径是对总体路径的具体化操作方案。根据综合优势战略思想，"产业主导优势→产业核心能力→产业综合优势"是实现产业综合优势的总体战略路径。在产业主导优势分析的基础上，对战略性新兴产业创新网络状态、发展定位、发展环境等一系列相关要素进行战略分析，明确产业优势领域、优势企业、主导产品和关键技术等，根据核心能力特色和发展方向，规划战略性新兴产业发展重点、发展方向、资源配置等。

2. 具体战略路径

科技创新驱动是战略性新兴产业持续发展和综合优势实现的重要驱动力，政府作为产业宏观管理主体，掌握大量的科技资源，能够通过科学、合理的战略规划解决科技资源配置与科技成果开发中市场失灵的问题，实现产业综合优势发展，因此围绕科技资源配置和科技成果开发利用设计综合优势发展具体战略路径。

4.2.3　产业综合优势战略方案设计

产业综合优势战略方案是实现综合优势战略目标的具体策略以及行动计划。根据综合优势发展路径，把握影响产业综合优势的三个战略关键点，设计相应的主导优势开发战略、核心能力培育战略和综合优势发展战略。

1. 主导优势开发战略

产业主导优势是由具有自主知识产权的优势企业组成的产业创新网络，在这个网络中的网络行动者是具备创新能力的优势企业，也可能是众多优势企业组成的创新联盟或产业集群，因此主导优势开发战略是针对战略性新兴产业发展的实际情况，对优势企业、创新联盟和产业集群或平台进行系统性开发、选择和优化的策略组合。根据具体产业主导优势的不同属性，设计若干个备选的主导优势开发战略，如稳步型开发战略、密集型开发战略和紧缩型开发战略等，多种战略方案可以单独使用，也可以组合使用。从时间维度来看，不同战略周期其战略目标和采用的战略举措有所区别，见表 4-1。

表 4-1　产业主导优势开发战略

主导优势阶段	碎片化网络阶段	单一辐轴网络阶段	多中心小世界网络阶段
战略目标	产业关键优势要素确定	产业优势网络构建	产业优势网络巩固调整
战略举措	掌握和评估产业领域的创新型企业、科研团队、领军人才、创新平台等关键优势要素	引导构建战略性新兴产业创新联盟，包括技术创新联盟、标准联盟、研发联盟等	引进外部优势要素，包括创新型企业、科研院所等，升级本地产业价值链，鼓励企业走出去

2. 核心能力培育战略

产业核心能力培育战略是综合优势发展的核心与关键，在综合优势战略体系中起到承上启下的重要作用。产业核心能力培育战略设计是在产业战略研究与分析的基础上，通过对产业主导优势的选择与确定，对基于主导优势的产业核心能力进行系统解构，基于产业核心能力不同发展阶段以及不同类型主导优势对核心能力的作用关系，科学确定产业核心能力培育战略目标和举措。可以设计多套备选战略，表 4-2 列举了基于核心能力不同发展阶段的核心能力战略目标及举措。

表 4-2　产业核心能力培育战略

核心能力阶段	模仿创新能力	自主开发能力	产业协同创新能力
战略目标	培育技术积累能力	发展合作创新能力	提高协同创新能力
战略举措	以技术引进、技术合作、技术学习等多种方式完成初始技术积累，鼓励核心技术的自主研发	明确不同创新主体在不同创新阶段的战略定位，围绕关键共性技术联合攻关	优化产业要素网络、组织网络和政策网络，以提高协同效率为目标，促进产业链和创新协同

3. 综合优势发展战略

基于产业综合优势发展路径制定产业综合优势发展规划符合综合优势战略的基本思路，综合优势发展战略设计需针对综合优势规划、培育和平衡中的关键问题给出具体措施。综合优势发展战略与主导优势开发战略、核心能力培育战略相互协调、相互支撑，只有三种战略方案的战略目标和方向保持一致时才能实现产业综合优势的快速形成和高速发展。只有保证基础性战略完成，才能实现更高层次的战略目标。基于产业综合优势发展路径，重点设计对应的综合优势战略举措，表 4-3 列举了不同综合优势发展路径下对应的战略目标与战略举措。

表 4-3　产业综合优势发展战略

综合优势发展路径	产业综合优势规划	产业综合优势培育	产业综合优势平衡
战略目标	制定综合优势规划方案	构筑综合优势发展基础	实现综合优势可持续
战略举措	加大原始创新投入，根据产业情景，集中资源进行知识集成再创新，积累原始知识	鼓励企业与高校、科研院所人才交流与合作，支持校企合作，共建研发中心、重点实验室	营造公平的产学研协同环境，瞄准产业核心技术，开展高端协同创新

4.2.4　产业综合优势发展机制框架设计

战略性新兴产业综合优势发展机制作为产业综合优势战略设计的核心内容，是根据新兴产业综合优势发展机理设计的具有引导性、规范性和可持续性的制度安排，是从产业主导优势特征、核心能力形成规律着手设计的产业管理方法。

具体而言，产业综合优势规划机制、产业综合优势培育机制和产业综合优势平衡机制三个机制之间协同运作，产业综合优势规划机制指导战略方向，综合优势培育机制是综合优势发展的基础，其重点是在确定主导优势的基础上培育核心能力并发展综合优势，产业综合优势平衡机制确保了综合优势发展路径与方向的最优。具体研究框架如图 4-7 所示。

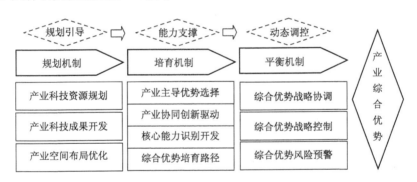

图 4-7　战略性新兴产业综合优势发展机制研究框架

4.3　战略性新兴产业综合优势规划机制

战略性新兴产业综合优势规划机制是以产业综合优势最大化为目标，以优化资源配置效率为手段而设计的管理方法，包括产业科技资源规划、产业科技成果开发和产业空间布局优化三个方面。

4.3.1 产业科技资源规划

1. 创新人才团队培育

首先,进行领军人才筛选。领军人才作为重要的科技资源是创新的重要支撑,也是产业综合优势规划需要重点进行配置和优化的创新资源。学术论文作为领军人才的创新产出,是知识传播与扩散的重要渠道,产业创新的重大理论突破和原创性成果往往发表在高水平学术论文上,因此,对产业领域相关科学文献的研究是筛选优秀领军人才的重要途径和方法。CiteSpace 是用于科学文献分析中识别并预测科学发展新趋势的软件。运用知识图谱筛选优秀领军人才,识别产业知识创新能力前沿,基于 CiteSpace 的新兴产业领军人才筛选流程,如图 4-8 所示。

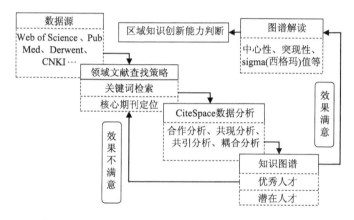

图 4-8   基于 CiteSpace 的新兴产业领军人才筛选流程

CNKI 全称 China national knowledge infrastructure,即中国知识基础设施工程,简称中国知网

其次,进行优势团队评估与分类。优势团队的发掘与梳理对支撑新兴产业创新至关重要,产业综合优势规划中不仅需要对现有优势团队的梳理、使用、管理提出建设性意见,还需要对面向产业创新需求的潜在团队进行培育和发掘。从团队领军人才、团队结构合理性、团队成果创新性、团队科研持续性和科研平台优越性等方面设计具体评估体系,邀请相关专家对定性指标进行判断,最终得到多个优势团队的评价结果,并进行分类管理和资助。优势科研团队评价指标体系如表 4-4 所示。

2. 优先支持领域选择

对某个特定区域而言,由于产业结构和产业基础多样化,需要对现有产业基础进行评估,并结合创新基础和发展潜力选择优先支持的产业领域。需要注意的

表 4-4　优势科研团队评价指标体系

指标	内涵	评估标准		
		优秀（A$^+$,A,A$^-$）	良好（B$^+$,B,B$^-$）	中等（C$^+$,C,C$^-$）
团队领军人才	考察领军人才科研经历、学术影响力及团队管理能力	领军人才成果丰富，学术影响力大，领导力强	领军人才科研成果较多，有一定学术影响力和领导力	领军人才科研成果、学术影响力和领导力一般
团队结构合理性	考察团队规模、年龄、知识、学历结构	团队规模适中，结构非常合理	团队规模和结构比较合理	团队规模和结构合理
团队成果创新性	考察团队成果数量、成果水平、社会影响和经济价值	团队科研成果丰富，成果社会效益和经济价值高	团队科研成果丰富，成果社会效益和经济价值较高	团队科研成果、核心成果社会效益和经济价值一般
团队科研持续性	考察团队研究方向前沿性、科研经费总额、科研人员培养和团队凝聚力	研究方向国际领先，团队潜力巨大	研究方向国内领先，团队潜力比较大	研究方向领先，团队潜力大
科研平台优越性	考察团队依托重点实验室、工程中心或创新平台与重点学科建设情况	团队具备国际领先的研究平台和国际领先的科研环境	团队具备国内领先的研究平台和国内领先的科研环境	团队具备领先的研究平台和领先的科研环境

是，在确定科技计划优先支撑领域时需要同时兼顾规模和效率原则。战略性新兴产业规模是确定是否优先支持的重要维度，但是目前大多数新兴产业发展处于初期，产业规模不大，在确定优先支持领域时必须兼顾产业比较优势和效率，因此结合专利显示比较优势（revealed comparative advantage，RCA）和偏离份额分析法（shift share method，SSM），提出优先支持领域的选择模型。

1）专利显示比较优势

专利是衡量战略性新兴产业技术创新能力的重要指标，专利显示比较优势能够揭示特定区域在某个战略性新兴产业领域技术创新的比较优势，反映了新兴产业技术的专业化程度。

$$RCA_{ij} = \frac{p_{ij} \Big/ \sum_i p_{ij}}{\sum_j p_{ij} \Big/ \sum_{ij} p_{ij}} \tag{4-1}$$

其中，p_{ij} 表示特定区域 i 的某个战略性新兴产业 j 的专利申请量；$RCA_{ij} > 0$，表示该区域在该产业领域具有技术比较优势。具备显性专利优势的产业领域一般都有良好的创新基础，可以参考作为区域科技计划的优先支持领域。

2）偏离份额分析法

偏离份额分析法把区域经济系统的变动看作一个动态过程，以其他区域经济系统为参照系，将区域经济发展的变动量分解为三个分量，包括份额增长分量、结构偏离分量和竞争力分量，用这三个分量的变动来说明区域经济变动的原因，评价产业的优劣和竞争力水平，选择具有较强竞争力的产业领域，继而优先配置相关资源。

特定区域 i 的某个战略性新兴产业 j 在 T 时期的产值可以表示为 $Z_{ij}(T)$，则特定战略性新兴产业 j 在所有考察区域中的总产值 $Z_j(T)$ 可以表示为

$$Z_j(T) = \sum_{i}^{n} Z_{ij}(T) \tag{4-2}$$

以区域 i 所在的大区或者全国作为参照区域，则参照区域的战略性新兴产业总产值 $Z(T)$ 可以表示为

$$Z(T) = \sum_{j}^{m} Z_j(T) \tag{4-3}$$

其中，$T = 0$ 表示初始期，$T = t$ 表示报告期。因此，区域 i 的某个战略性新兴产业 j 在报告期的增长额 G_{ij} 可以分解为份额增长分量 N_{ij}，结构偏离分量 P_{ij} 和竞争力偏离分量 D_{ij}，根据式（4-2）和式（4-3），得到式（4-4）。

$$
\begin{aligned}
G_{ij} &= Z_{ij}(t) - Z_{ij}(0) \\
&= Z_{ij}(0)\left[\frac{Z(t)}{Z(0)} - 1\right] + Z_{ij}(0)\left[\frac{Z_j(t)}{Z_j(0)} - \frac{Z(t)}{Z(0)}\right] + Z_{ij}(0)\left[\frac{Z_{ij}(t)}{Z_{ij}(0)} - \frac{Z_j(t)}{Z_j(0)}\right] \\
&= N_{ij} + P_{ij} + D_{ij}
\end{aligned}
\tag{4-4}
$$

式（4-4）中 $Z_{ij}(0)$ 和 $Z_{ij}(t)$ 表示区域 i 的某个战略性新兴产业 j 在初始期和报告期的产值，其报告期的增加额包括三部分。

份额增长分量 $N_{ij} = Z_{ij}(0)\left[\dfrac{Z(t)}{Z(0)} - 1\right]$，表示区域 i 的某个产业 j 按照参照区域总产值增长速度应该保持的增长量，其中，$\left[\dfrac{Z(t)}{Z(0)} - 1\right]$ 表示参照区域总产值增长率。

结构偏离分量 $P_{ij} = Z_{ij}(0)\left[\dfrac{Z_j(t)}{Z_j(0)} - \dfrac{Z(t)}{Z(0)}\right]$，表示区域 i 的某个战略性新兴产业 j 产值偏离参照区域的 j 产业产值平均增长的部分，这部分增长是相对于参照区域的总产值增长差异引起的，用以反映以参照区域为基准的区域 i 产业结构的优劣，其中，$\left[\dfrac{Z_j(t)}{Z_j(0)} - \dfrac{Z(t)}{Z(0)}\right]$ 表示 j 产业产值增长率与总产值增长率的差异。

竞争力偏离分量 $D_{ij} = Z_{ij}(0)\left[\dfrac{Z_{ij}(t)}{Z_{ij}(0)} - \dfrac{Z_j(t)}{Z_j(0)}\right]$，表示区域 i 的某个战略性新兴

产业 j 产值增加额分解的剩余部分，是剔除参照区域产值增长和产业结构变动影响之后的产值增加额，其中，$\left[\dfrac{Z_{ij}(t)}{Z_{ij}(0)} - \dfrac{Z_j(t)}{Z_j(0)}\right]$ 表示区域 i 战略性新兴产业 j 产值增长率与参照战略性新兴产业 j 产业增长率的差异。

此外，结构偏离分量 P_{ij} 和竞争力偏离分量 D_{ij} 能够反映区域 i 产业 j 的总体增长优势 T_{ij}，即 $T_{ij} = P_{ij} + D_{ij}$。相应地，区域 i 所有产业报告期的增加额 G_i 可以分解为份额增长分量 N_i、结构偏离分量 P_i 和竞争力偏离分量 D_i 三部分。

根据不同地区不同战略性新兴产业偏离份额分析结果，可以绘制相应的偏离份额图，主要有产业优势分析图和产业偏离分析图。产业优势分析图以战略性新兴产业总体增长优势 T_{ij} 为横坐标，以份额增长分量 N_{ij} 为纵坐标；产业偏离分析图以结构偏离分量 P_{ij} 为横坐标，以竞争力偏离分量 D_{ij} 为纵坐标。

3）优先支持领域选择模型

从规模和效率两个维度对产业进行分类，以确定科技计划对战略性新兴产业支持的优先序。根据不同战略性新兴产业偏离份额分析，从规模角度确定区域优势产业和劣势产业，对于优势产业必须重点优先支持，对劣势产业可以重点选择支持；根据显性专利优势，从效率角度确定区域技术专业化产业和非专业化产业，对于具备技术专业化条件的产业必须优先支持，不具备专业化条件的产业不作为科技计划的支持重点，因此可选择支持。具体支持领域如图 4-9 所示。

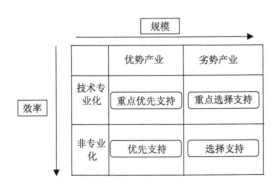

图 4-9　优先支持产业领域选择矩阵

4.3.2　产业科技成果开发

战略性新兴产业科技成果开发也是产业综合优势规划的具体战略路径之一。总体来看，科技成果具有以下特征。

一是创新性，它是科技成果首先要具备的基本特征，没有新颖和创新之处的研究成果不能作为科技成果进行确认。二是实用性，科技成果必须符合科学研究的基本规律，满足社会、生产、生活的基本需求，能够提高生产和服务效率。三是存在性，科技成果必须具有完整的内容和独立的存在形式，如形成新产品、新工艺和新材料等。四是外部性，科技成果外部性包括正外部性和负外部性，正外部性是指一项科技成果被企业运用后，在为其带来收益的同时，会产生知识外溢和模仿，从而带来更大范围的影响和行业进步；负外部性是指科技成果的应用带来环境污染、生态破坏等负效应。

科技成果的开发是发挥市场配置创新资源决定性作用的过程，不仅需要注重发挥市场的作用，同时要注重发挥政府的引导作用，防止"市场失灵"，基于新兴产业创新过程，产业科技成果开发包括科技成果筛选、科技成果转化、科技金融支持和科技服务支撑四个环节，如图4-10所示。

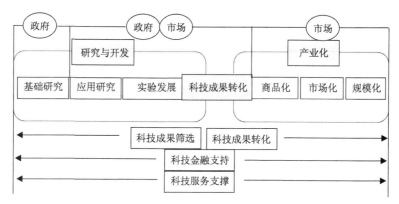

图 4-10　基于产业创新过程的科技成果开发环节

1. 科技成果筛选

科技成果的科学分类是进行成果开发的首要工作，需要根据科技成果不同特征，做出科学的判断。科技成果筛选的流程如图4-11所示。

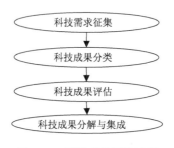

图 4-11　科技成果筛选流程

1）科技需求征集

科技需求征集是指通过各种渠道和方式，向企业广泛征集对科学前沿、技术研发、产品工艺等方面的需求和意见。这种活动可以由政府或企业主导和组织，旨在形成产学研合作交流的常态化机制，使得大学和科研机构的成果真正解决企业实际问题。

2）科技成果分类

区域战略性新兴产业科技成果的开发从源头来讲是满足不同层次的科技需求，从不同视角出发，科技成果被分为不同类型。

第一，基于科技需求主体的分类。从国家层面来看，国家重大科技专项、科技攻关项目、重大战略咨询项目等都是科技需求的重要来源；从产业层面来看，科技需求可以来自产业共性技术、关键共性技术等技术需求以及产业化示范等其他需求；从企业层面来看，核心技术突破、新技术研发等都是科技需求重要来源。第二，基于科技需求领域的分类。科技需求领域划分与区域战略性新兴产业领域划分有所重合，不同产业领域的科技需求必然有所不同，可以分为新材料产业科技需求、新能源汽车产业科技需求、高端装备制造产业科技需求等，不同领域科技需求与该产业领域创新强度、资源禀赋、创新环境等因素密切相关。第三，基于科技需求环节的分类。产业创新不同环节的科技需求必然有所区别，在研究与开发阶段主要集中于关键技术与基础研发需求，中试、产业化阶段集中于工艺、产品、咨询等科技成果的需求。第四，基于科技需求功能的分类。贝尔纳（Bernal）提出"科学的社会功能"理论，将科技成果分为基础类科技成果、共性技术成果和专有技术成果。基础类科技成果属于公共物品领域，不具有排他性；共性技术成果是在行业或者联盟内形成的共性技术成果，具有一定的排他性和竞争性；专有技术成果是由独立法人掌握的具有完全排他性和竞争性的技术成果，属于私人产品。在我国，绝大部分的科技成果由高校和科研院所掌握，通过各级项目支持产生大量亟待转化的科技成果，从所属权来看，这些科技成果属于高校、科研院所、企业或者个人，属于专有技术成果，其科技成果的转化需要重点研究。

3）科技成果评估

在科技成果评估阶段，运用技术成熟度理论能够成功筛选出符合产业技术方向的科技成果。"技术成熟度"（technology readiness levels，TRL）其起源最早可以追溯到 1969 年，起初技术成熟度分为 7 级，1995 年美国航空航天局起草并发布《TRL 白皮书》之后，技术成熟度的概念得到了非常广泛应用。2002 年技术成熟度被美国国防部纳入武器采办条例，并在 2005 年正式确定为 9 级。TRL 体系的关键特征和各个阶段参与主体如表 4-5 所示。

4）科技成果分解与集成

在具体成果转化落地之前有必要根据实际市场需求和技术要求对成果进行模块分解与集成。其中模块分解是按某种规则或联系把科技成果分解为具有特定功能的子成果，包括核心成果、架构和配套成果模块；模块集成是按照特定规则将子成果与其他子成果联系起来形成新成果的过程。

表 4-5　TRL 体系

TRL 等级	关键特征	成果转化阶段及参与主体
1	基本原理被发现和阐述	竞争前阶段：高校与科研院所主导，顶尖企业适度参与，以知识创造、基础研究、实验室原理样机的提出为主；政府主要提供基础研究经费
2	形成技术概念或应用方案阶段	
3	关键功能实验室验证阶段	
4	实验室原理样机，组件或实验板在实验环境中验证	
5	完整的实验室原理样机，组件或实验板在相关环境中验证	工程化阶段：工程中心主导，高校与科研院所提供必要的实验设备；企业提供必要的硬件与人才支持；政府提供项目经费
6	模拟环境下的系统演示	
7	真实环境下的系统演示	产品化阶段：企业主导，学研机构参与，政府提供产业化基金支持；风险投资介入
8	定型试验	
9	运行与评估	产业化准备阶段：企业主导，高校与科研院所参与，政府提供制度环境支持

2. 科技成果转化

1）科技成果转化过程

成果转化过程是一个供需对接的合作过程，包括科技成果供给、需求和供需对接三部分。由于高校、科研院所与产业界信息的不对称性，大量科技成果不具备或很难转化。对供需双方而言，政府为科技成果的转化提供投融资、税收优惠、政策咨询等多种服务，科技中介提供了知识产权服务、技术咨询服务等。供需视角下科技成果转化过程如图 4-12 所示。

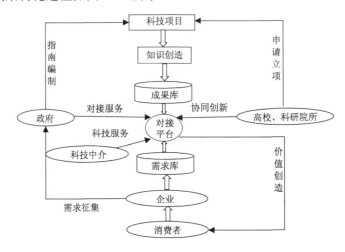

图 4-12　供需视角下科技成果转化过程

2）科技成果转化的关键因素

区域科技成果转化是一项系统性工作，是一个涉及多个主体、多种要素的复杂过程。从区域科技成果供给方、对接环节（服务方）和成果需求方三个方面分析区域科技成果转化影响因素。①成果供给方。在我国，高校和科研院所是科技成果的重要源头，每年有大量的科研项目通过验收结题形成科技成果，但能转化产生经济效益的成果不多，从供给方来看，科技成果质量、科技成果数量、科技成果成熟度以及高校和科研院所的转化意愿都影响着科技成果的转化效率。②成果需求方。企业作为成果需求方在成果对接中主要考虑到市场需求，没有需求的技术即使再先进也不会被企业接受。③科技服务方。成果对接环节需要优质资源的合理配置，包括资金、人才与宽松政策环境，科技管理部门作为对接服务的提供方在对接环节起到重要作用。

3. 科技金融支持

科技金融是由各类金融资源主体向从事科技创新研发、成果转化及产业化的创新体提供各类资本、金融产品、金融政策与金融服务的系统性制度安排[2]。

1）科技金融支持环节

从金融资源主体的属性划分，科技金融可以分为公共科技金融和市场科技金融[3]，公共科技金融投入主体是政府，其通过科技计划、贷款补贴和科技税收优惠等不同方式支持产业创新活动，公共科技金融投入注重资本的投入效率和保值；市场科技金融投入主体是投资机构、银行等，主要形式包括科技贷款、科技保险、科技资本市场等，市场科技金融主体以利润最大化为目的，通过项目的风险评估择优选择。此外，公共科技金融和市场科技金融在实际中常常相互交叉和组合，形成混合科技金融，例如，产业创新引导基金的市场化运作。从产业创新链来看，不同类型科技金融支持的创新环节有所区别，如图 4-13 所示。

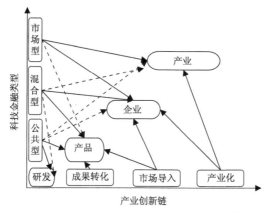

图 4-13　不同类型科技金融支持的创新环节

2）科技金融支持路径

不同类型科技金融有其内在的运行规律,根据对产业创新主体支持的便捷性,科技金融支持路径可以分为直接支持路径和间接支持路径。公共科技金融以直接支持为主,市场科技金融和混合科技金融同时存在两种支持路径。

公共科技金融通常由政府支持,向高校和科研院所提供基础研究经费,建立国家级实验室,用于基础理论研究和学术探索,高校和科研院所产出大量高水平论文和专利,在学术前沿进行自由探索。公共科技金融对企业的研发支持常常以科技项目的形式资助,尤其对战略性新兴产业而言,以重大科技专项、产业化基金等直接形式支持企业研发活动,企业最终以税收形式回馈公共科技金融。公共科技金融有效弥补了市场失灵的现象,是科技金融体系的补充和完善。

市场科技金融直接面向创新型企业,通过质押贷款、科技贷款、科技保险、科技债券等多种形式直接支持企业创新活动,这种直接支持路径关注具备较好发展前景的优秀企业和产业领域,对处于创业初期的企业和发展初期的新兴产业的支持不足。新兴产业的高风险和高投入成为市场科技金融进入的壁垒。

混合科技金融是连接公共科技金融和市场科技金融的桥梁,因为公共科技金融需要重点投入到新兴产业共性技术、基础研发等领域,市场科技金融更加倾向于盈利前景确定、产业市场明晰的新兴产业,两者形成了天然鸿沟,此时就需要混合科技金融介入,以公共投入为引导,以市场化资本运作为前提,通过财政资金引导和利益驱动,吸引社会资本参与。图 4-14 给出了具体的支持路径及其关系。

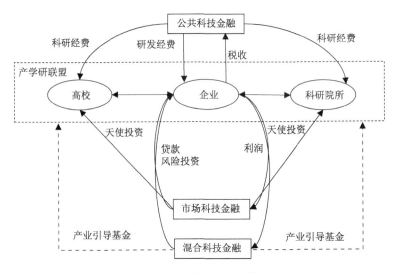

图 4-14　各类科技金融支持路径

3）科技金融支持体系

科技金融对产业科技创新的支持是多层次、多方面的，必须建立完善的科技金融支持体系，包括机构体系、产品体系、服务体系和监管体系。其中科技金融的机构体系中包括政府、创投公司、保险公司等各类主体，它们是金融资金、金融产品和服务的提供商，各类机构规模、类型、数量等丰富程度都影响了金融的服务效率；科技金融产品体系包括种子基金、创投基金、产业基金等各种基金产品，以及新三板、创业板和中小板等资本市场，各类产品设计的创新性、合理性和新颖性都是影响其能否有效支撑产业创新的重要因素，具体如图 4-15 所示。

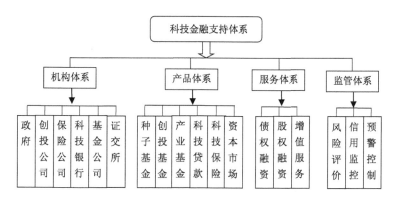

图 4-15　科技金融支持体系

4. 科技服务支撑

根据科技成果创新的一般过程，建立基于成果开发全过程的支撑体系是顺利进行成果开发的重要保障，包括科技研发体系、科技创业体系、技术转移体系和产业化支撑体系，如图 4-16 所示。

图 4-16　科技服务支撑体系

1）科技研发体系

建立面向市场的科技研发体系和支撑平台，通过整合高校、科研院所的各类重点实验室对外提供研发服务外包、检测检验服务等多种市场化服务，以更好地支撑科技成果研发，避免出现科研与市场脱节现象。

2）科技创业体系

科技成果转化为现实生产力必须经过创业孵化，众创空间、孵化器、大学科技园等多种孵化平台是创新创业重要的支撑平台，基于科技成果的科技创业风险较大，市场化时间较长，通过孵化环节能有效加速企业成长，同时完善的创新体系也是区域吸引力的重要体现。

3）技术转移体系

技术转移是对科技成果风险的让渡过程，多层次的技术产权交易体系能够激发市场活力，随着互联网产业的高速发展，借助网络平台，创新多种服务方式，通过技术转移办公室、公共服务平台和技术转移示范机构等多种组织方式，建立跨区域、跨领域、跨部门的技术转移服务体系。

4）产业化支撑体系

科技成果产业化过程需要基地、实验中心、技术中心等多种方式的组织支撑，成果转化过程的产业化支撑至关重要，需要资金、工程设备等多种资源要素的支撑，充分发挥工程技术中心、产业化基地和校企实验中心等各种支撑体系的作用。

4.3.3　产业空间布局优化

战略性新兴产业空间布局的优化是科技资源优化配置的重要环节，产业在空间上的演变过程是空间集聚与扩散过程，对空间布局特征的分析有利于实现战略性新兴产业的合理布局和创新资源在空间上的有效配置。借助空间自相关指数度量产业集聚程度，来确定科技计划对产业支撑的空间布局。莫兰（Moran）指数是最为常用的空间自相关统计指数，能够衡量同一属性在不同空间的相关性，如果相邻区域的属性越相似，则空间集聚效果越明显，更需要持续的优先支持。反之，不同空间位置上的属性差异性越大，说明产业空间布局越分散，越不利于产业创新，在科技计划空间布局上需要进一步优化调整。Moran 指数可分为全局空间自相关和局部空间自相关。全局空间自相关仅说明所有区域与周边地区空间差异的平均程度，不能充分反映局部相邻地区的空间关系和不稳定性。而局部空间自相关指数弥补了这一缺陷，较好地反映了相邻地区的自相关程度。

1. 产业空间相关性评价

全局空间自相关分析能够反映产业空间聚集现象，全局 Moran 指数可以表示为式（4-5）。

$$I = \frac{\sum_{i=1}^{n}\sum_{j}^{n} w_{ij}\left(x_i - \overline{x}\right)\left(x_j - \overline{x}\right)}{S^2 \sum_{i=1}^{n}\sum_{j}^{n} w_{ij}} \tag{4-5}$$

其中，x_i 表示区域 i 的某个要素的属性值；$\overline{x}$ 表示属性的平均值；n 表示所研究的区域数量；$S^2 = \frac{1}{n}\sum_{i=1}^{n}\left(x_i - \overline{x}\right)^2$ 表示属性值的方差；w_{ij} 表示空间权重矩阵，衡量区域 i 和区域 j 的邻近关系，其取值如式（4-6）。

$$w_{ij} = \begin{cases} 1, & 区域 i 和区域 j 相邻 \\ 0, & 区域 i 和区域 j 不相邻 \end{cases} \tag{4-6}$$

Moran 指数是观测值与其空间滞后之间的相关系数，变量 x_i 的空间滞后是其在领域 j 的平均值，定义为式（4-7）。

$$x_{i,-1} = \frac{\sum_{j=1}^{n} w_{ij} x_{ij}}{\sum_{j=1}^{n} w_{ij}} \tag{4-7}$$

Moran 指数的取值范围为 $[-1,1]$，Moran 值显著且正，表明变量的属性值呈现聚集状态，取值接近 1，反之，若 Moran 值显著且负，表明属性值呈分散格局，取值接近 -1；当取值为 0 时，表示空间单元不相关；当 Moran 值 $= -\frac{1}{n}$，则变量的属性值在区域内随机分布。Moran 值的显著性检验的 Z 统计量见式（4-8）。

$$Z = \frac{I - E(I)}{\mathrm{Var}(I)} \tag{4-8}$$

其中，Var 表示方差。对于置信水平 α，当 $|Z| > Z_\alpha$ 时认为考察变量的空间自相关显著。局部自相关指数能够直观反映区域内部空间结构集聚类型，为下一步布局优化提供参考。局部自相关指数（local indicator of spatial association，LISA）可以表示为式（4-9）。

$$\mathrm{LISA}_i = \beta_i \sum_{i=1}^{n}\left[w_{ij}\left(x_i - \overline{x}\right)\right] \tag{4-9}$$

其中，$\beta_i = \frac{x_i - \overline{x}}{S^2}$，局部自相关指数 $\mathrm{LISA}_i > 0$，表示高属性值的相邻区域属性值存在正相关，指数值越大，正相关性越强；根据 LISA_i 和 β_i 的符号组合形成四种不同空间集聚形式，绘制 Moran 指数散点图，如图 4-17 所示。

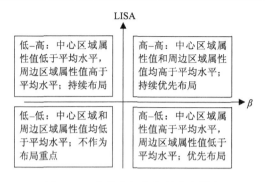

图 4-17　产业空间自相关分布维度

2. 产业空间布局优化策略

根据不同类型的产业空间布局特征，提出通过科技计划手段进一步确定不同空间形态的产业优化策略。

1）高-高形态

某个战略性新兴产业所在区域的发展水平和周边区域的产业发展水平均高于平均水平，对该区域科技计划的支持方向不变，中心区域的吸收效应良好更有利于形成极化效应，从而形成中心-边缘的集群结构。

2）高-低形态

某个战略性新兴产业所在区域发展水平高于平均水平，但周边区域产业发展水平较低，此时科技计划的支持重点在于持续优先支持中心区域，中心区域吸收和扩散效果能产生强大吸引作用，且带动周边区域产业的发展。

3）低-高形态

某个产业所在区域的发展水平低于平均水平，但周边区域产业发展水平高于平均水平，说明科技计划支持重点应该有所调整，较强的周边产业发展水平会对中心区域发展产生负面影响，需要科技计划投入重点的改进。

4）低-低形态

某个战略性新兴产业所在区域的发展水平和周边区域的产业发展水平均低于平均水平，整个战略性新兴产业中心区域与周边区域发展滞后，呈现分散化、低效率发展，此时，科技计划的支持区域进一步考虑中心区域的辐射带动作用，引导形成中心-边缘的合理结构。

4.4　战略性新兴产业综合优势培育机制

围绕主导优势培育核心能力，并发展综合优势是战略性新兴产业综合优势战略的核心，因此设计一套先进科学的战略性新兴产业综合优势培育机制，有利于产业主导优势科学的选择、产业核心能力有效的识别与开发以及综合优势培育路径与策略的设计与实施。其中通过主导优势选择能够找到影响产业综合优势的关键性创新要素和支撑能力培育的核心载体，是综合优势培育的基础；而作为以协同创新能力为重要标志的产业核心能力，通过协同创新，能够更加快速、有效地培育产业核心能力，因此基于主导优势的协同创新是引导产业核心能力快速形成的关键环节；产业核心能力识别与开发是对核心能力状态的动态考察和衡量，从多个维度设计了全面的核心能力识别与开发方法，以加快形成产业核心能力；产业综合优势培育路径与策略为综合优势培育提供路径保障和策略支持。具体产业综合优势培育机制构成如图 4-18 所示。

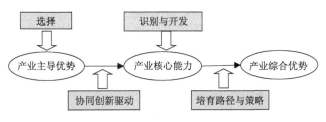

图 4-18 产业综合优势培育机制构成

4.4.1 产业主导优势选择

战略性新兴产业主导优势选择是在系统分析产业创新网络环境、网络节点和网络关系基础上，从现有产业资源择优筛选出能够体现区域特色、发挥区域资源禀赋、依托区域产业基础的关键优势要素，按照既定模式与方法进行优化综合形成区域产业核心能力与竞争优势的动态过程。

1. 产业主导优势选择的影响因素

产业主导优势的差异性表现为不同的创新网络结构，多个主体构成网络中的节点，网络节点属性、网络结构、网络环境等基本特征影响了产业创新网络整体绩效。节点和边的不同组合构成不同类型的产业创新网络，因此，产业主导优势的选择需要综合分析网络节点、网络结构和网络环境。

1）网络节点

创新主体是网络中的节点，或者称为行动者，不同类型的行动者对产业创新绩效的影响程度和路径不同，从而导致不同的主导优势类型。根据不同类型的创新主体在创新系统中的作用关系，Etzkowitz（埃茨科维茨）和 Leydesdorff（雷德斯道夫）提出创新三螺旋模型分析框架，旨在分析大学、产业和政府（university，industry and government，UIG）的互动关系，总结了三种创新模式，分别是集权控制型模式、自由放任型模式以及三重螺旋模式[4]，说明了主导优势发展的不同阶段，异质性网络主体对产业主导优势能够产生不同影响，间接作用于核心能力培育过程。

2）网络结构

网络结构决定网络功能，Granovetter[5]提出三个结构嵌入性维度，包括关系强度、网络密度和中心度。从关系强度来看，在强关系网络中，各节点掌握的资源趋同，伙伴之间关系稳定，产业主导优势明显，在弱关系网络中，节点之间合作不深入，伙伴关系不稳定。从网络密度来看，高密度网络组织间稳定的合作关系有利于隐性知识的转移；反之，低密度网络减少信息冗余，有利于异质性信息的获取。从中心度来看，节点中心度增高，网络节点将获得更多的资源和更大的网络权力。

3）网络环境

环境对网络行动者的决策产生重要影响，战略性新兴产业创新网络环境是各种网络行动者进行创新决策时需要面临的硬环境和软环境的总和。硬环境包括不同区域自然生态条件、资源环境禀赋和区位环境，软环境包括政策环境、创新氛围和激励环境。

2. 产业主导优势选择方法

社会网络理论起源于 20 世纪 30 年代人类学家对社会结构的研究过程中，成熟于 20 世纪 70 年代，广泛应用于社会学、人类学和行为科学领域，通过图论、统计、计算方法论等定量手段解释社会学问题，先后出现了强弱关系理论、结构洞理论、社会资本理论和强关系力量论等派系[6]。

一般而言，网络构成要素包括行动者和关系，行动者本身可以是任意一种类型，行动者构成网络中的节点。关系是指某种实质性的连接，节点之间的连线称为边，反映了行动者之间的关系。一个图 G 由两个集合组成：节点集合 $N = \{n_1, n_2, \cdots, n_g\}$ 和边的集合 $L = \{l_1, l_2, \cdots, l_L\}$，图 G 共有 g 个节点和 L 条边。基于结构嵌入性视角，从关系强度、网络密度和中心性三方面测度产业创新网络的基本特征，主要选取的指标有网络密度、结构洞、聚类系数和中心性。

1）网络密度

网络密度是衡量节点之间联系紧密程度的重要指标，用 Δ 表示，指网络中实际存在的边与可能存在边的比例，计算方法见式（4-10）。

$$\Delta = \frac{L}{g(g-1)/2} = \frac{2L}{g(g-1)} \tag{4-10}$$

2）结构洞

结构洞是社会网络中某些个体之间发生直接联系，但与其他个体不发生直接联系、无联系或联系间断的现象。Burt[7]使用网络约束系数（constraint index）测度结构洞，该系数描述某个节点与其他节点直接或间接联系的紧密程度，约束系数越高，网络闭合性越高，行动者之间关系越紧密，越低的约束系数意味着行动者网络越松散，计算方法见式（4-11）。

$$C_i = \sum_j \left(P_{ij} + \sum_{k \neq i,j} P_{ik} P_{kj} \right)^2 \qquad (4\text{-}11)$$

其中，C_i 表示节点 i 的网络约束系数；P_{ij} 表示节点 i 的所有临界点中节点 j 所占的权重比例，节点 k 表示节点 i 和 j 的共同邻接点。

3）聚类系数

聚类系数反映与节点相连的其他节点是否相连的情况。假设节点 i 有 k_i 条边与其相连，对应 k_i 个节点称为 i 的邻居，则节点 i 的聚类系数 CC_i 的计算方法见式（4-12）。

$$\mathrm{CC}_i = \frac{2E_i}{k_i(k_i - 1)}, \quad k_i > 1 \qquad (4\text{-}12)$$

其中，E_i 表示 k_i 个节点之间实际存在的边数。

4）中心性

社会学中的权力体现了他者对一个人的依赖程度，在社会网络的角度，中心性是对行动者权力的定量表述[8]。有多种衡量行动者中心性的方法，如度数中心性（degree centrality）、中介中心性（betweenness centrality）、接近中心性（closeness centrality）和特征向量等。其中，度数中心性是行动者权力最简单、最直观的指标，根据与该节点有直接联系的节点数目确定，是衡量行动者与其他节点交流能力的指标，标准化公式如式（4-13）所示。中介中心性是衡量行动者对资源掌控能力的重要指标，表示网络中核心中介节点的节点数占网络节点数的比例[9]，计算方法和标准化公式分别见式（4-14）和式（4-15）。

$$C'_D(n_i) = \frac{\sum_j x_{ij}}{g-1} \qquad (4\text{-}13)$$

其中，x_{ij} 表示与节点 i 直接相连的边的数量。

$$C_B(n_i) = \frac{\sum_{j<k} g_{jk}(n_i)}{g_{jk}} \qquad (4\text{-}14)$$

标准化公式为

$$C'_B(n_i) = \frac{C_B(n_i)}{(g-1)(g-2)/2} \qquad (4\text{-}15)$$

其中，假设行动者 i 为了接触行动者 j，必须经过行动者 k，g_{jk} 表示连接两个行动者间最短路径的数目，当在 j 和 k 之间有超过一条的最短路径时，假定所有备选路径以相同概率 $\dfrac{1}{g_{jk}}$ 被选用。令 $g_{jk}(n_i)$ 表示连接行动者 i 和 k 表示的最短路径上包含行动者 i 的个数，假定所有备选路径以相同概率被选用。行动者 n_i 的中介中心度是除第 i 个行动者之外，所有行动者对间估算概率之和[10]，公式如式（4-16）所示。

$$C'_C(n_i) = \frac{g-1}{\displaystyle\sum_{j=1}^{g} d(n_i, n_j)} \tag{4-16}$$

其中，$d(n_i, n_j)$ 表示行动者 i 和 j 的最短路径的条数。

3. 产业主导优势选择流程

战略性新兴产业主导优势确定的前提条件是全面分析战略性新兴产业创新网络特征，专利网络能够反映网络节点之间的知识流动和区域产业创新网络的演化阶段特征，网络节点规模、网络密度的变化，说明了网络整体特征的演化。从节点特征来看，企业、高校和科研院所等网络行动者位置和关系的变化导致了整个网络结构的变化，因此研究战略性新兴产业专利网络结构的演化能够确定产业主导优势的类型和重点。具体产业主导优势选择流程如图 4-19 所示。

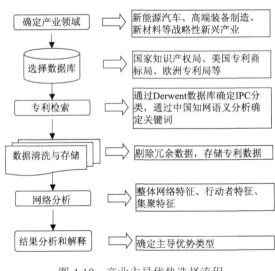

图 4-19　产业主导优势选择流程

4.4.2 基于主导优势的产业协同创新驱动

主导优势是战略性新兴产业中的自主创新网络，基于主导优势的产业协同创新驱动，通过设计特定驱动要素、创新驱动过程及具体模式，以快速培育和形成产业核心能力。

1. 产业协同创新驱动要素

产业主导优势表现出复杂的网络结构，由核心企业、上下游企业和相关创新主体构成网络节点，同时伴随着价值的创造、传递和增值，因此其实质也是一种价值传递网络，通过网络节点之间的知识溢出和共享能够实现网络协同进化和主导优势壮大。从动力来源划分，包括技术协同推动力（技术协同创新、技术创新推动）、市场协同拉动力（市场协同创新、市场创新拉动）、政策协同牵引力和网络协同适应力。这些动力要素综合作用于产业创新网络的不同节点和主导优势的不同发展阶段，影响主导优势发展方向和水平，间接对核心能力培育效率产生影响，只有动力要素保持高度统一才能更好地推动产业协同创新。产业协同创新网络驱动要素及作用关系如图4-20所示。

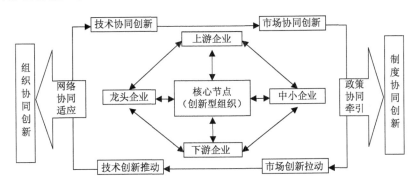

图 4-20　产业协同创新网络驱动要素及作用关系

1）技术协同推动力

技术优势是战略性新兴产业占据高端价值环节，实现全球竞争优势的重要表现，而产业的发展壮大需要多层面、多类别、多领域的技术交叉与融合，不同技术系统之间的交互协同对新兴产品整体性能产生重要影响，跨领域的技术融合与协同推动了产品更新，带来产业协同创新活动的活跃。

2）市场协同拉动力

客户价值的实现是战略性新兴产业培育的宗旨，协同不同层面、不同区域、不同类型的市场需求能够有效拉动新兴产业协同创新，不同市场需求的协同，既保证了本区域产业的既得利益，又实现了战略性新兴产业整体产业利益的最大化，避免出现恶性竞争和盲目跟风。

3）政策协同牵引力

政策是战略性新兴产业发展不可或缺的要素，不同政策作用对象、政策目标、约束条件等都不尽相同，以协同创新活动为中心，基于创新网络中的不同主体和环节，协同不同类型政策，提高政策对创新活动的支撑作用和针对性，避免出现政策依赖。

4）网络协同适应力

产业协同创新时必然发生区域不同类型的战略性新兴产业主导优势之间协同的情况，这种协同过程是参与创新的多主体、多要素、多层面的网络协同，产业相关主体和利益各方需要适时而动，根据环境变动，对所处的创新网络做出适应性调整，提高网络适应力，以更好地促进产学研协同创新。

2. 产业协同创新驱动过程

自主创新网络为产业协同创新提供了基础的运行环境，保证了产业协同创新系统的有序化发展，基于主导优势的产业协同创新过程是面向新兴产业自主创新活动，从创新网络向协同创新系统发展，并不断由无序向有序的动态过程。基于耗散结构理论，熵流衰减机制、非线性机制和随机涨落机制是产业协同创新系统的三种过程机制[11]。三种机制同时作用于产业协同创新过程，基于主导优势的产业协同创新过程是从创新网络到协同创新系统的发展过程，创新主体、创新资源和创新关系在三种机制作用下持续变化，由主体数量少、资源少、关系简单演变为主体、资源和关系都需要进行协同，产业协同创新驱动过程，如图4-21所示。

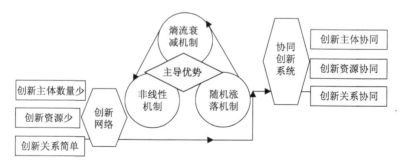

图 4-21　基于主导优势的产业协同创新驱动过程

1）熵流衰减机制

作为一个开放系统，产业协同创新活动是人才、资金、信息、技术等互补性创新资源在其所处的网络环境之间不断交流、交换的过程，在熵流交换过程中，主导优势从碎片化网络成长为多中心小世界网络，核心节点数目逐渐增多，节点之间的关系趋于复杂，节点的增多和关系的复杂变化为产业协同创新活动引入更多的负熵，保证了协同创新系统绩效的持续改进。

2）非线性机制

多个创新主体之间的合作协同是一种非线性作用的结果，在资源交换和流动中通过持续创新不断地增加资源价值，产业协同创新系统效应大于部分效应之和，这种非线性作用机制是产业协同创新系统结构演化的动源。

3）随机涨落机制

产业协同创新系统运行受到"小涨落"和"巨涨落"的交替作用和影响，随着协同创新程度的不断深入，更多的渐进性创新成果出现，这些因素推动协同创新系统出现"小涨落"，当越来越多"小涨落"出现时，在某个时刻，伴随突破性创新成果的出现，协同创新系统发生"巨涨落"，整个系统运行方式、创新主体、创新资源流动组合方式、合作创新模式等出现颠覆性变化。

3. 产业协同创新驱动模式

主导优势是企业、高校、科研院所等不同创新主体组成的自主创新网络，协同创新驱动模式是指多要素、多层次、多类型的创新单元共同驱动产业协同创新的方式与路径。多个创新单元往往共生于特定的环境中，不同要素之间围绕主导优势，以特定模式进行交互，并推动产业协同创新发展。因此产业协同创新驱动模式包括共生单元构建、共生驱动模式选择和共生环境优化，如图 4-22 所示。

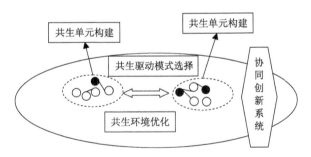

图 4-22　产业协同创新共生驱动模式构建

虚线椭圆表示一个共生单元，实心圆表示高校，空心圆表示企业

1）共生单元构建

共生单元是产业创新网络中的基本能量交互单元，每个共生单元在协同创新系统中占据特定的生态位，并在功能、布局和定位上有所区别，其选择与确定要依托产业主导优势。例如，区域内龙头创新型企业具有很强的网络占位能力，在协同创新中主导整个创新活动，并且吸引大量的优势创新资源，形成丰富的创新

合作关系，围绕龙头创新型企业构建的网络共生单元对整个产业协同创新起到重要作用。此外，不同共生单元构建必须体现资源梯度差异，不能出现生态位重叠、缺位和失灵，必须同时发挥市场和政府在网络共生单元构建中的双向调节作用，适度干预引导。

2）共生驱动模式选择

共生驱动模式是影响协同创新效率、创新关系稳定性和持久性的重要因素，从主体对资源的掌控能力来看，协同创新系统存在"偏利共生""依托共生""平等共生""竞争共生"等若干种不同的共生驱动模式，每种不同的共生驱动模式下都存在最优的协同创新路径，不同模式之间存在转换关系，使得整个系统朝着有序方向发展。共生驱动模式选择首先需要识别每个共生单元中创新主体的资源掌控能力，相差太大或太小都不利于共生单元之间的合作协同，其次，共生驱动模式择优的动力是合理的利益分配，由于不同模式中主体掌握资源能力的差异，在利益分配中容易产生"赢家通吃""搭便车"等现象，所以事先通过契约形式制定利益分配规则，能保证协同创新活动顺利开展。

3）共生环境优化

网络共生环境是协同创新开展的保障，网络共生环境优化也是确保不同共生驱动模式实施的基础。从共生单元来看，内部共生环境包括创新主体之间所构建的合作关系和学习环境，这些关系需要通过必要的资源投入进行优化和改善；外部共生环境包括产业政策、制度、市场空间等创新资源组成的社会关系网络环境。内外部共生环境相互渗透、相互干扰，每个共生单元内部环境的变化都会影响其他共生单元的行为，因此网络内外部共生环境的优化需要多主体协同治理。

4.4.3　产业核心能力识别与开发

通过产业协同创新初步形成产业核心能力，然后对核心能力维度、能力内容等进行识别，有利于全面认识产业核心能力的本质。本节设计产业科技能力网络开发方法，为存在能力缺口、特色不足等问题的产业核心能力的系统开发提供指导。

1. 产业核心能力维度

协同创新形成的产业核心能力是多维度、多层次的能力组合，核心能力观指出能力是一种知识要素的组合，基于主体不同知识组合形成不同的能力表现，因此从知识要素层和能力要素层两方面来确定产业核心能力的维度。

1）知识要素层

战略性新兴产业系统包括新兴企业、高校、科研院所等相关创新主体，以及围绕核心企业形成的配套企业集群，此外，政府作为战略性新兴产业管理部门在产业发展过程中起到重要作用。这些主体之间通过知识流动和共享进行交流和互动，但是从价值性来看，有价值的知识对组织生产经营起到决定性作用。英国学者波兰尼将知识分为隐性知识和显性知识，这两种知识之间可以相互转化，但隐性知识对核心竞争力提升有显著影响，因此核心能力培育更应该注重隐性知识的开发与培育。新兴产业核心能力形成过程是各个创新主体对经验、技术、技能等各种知识不断学习积累的结果，因此知识流动视角下产业核心能力包括产业知识获取与创造、产业知识吸纳与转化和产业知识转移与扩散。战略性新兴产业中不同主体都是知识节点，不同类型知识在不同节点之间流动，对整个新兴产业而言，知识流动完成了从知识增量、知识存量到知识质量的能量积累过程。基于知识流动的产业核心能力知识维度划分如图 4-23 所示。

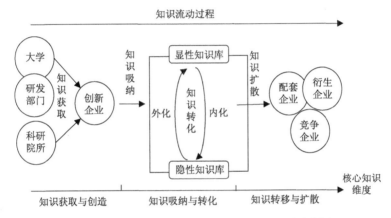

图 4-23 基于知识流动的产业核心能力知识维度划分

第一，知识获取与创造。知识获取能力体现从特定知识源获取可能有用的问题求解经验并转化为程序的过程，知识创造能力体现某个特定产业创造新知识的能力。科技合作、技术转移和外国直接投资成为考虑产业知识获取情况的重要指标，战略性新兴产业创新意识较强的企业对外开放程度高，能更好地利用外部资源满足实际需求。

第二，知识吸纳与转化。知识吸纳是组织对外部信息价值认识并吸收、应用于商业终端的过程，组织通过合作、联盟、引进等多种手段把外部知识引入到内部，形成自己的显性知识库和隐性知识库，显性知识在组织内部长期积累内化成为组织隐性知识，有利于组织核心竞争力的提升，隐性知识外部化成为显性知识，可以进行传授和扩散；知识转化是把组织自身积累的知识转化成产品和服务的过程，是实现知识增值的重要环节，转化能力直接关系组织绩效的高低。

第三，知识转移与扩散。知识转移与扩散是组织将创造的新知识通过市场或非市场渠道转移到外部组织的过程，是组织影响力的集中体现，战略性新兴产业中的龙头企业对产业链上下游影响力较大，具有很强的知识转移与扩散能力。

2）能力要素层

基于综合优势理论框架，产业核心能力经历小生境产品模仿创新能力、产品系列化自主开发能力和全面拓展产业协同创新能力。

第一，小生境产品模仿创新能力。技术资源的获取是竞争优势的重要来源，因此技术能力是企业通过推行技术来影响与组织目标相关的能力，如开发新产品、新工艺和使用新设备的能力，技术能力强的企业能及时跟踪并获得先进知识和技术，通过知识内化转化为新产品和新服务，创造差异化优势。对战略性新兴产业而言，大多处于后发追赶创新阶段，从小生境产品入手可能实现"弯道超车"。

第二，产品系列化自主开发能力。新兴技术复杂性高，研发风险大，系列化产品的自主开发成为实现核心能力积累的关键，针对系列化产品开发开展技术合作不仅能够提高效率，更能够分散创新风险。构建符合区域产业特色的技术合作网络，对系列化产品的关键技术、共性技术的创新网络显得尤其重要。

第三，全面拓展产业协同创新能力。企业、高校、科研院所、上下游企业等多方主体之间的知识、信息、人才等要素在系统内外自由流动，实现了知识增值，促进了产业创新系统的协同发展与竞争力提升，因此战略性新兴产业协同发展是在合作网络基础上发展形成的合作群整体的业务表现，能够超越各子系统的单独作用，形成整个系统的联合作用与有序结构。

2. 产业核心能力定位

1）产业核心能力特色定位

基于产业主导优势，通过产业协同创新培育的产业核心能力承载了大量的知识技能，其是否具备稀缺性、独特性取决于主导优势特色是否鲜明，选择方式是否明确等，因此，产业核心能力特色定位首先要确立特色鲜明的主导优势；其次要保持产业核心能力进一步提升的可行路径；最后要保持核心能力培育所需的独特资源投入和持续知识积累。

2）产业核心能力价值功能定位

能力只有最终转化成为独一无二的客户价值，才能维系产业综合优势的持续发展，这种价值功能定位于被市场认可的价值链"战略环节"，在整合产业系统和经济社会发展系统中具备独特的价值环节，产业价值再造、产业资源重组和价值持续创造都需要产业核心能力的价值支撑。

3）产业核心能力发展水平定位

从时间维度来看，核心能力的发展经历是从一般能力到亚核心能力的过程，从空间维度来看，产业核心能力的发展是不同能力要素的组合与重构。因此要关注面向产业创新战略的核心能力总体需求水平、面向环境变化的核心能力延展性水平及产业主导优势是否得到有效发挥。

4）产业核心能力发展方向定位

产业核心能力发展方向受到主导优势、战略路径、规划目标和资源投入等多方面因素综合影响。首先，产业核心能力发展方向必须与主导优势方向保持一致；其次，注重协同创新系统的培育和发展，从主体、关系和资源多方面协同，基于主导优势开展协同创新活动提高了产业创新资源的整合效果和配置效率；最后，要求根据内外部环境变化进行动态调整。

5）产业核心能力可延展性定位

产业核心能力最终要表现为整个产业具有代表性竞争性产品及最终产品系列，表现为能力可延展性特征，例如，中车株洲所运用轨道交通领域的"根技术"向光伏、新能源等相关产业扩展。培育核心能力的可延展性必然要求产业明确的发展规划和战略以及适合能力延展的产业环境。

产业核心能力定位可以采用雷达图进行标注，对综合表现突出的方面需要进一步持续关注，对存在的能力差距需要找出不足，并进一步进行能力开发和培育，不同维度的能力缺口需要针对性的改进措施，如图 4-24 所示。

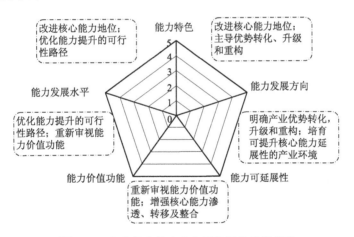

图 4-24　产业核心能力定位雷达图及改进策略

3. 产业核心能力开发

产业核心能力的开发是在全方位能力识别基础上，解决基于主导优势的协同创新不足问题。产业核心能力开发的实质是根据能力载体间协同创新方式与资源获取途径不同，对创新主体形成的能力网络的开发与培育。其中最重要的是围绕"链主"企业组成的核心网络及其上下游企业、政府、科研院所、中介机构等组成的辅助网络的开发与培育，网络之间的层次关系如图 4-25 所示。

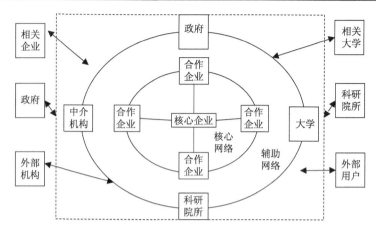

图 4-25　产业核心能力网络层次

核心企业处于产业核心能力网络载体的中心位置，因为企业始终是引领产业创新的主导力量，战略性新兴企业的创新能力直接关系整体产业核心能力水平，具备较强创新能力的核心企业越多，产业核心能力越明显。例如，从全球新能源汽车产业发展现状看，德国的宝马、奔驰、大众等核心企业引领整个产业的创新发展，美国通用、福特、克莱斯勒等龙头企业创新对本国新能源汽车产业创新起着举足轻重的作用。可以说，核心企业的创新能力和水平直接关系产业核心能力的开发。

1）核心网络开发

战略性新兴产业核心企业是那些引领产业创新的企业，从规模来看，可以是大型龙头企业，也可以是中小型创新型企业，这些核心企业占据产业网络的关键位置，拥有更丰富的网络关系，掌握大量的资源。从产业链视角来看，核心企业与上下游供应商、客户等根据不同企业在产业链上的分工定位，组成了产业核心网络，形成垂直的分工合作关系，如图 4-26 所示。

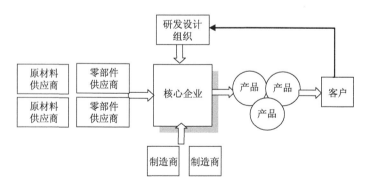

图 4-26　产业链视角下核心企业网络开发

2）辅助网络开发

产业核心能力辅助网络开发重点面向那些能够提高核心企业创新能力的相关行动者，如与企业业务高度相关的大学、科研院所及科学家的培育与发掘。辅助网络对产业核心网络起到重要的支撑作用，网络内的相关行动者对核心企业的创新活动起到重要的支撑作用，尤其是高水平大学、科研院所在产业创新前端的引领带动作用以及中介机构对创新活动提供的各类科技服务支撑，因此必须注重企业与区域内具有明显优势的高水平大学合作，政府搭台引导，鼓励产学研合作。不同层级辅助网络开发重点如图 4-27 所示。

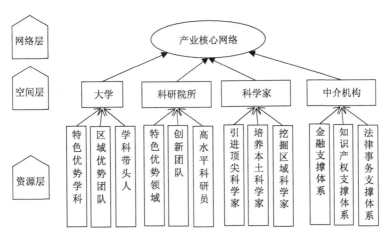

图 4-27　不同层级辅助网络开发

4.4.4　产业综合优势培育路径与策略

1. 产业综合优势培育路径

优势企业、创新联盟和产业集群是产业创新的各类组织，能够成为创新网络的核心节点。因此设计基于优势企业、创新联盟和产业集群的综合优势培育路径。

1）基于优势企业的综合优势培育路径

优势企业一般是指根植于地方产业系统中，具有较强创新能力，为战略性新兴产业发展做出突出贡献的科技型企业，可能成为产业创新网络的权力中心，围绕这些优势企业形成的产业自主创新网络构成了综合优势形成的基础，在此基础上进行的资源配置与协同创新才能进一步形成产业核心能力，基于优势企业的产业综合优势培育路径如图 4-28 所示。

2）基于创新联盟的综合优势培育路径

基于创新联盟的产业综合优势的实现过程，由于战略性新兴产业某领域的优势主体，如高校、科研院所、企业等发起成立创新联盟，其综合优势培育路径如图 4-29 所示。

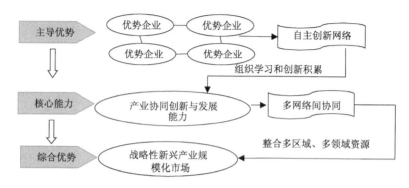

图 4-28　基于优势企业的产业综合优势培育路径

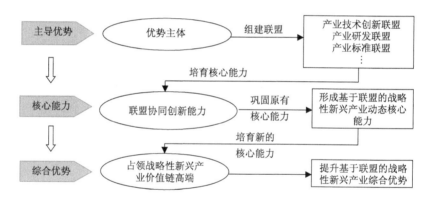

图 4-29　基于创新联盟的产业综合优势培育路径

3）基于产业集群的综合优势培育路径

产业集群的综合优势实现过程，是围绕产业集群的内核（如企业、平台等）进行产业集聚，形成基于集群内核的产业主导优势，然后围绕产业主导优势培育产业核心能力（如产业内组织学习能力、产品柔性化生产能力等），在巩固原有核心能力和培育新的核心能力基础上形成基于产业集群的综合优势，其综合优势培育路径如图 4-30 所示。

2. 产业综合优势培育策略

基于综合优势发展机理，产业综合优势培育包括两个环节，其基础是确定主导优势，并基于主导优势培育产业核心能力，然后基于核心能力培育和发展综合优势，因此，综合优势的培育必须注重两个环节的有效衔接。

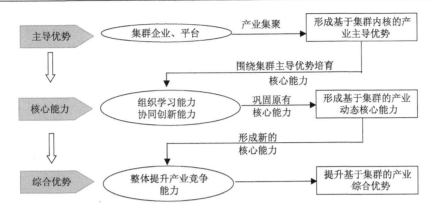

图 4-30　基于产业集群的产业综合优势培育路径

第一，要加强主导优势监控。产业主导优势伴随的外部环境可能发生变化，优势要素组合会变成劣势要素，主导优势的选择与开发是综合优势培育的基础，加强主导优势状态的监控，能够避免产业综合优势培育方向的偏差。第二，要注重协同创新引领。协同创新作为培育产业核心能力的重要手段，必须始终贯穿于综合优势培育的各个环节，尤其要通过协同创新，加强不同创新要素在多个规划之间的协同，引领产业综合优势持续发展。第三，要强化综合优势主线。主导优势、核心能力与综合优势的发展方向一致是产业综合优势持续发展的关键，在综合优势培育过程中必须保证三者协同共生。

4.5　战略性新兴产业综合优势平衡机制

战略性新兴产业综合优势发展过程中需要不断平衡其发展状态，进行产业发展的动态管理，平衡机制内容包括产业综合优势战略协调、产业综合优势战略控制和产业综合优势风险预警。其中产业综合优势战略协调是对目标、主体和任务的协调；产业综合优势战略控制是针对发展方向和大小的动态管理；产业综合优势风险预警是根据综合优势发展状态动态调整的重要环节。

4.5.1　战略性新兴产业综合优势战略协调

1. 战略目标协调

产业战略目标的协调包括产业的国家发展战略目标与区域发展战略目标的顶层协调和区域内不同新兴产业发展战略目标与人才、市场和技术战略目标的整体协调以及具体战略目标的内部协调。

首先，中央政府对战略性新兴产业发展进行宏观的顶层设计，制定了明确的产业战略目标和发展方向，根据不同区域的产业基础和资源禀赋进行了基于区域功能的顶层规划，因此地方政府在进行战略性新兴产业综合优势规划之前，必须进一步明确本区域产业的功能定位和战略目标，避免与国家规划相违背，或者与其他区域重叠。其次，区域产业发展战略目标是由人才战略目标、市场战略目标和技术战略目标等子目标构成，总目标与子目标之间的整体协调至关重要，突出不同产业目标之间的差异性和特色定位。最后，区域不同产业子目标需要进一步做好内部协调，因为不同产业需要的人才结构、技术复杂程度等都不相同，需进一步做好区域不同产业的内部协调。不同层面的战略目标协调过程如图 4-31 所示。

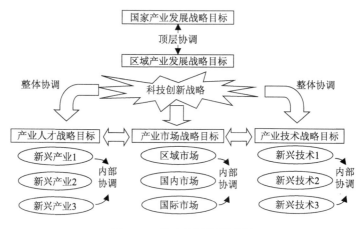

图 4-31　战略目标协调过程

2. 战略主体协调

战略主体协调需要做到以下几个方面：第一，重视政府宏观和调控管理能力，但要防止过度干预，政府这只"有形之手"对于产业资源配置起到引导作用，是产业创新环境重要的营造者，无论中央政府还是地方政府，应该在产业综合优势规划中充分征求利益相关者的意见，做好规划的顶层设计即可；第二，发挥企业技术创新主体地位，提高企业在产业综合优势规划中的地位，发挥市场配置资源的决定性作用；第三，激发高校科研院所创新自主权，作为创新成果和人才的重要供给方，高校科研院所的利益目标与其他主体有着本质的区别，必须通过改革，提高高校科研院所科技成果转化能力，使我国大量的科技成果真正转化为生产力，创造更大的社会价值。产业综合优势规划涉及的主要战略主体利益定位与协调方案如表 4-6 所示。

表 4-6 主要战略主体利益定位与协调方案

利益相关者	利益目标	利益冲突	协调方案
中央政府	实现经济增长和战略性新兴产业全球竞争力	与其他国家存在利益竞争	做好产业顶层设计和整体规划，适度干预产业发展
地方政府	实现区域经济发展和地方产业综合优势提升与发展	与其他地区存在利益竞争	明确区域特色，做好产业综合优势规划与布局，避免恶性竞争
企业	实现企业利润最大化与可持续发展	与相关企业存在直接利益竞争和博弈	提高自主创新能力，积极开展产学研合作
高校和科研院所	实现自身创新能力的大幅提升和产业影响力	在相关领域和国内外高校与科研院所存在利益竞争	增加产业原始创新成果，提高科技成果转化能力

3. 战略任务协调

战略任务协调的目的是合理分配有限的各类创新资源，其本质是通过任务协调来分配资源，产业创新环节所需要的战略资源如表 4-7 所示。

表 4-7 基于创新环节的战略资源汇总表

战略资源	产业创新环节		
	研发环节	成果转化环节	产业化环节
人力资源	技术研发人员；高端智力资源	科技服务人员；企业家；产业管理专家	营销人员；管理人员；产业工人
财力资源	重大科技计划；技术研发专项资金；天使投资人	成果转化推广资金；风险投资；引导基金；政府担保补贴；银行贷款	产业化引导基金；商业贷款；地方融资平台；专业投融资平台
平台资源	检测检验设备；实验室；孵化器；众创空间	中试基地；样品检测中心；大学科技园	产业化基地；高新技术园区；经济开发区
信息资源	政策信息；专家信息；新兴技术信息；专利情报信息	科技成果信息；竞争对手信息；市场需求信息；技术市场信息	市场调研与需求预测信息；产业发展报告；产业创新报告
组织资源	研发联盟；领军团队；协同创新中心	科技服务组织；成果推介组织	产业联盟；政产学研联盟

战略任务的协调需要由专家对不同创新环节所需要的战略任务进行分解，并对战略资源以及需要协调的资源进行打分，专家判断表见表 4-8。

表 4-8　战略任务分解的专家判断表

任务类型	战略任务	资源需求	战略资源拥有量				协调方式
			很多	较多	少量	没有	
研发环节	产业共性技术供给 产业关键技术突破 产业创新服务平台搭建 ⋮	拥有技术研发所需要的高端人才 拥有技术研发所需要的资金 拥有技术研发需要的实验设备 ⋮					△如果该区域不具备研发所需要的战略资源，可以选择培育、引进或者高价购买
成果转化环节	转化平台搭建 供需成果对接 技术特派员培养 成果转化队伍建设 ⋮	拥有成果转化与推广所需要的专业人才 拥有成果转化与推广所需要的资金 拥有成果转化与推广所需的平台资源 ⋮					△如果该区域不具备成果转化所需要的战略资源，可以以引进和购买为主
产业化环节	产业化基地建设 产品示范推广 平台系统搭建 ⋮	拥有产业化所需要的专业人才和资金资源 拥有产业化所需的平台资源					△如果该区域不具备产业化所需要的战略资源，可以以转让和购买为主

4.5.2　战略性新兴产业综合优势战略控制

产业综合优势战略控制是针对产业综合优势发展状态的全面扫描和掌握，从系统性角度来看，产业综合优势战略控制具体流程如图 4-32 所示。

1. 产业综合优势控制模型

战略性新兴产业综合优势控制包括综合优势发展水平和方向的综合控制。其中，综合优势发展水平是经过整体规划与核心能力培育之后能够达到的优势水平的实际情况，可以通过综合优势评价掌握；综合优势发展方向应该是在综合优势发展水平评价的基础上，对比现有产业主导优势、核心能力与当初综合优势发展方向是否一致，从而做出综合评判。具体综合优势控制模型如图 4-33 所示。

1）不同因素对产业综合优势的影响

由于产业综合优势是基于产业创新网络开展协同创新而形成的产业综合竞争力，因此受到产业创新环境、产业创新基础、产业创新能力和产业创新潜力的综合影响，四个方面的影响因素相互关联，共同作用。

2）综合优势发展水平评估指标

在产业综合优势发展水平影响因素分析的基础上，设计产业综合优势发展水平评估指标体系，如表 4-9 所示。

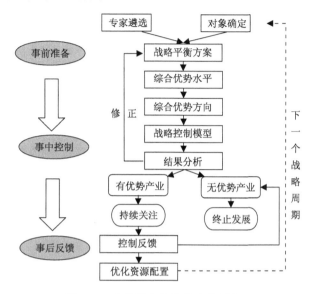

图 4-32　产业综合优势战略控制流程

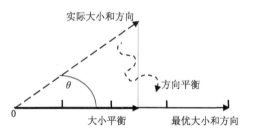

图 4-33　综合优势控制模型

表 4-9　产业综合优势发展水平评估指标体系

一级指标	二级指标	三级指标
产业创新能力	产业创新投入	R&D 人员全时当量 x_1
		R&D 经费内部支出 x_2
		新产品开发经费 x_3
		引进技术经费支出 x_4
		消化吸收经费支出 x_5
	产业创新产出	技术市场成交额 x_6
		国外主要检索工具收录的科技论文数 x_7
		发明专利占国内三种专利总量的比例 x_8
		新产品销售收入 x_9

一级指标	二级指标	三级指标
产业创新潜力	创新生态绩效	产业污染治理投资额 x_{10}
		产业能源消费弹性系数 x_{11}
	创新协同水平	合作创新占创新活动的比例 x_{12}
		高校参与产学研创新的比例 x_{13}
		企业参与产学研创新的比例 x_{14}
		科研院所参与产学研创新的比例 x_{15}
产业创新环境	区域经济水平	地区生产总值增速 x_{16}
		人均 GDP x_{17}
	区域政策环境	创新政策数量 x_{18}
		产业政策数量 x_{19}
产业创新基础	区域创新组织	协同创新中心数量 x_{20}
		国家重点实验室数量 x_{21}
		国家工程技术研究中心数量 x_{22}
	区域创新基础设施	生产力促进中心数量 x_{23}
		大学科技园数量 x_{24}
		科技企业孵化器数量 x_{25}

3）综合优势发展水平评估方法

指标权重确定采用熵值法，是根据指标观测值离散程度确定指标重要程度的客观赋权方法。在信息论中，熵是对不确定性的一种度量，数据包含信息量越大，不确定性越小，熵值越小。具体过程如下。

步骤一是数据无量纲化处理。由于多个指标的量纲和数量级不同，为了消除量纲和数量级的影响，需要将原始数据进行标准化处理。对正向指标和负向指标采取不同的无量纲化处理方法，计算公式如下：

$$x'_{ij} = \frac{x_{ij} - \min(x_{ij})}{\max(x_{ij}) - \min(x_{ij})} \tag{4-17}$$

$$x'_{ij} = \frac{\max(x_{ij}) - x_{ij}}{\max(x_{ij}) - \min(x_{ij})} \tag{4-18}$$

其中，x'_{ij} 表示评价对象 i 第 j 项指标标准化后的数值；x_{ij} 表示评价对象 i 第 j 项指标数值；$\max(x_{ij})$ 表示评价对象 i 第 j 项指标最大值，$\min(x_{ij})$ 表示评价对象 i 第 j 项指标最小值。正指标处理采用式（4-17），负向指标处理采用式（4-18）。

步骤二是计算第 j 项指标所占比重。

$$p_{ij} = \frac{x_{ij}}{\sum\limits_{i=1}^{n} x_{ij}}, \quad \text{其中} x_{ij} > 0 \tag{4-19}$$

步骤三是计算第 j 项指标的熵值。

$$e_j = -k \sum_{i=1}^{n} p_{ij} \ln(p_{ij}), \quad \text{其中} k > 0 \tag{4-20}$$

步骤四是计算差异性系数。对于给定的 j ，x_{ij} 的差异越小其熵值越大；反之，x_{ij} 的差异越大，熵值越小，评价指标对评价对象的作用越大，其差异性系数为

$$g_j = 1 - e_j \tag{4-21}$$

步骤五是确定第 j 项指标的权重 w_j 。

$$w_j = \frac{g_j}{\sum\limits_{j=1}^{n} g_j} \tag{4-22}$$

在确定权重的基础上，综合优势发展水平综合评价采用 TOPSIS[①]方法，是一种常用的多目标决策方法，其原理是通过评价对象与最优解和负理想解的比较选择最优方案，又称为优劣距离法，具体步骤如下。

步骤一是构建加权规范矩阵。分别构建权重矩阵 $W = \mathrm{diag}(w_1, w_2, \cdots, w_m)$ 和标准化矩阵 $X = (x_{ij})_{m \times n}$ ，加权规范矩阵是两者的乘积。

步骤二是计算理想解 A^* 和负理想解 A^- 。

$$A^* = \left[x_1^*, x_2^*, \cdots, x_n^* \right] \tag{4-23}$$

$$A^- = \left[x_1^-, x_2^-, \cdots, x_n^- \right] \tag{4-24}$$

对于正向指标，则 $x_j^* = \max \left\{ w_i \times x_{ij} \mid 1 \leqslant i \leqslant m \right\}$ ， $x_j^- = \min \left\{ w_i \times x_{ij} \mid 1 \leqslant i \leqslant m \right\}$ ；对于负向指标，则 $x_j^* = \min \left\{ w_i \times x_{ij} \mid 1 \leqslant i \leqslant m \right\}$ ， $x_j^- = \max \left\{ w_i \times x_{ij} \mid 1 \leqslant i \leqslant m \right\}$ ；

步骤三是根据欧氏距离计算 i 到正理想解的距离 D^+ 和到负理想解的距离 D^- 。

$$D_i^+ = \sqrt{\sum_{j=1}^{n} \left(x_j^* - w_i \times x_{ij} \right)^2} \tag{4-25}$$

$$D_i^- = \sqrt{\sum_{j=1}^{n} \left(x_j^- - w_i \times x_{ij} \right)^2} \tag{4-26}$$

---

① TOPSIS 全称 technique for order preference by similarity to ideal solution，即逼近理想解排序法，又称为优劣解距离法。

步骤四是计算评价对象 i 与理想解的贴近度 C_i。

$$C_i = \frac{D_i^-}{D_i^+ + D_i^-} \tag{4-27}$$

4）综合优势发展方向评估

产业综合优势发展的最优战略路径是基于主导优势培育核心能力并发展综合优势，因此对综合优势发展方向的评估主要需要结合专家意见，由领域专家、企业家、政府管理者等不同群体组成的战略决策委员会根据产业综合优势评价结果以及区域产业定位和布局，确定产业综合优势发展方向。根据对产业主导优势分析和核心能力评价，由专家对具体综合优势发展方向是否最优做出判断，若与理想方向一致则继续加大创新投入，保持现有战略路径；相反，如果综合优势发展方向出现偏差，则需要及时进行反馈并做出调整。

2. 产业综合优势控制反馈

产业综合优势控制反馈是根据综合优势发展情况，对产业发展规划、综合优势战略控制方案以及产业资源配置结果进行及时调整的过程。根据综合优势控制结果，将战略性新兴产业综合优势划分为领先优势、跟随优势、后发优势和无明显优势四个等级，对处于不同控制区域的产业综合优势做出不同的反馈结果。例如，处于领先优势的新兴产业应该继续加大扶持力度，在保持现有主导优势的同时，开发新的核心能力，并且开拓新的主导优势方向；对处于跟随优势的新兴产业，需要及时调整产业综合优势规划，集中有限资源，采取突破性战略路径，提高主导优势水平，打造并巩固现有核心能力，升级产业综合优势，为领先优势的形成打好基础；处于后发优势的新兴产业是后发区域实现产业技术突破与赶超的重大机会窗口，由于后发区域自身能力与资源有限，因此这些区域要抓住具备后发优势的新兴产业，集中有限资源，打造特色主导优势，围绕产业核心能力设计综合优势发展战略，实现产业竞争优势的重大突破；对于无明显优势的新兴产业，应该在下一个战略周期直接放弃，避免资源的浪费与过度投资。

4.5.3 战略性新兴产业综合优势风险预警

产业综合优势培育和发展过程会遇到各种不同来源的风险因素，通过对这些风险因素预警与判断，能够有效掌握关键性要素，评估风险水平，并做出提前部署和预警。产业综合优势风险预警内容及方法如图 4-34 所示。

1. 产业综合优势风险因素识别

产业综合优势风险因素识别是对产业综合优势发展过程中的重要风险因素进行分层、分类的识别过程，产业综合优势培育与发展过程伴随产业创新网络的成长与产业协同创新能力的提升，因此从风险来源看，综合优势风险来源分为网络内生性风险和网络外生性风险。内生性风险是创新网络内部，在关系组建、运营管理等方面产生的各类因素；外生性风险产生于创新网络外部，是由技术、市场、政策等不确定性带来的可能损失。具体的风险类型及诱发因素如表 4-10 所示。

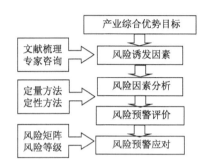

图 4-34　产业综合优势风险预警内容及方法

表 4-10　产业综合优势风险诱发因素

风险来源	风险类型	风险诱发因素
网络内生性风险	关系风险	合作伙伴选择
		沟通
		合作伙伴冲突
		利益分配
		知识产权主体
		知识同质化
	管理风险	退出机制
		绩效评价
	财务风险	合作资金
		财务数据
	道德风险	机会主义
		信息交流渠道
网络外生性风险	市场风险	市场需求
		市场竞争
		市场规模
	技术风险	技术范式
		技术壁垒
		相关设备
		技术能力
	政策风险	宏观政策
		财税政策

2. 产业综合优势风险预警评价

不确定性和影响程度是进行风险诱发因素排序的重要维度，不确定性是风险发生的可能性，而影响程度是风险发生后对综合优势目标产生的直接影响。

针对产业综合优势发展过程中，风险诱发因素的影响程度和不确定性两个维度确定综合优势风险预警评价指标体系。首先，从风险诱发因素的影响程度来看，在产业综合优势发展过程中，其核心是产业创新网络组建、运营与维护以及产业核心能力的培育，因此风险因素发生造成的最大影响是创新网络解体和核心能力僵化。由于创新网络是产业综合优势培育和发展的基础，因此创新网络解体对整个产业综合优势的发展的影响是致命的，常常由于不同主体之间缺乏信任，或者出现严重的道德风险等各类因素诱发，但如果网络关系与结构足够复杂，多中心小世界网络已经形成，网络抗风险能力会大幅提升。产业核心能力僵化不会立刻影响产业综合优势特色与水平，但其深远影响会导致综合优势发展停滞。此外，创新人才流失与创新资金损失也是风险因素发生导致的直接影响。从风险诱发因素的不确定性看，不确定性是对不同风险诱发因素发生可行性的判断，具有很强的主观性。因此，产业综合优势风险预警评价指标体系如表 4-11 所示。

表 4-11 产业综合优势风险预警评价指标体系

主维度	子维度	解释
影响程度	创新网络解体风险 F_1	风险发生导致不同主体之间信任缺失引起合作网络解体
	核心能力僵化风险 F_2	风险发生阻碍知识流动，导致能力固化，更新速度放缓
	创新人才流失风险 F_3	风险发生造成研发人才以及各类产业人才流失
	创新资金损失风险 F_4	风险发生造成直接或间接的资金损失
不确定性	风险发生可能风险 F_5	根据历史数据或专家建议判断得到的风险发生的可能等级

预警评价指标重要程度需要通过专家主观判断确定，具体步骤如下。

步骤一是定义梯形模糊数的基本内容。梯形模糊数 M 定义为 $U_M(x) = (p, n, m, u)$，其中 p 和 u 分别是模糊集的上限和下限，当 $n=m$ 时，则 M 称为三角模糊数，梯形模糊数的隶属度函数见式（4-28），图 4-35 给出了隶属函数的图形表达。

$$U_M(x) = \begin{cases} (x-p)/(n-p), & p < x < n \\ 1, & n < x < m \\ (u-x)/(u-m), & m < x < u \\ 0, & \text{其他} \end{cases} \quad (4\text{-}28)$$

实际判断中，专家给出对风险影响判断的语言变量，语言变量与模糊数的对应关系如表 4-12 所示。

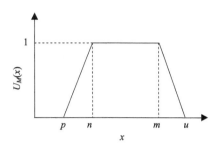

图 4-35　梯形模糊数隶属函数的图示

表 4-12　语言变量对应的梯形模糊数

语言变量	对应的模糊数
非常低（VL）	(0,0.1,0.2,0.3)
低（L）	(0.1,0.2,0.3,0.4)
中等（M）	(0.3,0.4,0.5,0.6)
高（H）	(0.5,0.6,0.7,0.8)
非常高（VH）	(0.7,0.8,0.9,1)

步骤二是构建初始决策矩阵。由于风险的发生会造成不同程度的影响，产生不同可能的结果，因此全面的风险预测常常包含不同情景下的风险预警，依次为乐观情景、现实情景和悲观情景。假设 $a_{kij} = \left(A_{kij}, B_{kij}, C_{kij} \right)$ 表示悲观情景、现实情景和乐观情景下第 k 个专家对第 i 个风险诱发因素在第 j 个风险子维度的风险偏好，专家按照语言集{非常低，低，中等，高，非常高}进行风险偏好判断，则第 k 个专家的风险偏好判断表如 4-13 所示。

表 4-13　第 k 个专家的风险偏好判断表

因素	悲观情景					现实情景					乐观情景				
	F_1	F_2	F_3	F_4	F_5	F_1	F_2	F_3	F_4	F_5	F_1	F_2	F_3	F_4	F_5
R_1	A_{k11}	⋯	⋯	A_{k14}	A_{k15}	B_{k11}	⋯	⋯	B_{k14}	B_{k15}	C_{k11}	⋯	⋯	C_{k14}	C_{k15}
⋮	⋮	⋮	⋮	⋮	⋮	⋮	⋮	⋮	⋮	⋮	⋮	⋮	⋮	⋮	⋮
R_i	A_{ki1}	⋯	⋯	A_{ki4}	A_{ki5}	B_{ki1}	⋯	⋯	B_{ki4}	B_{ki5}	C_{ki1}	⋯	⋯	C_{ki4}	C_{ki5}
⋮	⋮	⋮	⋮	⋮	⋮	⋮	⋮	⋮	⋮	⋮	⋮	⋮	⋮	⋮	⋮
R_q	A_{kq1}	⋯	⋯	A_{kq4}	A_{kq5}	B_{kq1}	⋯	⋯	B_{kq4}	B_{kq5}	C_{kq1}	⋯	⋯	C_{kq4}	C_{kq5}

将第 k 个专家的风险偏好转化成相应的梯形模糊数，即 $\tilde{a}_{kij} = \left(p_{kij}, n_{kij}, m_{kij}, u_{kij}\right)$，其中 $i=1,2,\cdots,q$，$j=1,2,\cdots,5$，则初始决策矩阵为

$$\tilde{H}_{kij} = \begin{bmatrix} \tilde{a}_{k11} & \tilde{a}_{k12} & \cdots & \tilde{a}_{k1j} \\ \tilde{a}_{k21} & \tilde{a}_{k22} & \cdots & \tilde{a}_{k2j} \\ \vdots & \vdots & & \vdots \\ \tilde{a}_{ki1} & \tilde{a}_{ki2} & \cdots & \tilde{a}_{kij} \end{bmatrix}$$

$$= \begin{bmatrix} \left(p_{k11}, n_{k11}, m_{k11}, u_{k11}\right) & \left(p_{k12}, n_{k12}, m_{k12}, u_{k12}\right) & \cdots & \left(p_{k1j}, n_{k1j}, m_{k1j}, u_{k1j}\right) \\ \left(p_{k21}, n_{k21}, m_{k21}, u_{k21}\right) & \left(p_{k22}, n_{k22}, m_{k22}, u_{k22}\right) & \cdots & \left(p_{k2j}, n_{k2j}, m_{k2j}, u_{k2j}\right) \\ \vdots & \vdots & & \vdots \\ \left(p_{ki1}, n_{ki1}, m_{ki1}, u_{ki1}\right) & \left(p_{ki2}, n_{ki2}, m_{ki2}, u_{ki2}\right) & \cdots & \left(p_{kij}, n_{kij}, m_{kij}, u_{kij}\right) \end{bmatrix}$$

步骤三是计算模糊评估值。选择加权平均法计算 k 个专家对不同情景下风险因素的 5 个风险子维度的模糊评估均值 $\overline{a}_{kij} = \left(\overline{p}_{kij}, \overline{n}_{kij}, \overline{m}_{kij}, \overline{u}_{kij}\right)$，即对初始评估矩阵 $\tilde{H}_{kij}$ 中每一列评估的梯形模糊数进行均值计算，计算公式为式（4-29）。

$$\overline{a}_{kij} = \frac{\sum_i \sum_j \left(\overline{p}_{kij} \oplus \overline{n}_{kij} \oplus \overline{m}_{kij} \oplus \overline{u}_{kij}\right)}{k} \tag{4-29}$$

其中，"$\oplus$"表示加法算子，选择均值面积法对模糊平均数 $\overline{a}_{kij}$ 进行解模糊计算得到模糊评估值，见式（4-30）。

$$D\left(a_{kij}\right) = \frac{p+m+n+u}{4} \tag{4-30}$$

步骤四是计算预警评价指标维度的指标权重。采用最优最劣解方法，首先，由专家分别确定一个最优风险维度和一个最劣风险维度，其次，利用利克特打分法，判断最优维度相对于其他维度的偏好程度，构建比较向量 $A_B = \left(a_{b1}, a_{b2}, \cdots, a_{bn}\right)$，判断其他维度相对于最劣维度的偏好程度，构建比较向量 $A_W = \left(a_{1w}, a_{2w}, \cdots, a_{nw}\right)$，最后，建立线性规划模型求解，见式（4-31）。其中，w_j 表示最终求解的预警指标维度 j 的权重。

$$\min \lambda$$

$$\text{s.t.} \begin{cases} \left|\dfrac{w_b}{w_j} - a_{bj}\right| \leqslant \lambda, & \forall j \\ \left|\dfrac{w_j}{w_w} - a_{jw}\right| \leqslant \lambda, & \forall j \end{cases} \tag{4-31}$$

$$\sum_{j} w_j = 1,$$

$$w_j \geq 0, \quad \forall j$$

步骤五是计算不同情境下风险因素的警情大小。采用加权求和方法计算影响程度和不确定性的警情大小，见式（4-32）。

$$I_i = \sum_{j=1}^{4} w_j a_{kij} \qquad (4-32)$$

步骤六是警情定位。根据风险诱发因素的不确定性和影响程度两个维度的计算结果，定位不同情境下产业综合优势警情，如图4-36所示。

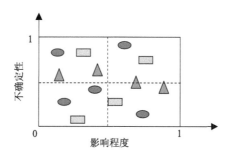

图 4-36　产业综合优势警情定位矩阵

▲ 乐观情景　　☐ 现实情景　　⬤ 悲观情景

3. 产业综合优势风险预警应对

产业综合优势风险预警应对机制是根据不同情景下的风险警情而构建的具体的应对方案与措施的组合。从综合优势培育和发展过程来看，预警应对是针对主导优势选择、培育以及产业核心能力形成与发展过程中，各种情景下风险影响程度和不确定性的及时应对。具体风险应对矩阵如图4-37所示。

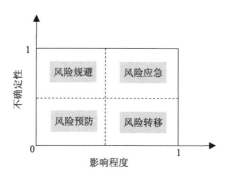

图 4-37　产业综合优势风险应对矩阵

1）风险预防

主要针对战略性新兴产业综合优势发展影响程度低、不确定性低的各类潜在风险因素的系统性预防，属于风险常态化管理，其主要应对目标是以风险预防为主，其方案构建与实施也主要以战略性新兴产业管理部门为主体，通过日常对战略性新兴产业运行数据的收集、国家产业政策的分析以及国内外产业环境的监控，将专利风险预防嵌入战略性新兴产业日常管理工作中，并采用专利、技术、政策、人才等措施手段构建风险预防方案，如表4-14所示。

表4-14　产业综合优势风险预防方案

措施组合	措施重点内容
专利措施	加强产业技术情报分析，定期发布前沿技术专利报告，对重点企业、重点区域的专利布局进行提前预警
技术措施	围绕核心技术和产业共性技术鼓励协同创新与自主技术研发，推动产业技术标准的制定、扩散和实施，推动国内标准国际化，降低技术风险
政策措施	形成鼓励创新的政策体系，围绕产业创新网络布局创新政策，提高政策可操作性和针对性，把政策风险降到最低
人才措施	建立符合产业创新要求的人才培育、引进和流动机制，提前做好人才储备和后备人才培养，降低由人才短缺引起的产业危机
其他措施	产业管理部门的风险预防措施需要结合具体企业、产业联盟以及行业协会的相关措施综合发挥作用

2）风险转移

主要针对战略性新兴产业综合优势发展影响程度高、不确定性低的潜在风险因素，其主要应对目标是转移不确定性。不确定性高的风险因素可以通过正式或非正式形式转移给第三方，如产业前沿技术开发具备很高的不确定性，通过产学研联盟或协同创新组织将这种不确定性进行分摊，降低每个创新主体能够承担的不确定性。此外，常见的风险转移方式有保险、再保险等不同形式。

3）风险规避

主要针对战略性新兴产业综合优势发展影响程度低、不确定性高的各类潜在风险因素，其主要应对目标是降低风险损失。对于影响程度高的风险因素，如创新网络中主体的信用风险，其诱发概率可以通过历史数据进行分析，如果不确定性低，就应该及时规避并重新选择合作主体。

4）风险应急

针对既不能转移也不能规避，而且影响程度高、不确定性高的风险诱发因素，必须制定紧急处理办法，以应对风险发生时带来的危害。风险应急方案是结合产业综合优势发展中的关键环节而制定的十分必要的流程与措施。

　　风险应急管理小组的成立不是临时的，应该作为产业综合优势风险管理的常设机构，其成员可以由产业管理部门、重点战略性新兴产业的企业代表、行业资深人士等不同层面的人员组成，主要负责风险发生后的协调与沟通管理工作；风险损失分析包括对风险造成的影响、成因及补救措施的分析，风险影响涵盖了对产业主导优势、核心能力以及现有综合优势的影响，包括是否对现有产业创新网络造成破坏、是否对产业核心技术研发产生重大影响、是否对产业相关配套企业产生影响等多个方面的影响分析；而风险的成因分析，需要对风险诱发因素进行分类，确定影响程度大、不确定性高的风险诱发因素是客观因素还是主观因素，此后制定相应的改进方案并采取风险补救措施，目标是加强主导优势，巩固核心能力与发展综合优势。最终，将应对不同风险诱发因素的改进措施方案汇总形成风险应急方案库，为类似的风险应对提供参考。风险应急流程如图 4-38 所示。

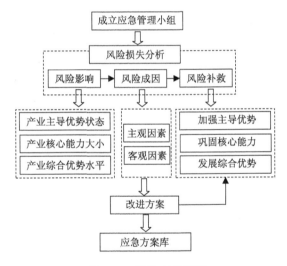

图 4-38　风险应急流程

4.6　黑龙江省石墨烯产业综合优势发展实证研究

　　石墨烯产业作为新材料产业的重点发展方向，成为黑龙江省"十四五"期间重点发展的战略性新兴产业，2022 年出台的《黑龙江省石墨产业振兴专项行动方案（2022—2026 年）》提出力争到 2026 年，产业向规模化、创新化、数字化和集群化发展。结合"十四五"石墨烯产业发展需求，针对黑龙江省石墨烯产业综合优势发展的实证研究具有一定的典型性和代表性，对于指导黑龙江省及全国各省新兴产业的战略管理和持续创新发展具有重要的现实意义。

4.6.1　黑龙江省石墨烯产业综合优势状况分析

对黑龙江省石墨烯产业综合优势现状进行全面分析,包括产业发展环境分析、主导优势选择、产业核心能力识别,以判断黑龙江省石墨烯产业综合优势的发展状态,为产业创新发展规划的制定奠定基础。

1. 黑龙江省石墨烯产业发展环境分析

黑龙江省石墨烯产业发展环境优越,以下从宏观环境、行业环境和区域产业基础进行具体分析。

1) 宏观环境

石墨烯是目前发现的最薄、强度最大的新型纳米材料,是在纳米材料基础上发展形成的新兴交叉领域,其独特的结构和性能,迅速成为物理学、化学、材料科学等多个学科最热门的研究领域,已有中国、美国、英国、韩国、欧盟、日本等80多个国家和地区投入石墨烯材料研发与产业化研究。应该看到,国内外石墨烯发展环境良好,发展势头迅猛。

黑龙江省经过科学规划,抢抓机遇,立足于省内石墨资源优势与产业链发展方向,从科技计划引导、产业政策扶持、科技金融支撑等多个方面扶持石墨烯产业创新发展。从政策环境来看,黑龙江省已经出台《黑龙江省石墨产业科技发展实施方案》,成立了黑龙江省石墨产业协会、中国石墨产业发展联盟等多个创新组织,得到了地方政府的大力支持。从技术环境来看,石墨烯的突破性技术逐步出现。例如,依托哈尔滨工业大学的国际独创成果,哈尔滨烯创科技有限公司开发出了雷达全波段电磁隐身石墨烯复合材料,被称为吸波领域的颠覆性技术,被专家认为是我国领先于美国为数不多的新材料技术之一。

2) 行业环境

黑龙江省注重石墨烯新材料的开发与应用,在石墨烯材料的制备与应用领域开展了广泛的研究,现已形成了稳定的石墨烯人才队伍与研究方向,在保持石墨烯特色研究方向的同时,更注重于新材料研究及其应用领域的创新。目前省内主要的技术研发力量集中在哈尔滨工业大学、哈尔滨工程大学、黑龙江大学、哈尔滨理工大学和黑龙江科技大学等高校,研发团队已达二十多个,主要集中在石墨烯绿色制备、石墨烯薄膜、石墨烯吸附、石墨烯吸波、石墨烯散热、石墨烯电极(锂电池和超级电容器)和石墨烯复合材料阻燃等领域的基础研究和应用开发,其中在石墨烯吸波、石墨烯散热等领域居于世界领先水平,在石墨烯绿色制备、石墨烯吸波、石墨烯散热等领域已具备产业化基础,在石墨烯吸附、石墨烯电极和石墨烯复合材料阻燃方面已完成实验室阶段的研发,其他方面仍处于实验室研发阶段。

3）区域产业基础

从资源存储情况来看，中国、印度和巴西是世界上三大主要的石墨生产国，拥有世界存储量 90%以上的石墨，而石墨的绝大部分消费集中在日本、美国和德国等工业发达国家，其主要消费领域为耐火材料、铸造、润滑剂等。从石墨类型来看，黑龙江省晶质石墨资源储量为 3.36 亿吨，占全国总储量的 55.73%，丰富的晶质石墨为石墨烯制备提供了重要基础。此外，秸秆也是制备石墨烯粉体的原材料之一，黑龙江省作为年秸秆产量上千万吨的农业大省，秸秆的综合利用已成为一个亟待解决的难题。可以看出，黑龙江省发展石墨烯产业具备良好的基础和优越的自然条件。

2. 黑龙江省石墨烯产业主导优势选择

产业主导优势是培育和发展综合优势的逻辑起点，明确黑龙江省石墨烯产业主导优势类型对优化基于主导优势的核心能力培育具有重要作用。发明专利是产业创新活动的重要标志，能够较好地反映产业创新状态、水平和进展，专利合作网络中合作主体类型、数量、合作次数等因素变化可以反映产业创新网络发展态势，因此可以通过专利合作网络的演化反映主导优势的发展态势[1]。

经过相关文献梳理、专家咨询与多次模拟检索，最终确定检索策略为"名称={石墨烯}and 申请日={所有年份}"，截止日期为 2023 年 9 月 11 日，共得到申请受理的发明专利数据 16 965 条，由于专利审查存在 1～2 年的滞后期，本书暂不考虑检索时间以后新增发明专利。数据清洗发现从 2008 年开始才正式出现石墨烯发明专利申请，2009 年开始国内才出现石墨烯发明专利合作申请。增加检索条件"申请人所在地={黑龙江}"，共得到申请受理的发明专利数据 479 条，根据专利结果可知，2009 年才开始有石墨烯发明专利申请，发明专利合作非常少。黑龙江省和全国石墨烯发明专利按年度分布图如图 4-39 所示。

黑龙江省石墨烯前 5 位发明专利申请人如表 4-15 所示。从申请人类型来看，前 5 位申请人全是大学，尤其是哈尔滨工业大学具备绝对的技术优势，说明黑龙

表 4-15　黑龙江省石墨烯前 5 位发明专利申请人

申请人	专利数量
哈尔滨工业大学	258
哈尔滨工程大学	34
黑龙江科技大学	25
哈尔滨理工大学	24
黑龙江大学	18

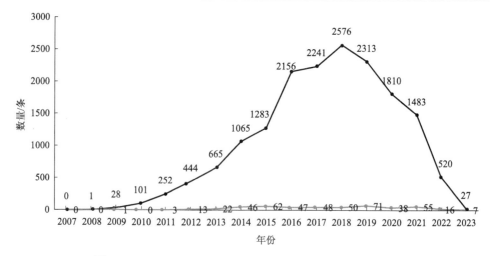

图 4-39　黑龙江省和全国石墨烯发明专利数量按年度分布图

—— 全国　—— 黑龙江省

江省石墨烯产业发展依然处于探索阶段，大部分高水平技术专利依然在大学，产业化步伐缓慢，具备高水平研发能力的产业领军企业没有出现。

从发明专利合作情况来看，在收集的专利数据中，合作专利数量仅有 17 个，合作次数也仅有 16 次，部分合作发明专利如表 4-16 所示。

表 4-16　黑龙江省石墨烯部分发明专利合作情况

申请人	专利数	合作专利数	合作者数量	主要合作者及次数统计	
				合作者	合作次数
哈尔滨工业大学	258	8	9	哈尔滨理工大学	1
哈尔滨理工大学	24	2	2	哈尔滨吉星机械工程有限公司	1
黑龙江大学	18	2	2	黑龙江省科学院高技术研究院	1
黑龙江省科学院高技术研究院	6	2	2	哈尔滨对俄高端技术转移孵化中心	1
哈尔滨万鑫石墨谷科技有限公司	3	1	1	黑龙江省石墨谷产业集团股份有限公司	1
鸡西市唯大新材料科技有限公司	1	1	1	辽宁科技大学	1
国网黑龙江省电力有限公司电力科学研究院	1	1	1	国家电网有限公司	1

利用 Ucinet 软件绘制基于发明专利的黑龙江省石墨烯合作网络，如图 4-40 所示。从网络关系来看，黑龙江省石墨烯产业合作创新关系简单，节点间的联系

不紧密。从网络结构来看，相关技术合作仅仅停留在简单的校企合作，没有形成具备资源掌控能力的网络权力中心，这种合作网络稳定性差。从创新主体类型看，仅有的技术合作发生在大学和企业之间，但其合作次数少，合作主体数量少。可以看出，目前黑龙江省技术储备较多，技术成果多集中于哈尔滨工业大学等高校，校企合作不足，具备产业资源整合能力的领军企业不足，因此黑龙江省石墨烯产业主导优势的开发需要进一步围绕石墨烯产业技术成果，鼓励高校和科研院所开展合作创新。

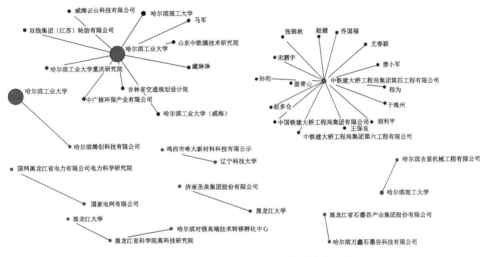

图 4-40　黑龙江省石墨烯发明专利合作网络

3. 黑龙江省石墨烯产业核心能力识别

黑龙江省石墨烯产业链分布如图 4-41 所示。从产业核心能力要素维度的划分可以看出，黑龙江省在上游石墨烯制备环节具备明显的资源优势和技术优势，石墨烯创新所需的资源供给能力和技术积累能力较强。

4. 黑龙江省石墨烯产业综合优势状态

通过黑龙江省石墨烯产业发展环境、产业主导优势与产业核心能力的全面分析可知，黑龙江省在石墨烯产业领域具有一定的发展条件和优势，产业主导优势处于碎片化网络阶段，整体产业综合优势不强，发展水平不高，但以哈尔滨工业大学为代表的一批高校具备培育产业创新网络的基础和条件，同时丰富的石墨烯资源和核心高校的技术优势也为培育和发展石墨烯产业综合优势奠定了坚实基础，因此亟须制定科学的规划，引导产业综合优势发展与提升。

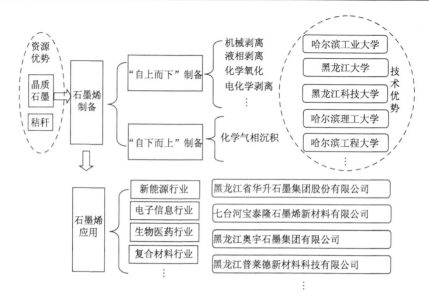

图 4-41 黑龙江省石墨烯产业链分布

4.6.2 黑龙江省石墨烯产业综合优势发展规划

在分析黑龙江省石墨烯产业综合优势状况的基础上以实现黑龙江省石墨烯产业综合优势最大化为目标，按照产业综合优势规划机制要点，以创新链为核心，抓住成果、团队、企业等关键性要素，制定"十四五"黑龙江省石墨烯产业发展规划，促进产业综合优势持续发展。

1. 黑龙江省石墨烯产业科技资源规划

黑龙江省注重石墨烯新材料的开发与应用，在石墨烯材料的制备与应用领域开展了广泛的研究，石墨烯技术、人才以及项目的配置必须围绕产业创新链，形成涵盖技术研发、成果转化到产业化的科技资源配置体系，思路如图 4-42 所示。

1）团队梳理阶段

目前黑龙江省石墨烯研发团队共计二十多个，但各个团队的研发方向分散，团队之间缺少协同发展，需要立足黑龙江省石墨烯产业技术攻关环节的技术难点与共性技术，引导相关团队开展合作与交流。

2）重点领域选择阶段

黑龙江省优先支持天然石墨粉体制备、石墨烯产业化关键技术研究和薄膜石墨烯制备关键技术研究，重点支持石墨烯终端产品开发及应用技术研究，发展特色鲜明的石墨烯创新及产业化链条。

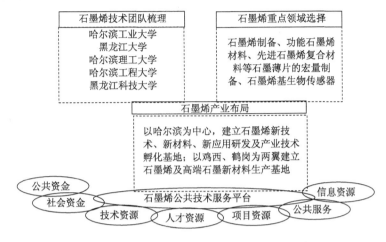

图 4-42　黑龙江省石墨烯产业资源配置思路

3）产业布局阶段

石墨烯产业布局充分考虑不同区域的资源基础与条件，哈尔滨几乎聚集黑龙江省石墨烯研发的所有技术力量，无论研发人员数量、研发经费、信息资源等都具有先天的区域优势，因此将哈尔滨作为石墨烯材料的技术研发与产业化基地是最佳选择。相比之下，鹤岗、鸡西具有丰富的石墨资源，同时具备悠久的石墨产业发展历史，以此为两翼作为石墨烯新材料的生产加工基地具有显著优势。

2. 黑龙江省石墨烯产业科技成果开发

黑龙江省石墨烯科技成果丰富，具备较大的开发潜力，通过成果开发，梳理省内高校院所的可转化成果，鼓励科研人员创业与成果转化，优化科技服务环境与机制体系，加大科技金融支撑力度，产业科技成果开发思路如图 4-43 所示。

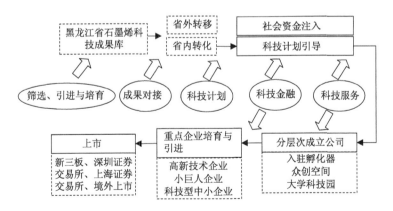

图 4-43　黑龙江省石墨烯产业科技成果开发思路

1）科技成果梳理阶段

根据黑龙江省石墨烯技术团队的实际情况，对现有科技成果根据技术成熟情况进行分类。具体来看，已经完成中试化的成果包括石墨烯粉体制备、吸波用石墨烯复合材料、石墨烯散热片和石墨烯导电浆料；已经完成实验室阶段研发的成果包括大面积石墨烯薄膜、石墨烯吸附、超灵敏传感器、石墨烯电极和阻燃石墨烯复合材料；尚处在实验室阶段的成果包括石墨烯超级电容器、石墨烯超材料等。此外，引进外省市的先进技术在省内实现产业化也是促进黑龙江省石墨烯产业快速发展的有效途径。

2）科技计划引导阶段

在黑龙江省石墨烯科技成果库中优先推动技术已经完成中试化的科技成果实现产业化，加快推动已经完成实验室阶段的科研成果尽快孵化，扶持尚处在实验室阶段的成果尽快完成技术攻关，基于这三个层次，梳理出重点产业化项目、孵化项目和技术攻关项目。通过分层分类的科技计划引导，在技术研发环节进行资源的优化配置。对团队实力强，成果应用价值大的团队，引导其完成成果的产业化，对于理论研究扎实，成果具有前沿性和先进性的团队，引导其进行产学研合作，或设立专项基础研究计划给予支持。

3）科技金融支持阶段

石墨烯产业的前期研发投入巨大，依靠科技计划支持能够解决产业关键共性问题，但对于石墨烯核心技术的研发与开发，依然需要企业自主进行，因此建立公共科技金融引导社会资本参与的多元化科技金融体系对产业发展非常重要。尤其鼓励具有石墨烯专利的科研人员，采用专利权质押、技术入股等多种形式，将无形资产作为企业的资本投入，提高产品的科技含量。此外，用好国家重大科技专项资金，吸引更多资金进入石墨烯领域，探索建立石墨烯产品应用示范风险补偿机制。

3. 黑龙江省石墨烯产业战略协调

首先，从产业目标来看，黑龙江省两轮"千户科技型企业三年行动计划"出台并实施，采取各领域平行推动科技型企业发展的策略，并没有选择重要领域，而石墨烯产业作为黑龙江省为数不多具有一定资源和科技优势的领域，产业发展不能以单纯发展几十家企业为目标，应该以产业链与创新链的深度融合为主要目标，以企业、团队和成果为抓手，与其他重点优势产业领域的战略目标相互补充，形成"重点产业领域行动计划"与"千户科技型企业三年行动计划"相互支撑发展的格局。其次，从资源来看，石墨烯产业目标的实现需要调动科技人才、科技经费、科技信息等多种科技资源，逐步有序地推动石墨烯创新资源的整合与开发利用，通过石墨烯公共技术服务平台的集成作用，减少资源冲突，实现石墨烯创新资源的高效配置与应用。最后,从产业目标的实现路径来看,黑龙江省石墨烯产业综合优势发展遵循主导优势开发、核心能力培育和综合优势发展的战略思路,但在具体路径设计与执行时,需要审时度势,根据石墨烯产业综合优势发展水平具体规划和调整。

4. 黑龙江省石墨烯产业发展规划

根据产业综合优势规划机制的设计思路,在对黑龙江省石墨烯产业科技资源和科技成果系统梳理的基础上,黑龙江省出台《黑龙江省石墨烯产业三年专项行动计划(2016—2018 年)》和《黑龙江省石墨产业振兴专项行动方案(2022—2026年)》,梳理其核心内容如下。

1）产业背景

结合黑龙江省石墨烯产业综合优势状况分析,与技术领域专家共同对该领域国内外研究进展进行调研,总结提炼出黑龙江省在石墨烯产业领域的优势、劣势及发展潜力,通过科学的论证提出石墨烯产业创新发展建议报告。

2）总体目标

按照产业规划机制要点,在科学论证黑龙江省石墨烯产业发展需求的基础上以创新团队、创新平台和创新企业为重点发展目标,明确提出力争到 2026 年,产业向规模化、创新化、数字化和集群化发展,营业收入超过 500 亿元,建设 1～2个国家级石墨创新平台。

3）实现途径

面向石墨烯产业持续发展需要,围绕石墨烯产业主导优势,通过梳理成果,发展创新团队,培育优势企业,实现石墨烯产业综合优势最大化。具体设计以下四条路径。①发展创新团队。基于黑龙江省石墨烯产业创新积累,通过科技计划引导与持续支持,重点培育和支持 10 个石墨烯产业创新团队及优先发展方向。②梳理高新技术成果。根据创新团队的研究成果现状对其技术成熟度以及市场发展潜力进行评估,筛选和引进一批能够尽快实现产业化的高新技术成果,并聚焦产业方向进行科学布局。③培育科技型企业。根据梳理的成果和培育的团队,加快推动技术成熟度较高的科研成果转化,推动上市公司和创投机构积极参与石墨烯企业投融资活动。④政府支持。设立石墨烯专项资金,与各地市政府联动,支持石墨烯产业创新团队及其创新链建设。

4）重点任务

根据石墨烯产业发展的总体目标,结合具体目标实现途径,进一步设计了石墨烯产业发展的重点任务,具体包括以下方面。①优势团队筛选与培育。确定黑龙江省石墨烯产业重点创新发展方向及其创新链状态,由专家团队从研究基础、创新成果、市场潜力三方面分期分批筛选培育创新团队,并培育一批后备创新团队和创新创业人才。②科技成果筛选与引进。针对目前省内已经成熟技术与未完全成熟的技术成果进行进一步分类与潜力评估，引进国内外先进适用的创新性成果。③分类推动技术成果产业化。推动技术成熟度高和市场潜力大的科技成果尽快实现产业化，加快推动技术成熟度中等和市场前景良好的科技成果落地转化，支持技术成熟度较低并具有市场前景的科技成果尽快完成研发。④搭建技术与服务平台。面向黑龙江省石墨烯产业创新需求，组建石墨烯产业技术创新平台；以重点实验室和工程中心为基础，建立石墨烯专业检测技术服务平台；构建和完善石墨烯企业孵化及产业化发展平台。

5）保障措施

石墨烯产业规划实施涉及多方主体，应该加强组织协调，按照各方利益诉求进行统筹协调；组建石墨烯产业发展专家咨询委员会，包括技术领域专家和产业管理专家。

4.6.3　黑龙江省石墨烯产业综合优势培育与调控

结合黑龙江省石墨烯产业规划要求，按照产业综合优势培育机制和平衡机制设计要点，设计黑龙江省石墨烯产业综合优势培育与调控具体内容，保证黑龙江省石墨烯产业综合优势持续发展。

1. 黑龙江省石墨烯产业综合优势培育

围绕黑龙江省石墨烯产业三年行动计划，根据产业综合优势培育机制相关要点，基于黑龙江省石墨烯产业现有主导优势从产业协同创新驱动、产业核心能力开发以及产业综合优势培育路径优化三方面培育石墨烯产业综合优势。

首先，组建黑龙江省石墨烯产业协同创新中心。协同创新中心是针对产业高端创新需求和共性需求组建的创新型组织，区域协同创新中心对提高区域产业核心能力具有重要作用。依托哈尔滨工业大学在石墨烯研发方面的优势力量，组织哈尔滨理工大学、黑龙江省华升石墨集团股份有限公司、萝北奥星新材料有限公司等相关主体，合作共建黑龙江省石墨烯产业协同创新中心，改革机制体制，优化石墨烯产业协同创新中心的管理架构，以石墨烯技术攻关项目、共性技术研发项目等项目需求为导向，突破制约黑龙江省石墨烯技术创新的关键问题。

其次，制定黑龙江省石墨烯产业核心能力开发计划。产业核心能力的开发必须有科学合理的计划引导，目前黑龙江省在石墨烯资源供给和技术积累方面能力突出，但合作创新与高端协同创新能力明显不足，针对这一能力缺口，必须进一步整合区域优势资源，制定产业核心能力开发计划。通过财税政策、科技计划引导、创新平台支撑等一系列计划对石墨烯产学研合作与协同创新展开引导与扶持。

最后，优化黑龙江省石墨烯产业综合优势培育路径。依托石墨烯产业核心企业、黑龙江省石墨烯产业联盟等创新型组织，整合、引进和培育石墨烯创新关键资源，鼓励石墨烯合作创新、产学研联盟创新和高端协同创新，并制定石墨烯专项计划和石墨烯产业创新引智计划，聚集产业关键优势要素，进一步提升产业综合优势。

2. 黑龙江省石墨烯产业综合优势调控

黑龙江省石墨烯产业发展规划的具体推动需要一系列综合调控，包括制定具体实施方案，评价黑龙江省石墨烯产业综合优势，分析黑龙江省石墨烯产业综合优势风险因素，以确保石墨烯产业发展目标的实现和产业综合优势的最大化。

具体来看，石墨烯作为黑龙江省"十四五"规划中的重点产业领域，根据黑龙江省石墨烯产业发展规划要求，制定黑龙江省石墨烯产业路线图，黑龙江省石墨烯产业发展规划实施方案等一系列工作方案，形成明确的时间节点、任务及目标，推动石墨烯产业规划的落地实施。受限于目前针对石墨烯产业的专门统计数据不足，产业管理部门能够提供的基础数据有限，企业数据调查存在现实困难等原因，目前无法对黑龙江省石墨烯产业综合优势进行准确的定量评估，但后续会持续跟进，并收集相关数据。

邀请黑龙江省科技厅产业管理人员 2 名，黑龙江省石墨烯相关企业中高层管理者 2 名，石墨烯领域的相关学者 2 名，共 6 位专家组成黑龙江省石墨烯产业发展顾问专家团。根据事先制定的工作流程，对黑龙江省石墨烯产业综合优势发展进行风险预警，为产业综合优势发展方向与目标的平衡提供依据。表 4-17 给出了悲观情景下专家打分的语言变量值。

表 4-17　悲观情景下专家对 F_1 的偏好打分

风险诱发因素	悲观情景					
	创新网络解体风险 F_1					
	专家 1	专家 2	专家 3	专家 4	专家 5	专家 6
合作伙伴选择 R_1	L	M	H	L	H	H
沟通 R_2	H	L	M	L	H	M
利益分配 R_3	VH	H	VH	VH	VH	H
知识产权 R_4	VH	VH	H	VH	H	H
退出机制 R_5	H	VH	H	H	H	H
绩效评价 R_6	M	M	M	H	L	L
市场竞争 R_7	M	M	L	M	L	M
技术范式 R_8	H	VH	M	M	H	M

第一，基于梯形模糊数的计算方法，将所有专家的语义变量转化成模糊数，并进行解模糊化。根据专家意见，确定影响程度最大的风险子维度是创新网络解体风险 F_1，影响程度最小的风险子维度是创新资金损失风险 F_4。

第二，根据式（4-31），计算得到风险影响程度 4 个风险预警子维度的指标权重 $w_j = (0.42, 0.19, 0.28, 0.11)$。根据式（4-32），计算得到三种情境下风险影响程度最终结果，结合专家对风险不确定性的模糊综合判断，最终得到不同情景下黑龙江省石墨烯产业综合优势风险警情大小，见表 4-18。

表 4-18 影响程度与不确定性的最终结果

情景 因素	悲观情景		现实情景		乐观情景	
	影响程度	不确定性	影响程度	不确定性	影响程度	不确定性
R_1	0.54	0.78	0.50	0.68	0.39	0.43
R_2	0.46	0.45	0.42	0.42	0.39	0.45
R_3	0.64	0.58	0.58	0.55	0.46	0.52
R_4	0.72	0.48	0.67	0.43	0.54	0.28
R_5	0.66	0.68	0.51	0.53	0.44	0.47
R_6	0.48	0.42	0.44	0.42	0.41	0.40
R_7	0.52	0.38	0.45	0.33	0.37	0.28
R_8	0.61	0.75	0.57	0.72	0.48	0.58

第三，根据产业综合优势发展风险警情大小，从风险影响程度和风险发生的可能性进行警情定位，并确定不同风险因素的风险等级，风险因素警情定位图如图 4-44 所示。

可以看出，黑龙江省石墨烯产业综合优势发展的风险因素中合作伙伴选择 R_1，利益分配 R_3，退出机制 R_5 及技术范式 R_8 的影响程度和不确定性更高，需要根据黑龙江省石墨烯产业创新网络及综合优势发展现状进行优化与风险应对。

4.6.4 提升黑龙江省石墨烯产业综合优势的对策建议

第一，培育石墨烯领军企业。领军企业强大的产业资源整合能力，是推动新兴产业创新发展和竞争力提升的关键。通过黑龙江省石墨烯主导优势网络分析发现，目前以哈尔滨工业大学、黑龙江大学等高水平大学为主的创新主体的技术研发热度极高，但以企业为主体的核心专利权人不足，且企业合作申请的发明专利总量非常少，缺少具备资源整合能力和网络权力的规模化、引领性领军企业，因此培育黑龙江省石墨烯领军企业成为促进石墨烯产业发展的战略重点之一。

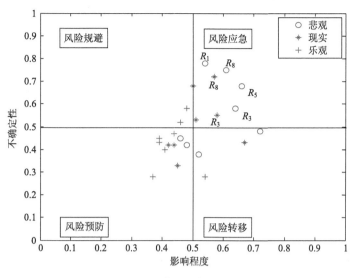

图 4-44　风险因素警情定位图

从地方政府实践来看，无锡市出台了石墨烯产业发展规划，提出要依托现有核心企业和创新型企业的影响力，通过引进、培育等方式形成具备行业竞争力的领军企业；宁波市在石墨烯产业中长期发展规划中提出培育设立专项财政资金培育领军企业。可以看出政府的扶持方式多种多样，但必须注重宏观引导，发挥市场的决定性作用，不能一味地补贴和过度干预，应该综合运用多种政策工具，以专项扶持资金、财政资金后补助等手段，重点培育具备自主知识产权的石墨烯领军企业；鼓励中国宝安集团股份有限公司、黑龙江奥宇石墨集团有限公司等具备实力的石墨烯企业与优势高校和科研院所开展产学研合作，参与产业链资源整合，通过收购、联盟、兼并重组等多种形式整合上游原材料供应商、石墨烯制备企业、石墨烯器件加工企业和终端用户，形成涵盖研发、转化和产业化的石墨烯创新生态链。

第二，加强石墨烯科技计划引导。科技计划是政府引导创新资源配置的重要手段，尤其是布局石墨烯基础研究领域。目前黑龙江省石墨烯技术涉及石墨烯制备等，如液相剥离、化学氧化等方法；石墨烯应用在电池电极、超级电容器材料、电子器件等多个热点技术领域，相比之下，重点基础领域相关研究不足，应进一步加大科技计划引导，突破制约石墨烯发展的核心技术和关键共性技术。

对于政府而言，在石墨烯基础研究方面起到重要的引导和推动作用，一方面应该持续加大对石墨烯基础研究的支持力度，通过重点研发项目支持、专项补贴等多种方式鼓励科研人员开展石墨烯相关基础研究；另一方面应该引导以企业为主体的产学研合作，结合市场需求，加快部署石墨烯规模化制备技术、关键工艺和核心装备等产业共性技术研发项目，按照创新链部署产业项目，对重点产业化项目、技术攻关项目和孵化项目分类分层给予引导支持。

第三，加快石墨烯产业创新服务平台建设。目前黑龙江省石墨烯产业领域的从业企业具备旺盛的技术创新服务需求，但对于石墨烯衍生产品的检测检验服务支撑功能不足，亟须建立面向黑龙江省石墨烯产业创新需求的创新服务平台体系，提高黑龙江省石墨烯创新资源的整合与配置效率。

对于政府而言，提高创新服务支撑能力，降低企业创新成本是服务职能的重要体现。首先，针对石墨烯企业的公共服务需求，应该进一步发挥国家和黑龙江省科技资源共享服务平台，以及地市科技资源服务站点的作用服务功能，解决相关企业在石墨烯产品创新中的公共服务问题；其次，面向科技型中小企业相关石墨烯衍生产品检测检验的现实需求，必须提前布局针对不同产品领域的石墨烯衍生产品检测检验的服务平台，以降低企业研发成本；最后，根据石墨烯衍生产品的技术创新规律，鼓励具备实力的企业牵头组建专业的石墨烯技术服务平台。

第四，促进高校专利技术产业化。从目前黑龙江省石墨烯产业发明专利来看，大部分石墨烯技术专利权人是高校，而且它们还是专利合作的主导力量，企业在石墨烯专利申请与合作的主导作用严重不足，但高校和科研院所与企业之间存在技术和人才鸿沟，专利技术产业化动力不强，因此需要政府推动，在石墨烯公共技术研发、扩散、创新环境优化等方面为企业提供支撑，尤其需要通过机制体制改革，释放科技人员的创新创业活力，打通科技成果转化"最后一公里"。

对政府而言，进一步优化"大众创业，万众创新"政策环境，为高校和科研院所石墨烯专利的产业化落地提供创新服务支撑，尤其是哈尔滨、鹤岗等具备石墨烯资源和技术优势的地市必须加快整合区域石墨烯优势资源，梳理高校和科研院所掌握的石墨烯专利技术成果，通过举办石墨烯产品展会、专利成果推介会、技术对接峰会等形式推介区域石墨烯优势企业、专利技术和相关产品。对于企业而言，整合优势高校和院所的石墨烯专利技术成果，通过技术合作、技术购买、技术入股等多种方式快速实现高校和科研院所专利技术成果的产业化与市场化。

参 考 文 献

[1] 王宏起, 杨仲基, 武建龙, 等. 战略性新兴产业核心能力形成机理研究. 科研管理, 2018, 39(2): 143-151.

[2] 王宏起, 徐玉莲. 科技创新与科技金融协同度模型及其应用研究. 中国软科学, 2012, (6): 129-138.

[3] 赵天一. 战略性新兴产业科技金融支持路径及体系研究. 科技进步与对策, 2013, 30(8): 63-67.

[4] Lei X P, Zhao Z Y, Zhang X, et al. The inventive activities and collaboration pattern of

university-industry-government in China based on patent analysis. Scientometrics, 2012, 90(1): 231-251.

[5] Granovetter M. Economic action and social structure: the problem of embeddedness. American Journal of Sociology, 1985, 91(3): 481-510.

[6] 曹霞, 张路蓬. 基于扎根理论的合作创新网络可拓机理与优化路径. 中国科技论坛, 2015, (9): 24-30.

[7] Burt R S. Structural holes and good ideas. American Journal of Sociology, 2004, 110(2): 349-399.

[8] Guan J C, Zhang J J, Yan Y. The impact of multilevel networks on innovation. Research Policy, 2015, 44(3): 545-559.

[9] 刘军. 整体网分析讲义: UCINET 软件实用指南. 上海: 格致出版社, 2009: 98-100.

[10] Guan J C, Zuo K R, Chen K H, et al. Does country-level R&D efficiency benefit from the collaboration network structure? Research Policy, 2016, 45(4): 770-784.

[11] 梁中. 基于生态学视角的区域主导产业协同创新机制研究. 经济问题探索, 2015, (6): 157-161, 182.

第5章 新兴产业创新生态系统综合优势管理方法及应用

自新冠疫情以来，全世界进入数字科技革命加速推进、产业竞争格局重塑的战略转折期，我国新兴产业发展正面临"逆全球化"冲击、"双端挤压"挑战和西方国家的科技制裁，同时也迎来数字产业化与产业数字化交互赋能的新机遇。"十四五"规划指出"推动战略性新兴产业融合化、集群化、生态化发展"[①]。"十四五"数字经济发展规划进一步强调"营造繁荣有序的产业创新生态"以及"把握数字化发展新机遇"[②]。这表明构建新兴产业创新生态系统、基于数字化创新视角发展系统综合优势已成为新时期的战略管理重点，对于提升我国新兴产业国际竞争力和打造数字经济新优势具有重要意义。

为了响应竞争趋势和管理情境的最新变化，并进一步完善综合优势理论方法体系，研究团队于2021年申报国家自然科学基金项目"新兴产业创新生态系统综合优势形成机理、实现路径与政策研究：数字化创新视角"，试图在后续研究中取得新的理论突破，并为区域新兴产业发展规划、政策制定及"产学研金介用"创新生态系统主体的战略管理提供先进理论指导及咨询建议。本章在第2章揭示新兴产业创新生态系统综合优势发展机理的基础上科学设计综合优势发展路径，构建一套系统性的路径选择方法及实现机制，进而选取典型案例进行应用研究，旨在为数字化时代新兴产业创新生态化发展及综合优势战略管理提供灵活匹配的实现路径、决策参考和方法支持。

5.1 新兴产业创新生态系统结构及演化过程

创新3.0时代，创新范式已从机械式、流程化的创新体系向生态化、非线性的创新生态系统升级，新兴产业的创新发展不仅源于某种单一因素，更依赖于其所处的创新生态系统。因此，新兴产业持续发展的战略核心是要培育一个高性能的新兴产业创新生态系统，具体指在新兴产业领域内，以产业链核心企业

[①] 中华人民共和国国民经济和社会发展第十四个五年规划和 2035 年远景目标纲要，https://www.gov.cn/xinwen/2021-03/13/content_5592681.htm。

[②] 国务院关于印发"十四五"数字经济发展规划的通知，https://www.gov.cn/gongbao/content/2022/content_5671108.htm。

为主导，与上下游互补企业、高校、科研院所、金融机构、服务中介、政府部门、用户等主体及创新生态环境共同构成，旨在促进创新产出和价值共创的复杂交互系统。

5.1.1　新兴产业创新生态系统结构

1. 新兴产业创新生态系统基本结构

新兴产业创新生态系统具有类似于自然生态系统的"物种-环境"生态互动关系，形成"创新主体层-创新生态环境层"结构，其中"创新主体层"细分为三个层级，且在各层级中，创新种群代表一定时期内占据一定空间的同类物种的个体集合[1,2]。具体构成如下。

"核心创新层"具体包括企业种群与用户种群，分别承担"生产"和"消费"任务，其中企业种群由产业链上、中、下游各环节的核心企业为主要节点。

"辅助创新层"具体包括高校种群与科研种群，通过校企合作、研企合作、产学研联盟等形式，加速技术研发和商业化，助力企业创新活动的高效开展。

"支撑创新层"具体包括政府种群、金融种群和服务种群，旨在为"核心创新层"和"辅助创新层"提供信息、资金、人才和服务支撑，促进跨层级合作。

"创新生态环境层"旨在为"创新主体层"提供阳光（政策）、空气（文化）、水分（经济）、土壤（基础设施）、种子（资源）、养分（技术）等支持。

2. 数字化创新对系统结构的影响

数据是数字化创新的基础要素和根本动力[3]。相应地，数字化创新能对新兴产业创新生态系统提供一种特殊的驱动力——数据驱动力，由此形成替代效应、溢出效应、升级效应、网络效应等不同类型的数据驱动效应，对系统的结构产生多维度影响，具体体现在四个方面。

（1）基于替代效应和溢出效应，系统创新种群及环境要素的构成发生变化。一方面，在替代效应驱动下，系统中的传统资源在数字空间中被不断替代或转化为数字资源，从而提供更多数字化机会。积极把握数字化机会的创业企业和新型服务机构则能为系统增添"数字产业化"的新物种，同时淘汰创新效率低的传统企业和服务机构；同时，随着数字资源持续扩张，资源环境的构成也发生相应变化，形成了传统资源与数字资源并存、互融的资源结构。另一方面，在溢出效应驱动下，系统基于知识、技术和文化溢出，能持续赋能各种群内部既有物种的"产业数字化"转型，同时数字资源也对经济环境、文化环境等环境要素产生影响，如促进经济结构转型和数字经济发展、形成数字化创新文化等。

（2）基于升级效应和网络效应，系统能够建立多元化的数字平台以及不同种群之间的合作联结，使系统在数字空间中的数字化创新活动更活跃。一方面，在升级效应驱动下，系统中的创新资源呈现新的类型和高级组合形式，且创新种群的数字化意识、数字资源储备、数字技术成熟度等不断提升。为进一步提高系统网联化水平以及种群之间的资源配置效率，以政府种群、企业种群为代表的创新主体积极搭建公共数字平台和企业级平台，以促进资源共享、供需匹配和合作构建。另一方面，在网络效应驱动下，平台上搭载的种群规模和类型将呈指数级增加，有助于不同层级、不同类型种群借助扁平化、网络化平台架构建立直接联系[4]，并基于资源能力互补原则寻找更合适的伙伴。这促使系统在数字空间逐渐形成以数字平台为枢纽，支持科学研究到产品开发再到应用服务的"核心平台——云创新群落"结构[5]，呈现多链接、强互动、无边界等特征[6]。

（3）基于融合效应和乘数效应，系统边界更加模糊化，并向更多领域扩张。一方面，在融合效应驱动下，系统能够与外界进行无障碍、零时滞信息交互，有助于激发更多的合作创新和跨界融合机会，引导系统与关联较强或潜在关联的产业创新生态系统建立开放、变革、共赢的多边互动关系，从而呈现边界模糊化、扩张化、非线性演化的耗散结构特征。另一方面，在乘数效应驱动下，系统基于跨产业大数据分析的决策科学性和前瞻性不断提升，从而引导系统数字化创新向更广泛、前沿的领域加速拓展，满足多元化、趋异化的市场需求并激发潜在市场。

（4）基于反馈效应和迭代效应，系统整体结构将频繁变化，表现在两方面。一方面，系统各类种群和环境要素的内部构成将不断优化。在反馈效应和迭代效应的协同驱动下，数据驱动型"反馈—优化—再反馈"的周期性闭环使系统具备主动学习和持续迭代能力，不断引进或培育数字化的种群成员和环境要素。另一方面，由于数字化创新的动态复杂性，主体之间的竞合关系和链接模式将会不断试错和迭代重构，在每个战略期中重新寻找最优伙伴，并循环往复这一过程以促进数字化创新持续发展[7]。

3. 新兴产业创新生态系统"双维"结构模型

结合以上四点分析，建立数字化创新驱动下新兴产业创新生态系统"双维"结构模型，如图 5-1 所示。

"双维"结构表明，系统数字化创新同时在物理与数字空间开展：资源调度、人才流动、生产制造、物流配送等主要发生在物理空间中；知识共享、信息交互、合作建立等越来越多地发生在数字空间中。不仅系统内部"双维"空间不断进行数据流动和信息反馈，而且系统边界更加模糊与扩张化，促进系统结构动态更新。

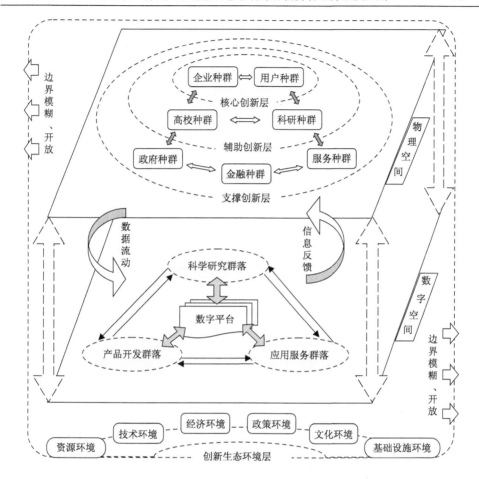

图 5-1　新兴产业创新生态系统"双维"结构模型

5.1.2　新兴产业创新生态系统功能

1. 新兴产业创新生态系统基本功能

新兴产业创新生态系统的基本功能由不同创新种群的功能集合构成。在数字化创新驱动下，七类创新种群的功能各不相同，具体如下。

（1）企业种群。基于产业链的划分，上游企业负责技术研发和产品设计，中游企业负责产品集成和生产制造，下游企业负责品牌营销和应用服务。在数字化创新驱动下，企业种群内部构成发生变化，一是出现更多以数字化产品及服务为核心业务的创业企业，不断淘汰创新效率低下的传统企业，二是由"数字产业化"的新成员支撑传统企业数字化转型。这一结构变化不仅使得企业种群的既有功能得到强化，也衍生了更多"数字化"嵌入的新功能，如云制造、云服务等。

（2）用户种群。一是创造市场需求，作为创新产品的"消费者"，通过测评试用、应用示范、分享体验、消费反馈等方式，推动市场需求的形成、扩张以及良性"供需互动"形成。二是引导企业创新方向，扮演"共同生产者"参与产品设计及开发。数字化情境下，用户需求更加动态化和个性化，对系统形成倒逼功能，加速创新迭代和产出多元化。

（3）高校种群。高校种群是系统中科学研究功能的主要承担者，通过设立人工智能、云计算、大数据、数字创新管理等专业方向及课程、申请数字技术专利及相关科研项目等方式，为企业种群提供知识传播、人才培养和技术支持。

（4）科研种群。科研种群主要负责产业共性技术研发、技术工程化等功能。科研种群和高校种群都拥有前沿理论知识、先进技术与实验基地，因此提供的创新资源及服务拥有较高相似性和衔接性。这有助于充分发挥高校种群的理论研究优势与科研种群的技术开发优势，促进"科学研究—技术开发"功能协同。

（5）政府种群。一是根据区域经济发展需要，科学制定产业创新发展战略；二是提供研发补贴、税收优惠、应用示范等政策支持，促进数字技术研发、产学研合作和数字市场培育；三是优化创新环境，如完善金融体系和知识产权制度等。

（6）金融种群。金融种群包括银行、风投机构、证券机构、信托投资公司、融资担保机构等，主要功能是提供多样化投融资产品、贷款担保、投融资策划等金融支持。数字化创新驱动下，数字货币、数字银行、金融大数据、区块链等为金融种群提供了灵活高效的服务模式，进一步增强其金融支持功能。

（7）服务种群。服务种群旨在为各类种群提供科技咨询、研究开发、技术外包等服务，从而降低创新风险，加速成果转化。数字化创新驱动下，服务种群通过提供大数据分析、平台搭建等数字化链式服务，能够拉动"创新链数字化"。

2. 新兴产业创新生态系统功能组合

在七类创新种群发挥自身功能的基础上，数字平台成为不同种群信息互通、功能组合的载体，引导各类种群打破层级关系，在平台上围绕特定目标协同合作，促进三类"云创新群落"的功能组合。

（1）"科学研究群落"与"产品开发群落"功能组合。两大群落中的企业、高校和科研种群可以通过科技资源共享平台、科技成果转化平台集聚创新所需的知识和相关资源，并在平台上统筹协调资源，遵循互补原则进行功能组合，最大限度地提高资源配置效率。如企业种群普遍缺乏新的创意、科研人才及原始创新能力，而高校和科研种群缺乏对市场需求的动态把握，因此可以基于资源共享平台实时共享人才、需求和新兴技术，互补提升"科学研究"与"产品开发"功能。

（2）"应用服务群落"功能组合。从两个子群落分别看：一是在"创新应用群落"的功能组合方面，在线交易及社交平台通过提供开放界面和互动反馈机制，能有效组合企业种群的创新生产功能和用户种群的需求引导功能，提供"创新-需求"双向催化功能。二是在"创新服务群落"的功能组合方面，政府、金融和服务种群通过政策发布平台、数据共享平台、科技创新服务平台等为系统中各类群落提供政策、金融、服务支持的同时也能够加强彼此合作，协同提供综合性的服务组合。例如，金融种群和服务种群可以通过政策发布平台及时掌握产业政策的支持重点，积极响应政策并协同相关部门、金融机构和服务企业为特定产业领域设计定制化的金融产品、金融服务和创新服务，形成系统性的服务解决方案。

3. 新兴产业创新生态系统功能拓展

在融合效应和乘数效应的协同驱动下，新兴产业创新生态系统边界日益呈现模糊化与扩张化趋势，由此为系统功能拓展创造了机会。

系统功能的拓展依托于"创新生态环境层"的有效运行。环境层一是为创新种群提供资源条件、技术支撑、经济基础、文化氛围和基础设施等，保障各类种群功能的正常运行；二是作为系统内外部信息、资源的交互界面，能够将环境变化反馈于系统内部，促进不同系统间的联系并为系统引入新的创新要素。

在此基础上，系统功能呈现多向拓展的特征。在融合效应和乘数效应驱动下，产业关键技术突破和迭代创新节奏加快，导致未来市场和产业形态更加不确定。为此，系统需要与更广泛、前沿领域的新兴技术及产业领域融合。同时，随着更多产业向数据密集型转变，不同产业之间跨界融合的门槛进一步降低，更有助于融合效应和乘数效应的发挥，为功能拓展提供更多的动力及渠道。

4. 新兴产业创新生态系统功能迭代升级

在功能组合及拓展的基础上，系统结构的频繁变化将推动功能迭代及升级。

首先，在反馈效应和迭代效应驱动下，系统结构的持续优化过程加速了新种群成员、环境要素的数字化基因在系统中扩散，即通过"数字产业化"和已完成"产业数字化"的部分种群成员和数字化环境要素，牵引余下种群成员和创新生态环境实现数字化，从而促进系统功能的持续新增与强化。

其次，基于数字平台的分层模块化结构和反馈机制，不同种群能够将自身的资源在数字平台上进行模块化组合与灵活重组，以系统各阶段的创新任务为临时目标，不断对种群结构、资源组合方案和平台合作关系等进行适应性调整。

最后，由于系统边界的模糊化和扩张化，系统能够扩大跨界探索广度和深度，在更多关联的产业领域和前沿产业领域开展跨界合作与跨界竞争，力争在"未来产业"领域提前布局和把握主导权，不断拓展自身的产业生态边界。

5.1.3　新兴产业创新生态系统演化过程

数据驱动效应作为数字化创新的动力和持续牵引力，驱动新兴产业创新生态系统进入新的演化阶段，并呈现阶段性演化和周期性跃迁的演化特征，见图 5-2。

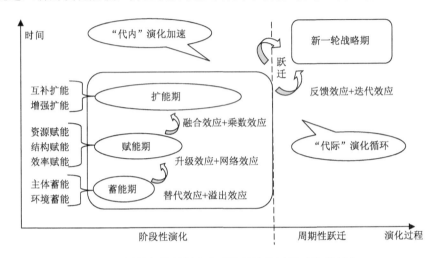

图 5-2　新兴产业创新生态系统的演化过程及阶段划分

1. 阶段性演化阶段

阶段性演化是指在同一个战略期内，系统根据数据驱动效应的实际效果划分为数字化创新"蓄能期→赋能期→扩能期"三个阶段。

（1）数字化创新蓄能期（简称"蓄能期"），即替代效应和溢出效应发挥主导作用的阶段。一方面，系统中数据资源、数字技术、数字基础设施等开始形成并持续积蓄，对传统生产要素、常规技术和有形基础设施等产生一定替代效应，同时通过溢出效应辐射更多的环境要素数字化升级，增加"创新生态环境层"的数字化嵌入程度；另一方面，"创新主体层"出现更多主体开展数字化创新，以更高的资源配置效率形成对传统创新活动的局部替代，并提供"产业数字化"的示范效应和相互赋能[8]。因此，系统能够呈现"由点及面"的创新扩散趋势，即通过环境层与主体层的同步"蓄能"，推动数字化创新全面启动。

（2）数字化创新赋能期（简称"赋能期"），即升级效应和网络效应发挥主导作用的阶段。在该阶段，系统一是基于升级效应实现资源赋能，凭借数据资源的通用性和融合性，支持各类资源形成新形态和高级组合形式，从而支持系统的创新类型丰富和创新能力提升；二是基于网络效应实现结构赋能，依托数字平台开展重组创新，助力产业关键共性技术协同突破与迭代创新；三是基于升级效应与网络效应实现效率赋能，即依托数据资源的迭代性以及数字平台的广泛链接和资源配置优化能力，调动分布式资源并促进多边主体的频繁合作，推动创新数量、质量、速度同步提升。因此，继数字化创新全面启动之后，系统通过资源赋能、结构赋能、效率赋能推动数字化创新持续深入。

（3）数字化创新扩能期（简称"扩能期"），即融合效应和乘数效应发挥主导作用的阶段。一方面，系统基于融合效应发挥互补型扩能，向系统中持续引入互补资源和创新主体，完善数字化产业生态；另一方面，系统基于乘数效应发挥增强型扩能，通过数字化产品、服务的迭代升级和场景联动而增强数字化生态的稳健性与包容性。因此，随着数字化创新持续深入，系统能进一步发挥"互补型"与"增强型"扩能机制，推动数字化生态逐步完善和主流产业创新体系的更替，呈现以数字化创新为主导的演化特征。

2. 周期性跃迁阶段

周期性跃迁是指系统积极响应内外环境变化而加快推动当前战略期的创新进程，并在恰当的时机从当前战略期向下一轮战略期跃迁。

具体地，在反馈效应和迭代效应的主导下，系统能响应内外环境变化而及时进行战略调整或更新，一是加快当前战略期的进程，在产业国际竞争中抢占先发优势；二是进行前瞻性战略布局，在恰当的时机迈入新一轮战略期。总体而言，周期性跃迁呈现"代内"演化加速、"代际"演化循环的特征[9]。

在"代内"演化方面，系统在反馈效应和迭代效应的驱动下，通过建立并完善数据驱动型反馈机制，能实时掌握系统创新状态，精准识别阻碍结构调整升级和功能优化的关键因素，不断提升生态平衡性与自组织性，加速"蓄能期→赋能期→扩能期"的"代内"演化进程，为周期性跃迁做足准备。

在"代际"演化方面，由于开放式系统一直受到内外环境的影响，且数字化创新的自生长性和破坏性通常导致主流技术、产品和市场在短时间内被迫转型升级或完全替代，一成不变的竞争战略可能导致系统逐渐丧失竞争优势。为此，系统须面向"未来竞争"进行前瞻性布局，在当前战略期内通过"反馈—优化—再反馈"的迭代式闭环为战略更新提供依据，不断培育前沿技术和未来产业。

5.2　新兴产业创新生态系统综合优势发展路径设计

路径设计是综合优势理论研究转为实践应用指导的"承上启下"环节。基于"系统布局、分类设计"的思想，设计新兴产业创新生态系统综合优势的差异化发展路径，一是明确路径设计依据与总体架构，二是分别探究各类路径的内涵、特征、过程和目标，三是对不同路径进行对比分析，明晰各类路径的实施优势、实施困境和适用条件，为进一步设计路径选择方法及实现机制提供重要依据。

5.2.1　综合优势发展路径设计依据与总体架构

1. 路径设计依据

新兴产业创新生态系统综合优势发展路径的设计遵循以下三点依据。

（1）符合新兴产业创新生态系统演化特征。数字化创新驱动下，新兴产业创新生态系统经历"蓄能期→赋能期→扩能期"演化，并呈现数字化创新全面启动、数字化创新持续深入、数字化创新为主导的阶段性特征。因此，路径设计要与系统演化阶段匹配并符合动态演化特征，保障处于不同生命周期的新兴产业创新生态系统都有可选择、可应用的综合优势发展路径。

（2）遵循新兴产业创新生态系统综合优势发展机理。符合系统演化特征仅能够确定路径的数量及彼此关系，但不足以明确各路径的具体构成及实施过程，需要进一步遵循综合优势发展机理进行具体路径设计。根据 2.4.3 节，系统综合优势发展是一个"主导优势选择→核心能力培育→综合优势持续发展"的动态递进过程，需要分阶段实施并有序推进，且主导优势、核心能力和综合优势的类型及总体水平在系统三个阶段各不相同。因此，路径设计须以 2.4.3 节揭示并提炼的综合优势发展机理为科学依据，确定三类路径的起点（选择主导优势）、方向（核心能力培育与综合优势发展方向）及关键环节，并充分体现战略视角（数字化创新）、战略目标（综合优势最大化）、战略方向（基于主导优势培育核心能力和发展综合优势）和战略保障（综合优势生态化循环）。

（3）破解新兴产业创新生态系统的现实困境。系统数字化创新的实践中会遇到三类现实困境，在不同演化阶段的具体表现如下。

一是主体间合作不足且效率较低。合作作为创新生态系统构建的核心机制，合作广度和深度将影响系统演化方向。"蓄能期"，各主体数字化意识普遍不足，仅有少数主体合作开展数字化转型；在"赋能期"和"扩能期"，系统中的资源共享平台、协同研发平台等逐渐增多，提升了创新合作的网络效应，但不同主体囿于战略逻辑、技术标准等差异很难形成相互信任、优势互补的深入合作。

二是技术方向不确定且融合风险较高。"蓄能期"，由于数字技术基础薄弱和研发经验不足，系统各类主体在数字技术和常规技术的资源配置之间踌躇不定，出现技术方向迷失；在"赋能期"和"扩能期"，更多系统主体参与数字技术与产业技术体系及跨界技术体系的融合中，但由于技术复杂性高且迭代重组更快，很难摸清迎合未来市场的技术融合方向，跨界融合创新的风险较高。

三是市场依次经历早期生存考验和后期多层次考验。"蓄能期"，用户对数字化产品认识不足且缺乏消费习惯，导致市场规模临界点突破困难，很多创新项目早期夭折；在"赋能期"和"扩能期"，随着用户规模增长和产品性能优化，市场呈现逐新趋异的长尾市场和追求智慧互联的高端市场，此时若不能满足定制化服务、社交互动、科技体验等多层次需求，则会迅速丧失市场地位和竞争优势。

2. 路径总体架构

从路径基本类型、路径相互关系、路径目标三个方面明晰路径总体架构。

（1）综合优势发展路径基本类型。根据路径设计依据：一是系统"蓄能期→赋能期→扩能期"的演化过程，二是综合优势发展机理（图2-27），三是系统三个阶段的现实困境，设计综合优势发展路径的三种基本类型：基于分布式创新、基于重组创新以及基于跨界融合创新的综合优势发展路径。"分布式""重组"和"跨界融合"的命名旨在体现各个阶段核心能力的特色类型以及对主导优势的利用方式，是综合优势发展的轴心[10,11]。

（2）综合优势发展路径相互关系。三类路径间存在依次递进和超循环关系。一方面，路径的递进升级有助于综合优势持续积累和成长拓展。另一方面，由于数字化创新的自生长性和破坏性，三类路径之间的"单向递进"难以长期奏效，"优势"很可能成为"陷阱"，即僵化的综合优势在某种角度上也是"综合劣势"，所以路径之间还存在超循环关系，即在第三类路径实施的中后期寻觅潜在的战略机遇，再次应用第一类路径抓住新技术、新市场领域的数字资源，培育新一轮的分布式、重组、跨界融合创新能力和发展综合优势。

（3）综合优势发展路径目标。路径目标分为短期和长期目标：在当前阶段中准确识别和开发主导优势、快速培育核心能力和实现综合优势最大化，是各类路径的短期战略目标；对当前阶段的主导优势、核心能力和综合优势进行科学评估，根据反馈结果提前进行战略调整，促进综合优势生态化循环是长期目标，以充分体现数字化情境下战略管理的集成化、柔性化、动态化特征[12]。

根据以上分析，建立系统综合优势发展路径的总体架构，如图 5-3 所示。

在明确路径总体架构的基础上，阐述子路径的设计思想：由于区域资源基础、产业数字化基础、生态系统结构等情境差异，即使是适用于同一基本类型路径的系统，在路径实施具体过程中，其参与主体范围、各主体战略定位及战略行为等也不尽相同。现有研究提出架构者（architect）概念用于描述影响整个产业创新生态系统演化和战略变迁的核心主体[13,14]。架构者类型根据系统情境特征而综合判定，既可以是政府部门，也可以是核心企业、平台型企业、联盟协会等，核心任务是根据总体的战略目标协调系统内外、不同层级、不同种群之间的相互关系，并引领广泛的互补者向总体的战略目标（综合优势发展）共同努力。在系统演化不同阶段，架构者类型既可能保持不变，也可能发生动态转换；同时，架构者的战略行为及其引领、协调下的互补者范围也呈现阶段差异性[14]，共同影响路径中的主导优势覆盖范围、核心能力培育模式和综合优势特色水平。

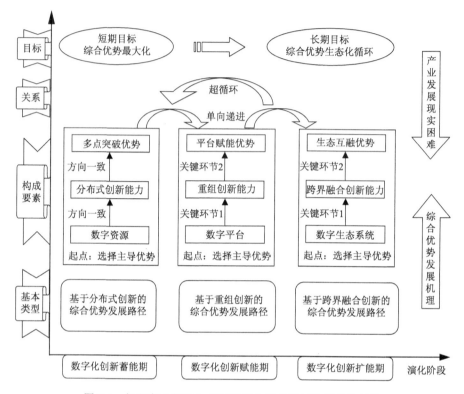

图 5-3 新兴产业创新生态系统综合优势发展路径总体架构

因此，以系统演化阶段、架构者类型、互补者范围为三个维度进一步构建综合优势发展路径空间定位模型，以充分考虑系统间的情境差异，如图 5-4 所示。具体地，在三维空间定位模型中共分布 18 个空间模块。各空间模块代表了同一路径下的具体子路径，即当系统处于不同阶段时，对应的三类基本路径均可以根据架构者类型和互补者范围的差异而细化为 6 条子路径 $f(X,Y,Z)$，其中，$X=1,2,3$；$Y=1,2,3$；$Z=1,2$。

对一个特定的新兴产业创新生态系统，在选定了某一类基本路径的基础上，空间定位模型能够进一步提供路径实施的详细指南，旨在提高路径的可操作性。具体地，系统首先应根据自身情境特征"定位"对应的空间模块，明确当前阶段的架构者类型以及互补者范围，据此设计针对性的子路径实施方案（包括各主体的战略定位、战略行为、相互关系等）；随着系统动态演化，其情境特征所对应的空间模块将发生"位移"，由此需要进行子路径实施方案的动态调整，以确保三维度的协同匹配。

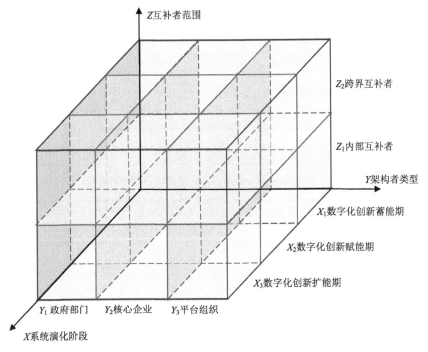

图 5-4　新兴产业创新生态系统综合优势发展路径空间定位模型

因此，本书设计的综合优势发展路径结合了多维情境特征，是一套伴随系统演化而及时调整架构者类型、互补者范围及战略行为的具有空间动态特征的路径实施方案，有助于不同的新兴产业创新生态系统在选择同一基本路径的基础上，进一步设计最适合自身的"殊途同归"子路径，以具体指导系统中的多主体战略行为，通过个性化方式快速实现战略目标。本节的后续部分将对综合优势发展的三类基本路径依次设计，在设计中充分考虑三个维度的差异性特征，从而为基本路径及子路径选择方法的构建（5.3 节）和实际案例应用（5.5 节）提供灵活思路。综上，构建系统综合优势发展路径的子路径分类体系，如表 5-1 所示。

5.2.2　基于分布式创新的综合优势发展路径

1. 路径内涵及特征

基于分布式创新的综合优势发展路径（简称分布式创新路径）是指系统架构者选择数字资源为主导优势进行"数字化蓄能"，依托不同类型的数字资源进行一系列资源编排活动，牵动各类主体向"数字空间"转移，逐渐培育分布式创新的核心能力并以"多点突破"态势发展综合优势的过程及方案集，路径特征如下。

表 5-1　新兴产业创新生态系统综合优势发展路径的子路径分类体系

演化阶段	系统内部的多层互补者为主 Z_1			系统外部的跨界互补者为主 Z_2		
	政府部门 Y_1	核心企业 Y_2	平台组织 Y_3	政府部门 Y_1	核心企业 Y_2	平台组织 Y_3
数字化创新蓄能期 X_1	$f(X_1,Y_1,Z_1)$	$f(X_1,Y_2,Z_1)$	$f(X_1,Y_3,Z_1)$	$f(X_1,Y_1,Z_2)$	$f(X_1,Y_2,Z_2)$	$f(X_1,Y_3,Z_2)$
数字化创新赋能期 X_2	$f(X_2,Y_1,Z_1)$	$f(X_2,Y_2,Z_1)$	$f(X_2,Y_3,Z_1)$	$f(X_2,Y_1,Z_2)$	$f(X_2,Y_2,Z_2)$	$f(X_2,Y_3,Z_2)$
数字化创新扩能期 X_3	$f(X_3,Y_1,Z_1)$	$f(X_3,Y_2,Z_1)$	$f(X_3,Y_3,Z_1)$	$f(X_3,Y_1,Z_2)$	$f(X_3,Y_2,Z_2)$	$f(X_3,Y_3,Z_2)$

注：平台组织 Y_3 包括平台型企业、产业联盟、协会等；多层互补者 Z_1 包括"核心—辅助—支撑"创新层中的各种群成员。跨界互补者 Z_2 指数字产业、其他新兴产业中的创新企业以 $f(X_1,Y_1,Z_1)$ 为例，该子路径可描述为：在数字化创新蓄能期，以政府部门为架构者引导系统内部的互补者广泛开展分布式创新，逐步推动战略变革和综合优势发展的过程及方案

（1）探索性。由于新兴产业具有更高的数字机会敏锐性和对前沿知识技术的探索需求，随着数字资源的种类和规模扩大，系统架构者及更多的互补主体将尝试探索数字化机会，通过数字资源编排活动增加要素的组合方式并创造新价值路径，从而在分布式生态位上进行知识更新、技术突破和产品升级等。

（2）分布性。相比于传统产业，新兴产业的技术领域分布和创新主体分布更加广泛且更复杂；进一步结合数字资源的时间、空间分布不均衡性，该路径在引导战略变革和具体实施过程中将呈现显著的多维分布性，包括启动数字化变革的技术领域分布性、产业链环节分布性、创新主体分布性等。

（3）辐射性。新兴产业的创新更迭快且变革意愿强。在架构者引导和协调下，一是数字技术企业作为"赋能者"，为更多企业数字化转型提供服务支撑，二是产业链核心企业将率先作为"转型者"，其中数字化转型快的企业也将转为"赋能者"，为其他企业提供示范指导及转型服务。这种交互赋能和示范行为能够在系统中产生正外部性和数字化创新辐射效应，不断推进"分布式变革"进程。

根据路径内涵及特征，从路径起点、方向、关键环节三个构成要素刻画分布式创新路径的概念模型，如图 5-5 所示。

2. 数字资源分类及编排方式

基于路径总体架构，系统"蓄能期"的主导优势为数字资源，即架构者依托不同类型数字资源进行资源编排活动，以促进分布式创新能力培育和"多点突破"综合优势形成。因此，明确数字资源的典型类型是有效编排数字资源的基础。

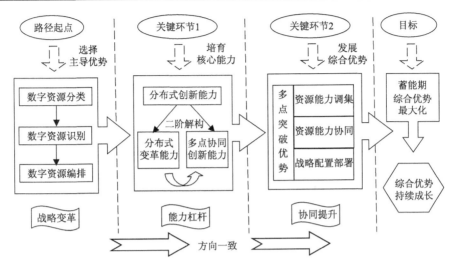

图 5-5　基于分布式创新的系统综合优势发展路径概念模型

现有研究尚未对数字资源形成清晰、统一的维度划分，因此采取文献分析和隐含狄利克雷分布（latent dirichlet allocation，LDA）主题模型进行主题提取和归类。首先，在知网和 WOS 数据库围绕数字化、数字经济、数字化创新、数字资源、数字要素、digitalization、digitization、digital economy、digital innovation、digital resource、digital element 共 11 个主题词对 2012~2021 年的中英文期刊进行检索。其次，根据相关度对检索结果降序排序，选取前 20%文献（379 篇）作为分析文本。利用 Jieba 软件对文本进行分词处理并去除停用词，获得信息词汇集，再进一步利用 Python 软件运行 LDA 主题模型，去除与数字资源无关的主题词，最终提取排名 Top 8 主题，并参考主题词词性及共性特征总结各主题名称，如表 5-2 所示。

表 5-2　数字资源 Top 8 主题及主题词

编号	主题	主题词
#1	离散符号	数字、代码、文字、标点、标签、形状、图片、表格
#2	集成符号	声音、视频、剪辑、网页、报告、知识图谱、解决方案
#3	采集与传输工具	区块链、爬虫、无线传输、卫星地图、量子通信
#4	存储与计算工具	DNA 存储、多方安全计算、大数据、云计算、边缘计算、量子计算、类脑计算、光子计算
#5	仿真与分析工具	人工智能、增强现实、虚拟现实、数字孪生、用户画像
#6	数字治理与标准	网络安全、监测系统、数字技术专利、数字技术开放标准
#7	数字软件设施	卫星互联网、物联网、新一代全光网、工业互联网
#8	数字硬件设施	传感器、处理器、高端芯片、5G 基建、3D 打印设施

参考现有研究[15,16]，将 8 个主题归纳为三个数字资源维度：①数据（#1、#2）；②数字技术（#3、#4、#5）；③数字基础设施（#6、#7、#8）。进一步结合系统种群结构特征（图 5-1 中"核心—辅助—支撑"三个创新层及其种群分布），明晰各个维度数字资源在系统中的典型类型，如表 5-3 所示，旨在为统一规划和编排不同种群的数字资源提供清晰思路及靶点。

表 5-3 新兴产业创新生态系统中的数字资源典型类型

资源维度	主题	核心创新层	辅助创新层	支撑创新层
		企业、用户种群	高校、科研种群	政府、金融、服务种群
数据	离散符号	用户体验评价	合作院所信息	商业贷款记录
	集成符号	新产品生产方案、宣传视频	基础研究项目、技术攻关项目、技术路线图	创新政策、金融产品、服务组合方案
数字技术	采集与传输工具	采购建模技术	新一代数据采集技术	网络舆情监测技术
	存储与计算工具	供应链大数据	量子计算、光子计算	政务大数据、云服务
	仿真与分析工具	用户画像技术	新一代数字孪生技术	政策效果仿真技术
数字基础设施	数字治理与标准	数字技术标准	开源平台治理规则	数字经济规章制度
	数字软件设施	物联网、ERP 系统	数字技术专利、软著	卫星互联网
	数字硬件设施	智能车间	高端芯片、传感器	5G 基站、大数据中心

注：ERP 全称 enterprise resource planning，即企业资源计划

在明确数字资源类型的基础上，借鉴资源编排理论[17,18]，将路径关键环节划分为：数字资源结构化、"资源-能力"捆绑和"资源-能力"杠杆作用，分别对应核心能力培育规划、培育过程和综合优势形成过程。根据这三个步骤划分数字资源的编排方式，并阐述每种编排方式的基本概念，如表 5-4 所示。

表 5-4 数字资源的编排方式

编排步骤	编排方式	基本概念
数字资源结构化（structuring）	资源获取	在识别当前所需的数字资源基础上，通过自主开发或从外部购买、共享开放等方式获取数字资源
	资源积累	对于新获取的数字资源，按照一定的存储规则和管理方式归类到通信层、控制层和平台层以待组合运用
	资源剥离	围绕数字资源制定新的资源组合方案，剥离一些先前方案中的传统、低效资源以提升资源配置效率
"资源-能力"捆绑（bundling）	能力升级	将新的资源组合绑定到系统当前的能力体系中，实现特定能力的数字化升级和整体能力体系的稳定改善
	能力开发	基于新的资源组合驱动一些能力数字化升级的同时，还能开发新类型的能力，以丰富系统能力体系构成

编排步骤	编排方式	基本概念
"资源-能力"捆绑 （bundling）	能力拓展	在能力升级、丰富的基础上，在更大范围开展分布式变革、多点协同创新和场景创新，推动能力体系拓展
"资源-能力"杠杆作用 （leveraging）	资源能力调集	以捆绑的"资源-能力"为主导，吸引更多互补者加入创新合作，以广泛调集战略变革所需的资源及能力
	资源能力协同	通过任务分工和合作治理，保障主体之间资源能力的协同互补，从而形成目标统一、稳定可行的战略配置
	战略配置部署	实际使用战略配置支撑系统综合优势形成，并且根据系统结构、环境变化部署新的配置以维持战略平衡

3. 分布式创新能力培育过程

（1）基于数字资源结构化的分布式创新能力培育规划。数字资源作为系统"蓄能期"主导优势，是引领系统综合优势战略变革的基础。其中，"数字资源结构化"作为数字资源编排的首要步骤，能够为分布式创新能力培育提供明确的规划思路及重点，包括三个环节。

一是数字资源获取方案制定，主要包括内部开发和外部获取两种获取方案。其中内部开发具有及时性、低成本、高匹配性，重点包括：数字化创新所需数据的识别、采集及应用；数字技术研发和现有技术的数字化升级；数字化管理系统开发。架构者需要根据系统实际的数字化需求，快速确定数字资源的获取方向和获取重点，在此基础上引导企业种群与学研、服务种群等积极合作，共同促进数字资源的分类探索、快速开发和互联互通。外部获取方案具有互补性和共享性，重点包括：基于公共数据库获取跨地域、跨行业数据；数字技术、专利、数字化管理系统的购买和许可；基于大数据中心、云计算中心等获取算力、算法支持。

二是资源结构调整及分层管理，包括资源入库、资源剥离两个动态平衡的管理活动。资源入库是指系统各主体需要对新获取的数字资源进行编码并按一定的存储规则归类；资源剥离是更新、淘汰一些传统、低效资源以维持"轻资产"，降低资源管理的复杂度。在资源分层管理方面，网络通信层中主要存储为研发、生产、运营等活动提供网络及通信服务的数字技术及基础设施，包括物联网、5G 等；采集控制层主要存储对数据进行采集、控制、可视化、智能分析的数字技术和管理系统，包括数字孪生、数据采集监控系统等；平台支撑层主要搭载各主体自我开发或接入的资源共享平台、供应链平台、数字化服务平台等。

三是资源组合方案制定。新的资源组合方案将决定"资源-能力"捆绑效果。数字资源能够将各类资源在虚拟空间中优化重组，催生数字化产品及服务模式。因此，在方案制定中需充分发挥数字资源的桥梁作用和赋能作用。

具体地，制定"共性需求导向"和"个性化需求导向"两类资源组合方案：前者面向产业共性技术研发、数字化转型基本路线设计等共性需求，由架构者（核心企业、政府、联盟等）牵头制定对企业种群普遍适用的资源组合方案；后者需要不同生态位上的企业借助大数据、人工智能等技术手段分析自身实际数字化需求，分类统计不同资源组合的使用频次和应用场景，并预测各种资源组合的潜在价值，据此制定自由拼接的"资源组合包"以供不同场景灵活运用。

（2）基于"资源-能力"捆绑的分布式创新能力培育过程。分布式创新能力是系统不同生态位上开展"分布式变革"（数字技术、产品、商业模式变革等）及多点协同创新的能力。根据新的资源组合方案，系统架构者应引导企业种群与广泛的互补者合作，根据不同场景分别采用能力升级、能力开发、能力拓展三种"资源-能力"捆绑模式培育分布式创新能力，三种模式具体如下。

一是"资源组合-能力升级"模式。在资源组合方案中，研发和制造环节是数字资源发挥赋能作用的核心环节。相应地，该模式旨在推动企业种群研发能力、制造能力的数字化升级，而优先升级的企业作为"分布式变革"先导者，能促进系统整体能力体系稳定改善，为开展多点协同创新提供数字化能力基础。

如在研发能力的数字化升级方面，架构者应引导不同生态位上的企业强化与高校、科研院所及提供 AI、大数据等数字技术的互补者合作，开展"AI+""5G+"等融合技术的理论及应用研究，积极探索云研发模式，并且主动构建或加入开源研发平台和知识资源共享平台，促进数字技术与产业核心技术体系融合创新。

二是"资源组合-能力开发"模式。除了推进研发和制造能力的数字化升级，企业还可以基于新的资源组合方案开发新型的数字化能力，以丰富系统能力体系的维度，并为能力体系的拓展提供基础。以数字化服务能力为例，为实现数字化服务能力快速有效开发，架构者应引导不同生态位的企业以产业细分场景及潜在场景为导向，借助用户大数据、模拟仿真等技术快速、精准识别场景中的数字化机会，进而集聚广泛的互补者进行数字资源联合编排，并推出面向特定场景的数字化服务方案，从而形成智能化、定制化服务能力，赢得更大市场份额。

三是"资源组合-能力拓展"模式。在架构者引导及互补者合作实现"分布式变革"的基础上，系统凭借数字资源的要素协同性、组合迭代性和价值增值性，能够持续扩大"分布式变革"的主体能力范围，并在更大范围内开展协同创新活动。这有助于培育和提升多点协同创新能力，实现系统能力体系的进一步拓展以及分布式创新能力（分布式变革能力+多点协同创新能力）的完整构筑。该模式需结合具体的产业案例，在建立以上两种模式的基础上进行针对性设计。

4. 多点突破的综合优势形成过程

在培育分布式创新能力的基础上，架构者进一步发挥"资源-能力"杠杆效应，通过以下三个战略步骤使系统快速形成"多点突破"综合优势并持续成长。

（1）资源能力调集，是指以广泛调动并集中配置分布式创新所需资源及能力为目标，进一步吸引系统内外部资源、能力各异的潜在互补者加入分布式创新活动，为实现更大范围内的资源能力协同管理和战略配置优化提供基础。

具体地，架构者应以率先启动"分布式变革"的企业为枢纽，围绕其资源编排过程中的多层次合作及更新需求，广泛吸引具备紧缺型、互补型资源及能力的主体加入合作，为系统分布式创新提供多元化资源及能力支撑。同时，这一过程应以"多主体互惠共生"为导向搜寻合作伙伴。如中小企业创新活跃、资源能力异质性强，为此，架构者可以搭建大中小企业资源能力共享平台，主动开放设备设施并建立协同研发、业务外包等项目，以充分激发其创新活力和形成互补优势。

（2）资源能力协同，是指在集聚广泛的互补者建立合作的基础上，通过建立战略联盟、任务分工、制定标准等保障主体之间资源能力高效协同，从而形成目标统一、优势互补的综合优势战略配置，即主体、资源、能力的协同组合。

首先，为有效发挥杠杆作用，即以当前简单的战略配置撬动更多互补者的资源和能力，需要合作主体在创新任务、业务领域、利益分配等方面相互协调，即架构者需要通过搭建产学研合作平台、创新联盟等方式，尽快形成一致的战略目标并激发平台网络效应，保证当新技术及市场机会出现时能快速调动关联性主体开展定向合作。其次，中小企业和服务机构需找准在系统中的最适生态位，向专精特新方向发展。最后，核心企业和政府需发挥作为"链主"和"链长"的战略引领和协调功能，引导更多互补者加入，以循环提升战略杠杆作用。

（3）战略配置动态部署，是指根据系统结构、内外环境变化而重新部署主体、资源和能力要素，支撑系统综合优势持续成长，且需要遵循动态平衡原则。平衡是系统有效运行和健康发展的关键机制，体现在"领先型-跟随型"主体结构平衡和"机会-风险"平衡。"领先型-跟随型"主体结构平衡是指系统中领先型主体与跟随型主体的数量保持在恰当比例，确保领先型主体的示范牵引作用以及跟随型主体的资源能力对领先型主体的高度互补，避免发生单向援助和搭便车行为；"机会-风险"平衡是指对新技术机会和市场机会的成本、收益、风险等做出系统性评估，采取保守与冒险结合的战略理念，而非盲目跟风和"全盘出动"。

综上，基于分布式创新的综合优势发展路径以数字资源为主导优势，以融入数字资源的资源编排活动为关键过程，先是系统架构者运用三个"资源-能力"捆绑模式促进分布式创新能力的培育，进而通过资源能力调集、资源能力协同和战略配置部署，以"分布式变革"的主体作为枢纽撬动"资源-能力"杠杆作用，集聚更多互补者形成"多点突破"综合优势并持续成长，表现在核心企业数字化转型初见成效、示范效应及带动效应不断增强、新技术和新业态加速涌现等方面。

5.2.3　基于重组创新的综合优势发展路径

1. 路径内涵及特征

由于新兴产业相比传统产业具有更高的创新颠覆性和迭代性，基于重组创新的综合优势发展路径（简称重组创新路径）是指系统选择数字平台为主导优势，在架构者引领下促进分布式主体在更大范围内重组资源、开展颠覆性技术的联合攻关和不断迭代，逐步培育重组创新的核心能力，并依托平台"联动赋能"加速综合优势成长的战略过程及方案，路径特征如下。

（1）集成性。依托数字平台分层模块化架构和互联互通性，架构者能广泛集成分布式主体的资源及能力，并统一协调实体空间与数字空间中的创新活动。

（2）高效性。架构者利用数字平台能够对不同主体的资源及能力进行模块化处理，从中识别互补性的模块组合以促进供需精准匹配和创新合作高效构建。数字平台还能广泛链接实体平台，帮助提升主体之间资源共享及创新扩散效率。

（3）迭代性。基于数字平台的整合及重构功能，架构者能够引导要素模块的"组合-拆分"迭代循环和跨平台重组，以促进技术、产品、服务等迭代升级。

从路径起点、方向、关键环节刻画重组创新路径的概念模型，如图 5-6 所示。

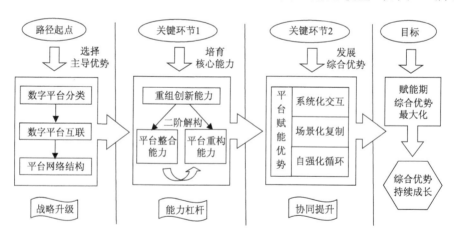

图 5-6　基于重组创新的系统综合优势发展路径概念模型

2. 数字平台分类及网络结构

遵循路径总体架构，系统"赋能期"选择的主导优势为数字平台（路径起点），具体指由数据算法、移动互联网、存储空间等一系列数字技术和基础设施构建的数据交互界面、赋能工具和综合性服务体系[19,20]。明确系统中的数字平台类型是充分发挥各平台功能、促进平台之间功能集成的基础。基于功能视角将数字平台划分为 8 种类型，如表 5-5 所示。

表 5-5　数字平台分类及基本功能

序号	数字平台类型	数字平台基本功能	典型示例
1	数据平台	以系统中各主体的信息系统为基础，对海量数据收集、传输、存储、整合和分析，并为其他类型平台构建提供"数据+算力+算法"支持	华为云、阿里云数据中台、联想数据湖
2	交易平台	为不同主体之间创新产品及服务的展示、交易、担保等提供第三方支持，并降低主体之间因信息不对称导致的搜索、匹配、协调成本等费用	阿里巴巴电子商务网、敦煌网、万国商业网
3	社交平台	为不同主体之间实时通信、云合作、产品设计等提供隐私或开放空间以及个性化功能	腾讯 QQ、微信、微博、钉钉
4	供应链平台	将企业在供应链不同环节中的业务及关联主体连成一个信息化高效协同的功能结构，促进材料、设备、产品等资源的及时调用和灵活配置	吉利工业互联网平台、海尔卡奥斯工业互联网平台
5	资源共享平台	面向产学研等多元化主体，以数据、知识、人才、设备等要素的开放共享和实时获取为目标，帮助平台参与者更大范围、更高效获取和利用专业化资源或闲置资源，实现资源在线优化配置[20]	国家新材料产业资源共享平台、中国科技资源共享网、闲鱼
6	创业孵化平台	以数字创业机会、数字创业资源和数字商业模式为核心要素孵化新的创业项目，旨在引导和扶持数字创业者顺利创建新企业[21]	小米创业平台及孵化的青米、华米、智米平台
7	开放式创新平台	以技术源头创新为导向，旨在通过平台和参与者的多边互动和互补协同促进科技成果协同研发及快速转化、产品功能迭代和应用场景创新[22]	百度 Apollo 开放平台、讯飞开放平台
8	数字化服务平台	依托数字资源开发和服务模块化集成，提供共性或个性化服务解决方案，满足系统不同主体数字化转型升级、创新赋能、价值赋新等需求[23]	CNKI 科研评价与创新服务平台、钉钉协同服务平台、猪八戒网

在明确数字平台分类的基础上，为了充分发挥数字平台作为主导优势的赋能作用，需要彼此形成多层嵌套的网络结构，通过互联互通形成"联动赋能"效应。一方面，结合国内外研究[22-24]，将平台互联互通划分为三种形式：一是同类平台的互联互通，二是不同类型平台的互联互通，三是数字平台与实体平台的互联互通。

另一方面，根据平台功能及互联互通形式，将平台网络划分为基础支撑层、资源交互层和应用服务层，并将平台网络关系归纳为两种。

（1）层内互动关系。一是基础支撑层（数据平台、交易平台和社交平台）内的互动关系，包括不同数据平台的数据开放共享、不同交易/社交平台的开放链接以及三类平台的功能联合支持，旨在为系统各主体创新活动提供广泛信息、多样化社交渠道和第三方交易保障。二是资源交互层（供应链平台和资源共享平台）内的互动关系，旨在形成服务于企业智能化采购、产销及多主体协同创新的资源交互体系。三是应用服务层（创业孵化平台、开放式创新平台、数字化服务平台和线下实体平台）内的互动关系，旨在加快创意孵化、成果转化及应用。

（2）跨层互动关系。一是基础支撑层与资源交互层的互动：前者向后者提供关于采购、分销等环节资源配置的数据分析、多主体交流平台及安全交易环境；后者向前者提供数据分析准确性、平台使用便捷性及合作匹配效果的实时反馈，以帮助前者持续改进平台功能。二是资源交互层与应用服务层的互动：前者根据后者的创新和服务需求，协同关联性平台提供资源集聚、分类存储、检索匹配、开放共享等一体化服务；后者根据需求变化向前者提出知识、技术、人才等资源重组需求，反向引导前者加快互补性资源的集成和模块化重组，促进平台成长。

综上，刻画基于平台互联互通的"多层嵌套"平台网络结构，如图 5-7 所示。

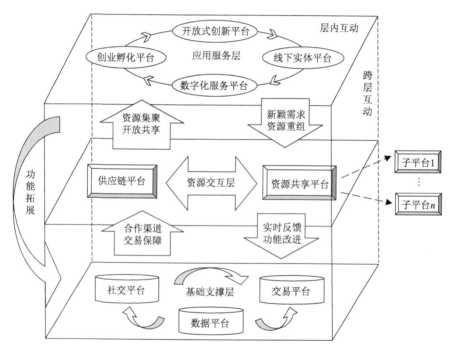

图 5-7　基于平台互联互通的"多层嵌套"平台网络结构

3. 重组创新能力培育过程

重组创新能力指系统中的分布式创新主体凭借互联互通的平台网络以更大范围、更高效率实现资源优化重组、模式重构与迭代创新的能力。在明确平台网络结构的基础上，通过平台构建及协同治理、平台能力组合运用而促进重组创新能力培育，是主导优势向核心能力转化的关键环节。

本节旨在识别重组创新能力培育过程中的战略要素及逻辑关联。对此类新问题探索，学界通常选取质性分析方法以避免主观性、片面性。为此，采用程序化扎根理论和"因果条件→现象→情境→中介条件→行动/互动策略→结果"扎根理论典范模型[25,26]，对资料进行三级编码，根据要素识别和逻辑关系的分析结果，设计重组创新能力培育路径的具体步骤。在样本及数据方面，选择我国新能源汽车产业创新生态系统为样本，从而保证本章中路径设计与第 2 章揭示的理论匹配性，并最大限度地挖掘前期调研中获得的丰富数据集（表 2-5）。

（1）开放式编码。开放式编码旨在对原始资料中现象进行整理，识别若干概念并提炼初始范畴[21]。将案例资料随机分成两份（2/3 和 1/3），借助 Nvivo12.0 对 2/3 的资料进行编码，共提炼 30 条概念与 14 个初始范畴，如表 5-6 所示。

表 5-6　开放式编码结果（示例）

范畴化	概念化	原始资料（典型证据援引）
各类型平台按需构建 A_1	数据平台构建 a_1	合众汽车构建数据湖和数据中台，满足部门间信息共享需求，并通过大数据集成分析为研发和生产环节赋能
	生态平台构建 a_2	为了加快新能源汽车制造环节的智能化和共享化，联想与上下游车企共同建设智能制造示范及应用服务平台
多目标平衡与多主体协调 A_2	战略目标平衡 a_3	根据发展潜力和创新趋势明确短、中、长期战略目标，编制燃料电池、纯电动和智能网联汽车的技术路线图
	多主体利益协调 a_4	2016年国轩高科积极打造新的平台生态，确立自身及合作主体的角色定位，平衡多方利益关系并协调冲突
政产学研协同治理 A_3	合作构建机制 a_5	支持企业联合高校、科研院所共建各类平台和生态联盟，通过成本共担、利益共享的治理机制塑造新型合作关系
	资源共享机制 a_6	推动政产学研"双创"资源开放式整合，打造支持资源柔性配置、创新高效扩散的"双创"平台及基础设施
⋮	⋮	⋮
平台整合能力 A_{13}	基于模块化整合的资源能力互补 a_{27}	蔚来秉持模块化造车理念，基于"互联网+制造"平台对宁德时代、南方和顺等伙伴的资源能力进行互补整合
	基于创新导航的技术联合攻关 a_{28}	百度 Apollo 的研发需求实时发布系统能够引导车企联合更多平台伙伴进行产业关键技术和前沿技术的协同研发
平台重构能力 A_{14}	基于功能集成的模式重构 a_{29}	吉利 GKUI 集成阿里云服务、高德地图、智能语音等功能，推出了 AI 导航、个性音乐、场景推荐等智能服务
	基于模块重组的创新迭代 a_{30}	科大讯飞"平台+赛道"战略促进源头创新与产业细分应用双向循环，在"算法—数据"持续闭环迭代中重新组合技术和架构模块，以巩固智能语音的核心技术壁垒

（2）主轴式编码。主轴式编码通过对初始范畴之间的逻辑关联进行分析与挖掘，确定联结关系并聚敛为若干个主范畴。通过运用扎根理论典范模型[26]，对14个初始范畴进行逻辑分析和理论抽象，得到3个主范畴，如表5-7所示。

表5-7　主轴式编码结果

主范畴	初始范畴					
	因果条件	现象	情境	中介条件	行动策略	结果
平台构建与动态治理 B_1	各类型平台按需构建 A_1	平台网络初步形成	平台构建期	多目标平衡与多主体协调 A_2	政产学研协同治理 A_3 阶段性治理 A_4	平台治理效果提升 平台网络有序扩张
平台能力组合运用 B_2	多边网络效应提升 A_5	平台能力共享及跨场景运用	平台扩张期	数字通道与资源池完善 A_9 平台嵌套与互联互通 A_{10}	数字连接能力 A_6 数字聚合能力 A_7 智能分析能力 A_8	平台赋能场景多元化
重组创新能力体系构筑 B_3	重组创新逻辑设计 A_{12}	架构者主导系统战略调整	平台互联期	平台战略引领与创新导航 A_{11}	平台整合能力 A_{13} 平台重构能力 A_{14}	创新迭代与效率提升 核心能力动态跃迁

（3）选择式编码。选择式编码进一步对主范畴进行理论抽象，挖掘并提炼核心范畴为"系统重组创新能力培育过程"，并以"故事线"方式描述能力培育的具体步骤如下。

首先，新兴产业创新生态系统架构者需要识别由"蓄能期"向"赋能期"综合优势战略升级过程中的实际发展需求，如多主体数据集成与共享、产业链上下游分工优化、产学研用深度合作、创新产品迭代等，科学规划并引导相关主体构建数据平台、供应链平台、产学研合作平台、开放式创新平台等各类型数字平台，通过政产学研多主体协同治理及阶段性调整，保障系统多目标平衡与多主体协调，从而快速构建平台网络并有序扩张（平台构建与动态治理 B_1）。

其次，在平台网络扩张的过程中，系统架构者和广泛互补者都应积极把握同边网络效应及跨边网络效应持续提升的机会，构建并强化彼此之间的数字通道和资源能力共享机制，以此促进平台网络的互联互通以及各个子平台数字连接、聚合和智能分析能力的开放共享与跨场景组合运用，从而灵活实现面向技术研发、生产制造、应用服务等多元场景的平台"联动赋能"（平台能力组合运用 B_2）。

最后，在平台网络互联互通的过程中，系统架构者应进一步面向创新迭代、提升效率的持续发展需求，在平台战略引领功能和创新导航功能的支撑下设计重组创新的战略逻辑和具体规划，包括平台整合战略（基于模块化整合的资源能力互补、基于创新导航的技术联合攻关）和平台重构战略（基于功能集成的模式重构、基于模块重组的迭代创新），通过统一战略规划引导互补者的战略行为协同，联合促进系统重组创新能力培育，以更好满足模块化分工、技术瓶颈联合攻关、创新迭代等需求，同步提升创新数量、质量和速度（重组创新能力体系构筑 B_3）。

4. 平台赋能的综合优势成长过程

在培育重组创新能力的基础上，须进一步发挥数字平台（主导优势）的战略引领作用及重组创新能力（核心能力）的杠杆作用，依托平台网络的"联动赋能"促进创新扩散，构建"平台联动赋能—创新多向扩散—综合优势成长"战略闭环。

创新扩散（innovation diffusion）是指创新在一个时期内凭借特定的渠道在不同主体间广泛传播并逐渐改变主体结构和环境的过程[27]。在战略管理领域，通常将创新扩散视为组织通过资源能力整合、产品服务开发的溢出效应而获取竞争优势的动态过程[28]。在平台主导型生态系统情境下，创新扩散已由主体之间单向或双向的简单模式转变为以平台体系为核心枢纽和重要引擎的网络化模式，数字平台的模块性、关联性、网络效应和迭代赋能特征被视为影响创新扩散的关键因素[22,23]。因此，构建基于数字平台"联动赋能"的系统化交互、场景化复制、自强化循环三个递进的创新扩散机制。

（1）系统化交互。系统化交互机制是指政府、平台企业等系统架构者以前沿技术和市场需求为导向联合制定基于数字平台的战略规划，借助数字平台多层嵌套体系、互联互通结构及战略引领功能，首先吸附分布式创新主体在平台上大规模汇聚和建立多样化链接，然后重点运用平台协调和整合能力，在"卡脖子"与"杀手锏"技术、关键共性技术的联合攻关等方面进行统一布局、分工和资源调度，促进更多平台互补者的创新合作协同和市场广泛采纳。

在战略规划和平台整合能力运用的过程中，各类型平台（表5-5）需要作为系统中架构者、互补者、采纳者等主体的交互空间协调运作。此外，在系统化交互中，架构者还可以借助平台网络辐射和吸引更广泛、跨产业的潜在互补者参与战略行动，共同开展技术、产品、商业模式的重组创新活动。

（2）场景化复制。场景化复制机制旨在将系统化交互产生的创新成果向不同应用场景快速复制、场景化嵌入与应用落地。为此，系统架构者和核心互补者首先需要借助社交平台、交易平台、资源共享平台等平台，以公开宣传、交易、培训和交流等形式促进新的技术、产品、规则标准、解决方案和创新经验等在产业链上下游和互补合作者之间有效传播。如科大讯飞推出的合作伙伴门户系统能够提供研发、咨询、销售方面的培训资源，帮助大中小企业和潜在客户了解新的人工智能技术如何在制造场景、消费场景中创新应用，以构筑新的竞争优势。

在此基础上，广泛的互补者可根据自身需求，复制、细化或融合新的创新成果到其业务领域、产品架构体系和细分市场中，从而实现场景化深度嵌入，并在不同场景应用落地的过程中探索新型解决方案，培育新技术、产品、服务和场景，激发潜在市场需求，以持续提升创新扩散的广度和深度。

（3）自强化循环。自强化循环机制旨在场景化复制的基础上促进创新扩散向自组织、自强化、快速迭代的方向发展。为此，政府、平台企业等系统架构者需要重点运用平台重构能力，首先引导互补者积极响应技术、市场和政策情境，依托数字平台进行合作关系的断裂和重连，通过新"DNA 片段"的交换和重组促进新的创新"基因"形成。这一遗传变异机制能够导致创新性质、种类、扩散形式变化，增强系统自适应能力和自组织能力，从而提高综合优势可持续性。

其次，平台上的各类型互补者在场景化复制的深度嵌入阶段需要重新思考自身的平台战略，选择载入更多平台或从平台"互补者"向"领导者"升维[29]。在此过程中，系统架构者应大力支持和引导"互补者升维"，这反过来能进一步壮大平台网络体系，强化"联动赋能"和创新扩散的效果。

最后，系统架构者和广泛的互补者应联合促进重组创新和创新扩散的快速迭代。迭代创新是以需求及时响应为导向，以敏捷开发、要素重组、快速试错为表现形式，以价值创造、持续传递和循环攀升为目标的创新过程。数字平台的遗传变异和"互补者升维"分别促进了创新扩散的自组织、自强化，以提升综合优势的可持续性与总体水平，而迭代创新能进一步提升创新扩散效率，通过模块跨平台的循环迭代，不断孕育新技术和新模式，助力系统基于效率驱动和以快取胜的战略逻辑不断塑造临时优势，在总体上实现综合优势的迭代、叠加和持续成长。

综上，基于重组创新的综合优势发展路径是以数字平台为主导优势，以平台网络"联动赋能"为关键过程，在架构者引领和互补者配合下，先通过数字平台动态治理、平台能力组合运用促进重组创新能力培育，再通过系统化交互、场景化复制、自强化循环三个创新扩散机制，赋能系统综合优势在"多点突破"态势上持续成长，重点表现在资源更大范围优化配置，技术瓶颈持续突破，应用场景加速迭代等方面。

5.2.4 基于跨界融合创新的综合优势发展路径

1. 路径内涵及特征

基于跨界融合创新的综合优势发展路径（简称跨界融合创新路径）是指架构者选择数字生态系统为主导优势进行超前布局，依托数字生态系统的分层架构，吸引并协调跨界互补者共同培育跨界融合创新的核心能力，实现单一产业优势向跨界共生优势转变的战略过程及方案集合，路径特征如下。

（1）前瞻性。为了实现综合优势生态化循环的长期目标，系统架构者需要面向潜在市场进行前沿探索，在数字生态系统的主导下联合更多跨产业、多类型的互补者进行前瞻性战略布局和战略跃迁，实现数字化创新全面拓展。

（2）融合性。数字生态系统旨在为更多产业数字化活动提供软硬件、平台支撑及技术服务[8]。借此基础，新兴产业创新生态系统各主体能够扩大资源整合范围，发掘技术、市场间的隐藏联系或创造新联系，实现跨产业融合创新。

（3）价值共创性。在跨界融合创新的过程中，系统不仅能够实现自身综合优势新一轮拓展，同时也协同推进智慧能源、智慧交通、智慧旅游等高质量发展，实现多产业协同共生与价值共创，携手推进我国现代化产业体系建设。

根据路径内涵及特征，从路径起点、目标、关键环节三个构成要素刻画基于跨界融合创新的综合优势发展路径概念模型，如图 5-8 所示。

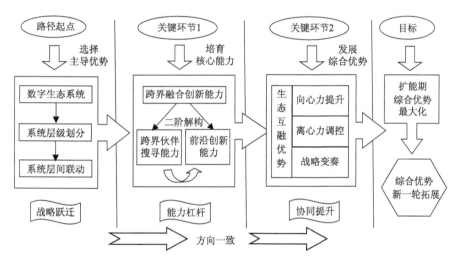

图 5-8　基于跨界融合创新的综合优势发展路径概念模型

2. 数字生态系统的分层结构

遵循路径总体架构，系统"扩能期"选择的主导优势为数字生态系统（路径起点）。依托数字生态系统的分层结构及层级联动，系统架构者及其引领下的跨界互补者能够抢占未来科技制高点和潜在市场，从而在分布式、重组创新能力的基础上培育跨界融合创新能力。因此，厘清数字生态系统的分层结构及各层级的主体与功能，是培育跨界融合创新能力的基础。

数字生态系统是指由数字资源、数字平台、数字资源提供者、数字资源使用者的多层级关系所构成的复杂系统[8]，旨在促进数字机会探索、数字创意设计、数字技术研发、平台互联及对不同产业的创新赋能[30]，并通过跨产业技术融合、服务集成拓展数字化创新广度及深度。与新兴产业创新生态系统相比，数字生态系统超越任何产业边界而存在，更突出数字化要素在跨产业关系构建中的地位。

由于数字生态系统的收敛性、模块性和可扩展性，系统中包括广泛的异质性主体，且不同主体的数字化程度、目标各不相同。因此，将数字生态系统解构为一种分层生态体系，能够清晰捕捉并刻画系统各层主体和不同层级的联动方式。包括数字基层生态、数字初阶跨界生态和数字高阶跨界生态。

（1）数字基层生态，由人工智能、大数据、云计算、区块链、物联网等核心数字技术产业构成。数字基层生态不仅能够提供数字产业化的增量创新[8]，同时也为更多产业主体提供基础性和兼容性的智能软硬件、数字基础设施及技术服务、平台架构支撑以及数字化转型解决方案。

以大数据产业为例，旨在为社会各界提供大数据收集、大数据产品、大数据服务应用三种核心业务，进而通过技术嵌入、产品嵌入和市场关联，带动更多产业由"资本密集型"向"数据驱动型"转型升级。因此，数字基层生态为不同产业数据互通、技术架构共享、跨产业战略合作奠定了基础。

（2）数字初阶跨界生态，是指数字技术"跨界"嵌入不同产业的技术体系，并与产业技术体系交叉渗透、探索应用而形成的数字化转型生态。此时，"跨界"的主要特征是数字技术基于人工智能、大数据、云计算等核心数字产业（数字基层生态）而向其他产业初步转移并逐步形成新技术、新产品和新业态，例如，数字技术与电控技术的结合产生"智能电控"，与座舱技术的结合产生"智能座舱"。

在"初阶跨界"过程中，培育的新技术、新产品和新业态以提高目标产业的生产效率、产品附加值和服务体验为主，有助于巩固和增强其在核心技术、主要产品和主流市场的竞争优势。如在服务环节，"比亚迪云服务"应用程序能提供远程控制、道路规划等定制服务，并提供"家中+户外"全面充电方案。

（3）数字高阶跨界生态，是指不同产业在"初阶跨界"的基础上借助数字技术的融合性、可供性及自生长性，围绕"初阶"创新产物持续开展更宽领域、更深层次的跨界融合行为而形成"数字化互融生态"。

比起单向技术嵌入及二者之间的简单融合，"互融"涵盖更多技术领域交叉、更广泛的主体以及复杂融合关系。如在"初阶跨界"产生的智能电控、无人驾驶等基础上，能源、互联网、汽车、通信等关联性产业进一步开展"高阶跨界"，推出智慧出行解决方案，加快智能交通、智慧能源、智慧城市等高质量发展。

因此，人工智能、大数据、云计算等核心数字技术产业（数字基层生态）能够推动数字技术在不同产业的融合（初阶跨界生态），由此产生新的产业生态关系，并进一步促进新技术、新产品、新业态出现与应用深化（高阶跨界生态），实现数字技术的跨界发展和单一产业优势向跨产业共生优势的跃迁。综上，建立数字生态系统的分层结构（图5-9），其中跨界生态以通信、手机和汽车产业为例。

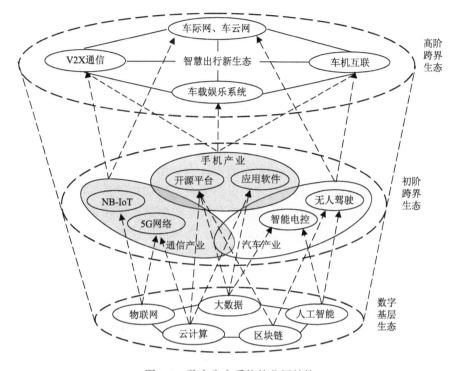

图 5-9　数字生态系统的分层结构

NB-IoT，英文全称 narrow band internet of things，即窄带物联网

V2X 是 vehicle to X 的意思，X 代表基础设施（infrastructure）、车辆（vehicle）、行人（pedestrian）等，X 也可以是任何可能的"人或物"（everything），即车联万物

3. 跨界融合创新能力培育过程

鉴于跨界创新活动的社会嵌入性、资源交换本质及中国情境下文化、关系等非正式制度对于创新活动的重要影响，结合社会嵌入理论和社会交换理论[31,32]，分析并设计跨界融合创新能力的培育过程及重点，具体分为三个阶段，前两阶段对应"跨界伙伴搜寻能力"的培育过程，第三阶段对应"前沿创新能力"的培育过程，与 2.4.3 节中跨界融合创新能力的具体构成相对应。

（1）跨界伙伴选择阶段。在深度数字化情境下，不同产业通过产品、服务、技术、市场等形成一定程度的产业关联。在数字生态系统主导下，系统架构者应利用数据驱动、数字孪生技术广泛扫描并映射产业之间的经济联系和创新合作，准确测度产业间的关联度，以确定技术可行、市场广阔的跨界创新方向及互补者。

（2）合作关系构建阶段。合作关系的构建不可避免地受到制度、文化、地缘等社会因素的影响。尤其在存在制度真空、资源稀缺和结构缺陷的新兴经济体情境下，跨界融合创新更易受到社会因素的制约。因此，借鉴社会嵌入理论（social embeddedness theory）设计合作构建的战略重点[31]。在跨界合作建立中，社会嵌入有利于主体间建立更多的人脉关系、社交网络和政治关联，获取异质性资源、合法性支持和政策背书，从而克服资源和制度约束，顺利跨入新领域[33]。嵌入方式可以划分为邻近性和多元性社会嵌入。

一是邻近性社会嵌入，包括地理、技术和组织邻近。在关系构建初期，系统中拟优先开展跨界创新的主体（简称跨界主体）通常缺乏在新领域的技术认证和行业声誉，因此应优先嵌入地缘关系主导、技术领域相似的邻近性社交网络[34]，在其中积累技术、经验、合法性等社会资本，为合作关系扩大奠定基础。

二是多元性社会嵌入。邻近性嵌入是跨界关系初期构建的基础，但"街坊近邻"将无法满足跨界融合深入期的业务拓展、迭代创新、国际化竞争等需求。此时应以多元性社会嵌入为主导，建立跨地理、跨领域的社交关系以获得更多外部知识和互补性资源，并持续探索潜在的跨界互补者和融合创新机会。

（3）合作关系深入阶段。单方面社会嵌入不能维持其在跨界创新中的主导地位和持续性。社会交换理论（social exchange theory）认为社会经济主体在嵌入的网络中应实现双向交换，在索取回报的同时积极付出，且当判断付出能得到预期回报时才会积极追求合作并持续、深入地参与合作[32]。同时，在循环反复交换中能够产生信任、承诺和共同愿景，引导双方主动进行深层次资源、技术和人才交换。为此，系统架构者应动员、协调广泛的跨界互补者，参与跨界创新并交换预期回报，同时将交换动机从自身"成本-收益"权衡转向跨界合作的价值协同提升，从而建立一致的创新目标，联合探索颠覆性技术和蓝海市场。

4. 生态互融的综合优势拓展过程

借鉴经典力学概念，系统"扩能期"综合优势可视为架构者引领下"向心力-离心力"不断平衡的结果，其中"向心力"推动跨界互补者走向融合共生，而"离心力"驱使跨界互补者相互疏远而保持独立[35]。根据综合优势的内涵——综合平衡各方面优势、劣势、机会、风险而形成的总体优势状态，将"向心力"视为优势和机会的综合驱动结果，"离心力"视为劣势和风险的驱动结果，四种因素变化将导致系统在两种状态间演化：一是"向心力"主导系统走向更深入的跨界融合，二是"离心力"主导系统放缓节奏和调整战略。

基于以上思想，分析系统跨界融合创新中的优势、劣势、机会和风险，为"向心力"提升方案以及"离心力"调控方案的设计提供具体思路。

（1）跨界融合创新优势。一是关联性优势。我国已建成门类齐全的产业体系，不同产业之间在战略愿景、核心技术、商业模式等方面存在不同程度的关联。因此，跨界互补者凭借强或弱关联关系可以更容易建立合作，促进新的融合技术、产品等形成。二是包容性优势。由于创新生态系统的多样共生性，跨界融合创新不仅能容纳异质性创新主体，还能凭借系统的自我调节功能而包容更多创新风险和失败。这有助于形成产业链高效协同、产学研密切合作的长期跨界合作。

（2）跨界融合创新劣势。主要体现在跨界互补者之间的制度差异性。根据制度理论（institutional theory）[36]，制度差异性主要包括三个方面。

一是规制差异性。规制是规范和协调经济行为的具有强制性的正式制度。不同产业的规章制度、技术标准、数据管理标准等差异会增加跨界合作难度。二是规范差异性。行业规范是不成文的社会规范、进入门槛、行业潜规则、公序习俗等，这些规范会对异质性资源、技术的跨界共享形成一定的排斥性。三是文化-认知差异性。文化作为潜移默化影响认知的非正式制度，也在不同产业之间存在差异，在无形中塑造个体对新事物的理解、观念和辨析逻辑。

（3）跨界融合创新机会。机会和风险作为事物的正反面同时存在。跨界融合创新机会和风险主要体现在制度真空导致的制度创新机会及机会主义风险上。制度真空是指必要性制度的缺失或是当前制度结构中存在的制度裂缝[34]。我国作为最大的新兴经济体，对创新创业的支持制度仍处于探索调整期，为跨界融合创新带来更大不确定性的同时，也为制度完善和制度创新提供了更多机会。

（4）跨界融合创新风险。与机会相互对立，跨界融合创新的风险主要体现为机会主义风险。具体地，由于制度真空存在，不公平竞争、搭便车、关系庇护、产权纠纷等现象常有发生。这些机会主义行为引发了资源不当配置，挫伤合作积极性和信任水平，从而给有序、公平的跨界融合创新活动带来风险。

在明确系统跨界融合创新中的优势、劣势、机会和风险的基础上，通过两两组合设计"向心力"提升方案及"离心力"调控方案，旨在指导系统在战略变奏中实现综合优势的根基强化及柔性拓展。两类方案的具体策略如下。

（1）"向心力"提升方案，包括优势利用策略和机会开发策略。

第一，优势利用策略。为了充分利用跨界融合创新的关联性、包容性优势，架构者一是要引导跨界互补者在合作中选择自身最擅长的领域，以实现彼此的优势关联互补和能力短板补齐，二是打造信息开放的生态环境，保证跨界互补者在新的机会和风险出现时能共同制定应对方案，三是当遇到技术瓶颈或创新失败时，及时从系统其他位置调配资源进行应急，并开展集体性反思学习。

第二，机会开发策略。在制度改善方面，制度真空作为跨界障碍的同时也为本土特色制度的发展提供了机会。如新兴经济体的制度中介建设（产学研平台、创业苗圃等）能够为跨界融合提供身份认证和能力建设机制[34]。在架构重构方面，系统架构者需以"融合即再造"思维集成多领域知识和标准，颠覆原先架构规则并重新设计，制定模块跨界流动与重组的接口、标准及优化方案。

（2）"离心力"调控方案，包括劣势转化策略和风险规避策略。

一是劣势转化策略。面对制度差异性，系统各主体都应积极参与制度改革，在遵守不同产业的规章制度、技术标准和"潜规则"前提下寻找跨界融合的相对最优方案，并以架构者为代表向科技部、国家发展改革委、国务院发展研究中心反映当前的制度缺陷和切实诉求，为产业发展战略调整、融合技术标准制定献计献策。

二是风险规避策略。面对机会主义风险，系统架构者在甄选跨界互补者时需充分调查其合作历史、行业口碑和市场绩效，综合判断其信誉水平、法律意识和社会责任意识，淘汰有不良记录和搭便车隐患的互补者。

综上，基于跨界融合创新的综合优势发展路径以数字生态系统为主导优势，以"生态互融"战略实施为关键过程。在"生态互融"过程中，系统架构者联合广泛的跨界互补者，综合采用"向心力"提升方案和"离心力"调控方案，能够在两种演化情形（"向心力"主导的跨界融合深入及"离心力"主导的战略反思调整）的战略变奏中有效平衡各方面优势、劣势、机会和风险，推动综合优势向新一轮拓展，真正实现单一产业优势向跨产业共生优势的转变，共建具有互惠性的跨界创新生态。

5.2.5 综合优势发展路径对比分析

根据前文分析，三类路径分别适用处于"蓄能期""赋能期"和"扩能期"的新兴产业创新生态系统，且路径之间存在依次递进关系和超循环关系。本节从路径特征、关键环节、实施优势及困境、适用条件对三类路径进行比较，如表 5-8 所示，旨在明晰路径之间的联系及区别，为路径选择方法设计提供依据。

表 5-8 新兴产业创新生态系统综合优势发展路径比较

对比维度	基于分布式创新的综合优势发展路径	基于重组创新的综合优势发展路径	基于跨界融合创新的综合优势发展路径
路径特征	探索性、分布性、外部性	集成性、高效性、迭代性	前瞻性、融合性、价值共创性
关键环节	①基于数字资源结构化处理及一系列"资源-能力"捆绑行动，促进分布式创新能力培育；②通过资源能力调集、协同和部署，发挥"资源-能力"杠杆作用，形成"多点突破"优势	①基于平台互联互通和平台能力组合运用，促进重组创新能力培育；②通过系统化交互、场景化复制、自强化循环的创新扩散机制，促进平台体系"联动赋能"下的综合优势持续成长	①基于数字生态系统实现与广泛跨界互补者的技术融合，在系统边界扩展与前沿创新中培育跨界融合创新能力；②采用"向心力"提升及"离心力"调控方案，拓展综合优势战略期
实施优势	架构者引领各主体的数字资源编排活动，其中数字原生企业作为"赋能者"提供数字化服务，核心企业作为"转型者"先锋，产生示范及溢出效应，持续提升数字经济效益和综合优势水平	在链接不同类型的数字平台及实体平台的基础上，通过平台网络中的数据共享和互补合作，促进更大范围内的资源重组、服务联动及迭代创新，实现分布式协同向全产业生态协同升级	依托数字生态系统中的通用技术及多层联动，架构者能与跨界互补者共同发掘潜在融合领域以引导前沿技术探索，启动新一轮的分布式及重组创新，为综合优势路径的超循环奠定基础

续表

对比维度	基于分布式创新的综合优势发展路径	基于重组创新的综合优势发展路径	基于跨界融合创新的综合优势发展路径
实施困境	随着数字资源的类型、规模不断扩张，各主体很难从中精准识别对于当前战略实施最有价值的数字资源，且有可能盲目开发或是跟风购买低价值数字资源，导致资源编排效率低下，不利于"资源-能力"的杠杆作用高效发挥	各平台功能和数据处理能力存在差异，且彼此之间可能由于数据共享成本和数据窃取、投机行为等形成"数据孤岛"和"链接封闭"，从而导致资源重组范围有限、主体间互动较少，不利于平台互联互通和形成"联动赋能"效应	由于产业技术体系日趋复杂，细分的技术领域众多且与跨界技术交叉融合的必要性和价值性不一，架构者很难判断优先围绕哪些技术领域开展融合、与哪些目标技术领域融合以及开展什么类型融合，不利于跨界合作高质量构建
适用条件	通常适用处于"蓄能期"的新兴产业创新生态系统，战略变革意愿较强且具有一定的数字资源积累，正在架构者引领及互补者协同下有序进行数字机会开发和转型探索，逐步将创新要素、生产关系和经营管理从物理空间向数字空间转移，打造数字化研发、制造、服务和管理模式	通常适用处于"赋能期"的新兴产业创新生态系统，在"企业内网平台→产业生态平台→平台互联"的构建和发展中由架构者主导多主体协同治理和阶段性治理，并基于平台模块化架构升级和网络效应循环，逐步实现了面向多元化场景的平台赋能和按需响应的创新迭代	通常适用处于"扩能期"的新兴产业创新生态系统，面向"未来竞争"主动吸纳与其战略匹配的跨界互补者，在架构者引领下联合探索融合技术及应用场景；同时，为避免综合优势僵化而正不断寻觅潜在机遇，在三类路径柔性转换和超循环迭代中促进综合优势生态化发展

5.3　新兴产业创新生态系统综合优势发展路径选择方法

路径选择方法是关于路径如何选择与转换的一套规则和策略集。为明确不同特征的新兴产业创新生态系统"如何选择与自身匹配的最优路径"以及"何时与如何对路径进行转换"，本节一是设计路径选择的指标体系及应用规则，并构建路径（基本类型、子路径类型）选择方案；二是判定路径阶段性转换的最优时机，分析路径转换中的主观、客观矛盾问题，采取可拓变换方法构建路径转换的策略组合，保障综合优势发展路径的灵活适用性。

5.3.1　路径选择的总体思路

（1）符合不同系统的情境特征及子路径选择需求。综合优势发展路径三种基本类型分别适用数字化创新蓄能期、赋能期和扩能期，与三个演化阶段匹配的系统主导优势与核心能力类型不同，从而决定不同路径的适用性。因此，为确保路径选择的精确性，应对路径选择的影响因素进行全面分析，科学判定系统当前阶段及与之匹配的基本路径。此外，即使是适用同一基本路径的系统，在路径实施中其架构者类型和互补者范围也呈现一定差异，故需要进一步设计子路径选择及组合方案，指导不同情境特征的系统以"殊途同归"方式实现战略目标。

（2）满足系统阶段性演化中的路径转换需求。为积极应对数字化情境下的综合优势战略变革和持续升级需求，系统应确保已选择的综合优势发展路径能够在恰当时机转换，为此需回答两个问题：①"何时"进行路径转换和二次转换？这一问题涉及路径转换时机的科学判定；②"如何"推动路径顺利转换以有效克服路径转换过程中的依赖性、风险性？解决这一问题需要厘清路径转换的矛盾问题及阻碍因素，分别采取针对性的路径转换方法，并根据彼此之间的逻辑关系构建路径转换策略组合。

5.3.2　路径基本类型的选择规则及方案

1. 路径选择的影响因素分析

从"种群-环境"视角探究路径选择影响因素，能够全方位掌握系统结构中各个模块的数字化发展水平，科学判断其主导优势和核心能力的适配类型，从而为综合优势发展路径的选择提供科学依据。在影响因素维度划分方面，借鉴战略三脚架理论（strategy tripod theory）中决定战略选择的"内部异质性"、"产业结构"和"制度环境"三个维度[37]，划分出三个路径选择的影响因素维度。

一是创新种群构成维度，对应战略三脚架的"内部异质性"维度，具体包括种群内部结构、种群规模比例、种群功能水平三个影响因素。

二是创新种群关系维度，对应战略三脚架的"产业结构"维度，具体包括种群互动形式、种群互动强度、种群互动层级三个影响因素。

三是创新生态环境维度，是战略三脚架"制度环境"维度在创新生态系统中的情境化拓展。借鉴现有研究，在数字化创新驱动下，综合优势发展路径的选择主要受到数字资源、创新政策、基础设施三类环境因素的影响。

2. 创新种群维度的路径选择规则路径

结合新兴产业创新生态系统的特征并借鉴已有文献[38-43]，对创新种群特征、创新种群关系两个维度的影响因素，采取定量与定性相结合的思路构建路径选择指标体系，如表5-9所示。

表 5-9　创新种群维度的路径选择指标体系

影响因素维度	影响因素	测度指标
创新种群构成维度 A	种群内部结构 A_1	企业种群数字创业比率 A_{11}
		服务种群数字创业比率 A_{12}
		企业种群数字化转型比率 A_{13}
		服务种群数字化转型比率 A_{14}

续表

影响因素维度	影响因素	测度指标
创新种群构成维度 A	种群规模比例 A2	高校种群与企业种群规模比例 A_{21}
		科研种群与企业种群规模比例 A_{22}
		服务种群与企业种群规模比例 A_{23}
	种群功能水平 A3	发明专利中数字技术专利比例 A_{31}
		发明专利年增长率 A_{32}
		数字平台多样性 A_{33}
创新种群关系维度 B	种群互动形式 B1	发明专利申请人平均数量 B_{11}
		创新网络辐射性 B_{12}
		研发活动协同性 B_{13}
	种群互动强度 B2	企业种群内部竞争强度 B_{21}
		数字技术发明专利年增长率 B_{22}
		在线交流和云会议意愿 B_{23}
		高水平战略合作次数 B_{24}
	种群互动层级 B3	技术关联程度 B_{31}
		产学研合作活跃度 B_{32}
		企业种群与服务种群合作意愿 B_{33}

指标体系共有 12 个定量指标和 8 个定性指标。12 个定量指标的数据来源及测算方法具体如下。

（1）企业种群数字创业比率 A_{11}。企业总数可通过《中国统计年鉴》和各省市统计年鉴中对应的产业数据获得，企业名单可通过天眼查、企查查等平台获得。数字创业的判定采用抽样统计与文本分析方法，即在确定抽样概率的基础上，对样本企业的官网、年报进行文本分析，并借鉴相关研究，将数字创业相关主题词确定为数字创业、互联网创业、数字商业模式、孵化平台和数字技术商业化。若文本分析集中明确提到以上五个主题词中的两个及以上，则判定企业开展了数字创业活动。计算公式：A_{11} = [开展数字创业的企业样本数 /（企业种群总体规模×抽样概率）]×100%。

（2）服务种群数字创业比率 A_{12}。服务组织作为"支撑创新层"重要种群，开展数字创业的服务组织占比越高，对"核心创新层"数字化创新的支撑能力就越强。服务组织的总数可通过《中国第三产业统计年鉴》、各省市统计年鉴获得，其数字创业的判定思路与 A_{11} 相同，其中主题词参考相关研究确定为数字创业、互联网服务、数字化服务、数字商业模式和服务平台。

（3）企业种群数字化转型比率 A_{13}。数字化转型与数字创业是数字化创新的双翼，区别为数字化转型发生在企业的传统业务领域。判定及测算的思路同上，主题词为数字化转型、数字化升级、数字化改造、数字化管理和流程数字化。

（4）服务种群数字化转型比率 A_{14}。判定及测算思路同上，主题词为数字化转型、数字化升级、数字化服务、开通线上服务和云服务。

（5）高校种群与企业种群规模比例 A_{21}。该指标能够在一定程度上反映系统"辅助创新层"为"核心创新层"提供新鲜创意、前沿理论知识、创新人才等支持的水平。高校数量可通过《中国科技统计年鉴》获得。

（6）科研种群与企业种群规模比例 A_{22}。科研种群能为企业种群的创新活动提供工程技术和应用技术支持。科研院所数量可通过《中国科技统计年鉴》获得。

（7）服务种群与企业种群规模比例 A_{23}。服务种群能为企业种群提供专业服务方案，助力企业种群数字化转型。同时，两个种群规模比例应保持在合理区间，以保证服务质量和"创新-服务"供需匹配。数据来源同 A_{11} 和 A_{12}。

（8）发明专利中数字技术专利比例 A_{31}。发明专利是系统功能的直观体现，其中数字技术专利（即包含数字技术领域国际专利分类号的专利）占比越高，技术体系的数字化嵌入水平越高，越有助于开展数字化创新。聚焦系统核心创新层即企业种群的专利情况，企业种群的边界及具体构成同 A_{11}，可通过智慧芽专利数据库获取发明专利数据。

（9）发明专利年增长率 A_{32}。发明专利年增长率是指发明专利申请数量的年增长情况。当发明专利的申请持续增加时，表明系统的创新种群具有持续创新的意愿和能力，从而有助于创新功能的迭代升级和综合优势持续提升。数据来源同 A_{31}。

（10）发明专利申请人平均数量 B_{11}。数字化创新驱动各个种群内部及种群之间依托数字平台建立多边关系，以携手攻克关键技术和探索前沿技术。这些不断建立的多边互动，一定程度反映为发明专利申请人的增加。数据来源同 A_{31}。

（11）数字技术发明专利年增长率 B_{22}。数字技术发明专利的增长情况能够反映系统数字化创新的活跃程度、互动强度及增长潜力。数据来源同 A_{31}。

（12）高水平战略合作次数 B_{24}。作为正式合作中的代表性活动，战略合作伙伴的实力越强、合作次数越多，则创新种群互动强度和质量越高。为简化计算，采取随机抽样的方式，先确定样本企业，再统计其与中国企业联合会历年发布的"中国企业 500 强"榜单中企业的合作签约次数，签约数据可以通过企业官网、新闻、年报等获取并辅以文本分析进行综合研判。计算公式：B_{24} = 样本企业与中国 500 强企业合作签约总次数 /（企业种群总体规模 × 抽样概率）。

在构建指标体系的基础上，设计创新种群维度的指标量化规则与评分标准。由于指标体系同时包含定性与定量指标，且存在量纲不统一、部分指标缺少客观数据的问题，因此引入基于规则的综合评价方法[39]，即依据各个指标的自身特点和差异程度设计针对性的量化规则与评分标准。借鉴相关研究[40-43]，并根据对我国部分区域（江苏、北京、黑龙江）石墨烯、新能源汽车、生物医药产业创新生态系统的调研结果，综合设计指标量化规则及评分标准，如表 5-10 所示。

表 5-10　创新种群维度的指标量化规则与评分标准

测度指标	优（16~20）	良（11~15）	中（6~10）	差（1~5）
企业种群数字创业比率 A_{11}	≥30%	20%~30%	10%~20%	≤10%
服务种群数字创业比率 A_{12}	≥20%	10%~20%	5%~10%	≤5%
企业种群数字化转型比率 A_{13}	≥60%	40%~60%	20%~40%	≤20%
服务种群数字化转型比率 A_{14}	≥50%	30%~50%	10%~30%	≤10%
高校种群与企业种群规模比例 A_{21}	≥10%	5%~10%	2%~5%	≤2%
科研种群与企业种群规模比例 A_{22}	≥20%	10%~20%	5%~10%	≤5%
服务种群与企业种群规模比例 A_{23}	50%~70%	30%~50%	10%~30%	≤10%，≥70%
发明专利中数字技术专利比例 A_{31}	≥50%	30%~50%	10%~30%	≤10%
发明专利年增长率 A_{32}	≥20%	10%~20%	5%~10%	≤5%
数字平台多样性 A_{33}	好	较好	一般	差
发明专利申请人平均数量 B_{11}	≥4	3~4	2~3	≤2
创新网络辐射性 B_{12}	好	较好	一般	差
研发活动协同性 B_{13}	好	较好	一般	差
企业种群内部竞争强度 B_{21}	适中	较低	较高	高
数字技术发明专利年增长率 B_{22}	≥20%	10%~20%	5%~10%	≤5%
在线交流和云会议意愿 B_{23}	高	较高	一般	低
高水平战略合作次数 B_{24}	≥5	3~5	1~3	≤1
技术关联程度 B_{31}	高	较高	一般	低
产学研合作活跃度 B_{32}	高	较高	一般	低
企业种群与服务种群合作意愿 B_{33}	高	较高	一般	低

注：定量指标根据实际数据的对应区间给出具体评分；定性指标的四个等级对应各区间的中值，如专家评分"高"对应的分数为 18 分

在获取定量指标评分和邀请专家对定性指标进行评分并取平均值的基础上，对同一影响因素下的指标评分进行累加并取平均值，得到各因素的最终评分[39]。结合 5.2.5 节路径对比分析，提炼"种群构成及关系-路径选择"的对应关系并设计路径选择的三类条件，构成创新种群维度的路径选择规则，如图 5-10 所示。

两个维度选择条件存在一定差别：种群构成作为种群互动的基础，很大程度影响路径选择的下限，故 A_1~A_3 评分要求相对较高；种群关系维度反映系统互动质量和发展潜力，影响路径选择上限，故 B_1~B_3 评分要求相对宽松。此外，图 5-10 中列出的仅为路径选择的基本条件而非全部条件，还需进行创新生态环境分

析以及"种群-环境"匹配分析，综合提出完整的路径选择策略。

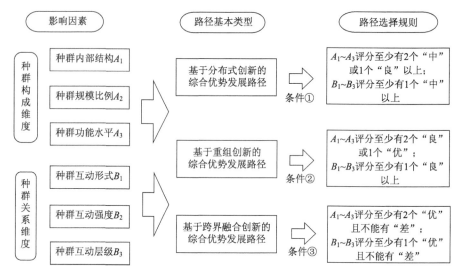

图 5-10　创新种群维度的路径选择条件及规则

3. 创新生态环境维度的路径选择规则

根据影响因素分析结果，围绕数字资源、创新政策、基础设施三类环境要素，结合系统特征并借鉴已有文献[3,42-44]，构建路径选择指标体系，如表 5-11 所示。

表 5-11　创新生态环境维度的路径选择指标体系

影响因素维度	影响因素	测度指标
创新生态环境 C	数字资源 C_1	数字资源多样性 C_{11}
		数字资源与传统资源融合度 C_{12}
		核心数字技术发明专利增长率 C_{13}
	创新政策 C_2	政府研发投入强度 C_{21}
		政府采购强度 C_{22}
		创新政策组合更新速度 C_{23}
		数字化创新政策工具比例 C_{24}
	基础设施 C_3	交通基础设施完善程度 C_{31}
		创新基础设施完善程度 C_{32}
		基础设施数字化嵌入程度 C_{33}
		新基建建设支持力度 C_{34}

在指标体系中，5 个定量指标的数据来源和测算方法如下。

（1）核心数字技术发明专利增长率 C_{13}。数字技术是数字资源的重要部分。其中，人工智能（A）、区块链（B）、云计算（C）和大数据（D）被视为核心数字技术[43]，能够为其他技术提供算力、算法和平台架构。因此核心数字技术的水平可以在一定程度上反映数字资源状态，可以通过智慧芽专利数据库获取数据。

（2）政府研发投入强度 C_{21}。研发补贴在产业研发经费中所占比重直接反映政府对新兴技术研究、实验及开发的支持意愿及强度，但政府投入并非越大越好，太大可能产生挤出效应，并存在干预市场的情况。数据来源为《中国科技统计年鉴》、各省市统计年鉴及科技厅局。计算公式：C_{21} =（产业当年研发经费中政府补贴金额 / 产业当年研发经费总额）×100%。

（3）政府采购强度 C_{22}。政府采购旨在帮助新兴产业形成早期稳定的市场规模，并在政府背书下获取一定的市场公信度。同时，采购强度不宜过大，以避免企业产生政府依赖性。数据来源为全国及地方政府采购网站和公共资源交易平台。

（4）创新政策组合更新速度 C_{23}。面向系统不同阶段的需求动态性和创新复杂性，政策组合需不断进行评估反馈和政策学习，从而为综合优势发展提供连贯、有效支持[34]。根据系统不同演化阶段特征，政策更新速度应呈现"由慢至快"加速上升；同时，政策更新也不适宜过快，确保政策受众有充分的适应调整时间。历年政策可通过北大法宝数据库获取。计算公式为：C_{23} =（与产业相关的当年新出台创新政策数量 / 与产业相关的过去三年累计创新政策数量）×100%。

（5）数字化创新政策工具比例 C_{24}。创新政策组合中数字化创新政策工具占比越高，系统数字化创新活动的政府背书越强，越有助于系统的战略递进及跃迁。判定方法为政策文本分析，利用数字化、智能化、数字技术、平台等主题词提取每份政策文本中的政策工具并汇总。计算公式为：C_{24} =（产业相关过去三年累计数字化创新政策工具数量 / 产业相关过去三年累计创新政策工具总数）×100%。

在构建指标体系的基础上，同样采用基于规则的综合评价方法。借鉴国内外相关研究[40-44]，并依据实际调研结果，设计量化规则和评分标准如表 5-12 所示。

表 5-12　创新生态环境维度的指标量化规则与评分标准

测度指标	优（16~20）	良（11~15）	中（6~10）	差（1~5）
数字资源多样性 C_{11}	高	较高	一般	低
数字资源与传统资源融合度 C_{12}	高	较高	一般	低
核心数字技术发明专利增长率 C_{13}	≥20%	10%~20%	5%~10%	≤5%
政府研发投入强度 C_{21}	10%~20%	5%~10% 20%~25%	1%~5% 25%~30%	≤1%或>30%

续表

测度指标	优（16～20）	良（11～15）	中（6～10）	差（1～5）
政府采购强度 C_{22}	20%～30%	10%～20% 30%～40%	5%～10% 40%～50%	≤5%或>50%
创新政策组合更新速度 C_{23}	20%～30%	10%～20% 30%～40%	5%～10% 40%～50%	≤5%或>50%
数字化创新政策工具比例 C_{24}	≥30%	20%～30%	10%～20%	≤10%
交通基础设施完善程度 C_{31}	高	较高	一般	低
创新基础设施完善程度 C_{32}	高	较高	一般	低
基础设施数字化嵌入程度 C_{33}	高	较高	一般	低
新基建建设支持力度 C_{34}	高	较高	一般	低

指标值的计算思路同上一节。在此基础上，提炼"创新生态环境-路径选择"对应关系并设计创新生态环境维度的路径选择规则，如图 5-11 所示。当满足条件之一可以判定系统处于"蓄能期"、"赋能期"或"扩能期"，有能力选择对应的综合优势发展路径；当评分皆为"差"或仅有一个"中"时，系统未达到路径选择最低要求，需进一步优化创新生态环境，积蓄必要的战略资源和能力。

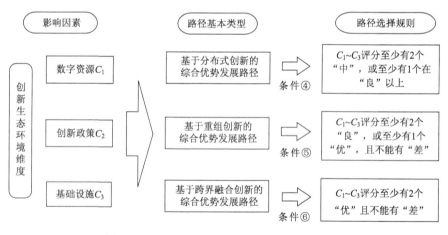

图 5-11 "创新生态环境-路径选择"对应关系

4. 基于种群-环境匹配的路径选择方案

在战略实践中，综合优势发展路径的选择不仅会受到创新种群、生态环境的各自影响，还需要"种群-环境"达到相互支撑、双向促进、生态化平衡的发展状态，为路径启动和灵活转换提供系统性支持。因此，以种群、环境维度分别提出的路径选择规则为基础，对"种群-环境"匹配情形进行分类，包括"不匹配""完全匹配""环境优于种群""种群优于环境"四类情形。根据"种群-环境"匹配的四类情形以及各自子情形，构建路径选择的条件组合，据此能够确定三种路径基本类型的选择方案，如表 5-13 所示。

表 5-13　新兴产业创新生态系统综合优势发展路径基本类型的选择方案

匹配情形	条件组合	选择方案	对应演化阶段
种群-环境 不匹配 （3 种子情形）	一与一	不满足任何路径	未进入数字化创新 战略期
	一与条件④/⑤/⑥		
	条件①/②/③与一		
种群-环境 完全匹配 （3 种子情形）	条件①与条件④	分布式创新路径	蓄能期
	条件②与条件⑤	重组创新路径	赋能期
	条件③与条件⑥	跨界融合创新路径	扩能期
环境优于种群 （3 种子情形）	条件①与条件⑤	分布式创新路径	蓄能期
	条件①与条件⑥		
	条件②与条件⑥	重组创新路径	赋能期
种群优于环境 （3 种子情形）	条件②与条件④	分布式创新路径	蓄能期
	条件③与条件④		
	条件③与条件⑤	重组创新路径	赋能期

5.3.3　子路径类型的选择规则及方案

1. 子路径选择的空间模型构建

由于系统之间的情境差异性，即使适用同一路径基本类型的系统（处于同一演化阶段），在路径实施中的架构者类型、互补者范围及其战略行为也呈现一定差异，需要进一步结合表 5-1 子路径分类体系，从演化阶段、架构者类型、互补者范围三个维度具体设计子路径选择方案，旨在提高路径的可操作性，指导不同特征的系统在同一基本路径下选择最佳子路径，并在恰当情形下进行子路径组合和分区域、分领域实施，从而以个性化方式灵活实现目标。为此，首先需要构建子路径选择空间模型，以明晰子路径选择的总体思路，然后依次设计三个维度的选择规则，最后汇总并确定子路径的选择及组合方案。

具体地，根据综合优势发展路径的空间定位模型（图 5-4），在演化阶段 X、架构者类型 Y、互补者范围 Z 三个维度的综合影响下共有 18 种子路径选择方案，其中演化阶段 X（$X=1,2,3$）是基础维度，用于确定路径基本类型，再根据架构者

类型 Y（Y=1,2,3）和互补者范围 Z（Z=1,2）差异而分别细分为 6 条子路径。因此，子路径选择应该先确定演化阶段 X，然后依次设计架构者类型 Y 和互补者范围 Z 维度的选择规则。为了清晰、直观地表现三个维度的联系及各维度的内部差异，构建子路径选择的三维空间模型，如图 5-12 所示。

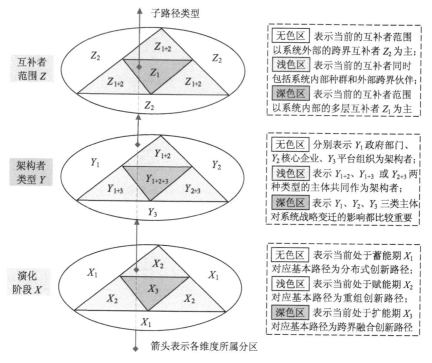

图 5-12　综合优势发展子路径选择的三维空间模型

图 5-12 中，各维度都包括三个不同的空间分区，涵盖了子路径在特定维度下的所有情况，三个分区代表的含义各不相同，在右侧虚线框中给出对应解释。箭头（↑）表示系统在各维度的所属分区：如在图 5-12 示例中，根据箭头所属分区可以判定系统当前处于"赋能期"阶段（X_2），以核心企业（Y_1）为架构者，互补者范围以系统内部的多层互补者（Z_1）为主。参考表 5-1 子路径分类体系，最终确定与系统情境特征相匹配的子路径类型为 $f(X_2, Y_1, Z_1)$。

此外，图 5-12 不仅包括表示单一类型架构者或互补者的分区，还包括表示多类架构者或互补者的分区，说明系统中可能同时存在多类主体扮演架构者角色，不同架构者由于战略目标各异，一部分将互补性主体的协调范围聚焦于系统内部（利用式创新为主），另一部分则扩大至系统外部的跨界伙伴（探索式创新为主）。这反映出同一系统中存在"子路径组合"的可能，可以在明确子路径选择规则及方案的基础上，进一步设计子路径组合方案。

2. 子路径选择规则及空间映射关系

依据子路径选择的空间模型，依次分析并设计三个维度的子路径选择规则。

（1）演化阶段维度。演化阶段维度 X 是确定路径基本类型的核心维度，也是子路径选择的基础维度。因此，子路径选择规则应与路径基本类型的选择规则一致。为了与 Y、Z 维度形成一致的规则尺度，参考表 5-13 的路径选择条件组合，设计演化阶段维度的子路径选择规则及空间映射关系，如图 5-13 所示。

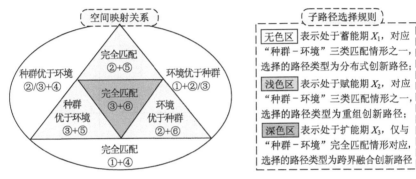

图 5-13　演化阶段维度的子路径选择规则及空间映射关系

（2）架构者类型维度。架构者类型维度 Y 是确定子路径类型的承上启下维度，需要在判定系统当前阶段架构者类型的基础上，进一步判定架构者引领协调下的互补者范围。鉴于系统中存在多类主体和复杂互动，许多战略行为很难通过统计数据反映，因此借鉴现有研究对系统中政府、核心企业、平台组织等角色和行为的描述及相关量表[45-47]，设计新兴产业创新生态系统架构者类型判定量表，如表 5-14 所示。

实际判定时，需要邀请对系统特征和发展现状相对了解的当地政府官员、企业高管、学术专家、联盟理事和科研工作者进行评分。首先在获取 N 位专家评分的基础上，分别对三个维度下多个题项的分数进行求和并取平均值，作为对应维度的总得分；其次，计算所有专家评分的平均值作为对应维度的最终评分。

最后，结合图 5-12 子路径选择模型，设计架构者类型维度的子路径选择规则及空间映射关系，如图 5-14 所示。若不满足三种分区规则（如 Y_1、Y_2 和 Y_3 皆 <3，或 $Y_1 \geqslant 3$ 时 Y_2 和 Y_3 都为 2～3），说明三类主体的影响较弱或区分不大，此时系统的架构者类型不明显，需重新组织专家进行判定。

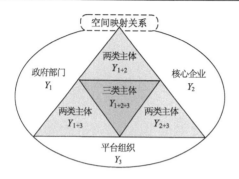

图 5-14 架构者类型维度的子路径选择规则及空间映射关系

表 5-14 新兴产业创新生态系统架构者类型判定量表

架构者类型	量表题项	评分等级				
		1	2	3	4	5
政府部门 Y_1	区域政府为本产业的创新活动提供了计划引导、税收补贴、人才引进等全方位政策支持，是产业数字化转型和持续发展的必要支撑和核心引擎	非常不赞同	不赞同	一般	赞同	非常赞同
	区域政府为本产业的产学研金介之间生态化互动提供了关键的合作平台、公平的竞争环境和强力的制度保障	非常不赞同	不赞同	一般	赞同	非常赞同
	当新的数字经济业态或细分产业领域出现时，区域政府能够及时出台政策引导其合法发展，产业的成长离不开政府采购、市场保护和投资基金支持	完全不可能	不可能	不确定	可能	非常可能
核心企业 Y_2	产业链结构完整，上中下游皆存在一家或多家核心企业，彼此间高效协调，形成了对全链条的辐射、带动效应	非常不赞同	不赞同	一般	赞同	非常赞同
	本产业中很多重要的协同创新平台和服务平台是由核心企业而非政府构建的	非常不赞同	不赞同	一般	赞同	非常赞同
	在新技术机会识别方面，核心企业比政府更敏锐，能迅速判断市场前景广的技术领域并集聚关联主体开展创新	完全不可能	不可能	不确定	可能	非常可能
平台组织（平台企业、产业联盟等）Y_3	一家或多家数字平台企业对本产业的转型升级、重要合作构建和核心技术突破的作用比政府和核心企业更大	非常不赞同	不赞同	一般	赞同	非常赞同
	相比于政府和核心企业，产业联盟对产学研金介协同创新开展了更重要的创新导航、冲突协调和标准建设工作	非常不赞同	不赞同	一般	赞同	非常赞同
	当遇到技术瓶颈或资金缺口时，新创企业倾向于向平台互补者和联盟伙伴寻求合作，而非核心企业的兼并收购	完全不可能	不可能	不确定	可能	非常可能

（3）互补者范围维度。互补者范围维度 Z 的判定方法及子路径选择规则的设计思路与架构者类型维度相同，借鉴现有研究对系统多层互补者及跨界互补者角色和行为的描述及相关量表[48,49]，设计系统互补者范围判定量表，见表 5-15。

表 5-15　新兴产业创新生态系统互补者范围判定量表

互补者范围	量表题项	评分等级				
		1	2	3	4	5
系统内部（核心、辅助、支撑创新层）Z_1	核心创新层中，企业种群在核心技术、领先产品、目标市场、商业模式方面的差异较大，能在彼此之间形成优势互补的合作，促进创新资源优化配置	非常不赞同	不赞同	一般	赞同	非常赞同
	辅助创新层中，高校种群和科研种群通常掌握企业需要的前沿知识、发明专利和技术原型，商业化潜力大	完全不可能	不可能	不确定	可能	非常可能
	支撑创新层中，金融种群和服务种群能为企业提供及时、匹配的科技金融支持和创新服务，促进数字化创新	非常不赞同	不赞同	一般	赞同	非常赞同
系统外部（数字技术产业、其他新兴产业）Z_2	当前产业发展进入低增长或瓶颈期，需要先进的数字技术赋能产业降本、提质和增效，以提高产业创新绩效	非常不赞同	不赞同	一般	赞同	非常赞同
	当前产业的同质化竞争激烈，需要与更广泛的产业伙伴开展跨界融合，培育新技术和新业态，抢占蓝海市场	非常不赞同	不赞同	一般	赞同	非常赞同
	根据近几年发展趋势，未来三年新的上市企业、专精特新企业和瞪羚企业将大多来自数字经济融合产业领域	完全不可能	不可能	不确定	可能	非常可能

专家评分与数据处理方法与架构者类型维度相同。设计互补者范围维度的子路径选择规则及空间映射关系，如图 5-15 所示。若不满足三种分区的规则（如

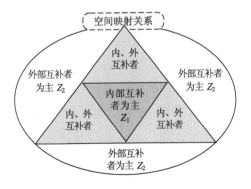

图 5-15　互补者范围维度的子路径选择规则及空间映射关系

Z_1 和 Z_2 皆 < 3，或 $Z_1 \geqslant 3$ 时 Z_2 为 2 ~ 3）则互补者的主要范围不明显，需重新组织专家判定。

3. 子路径类型的选择方案

根据图 5-13 至图 5-15 中演化阶段、架构者类型、互补者范围三个维度的子路径选择规则，汇总构建子路径选择方案，如表 5-16 所示（以演化阶段 X_1 为例）。

表 5-16　数字化创新蓄能期 X_1 的综合优势发展子路径选择方案

演化阶段 X	架构者类型 Y	互补者范围 Z	子路径类型
[无色区] 蓄能期 X_1 三类匹配情形之一	[无色区] 政府部门 Y_1 $Y_1 \geqslant 3$，Y_2 和 $Y_3 \leqslant 2$	[深色区] 内部互补者 Z_1 $Z_1 \geqslant 3$，$Z_2 \leqslant 2$	$f(X_1, Y_1, Z_1)$
		[无色区] 外部互补者 Z_2 $Z_2 \geqslant 3$，$Z_1 \leqslant 2$	$f(X_1, Y_1, Z_2)$
	[无色区] 核心企业 Y_2 $Y_2 \geqslant 3$，Y_1 和 $Y_3 \leqslant 2$	[深色区] 内部互补者 Z_1 $Z_1 \geqslant 3$，$Z_2 \leqslant 2$	$f(X_1, Y_2, Z_1)$
		[无色区] 外部互补者 Z_2 $Z_2 \geqslant 3$，$Z_1 \leqslant 2$	$f(X_1, Y_2, Z_2)$
	[无色区] 平台组织 Y_3 $Y_3 \geqslant 3$，Y_1 和 $Y_2 \leqslant 2$	[深色区] 内部互补者 Z_1 $Z_1 \geqslant 3$，$Z_2 \leqslant 2$	$f(X_1, Y_3, Z_1)$
		[无色区] 外部互补者 Z_2 $Z_2 \geqslant 3$，$Z_1 \leqslant 2$	$f(X_1, Y_3, Z_2)$
	[浅色区] 两类主体 或 [深色区] 三类主体	[深色区] 内部互补者 Z_1 或 [浅色区] 内、外互补者 或 [无色区] 外部互补者 Z_2	需要进行 子路径组合

4. 子路径类型的组合方案

在表 5-16 给出的子路径选择方案中，当涉及架构者类型维度 Y 的[浅色区]和[深色区]，以及互补者范围维度 Z 的[浅色区]时，表示系统同时存在多类主体扮演架构者角色，且在架构者引领、协调下的互补者范围也相应不同。此时若仅采用一条子路径，则存在"盲人摸象"的风险，不能够准确反映一个复杂系统通常在特定阶段内进行"战略分解"和分布式推进的现象，因此需要进一步考虑系统各个阶段的子路径组合方案。

根据图 5-14 和图 5-15 的选择规则，对表 5-16 中需要子路径组合的情形进一步细分，确定各个阶段的子路径组合方案，如表 5-17 所示（以演化阶段 X_1 为例）。

表 5-17　数字化创新蓄能期 X_1 的综合优势发展子路径组合方案

架构者类型 Y	互补者范围 Z	子路径组合
[浅色区] 两类主体 Y_1 和 Y_2 Y_1 和 $Y_2 \geqslant 3$，$Y_3 \leqslant 2$	[深色区] 内部互补者 Z_1 $Z_1 \geqslant 3$，$Z_2 \leqslant 2$	$f(X_1, Y_1, Z_1) + f(X_1, Y_2, Z_1)$
	[浅色区] 内、外互补者 $Z_1 \geqslant 3$，$Z_2 \geqslant 3$	$f(X_1, Y_1, Z_\alpha) + f(X_1, Y_2, Z_\beta)$
	[无色区] 外部互补者 Z_2 $Z_2 \geqslant 3$，$Z_1 \leqslant 2$	$f(X_1, Y_1, Z_2) + f(X_1, Y_2, Z_2)$
[浅色区] 两类主体 Y_1 和 Y_3 Y_1 和 $Y_3 \geqslant 3$，$Y_2 \leqslant 2$	[深色区] 内部互补者 Z_1 $Z_1 \geqslant 3$，$Z_2 \leqslant 2$	$f(X_1, Y_1, Z_1) + f(X_1, Y_3, Z_1)$
	[浅色区] 内、外互补者 $Z_1 \geqslant 3$，$Z_2 \geqslant 3$	$f(X_1, Y_1, Z_\alpha) + f(X_1, Y_3, Z_\beta)$
	[无色区] 外部互补者 Z_2 $Z_2 \geqslant 3$，$Z_1 \leqslant 2$	$f(X_1, Y_1, Z_2) + f(X_1, Y_3, Z_2)$
[浅色区] 两类主体 Y_2 和 Y_3 Y_2 和 $Y_3 \geqslant 3$，$Y_1 \leqslant 2$	[深色区] 内部互补者 Z_1 $Z_1 \geqslant 3$，$Z_2 \leqslant 2$	$f(X_1, Y_2, Z_1) + f(X_1, Y_3, Z_1)$
	[浅色区] 内、外互补者 $Z_1 \geqslant 3$，$Z_2 \geqslant 3$	$f(X_1, Y_2, Z_\alpha) + f(X_1, Y_3, Z_\beta)$
	[无色区] 外部互补者 Z_2 $Z_2 \geqslant 3$，$Z_1 \leqslant 2$	$f(X_1, Y_2, Z_2) + f(X_1, Y_3, Z_2)$
[深色区] 三类主体 Y_1，Y_2 和 $Y_3 \geqslant 3$	[深色区] 内部互补者 Z_1 $Z_1 \geqslant 3$，$Z_2 \leqslant 2$	$f(X_1, Y_1, Z_1) + f(X_1, Y_2, Z_1) +$ $f(X_1, Y_3, Z_1)$
	[浅色区] 内、外互补者 $Z_1 \geqslant 3$，$Z_2 \geqslant 3$	$f(X_1, Y_1, Z_\alpha) + f(X_1, Y_2, Z_\beta) +$ $f(X_1, Y_3, Z_\gamma)$
	[无色区] 外部互补者 Z_2 $Z_2 \geqslant 3$，$Z_1 \leqslant 2$	$f(X_1, Y_1, Z_2) + f(X_1, Y_2, Z_2) +$ $f(X_1, Y_3, Z_2)$

注：当 Z 同时涉及内外部时，Z_α、Z_β、Z_γ 至少有一个代表 Z_1 或 Z_2，与架构者类型匹配

　　具体地，当架构者类型 Y 为两类或三类主体时，需要分别选择两条或三条子路径的组合方案，并根据系统特征采用分布式的实施策略。因此，结合新兴产业创新生态系统跨区域分布性、分层自相似性两种典型特征[50,51]，设计子路径组合方案的两种实施策略。

　　（1）分区域实施策略。根据系统的跨区域分布性，数字化驱动下系统重要成员通常分布在多个区域；相应地，当系统进行"战略分解"时，面向子目标的多个架构者及互补者也通常分布在多个区域，需要分别选择与自身匹配的子路径类型，并在基本路径的统一引领下促进区域之间战略协调。以表 5-17 中第一类情形

为例，当判定政府 Y_1 和核心企业 Y_2 都发挥架构者作用时，需要剖析系统的区域特征，识别其中政府对产业创新发展提供政策优惠的区域（如高新区、科技园）以及政策优惠少但核心企业对周边企业有较强辐射、溢出效应的区域；另外，判定与架构者区域子目标相匹配的互补者范围并灵活实施子路径：一是当政府 Y_1 和核心企业 Y_2 都更多地与系统内部成员 Z_1（如本地高校）建立合作时，匹配的子路径组合为 $f(X_1, Y_1, Z_1) + f(X_1, Y_2, Z_1)$，此时互补者范围相同，可以在实施中进行互补者跨区域调配和资源共享；二是当双方合作伙伴分别以系统内部和跨界伙伴为主时，匹配的子路径组合为 $f(X_1, Y_1, Z_1) + f(X_1, Y_2, Z_2)$，或者是 $f(X_1, Y_1, Z_2) + f(X_1, Y_2, Z_1)$，此时应准确区分合作伙伴类型，避免角色混淆和合作错配；三是当双方都更多与外部跨界伙伴 Z_2 合作，匹配的子路径组合为 $f(X_1, Y_1, Z_2) + f(X_1, Y_2, Z_2)$，此时互补者的范围相同，可以在分区域实施中相互学习跨界知识和技术，协同促进跨界融合创新。

（2）分领域实施策略。根据系统的分层自相似性，一个产业包含多个细分产业领域，细分领域内的战略情境与产业整体层面具有自相似的结构[50]，因此可以进行子路径灵活选择，通过分领域组合实施形成"战略合力"。以表 5-17 中三类主体都为架构者的情形为例，此时需根据各个细分产业领域的特征（如政府干预强度、核心企业辐射性、数字平台建设水平）选择三条子路径之一，分别由政府 Y_1、核心企业 Y_2、平台组织 Y_3 扮演架构者并广泛调动子目标相关的互补者，协同推进子路径的分领域实施。三种实施策略与分区域策略相同，即根据架构者与互补者的匹配关系进行灵活实施、分类甄别和跨领域共享。

5.3.4　路径转换的时机判定及方法策略

由于数字化情境动态性和综合优势战略随系统演化的阶段递进性，系统当前阶段选择实施的路径与动态情境之间将逐渐形成"战略错配"并持续放大。因此，为确保路径效率最大化且在恰当时机转换，本节聚焦综合优势发展路径的三种基本类型，判定面向系统"蓄能期→赋能期→扩能期"阶段性演化的路径转换时机，并依次构建路径转换方法及可行策略。在实际应用中，当明确了路径基本类型并进一步判定子路径类型时，可以采取本节提出的路径转换方法及策略，结合案例实际情况构建针对性的子路径转换策略。

1. 路径转换时机判定

根据 5.3.2 节路径选择方案，设路径转换的最优时机应该同步或者略大于 T_n 时间点，$T_n = \{T_1, T_2, T_3\}$，且 $T_n > T_0$。

其中，T_0 表示路径选择评分结果恰好达到分布式创新路径门槛条件的时间点，对应于表 5-13 中"完全匹配"的子情形一，即满足路径选择条件①和④。

T_1 表示路径选择评分结果恰好达到重组创新路径门槛条件的时间点，对应于表 5-13 中"完全匹配"的子情形二，即满足路径选择条件②和⑤。

T_2 表示路径选择评分的结果恰好达到跨界融合创新路径门槛条件的时间点，对应于表 5-13 中"完全匹配"的子情形三，即满足路径选择条件③和⑥。

T_3 代表了面向新一轮战略期的路径跃迁时机。综上，构建路径转换时机判定模型，如图 5-16 所示。其中转换时机 1 对应"分布式→重组"路径转换，转换时机 2 对应"重组→跨界融合"路径转换。

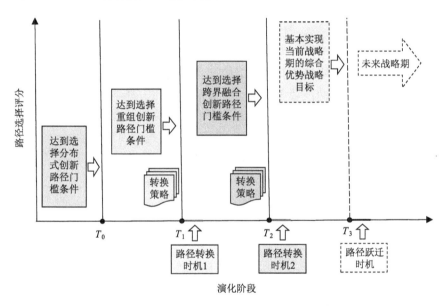

图 5-16　综合优势发展路径转换时机判定模型

2. 路径转换的矛盾问题分析

由于路径依赖性、创新风险性等多方面约束，系统很难在当前路径中积极、有序地开展路径转换。这实质上反映了系统目标与现实条件之间的矛盾问题，需要设计一套科学的路径转换策略以缓解或消除矛盾。

矛盾问题是可拓学的核心研究对象[52]，是指囿于现有条件而无法达成理想目标的问题。通过建立矛盾问题的可拓模型并进行矛盾问题的拓展和变换，能够得出矛盾问题的求解方法，即路径转换策略。因此，基于可拓学思想，首先明晰综合优势发展路径转换过程中的矛盾问题，为可拓分析和策略提出奠定基础。

可拓学中的矛盾问题划分为主观、客观矛盾两种[53]。在系统动态战略管理中，路径转换的根本原因是系统当前综合优势发展路径与新的战略需求不匹配。综合考虑系统的战略惯性以及创新本质，将路径转换中的矛盾问题界定为：一是综合优势持续发展（目标）与路径依赖性（主观条件）之间的主观矛盾，记作矛盾问题 P_1；二是综合优势持续发展（目标）与创新风险性（客观条件）之间的客观矛盾，记作矛盾问题 P_2。

（1）矛盾问题 P_1 的可拓模型。设主观矛盾问题为 $P_1 = G \times L_1$，G 表示综合优势持续发展战略目标，L_1 表示路径依赖性的形成因素（主观条件集）。

路径依赖性（path dependence）最早用于物种进化研究，后被拓展于研究技术、战略、制度变迁中的锁定效应[54]。根据路径依赖理论，系统选择某条路径后，会因当前路径带来的规模效应优势、沉淀成本等形成一定的战略惯性，使其倾向于将战略行动锁定于当前路径中并继续强化，阻碍综合优势长期持续提升。结合现有研究[55,56]，将路径依赖性的关键形成因素确定为战略短视、合作惯性及结构锁定，分别对应系统中的微观主体层、中观组织层和宏观结构层。

借助可拓表达式，将 $G \uparrow L_1$ 解读为：由于战略短视、合作惯性、结构锁定导致的路径依赖性，系统凭借当前综合优势发展路径很难实现持续发展的战略目标，即综合优势的发展缺乏持续性。使用基元（三元组）表示矛盾的双方[52]，N 表示系统当前实施的路径，由此可构建矛盾问题 P_1 的可拓模型如下：

$$目标物元：G = \begin{bmatrix} G_N & c_{g1} & v_{g1} \\ & c_{g2} & v_{g2} \\ & c_{g3} & v_{g3} \end{bmatrix} = \begin{bmatrix} 综合优势发展 & 绩效水平 & v_{g1} \\ & 特色水平 & v_{g2} \\ & 可持续性 & v_{g3} \end{bmatrix}$$

$$条件物元：L_1 = \begin{bmatrix} L_{N1} & c_{L11} & v_{L11} \\ & c_{L12} & v_{L12} \\ & c_{L13} & v_{L13} \end{bmatrix} = \begin{bmatrix} 路径依赖性 & 战略短视 & v_{L11} \\ & 合作惯性 & v_{L12} \\ & 结构锁定 & v_{L13} \end{bmatrix}$$

其中，$G_N = r_{g1} \times v_{g1} + r_{g2} \times v_{g2} + r_{g3} \times v_{g3}$，$L_{N1} = r_{L11} \times v_{L11} + r_{L12} \times v_{L12} + r_{L13} \times v_{L13}$，$r$ 为特征指标的权重，$r_{g1} + r_{g2} + r_{g3} = 1$，$r_{L11} + r_{L12} + r_{L13} = 1$，$G_N > 0$，$L_{N1} > 0$，$G_{Nmax} < 2L_{N1}$。

为了实现综合优势持续发展，需要 G_N 尽可能大且 L_{N1} 尽可能小，同时 $G_N - L_{N1} > 0$。设系统在当前路径 N 中实现战略目标的可能性为论域 $U \in [0,1]$。

若对于一个任意的 $u_1 \in U$ 都有 $k(u_1) = (G_N - L_{N1}) / L_{N1}$ 与之对应，则称 $A_1 = \{u_1, y \mid u_1 \in U, y = k(u_1)\}$ 为矛盾的可拓集，$y = k(u_1)$ 为关联函数。其中，A_1 的负域为 $A_1 = \{u_1 \mid 0 < G_N < L_{N1}, u_1 \Rightarrow 0\}$，此时 $-1 < k(u_1) < 0$；A_1 的正域为 $A_1 = \{u_1 \mid L_{N1} < G_N < 2L_{N1}, u_1 \Rightarrow 1\}$，此时 $0 < k(u_1) < 1$；A_1 的零域为 $A_1 = \{u_1 \mid G_N = L_{N1}, u_1 \Rightarrow 0.5\}$，此时 $k(u_1) = 0$。

当 $y = k(u_1)$ 属于负可拓域 $(-1, 0)$ 时，表明系统在当前路径中形成的综合优势绩效、特色和持续水平总体一般，且产生较强的路径依赖性。此时路径转换的主观矛盾为显性矛盾，亟须采取一系列可拓变换方法快速解决矛盾。

当 $y = k(u_1)$ 属于正可拓域（0，1）时，表明系统在当前路径中形成的综合优势绩效、特色和持续水平总体较高，且具备长远战略眼光。此时，路径转换的主观矛盾不明显，可将战略重点放在路径转换的客观矛盾上。

当 $y = k(u_1)$ 属于稳定域（$k(u_1) = 0$）时，表明系统在当前路径中形成的综合优势绩效、特色和持续水平与路径依赖性导致的损失达到"均衡"状态，矛盾在可协调范围内，但从长期看会形成路径"强化机制"阻碍新路径启动。此时路径转换的主观矛盾为潜在矛盾，需通过一系列可拓变换以尽早规避矛盾。

（2）矛盾问题 P_2 的可拓模型。设客观矛盾问题为 $P_2 = G \times L_2$，G 表示综合优势持续发展战略目标，L_2 表示创新风险性的形成因素（客观条件集）。

具体地，在新兴数字技术产业化过程中，不仅研发成功率、市场接受率难以预测，而且存在较高的机会主义、创新溢出和技术颠覆风险，导致路径转换缺乏乐观期望及创新主体的积极配合。因此，系统需针对创新风险性的形成因素采取相应策略。结合现有研究[57,58]，将关键因素确定为研发失败风险、市场不确定性风险及技术外部性风险，对应技术研发、技术商业化、技术扩散三个创新环节。

借助可拓表达式，将 $G \uparrow L_2$ 解读为：由于多重创新风险的限制，系统凭借当前综合优势发展路径很难实现持续发展的战略目标。构建矛盾问题 P_2 的可拓模型，其中目标物元 G 的可拓模型同上，条件物元 L_2 的可拓模型构建为

$$\text{条件物元：} L_2 = \begin{bmatrix} L_{N2} & c_{L21} & v_{L21} \\ & c_{L22} & v_{L22} \\ & c_{L23} & v_{L23} \end{bmatrix} = \begin{bmatrix} \text{创新风险性} & \text{研发失败风险} & v_{L21} \\ & \text{市场不确定性风险} & v_{L22} \\ & \text{技术外部性风险} & v_{L23} \end{bmatrix}$$

同理构建 P_2 的可拓集 $A_2 = \{u_2, y \mid u_2 \in U, y = k(u_2)\}$，存在负域、正域和零域三种情形，$y = k(u_2)$ 为关联函数：①当属于负可拓域（–1，0）时，路径转换的客观矛盾为显性矛盾，亟须采取可拓变换方法解决矛盾；②当属于正可拓域（0，1）时，路径转换的客观矛盾不明显，可以将战略重点放在主观矛盾上；③当属于稳定域（$k(u_2) = 0$）时，也需要采取可拓变换方法，尽早规避潜在矛盾。

3. 路径转换的可拓变换方法

物元的可拓性包括发散性、共轭性、相关性、蕴含性和可扩性[52]，相应的可拓变换方法包括五种基本变换（置换变换、扩缩变换、增删变换、复制变换、组分变换）以及两种高阶变换（传导变换、共轭变换）[53]。因此，针对 P_1 和 P_2 的目标物元及条件物元，可以分别采用相匹配的可拓变换方法。

（1）目标物元 G 的可拓变换。在目标物元模型 G 中，可持续性 c_{g3} 与绩效水

平 c_{g1}、特色水平 c_{g2} 紧密相关，且具有共轭性、相关性、蕴含性等可拓特性。借鉴可拓分析思想[53]，构建 c_{g3} 的蕴含系如下，并具体采取两种可拓变换方法。

$$c_{g3} = \begin{bmatrix} 可持续性 & 当前阶段的优势状态 & 绩效水平、特色水平 \\ & 较上阶段的优势变化 & 绩效增长、特色培育 \\ & 下一阶段的优势期望 & 绩效稳增、特色强化 \end{bmatrix}$$

第一，传导变换。根据物元的相关性，物元的特定属性变化将导致其他的属性发生相应变化。基于传导变换思路，一是可以通过"强化既有特色+培育新特色"，提升综合优势的特色水平以传导、促进其绩效增长，二是可以提升经济、社会、生态方面的综合优势立体式绩效，进一步传导放大综合优势特色水平。

第二，共轭变换。根据物元的共轭性，当显部发生变化时，其对应的隐部也会相应变化。因此，可通过主导优势动态监控、核心能力深度开发及分场景拓展等方式，强化物元的显部（当前阶段的综合优势状态），从而为隐部（下一阶段的综合优势期望）的提高夯实基础，在长期上促进综合优势可持续性。

（2）条件物元 L_1 的可拓变换。在条件物元模型 L_1 中，战略短视 c_{L11}、合作惯性 c_{L12}、结构锁定 c_{L13} 皆具有发散性、可扩性的特性。首先构建 c_{L11} 的蕴含系为

$$c_{L11} = \begin{bmatrix} 战略短视 & 战略敏锐性 & 外部知识、市场动态、政策更新 \\ & 战略协调能力 & 链主协调、链长协调、协调速度 \\ & 规模效应泡沫 & 次优技术、次优产品、次优模式 \end{bmatrix}$$

可对 c_{L11} 的蕴含系进行扩缩变换，即对物元部分属性扩大或缩小变换以满足目标。为此，一是可以"扩大"系统架构者及互补者吸收外部环境中知识、市场动态的战略敏锐性，二是"缩小"战略响应速度，及时获取政策更新的优惠。

其次，构建 c_{L12} 的蕴含系如下，并对 c_{L12} 的蕴含系采取两种可拓变换方法。

$$c_{L12} = \begin{bmatrix} 合作惯性 & 稳定链接 & 稳定供应链、稳定创新链、稳定资金链 \\ & 成本优势 & 搜索成本、边际成本、渠道及交易成本 \\ & 制度建设 & 正式制度、非正式制度、制度约束力度 \end{bmatrix}$$

一是组分变换。根据物元的可扩性，可通过组合或分解物元的属性或要素以形成更稳定的物元属性。为此，系统可以开展正式与非正式制度"组合"建设，并将垂直、线性链接"分解"为开放网络链接，加强与分布式的互补伙伴互动。

二是增删变换。根据物元的共轭性，可以改变事物的内部结构而化解矛盾。为此，一方面基于"增加"变换方式，扩展系统的资金链、服务链以支持供应链、创新链重构，另一方面基于"删减"变换方式，降低合作搜索成本、交易成本等。

最后，构建 c_{L13} 的蕴含系为

$$
c_{L13} = \begin{bmatrix} 结构锁定 & 平台角色定位 & 平台架构者、核心成员、互补性成员 \\ & 产业体系结构 & 产业开放性、边界组织、产业融合难度 \end{bmatrix}
$$

可对 c_{L13} 的蕴含系进行共轭变换，即变换系统核心部分（平台架构者及核心成员）和虚部（产业开放性），促进对应边缘部分（平台互补者）和实部（边界组织）的一致性变换，从而打破结构锁定，集聚更广泛的互补参与者。

（3）条件物元 L_2 的可拓变换。在条件物元模型 L_2 中，研发失败风险 c_{L21} 和技术外部性风险 c_{L23} 具有发散性、蕴含性的特性。构建 c_{L21} 的蕴含系如下，并采取两种可拓变换方法：

$$
c_{L21} = \begin{bmatrix} 研发失败风险 & 研发成本 & 人力成本、资源成本、机会成本 \\ & 研发积极性 & 创新精神、包容态度、激励机制 \\ & 研发合作 & 关系维持、利益驱动、契约机制 \end{bmatrix}
$$

一是置换变换。根据物元相关性和蕴含性，可在同一目标下进行部分条件的置换。如为了重构研发网络，可将"利益驱动"置换为"愿景驱动"，"契约机制"置换为"契约与信任组合机制"等，与更加匹配的伙伴建立研发合作。

二是扩缩变换。根据物元的发散性和可扩性，系统可以优化创新政策和激励机制，"扩大"各主体持续研发的信心，还可以通过共享、外包、及时调度等方式，最大限度地"缩小"研发成本及损失。

另外，构建 c_{L23} 的蕴含系如下，并采取两种可拓变换方法：

$$
c_{L23} = \begin{bmatrix} 技术外部性风险 & 产品独特性 & 稀缺性、模仿难度、可替代性 \\ & 知识产权制度 & 知识产权保护、知识产权运营 \\ & 产业竞争环境 & 公平性、产业标准、用户隐私 \end{bmatrix}
$$

一是增删变换。根据物元的共轭性，可通过改变事物内部结构中的软硬部和正负部化解矛盾。为此，系统可以基于"增加"变换方式，增加系统的硬部（独特性产品）和软部（知识产权制度），还可以基于"删减"变换方式精简系统的负部（窃取技术成果的竞合伙伴），以更好地规避和应对技术外部性风险。

二是组分变换。根据物元的可扩性，可以组合或分解物元属性或要素以形成更稳定的属性。为此，系统一方面可以进行功能"组合"，提高产品的稀缺性和被模仿难度，另一方面进行市场"细分"，促进技术多元化和产品个性化。

4. 基于可拓变换的路径转换策略组合

在明确目标物元、条件物元的可拓变换方法基础上，综合运用"积、与、或"可拓运算法则生成路径转换的策略组合[53]。首先，路径顺利转换需要矛盾问题 P_1 和 P_2 同时解决，在可拓运算中呈现"与"的关系。其次，对于任一矛盾问题，可采取三种可拓变换：一是目标物元 G 不变，条件物元 L 变换；二是 L 不变、G 变换；三是二者同时变换，在可拓运算中呈现"积"关系。最后，聚焦任一矛盾问题内部，可以根据需要采取一种或多种变换方法，呈现"或"或"与"关系。

1）"分布式→重组"路径转换策略组合

（1）目标物元 G 的可拓变换策略。根据目标物元中 c_{g3}（综合优势可持续性）蕴含系分析结果，选择传导变换、共轭变换方法生成具体策略。

传导变换策略 S_{G1}。包括两项子策略：一是在"蓄能期"中后阶段，系统在强化对数字资源（主导优势）分类培育的基础上，提前规划并构建契合自身种群特征的特色数字平台（"赋能期"主导优势），形成具有战略特色的"梯度优势"。二是借助数字技术的通用支持及平台整合优势，与关联技术领域集成发展，探索新的应用场景，从而提升综合优势的立体式绩效，进一步传导放大其特色水平。

共轭变换策略 S_{G2}。包括两项子策略：一是充分利用"蓄能期"的主导优势，通过组建联盟、政策引导、应用示范等方式，广泛提升系统主体的数字资源编排意识，为积极接入平台网络奠定基础。二是对综合优势发展状态进行动态评估，识别当前瓶颈和拓展需求，制定向"赋能期"战略升级的平台建设行动。

（2）条件物元 L_1 的可拓变换策略。根据条件物元 L_1 的蕴含系分析结果，选择扩缩变换方法生成策略 S_{L1}，具体通过 c_{L11}（战略短视）蕴含系的扩缩变换而实现。包括两项子策略：一是通过建立资源共享平台、组织或参加产业论坛等方式，"扩大"系统主体扫描、吸收数字化创新资源的能力，并在与同行伙伴、平台企业的学习交流中，提高对数字平台赋能方法的认知，以提前规划基于数字平台的综合优势发展路径；二是政府和核心企业牵头建立产学研协同创新平台、公共服务平台等，"缩小"系统各主体合作协调和获取服务的成本和时间。

（3）条件物元 L_2 的可拓变换策略。根据条件物元 L_2 的蕴含系分析结果，考虑"分布式→重组"路径转换需求，选择置换变换、组分变换生成具体策略。

置换变换策略 S_{L21}。具体通过 c_{L21}（研发失败风险）蕴含系变换实现，即将研发网络中"关系维持"置换为"关系重构"，"利益驱动"置换为"愿景驱动"等方式与更加匹配的伙伴建立合作。包括两项子策略：一是建立伙伴综合评价及动态更新机制，及时解除和新建合作关系；二是建立愿景驱动机制，为合作伙伴提供便捷的交流渠道、合作项目及平台，形成多边满意的任务分工和利益分配。

组分变换策略 S_{L22}。具体通过 c_{L23}（技术外部性风险）的蕴含系变换实现，包括两项子策略：一是平台架构者引导各主体基于技术集成和功能"组合"优势，协同开发新产品或向产品中嵌入新功能；二是基于大数据、用户画像等技术识别"细分"市场，为用户提供定制化产品，规避主流市场的技术模仿与同质竞争。

汇总以上可拓变换策略，根据"积、与、或"的可拓运算法则生成"分布式→重组"路径转换的策略组合[53]，如表5-18所示。

表 5-18　"分布式→重组"路径转换的策略组合

矛盾问题	物元	策略组合	具体解释及应用
综合优势持续发展与路径依赖性的主观矛盾 P_1	目标物元 G	传导变换策略 S_{G1}（两项子策略） 共轭变换策略 S_{G2}（两项子策略）	S_{G1} 和 S_{G2} 皆能提升综合优势可持续性，需综合考虑变换成本及潜在风险，选择其一或全部（"或"关系）
	条件物元 L_1	扩缩变换策略 S_{L1}（两项子策略）	有助于克服战略短视，"扩大"系统架构者及互补者的战略敏锐性，并"缩小"战略协调的成本
综合优势持续发展与创新风险性的客观矛盾 P_2	目标物元 G	同 S_{G1} 和 S_{G2}	需考虑拟选策略与 L_2 策略的适配性，做出最优选择（"或"关系）
	条件物元 L_2	置换变换策略 S_{L21}（两项子策略） 组分变换策略 S_{L22}（两项子策略）	S_{L21} 和 S_{L22} 分别有助于降低技术研发失败风险和技术外部性风险，需根据系统实际存在的风险类型，选择其一或全部（"或"关系）
P_1 和 P_2 需要同步解决（"与"关系）即对以上列出并实际选择的各项策略进行组合运用		$P_1 = G \times L_1$	根据"积"关系，G 与 L_1 同时变换对路径转换的促进最大，应优先选择
		$P_2 = G \times L_2$	根据"积"关系，在条件允许情况下应优先选择 G 与 L_2 同时变换的策略

2）"重组→跨界融合"路径转换策略组合

同理，依次生成 G 变换策略、L_1 变换策略及 L_2 变换策略，为路径转换策略组合的构建提供基础。

（1）目标物元 G 的可拓变换策略。根据目标物元中 c_{g3}（综合优势可持续性）蕴含系分析结果，选择传导变换方法生成具体策略 O_G，包括两项子策略：一是在"赋能期"有序促进平台间互联互通，不断提升数字平台作为主导优势的赋能效率和"联动赋能"能力，以提高综合优势绩效水平；二是在"赋能期"后期，政府和核心企业牵头打造面向跨界融合的综合服务平台，逐步构建"跨界联动"的特色平台体系，为整合跨界资源、持续提升综合优势绩效提供架构支持。

（2）条件物元 L_1 的可拓变换策略。根据蕴含系分析结果，并结合"重组→跨界融合"路径转换的实际需求，选择增删变换和共轭变换方法生成具体策略。

增删变换策略 O_{L11}。具体通过 c_{L12}（合作惯性）的蕴含系变换实现，包括两项子策略：一是"增加"线上融资渠道、数字化金融产品、众筹平台等，为创新链的数字化升级提供充足的资金支持。二是在伙伴遴选及合作过程中，对各伙伴的资源、能力、信誉等进行综合评估，及时"删减"高风险、低效益的合作关系。

共轭变换策略 O_{L12}。具体通过 c_{L13}（结构锁定）的蕴含系变换实现，包括两项子策略：一是通过变换系统中的核心部分（平台架构者及核心成员）促进对应边缘部分（平台互补者）进行一致性变换，即根据跨界融合创新的新趋势，重新定义各类平台的架构规则和核心成员职责，以此重新集聚广泛互补者。二是通过变换系统中的虚部（产业开放性）以促进实部（边界组织）进行一致变换，通过产业准入门槛、技术门槛的适度放宽，提高产业开放性和跨界合作的吸引力。

（3）条件物元 L_2 的可拓变换策略。根据条件物元 L_2 蕴含系分析结果以及"重组→跨界融合"路径转换实际需求，选择扩缩变换、增删变换生成具体策略。

扩缩变换策略 O_{L21}。通过 c_{L21}（研发失败风险）蕴含系变换实现，包括两项子策略：一是设置"跨界融合技术"联合研发的专项基金和容错机制，"扩大"跨界互补者的协同研发积极性。二是建立研发、渠道、服务等外包模式以及资源跨界调度和风险管理机制，以"缩小"研发成本及损失。

增删变换策略 O_{L22}。具体通过 c_{L23}（技术外部性风险）的蕴含系变换实现，包括三项子策略：一是在当前产品中"增加"软件定义、跨平台兼容等功能，提高产品独特性和体验性，二是"增加"出台契合数字经济特征的知识产权政策及运行规范，三是加强对数字技术跨界转移、转化的市场监管，旨在"删减"侵犯用户数据隐私、平台偷税扣税等行为，全方位维护市场竞争环境。

汇总以上可拓变换策略并根据"积、与、或"的可拓运算法则生成"重组→跨界融合"路径转换策略组合[53]，如表 5-19 所示。

表 5-19 "重组→跨界融合"路径转换的策略组合

矛盾问题	物元	策略组合	具体解释及应用
综合优势持续发展与路径依赖性的主观矛盾 P_1	目标物元 G	传导变换策略 O_G（两项子策略）	有助于在"赋能期"综合优势发展的基础上，在"扩能期"强化综合优势"绩效-特色"之间双向传导效应，是路径转换的必选策略
	条件物元 L_1	增删变换策略 O_{L11}（两项子策略）共轭变换策略 O_{L12}（两项子策略）	O_{L11} 有助于打破合作惯性，O_{L12} 有助于消除结构锁定，需根据系统的实际需求和变化成本，选择其一或全部策略（"或"关系）
综合优势持续发展与创新风险性的客观矛盾 P_2	目标物元 G	同 O_G	是路径转换的必选策略，与 L_1、L_2 对应的策略之间皆具有适配性
	条件物元 L_2	扩缩变换策略 O_{L21}（两项子策略）增删变换策略 O_{L22}（三项子策略）	O_{L21} 有助于降低技术研发失败风险，O_{L22} 有助于降低技术外部性风险，需要根据系统当前实际存在的风险类型，选择其一或全部策略（"或"关系）
P_1 和 P_2 需要同步解决（"与"关系）即对以上列出并实际选择的各项策略进行组合运用		$P_1 = G \times L_1$	根据"积"关系，G 与 L_1 同时变换的效益最高，应优先选择
		$P_2 = G \times L_2$	同上，在条件允许情况下，应优先选择 G 与 L_2 同时变换的策略

5.4　新兴产业创新生态系统综合优势发展路径实现机制

5.4.1　实现机制设计思路与总体框架

1. 实现机制设计思路

在设计路径及选择方法的基础上，为保障路径能够顺利实现预期目标，需要设计一套系统性的路径实现机制。根据 2.4.3 节新兴产业创新生态系统综合优势发展机理分析，系统综合优势发展遵循"条件—行动—结果"战略逻辑："条件"是综合优势发展动力，"行动"是综合优势发展路径的具体实施，"结果"是系统通过特定的路径顺利形成综合优势。因此，从综合优势发展动力、过程和效果三维度进行机制设计，具体解释如下。

（1）政策驱动机制。新兴产业处在生命周期早期阶段，发展不确定性强，是典型"政策驱动型"产业，政策不仅对产业技术创新和市场培育具有关键引导作用，也对技术转移及保护、市场运行及拓展发挥重要的保障作用。因此，政策是综合优势发展的"根本"动力，能够提供组合动力支持（引导、激励、培育、保障等）[59]。为此，拟采用政策组合视角和组态分析思想设计政策驱动机制。

（2）关键点控制机制。根据 5.2.5 节路径对比分析，三类路径具有不同实施优势与实施困境，如何最大限度地发挥各路径实施优势，同时避免因路径关键点的卡壳而陷入实施困境，是"过程"维度的机制重点。为此，结合表 5-8 中总结的路径关键环节、实施优势及困境，依次判定：①高价值数字资源识别作为提升资源编排效率、避免资源盲目开发的关键步骤，是分布式创新路径的关键点；②平台互联互通作为扩大平台"联动赋能"范围的关键步骤，是重组创新路径的关键点；③跨界融合领域的精准预测作为促进跨界合作构建、避免技术方向迷失的关键步骤，是跨界融合创新路径的关键点。因此，从高价值数字资源识别、平台互联互通、跨界技术融合预测三方面设计关键点控制机制。

（3）效果评价机制。为保障三类路径短期目标的顺利实现及对长期目标的促进作用，需要评估各类综合优势发展路径的实际应用效果，识别薄弱战略环节，分析成因并判断潜在的机会及风险，以进行针对性调整。为此，需结合系统功能、数字化创新水平及综合优势战略目标，多维度设计综合优势发展效果评价体系，选择合适的权重确定方法及评价方法，进而给出评价机制的应用策略。

2. 实现机制总体框架

遵循路径实现机制设计思路，从政策驱动机制、关键点控制机制以及效果评价机制三个方面构建实现机制的总体框架，如图 5-17 所示。

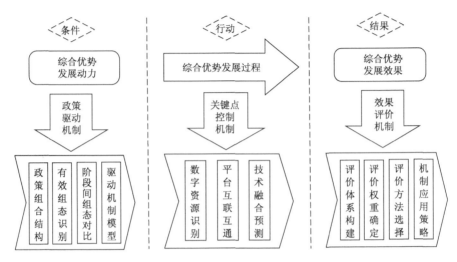

图 5-17　新兴产业创新生态系统综合优势发展路径实现机制总体框架

5.4.2　综合优势发展路径的政策驱动机制

新兴产业创新生态系统综合优势以"数字化创新"为战略视角[60]，如何通过数字化创新政策驱动系统全面数字化转型以及转型基础上的深度数字化创新，是发挥政策驱动机制的关键。本节基于政策组合理论分析驱动系统综合优势发展的数字化政策组合的结构[61-63]，再通过动态组态方法分析并设计政策驱动机制。

1. 数字化政策组合内涵及构成要素

数字化政策组合是以驱动新兴产业创新生态系统综合优势持续发展为目标，由产业数字化战略、数字化政策工具组合、实施情境三个要素构成的政策体系，其中产业数字化战略具有全局性和长期性，旨在从国家层面为政策组合的设计、调整提供总体方向和战略路径；政策工具组合是政策战略执行的具体手段和策略集，可根据不同功能划分为多种工具类型；实施情境包括两个维度：一是空间情境，由于不同区域产业环境存在差异，区域政府通常配置政策工具的"定制化"组态且效果不同；二是时间情境，即政策组合与创新生态系统存在共演关系[64]。

2. 数字化政策工具分类

从产业创新生态系统的结构性视角对数字化政策工具组合进行分类，并引入"转型失灵"概念作为政策目标与政策工具之间实现困境的具体靶点[65,66]，包括方向性失灵、市场失灵、结构失灵等。数字化政策工具的分类如表 5-20 所示。

表 5-20　数字化政策工具的分类

系统结构	政策目标	实现困境	政策工具类型（典型干预措施）
科学研究群落	作为知识生产者，旨在提供数字化创意、知识、前沿技术等，为系统转型及持续创新提供源动力	方向性失灵：科学研究群落缺乏对转型方向及持续创新方向的准确判断	数字化目标规划（细分领域的转型路线图、基础研究项目、数字技术预测、专利导航行动）
		市场失灵：数字技术研发存在较高的风险性和负外部性，导致自主研发不足	数字技术支持（数字技术研发补贴、税收优惠、揭榜挂帅、关键技术攻关专项奖项）
产品开发群落	作为"知识-市场"之间的桥梁，旨在将数字化成果转化为应用型技术与新产品	系统失灵：大中小企业、产学研之间的互动不足，数字技术转化渠道不畅	平台体系建设（工业互联网、产学研合作平台、数字技术转化平台等平台建设；线上线下平台互联）
		人才结构失灵：科研环节人才多于制造环节人才；企业员工的数字素养较低	数字化人才引导（产教融合、数字技能在职培训、数字创业导师制、人才引进与跨界流动）
应用服务群落	应用子群落旨在促进新产品的市场应用及普及；服务子群落旨在通过服务数字化驱动产业数字化	供需结构失灵：一是"产品-市场"供需不匹配，数字产品的市场采纳率低；二是"创新-服务"供需不匹配，服务机构仍以提供传统中介服务为主	数字化市场培育（数字产品的政府采购、用户补贴、应用示范、试点推广、文化宣传）
			数字化服务创新（数字化创新券、转型支撑服务的业务培训、数字技术服务企业认定奖励和运营支持）
创新生态环境	旨在实现各类环境要素的数字化，为三大群落功能的数字化转型及持续优化提供全方位支持	资金配置失灵：投融资机构对数字经济新业态缺乏投资经验和投资信心	数字化金融支持（产业数字化投资引导基金、政府直接融资及担保、网络众筹、银行专项金融产品）
		基础设施失灵：基础设施建设成本高、周期长，私人投资回报率低	数字化基础建设（大数据中心、5G 基站等新型基础设施建设、传统基础设施的数字化升级）
		监管失灵：数字经济相关标准、法律法规等监管体系尚不健全	数字经济监管（数字技术及产品标准、新业态的市场准入及监管、知识产权保护、数据治理、网络安全）

3. 政策组合分阶段有效组态识别

（1）方法选择。选择多时段模糊集定性比较分析（fuzzy-set qualitative comparative analysis，fsQCA）与"动态轨迹"思想结合的分析方法，原因如下：一是基于并发因果假设，fsQCA 能够识别目标结果的前因条件组态[67]，捕捉政策工具的"联合效应"而非单一工具"净效应"；二是 fsQCA 秉承等终性原则，能够识别政策组合在不同空间情境中的多样化组态，明晰不同工具之间的"核心-辅助"与"互补-替代"关系；三是相比于静态组态视角，引入"动态轨迹"的多时段 fsQCA 能够揭示政策组合的主导、转折或混合轨迹，更细致地分析其动态演变规律[68,69]。

（2）样本选择。选取我国 30 个省区市新能源汽车产业创新生态系统为样本，基于两点原则：一是匹配性。在"央地双层"治理模式下，省区市政府作为各省区市产业发展的"链长"，能够在政策实践中彰显个性，有助于从省区市际对比中识别组态的多元模式并总结规律；同时我国共 34 个省级区域，删除数据缺失较多的港澳台、西藏后保留 30 个样本，与 fsQCA 建议的中样本匹配[67]。二是数据充分性。研究团队在新能源汽车领域进行十年以上创新政策及战略研究，积累了大量资料，并与核心车企、联盟理事、产业投资经理保持长期合作，有助于多渠道获取新能源汽车产业数据，通过揭示其启示性、普适性规律而为更多的产业提供指导。

（3）数据收集。政策收集包括三步骤：首先在国务院及各部委官方网站上查询系统三个演化阶段的产业数字化战略。通过解读各阶段战略重点，能确定政策文本收集的检索关键词。其次，使用关键词在北大法宝数据库检索 30 个省区市政策文本，并在各省区市政府官网补充检索，时间为 2012.1.1～2022.12.31，获得 30 个省区市政策文本 319 份。最后，剔除关联较弱的条例、批复等，保留 231 份文本用于后续分析。

此外，查询 30 个省区市新能源汽车产业领域的数字技术发明专利申请数，用于反映其系统综合优势发展绩效[69]，原因在于数字技术发明专利能直观反映数字技术创新规模及应用扩散情况，与系统数字化的资源基础、能力强度及由此形成的综合优势水平密切相关。数据来自智慧芽专利数据库，范围为 2012.1.1～2022.12.31。借鉴 Liu 等[70]数字技术专利筛选方法清洗数据。联合申请的专利同时计入多个专利权人所属省份。

（4）变量测度与校准。使用政策文本量化方法测度政策工具。由 4 名团队成员分为两组，先对政策文本中的干预措施进行编码并提取，再按照对应的政策工具进行归类，并从三个维度衡量政策力度[69]，如表 5-21 所示。

表 5-21　政策力度量化标准

分数	政策发布形式	政策目标	政策支持类型
5 分	法律法规	目标明确，列出具体措施且详细阐述	全面支持型（如全方位推动成果转化）
4 分	规章、条例	目标明确，列出具体措施且简单阐述	重点支持型（如支持元宇宙场景应用）
3 分	规划、规定、决定、纲要	目标较明确，列出具体措施但无阐述	制度建设型（如建立服务、监管体系）
2 分	意见、办法、计划	目标较明确，无具体措施	方向引导型（如设立技术攻关方向）
1 分	通知、公告、细则	目标模糊，无具体措施	鼓励劝诫型（如鼓励企业打造云平台）

首先，将三个维度的量化分值进一步聚合，能够得到对应政策工具的分数：

$$TP_{it} = PF_{it} + PG_{it} + PT_{it} \tag{5-1}$$

其中，TP_{it} 表示第 t 年政策工具 i 的分数，t 取值为 2012～2022，i 取值为 1～9；PF_{it}、PG_{it} 和 PT_{it} 分别表示政策形式、政策目标和政策类型维度的量化分值。

由此可得到各省区市政策工具 i 的历年分数。其次，考虑政策效果的持续性，将政策工具 i 的历年分数进行累加[69]，得到截至第 N 年的政策工具总得分 STP_i。

结果变量方面，对已整理的各省新能源汽车产业领域的数字技术发明专利，按"蓄能期""赋能期""扩能期"三个时间段分别累加求和[60]，用于测度其创新生态系统三个演化阶段的综合优势发展绩效。

最后进行变量校准，采用直接校准法将完全隶属、交叉点和完全不隶属 3 个锚点设为上四分位数、中位数和下四分位数[67]。

（5）分阶段组态分析。组态分析前，先对单一条件变量进行必要性检验，结果表明条件变量的一致性和覆盖度都小于 0.9，即不存在系统高水平综合优势发展绩效的必要条件。另外，遵循现有研究[67,69]，将频数阈值设置为 1，一致性阈值和 PRI 阈值分别设为 0.8 和 0.7，得出复杂解、中间解和简约解。选择汇报中间解，同时参考简约解区分核心条件与边缘条件，结果如表 5-22 所示。

表 5-22　系统高水平综合优势发展绩效的条件组态

条件变量	蓄能期			赋能期			扩能期	
	A_1	A_2	A_3	B_1	B_2	B_3	C_1	C_2
Planning	●	●	●	●	•	•	⊗	
Technology	•	●	•		●	⊗	•	●
Platform	•	⊗		●				
Talent		•	●			⊗		
Market	•		●		•	●		⊗
Service		•					●	
Finance		●	•	●	⊗		●	
Infrastructure								
Regulation			⊗			●		•
一致性	0.935	0.946	0.887	0.861	0.952	0.923	0.914	0.851
原始覆盖度	0.248	0.239	0.161	0.194	0.321	0.247	0.438	0.281
唯一覆盖度	0.173	0.194	0.121	0.123	0.118	0.132	0.216	0.125

条件变量	蓄能期			赋能期			扩能期	
	A_1	A_2	A_3	B_1	B_2	B_3	C_1	C_2
总体一致性	0.924			0.901			0.874	
总体覆盖度	0.527			0.613			0.562	
组态命名	均衡布局型	技术-金融支持型	人才-市场培育型	重点驱动型	技术-平台赋能型	平台-市场规制型	服务-金融引导型	技术-基建重构型

注：●表示条件存在，⊗表示条件缺失；大圈、小圈分别表示核心条件或边缘条件；空格表示可有可无；下同；为提高表述精炼性，对各变量进行简写，即数字化目标规划（Planning），数字技术驱动（Technology），平台体系建设（Platform），数字化人才引导（Talent），数字化市场培育（Market），数字化服务创新（Service），数字化金融支持（Finance），数字化基础建设（Infrastructure），数字经济监管（Regulation）

第一，在"蓄能期"数字化政策组合的有效组态中，三个组态共享 Planning 这一核心工具，而在其他工具上呈现不同组合。具体地，A_1 反映了一种均衡性、系统性的政策驱动机制，故命名"均衡布局型"。典型案例为上海、北京、浙江和广东。在 A_2 中 Technology 和 Finance 成为独特的核心工具，反映了将创新链与资金链之间"数字化协同"作为转型关键动力的驱动机制，故命名为"技术-金融驱动型"。典型案例为陕西、湖南和山东。在 A_3 中，Talent 和 Market 成为独特的核心工具，反映了通过培育数字化人才及早期市场而形成推拉并举效应的驱动机制，故命名为"人才-市场培育型"。典型案例包括湖北、安徽和四川。进一步比较三个组态对应案例，结合"选择数字资源为主导优势"的路径起点，发现组态模式与省域情境之间存在一定适配关系：一些东部省份凭借丰富资源、多元应用场景和完善的创新体系[60]，能以更低的门槛实施"均衡布局型"政策组合，引导数字资源与传统资源的优化重组；相比之下，中、西部省份由于资源基础较弱且发展不均衡，大多选择先在局部环节开发数字资源，即以 A_2 或 A_3 为战略突破口形成对"多点突破"综合优势的政策驱动机制。

在互动机制方面，组态之间的横向比较发现 Planning × Technology × Infrastructure 的组合在 $A_1 \sim A_3$ 中稳定出现，说明这三种工具能够形成一种互补机制，协同应对"蓄能期"的方向性失灵、市场失灵及基础设施失灵。此外，Platform × Service（A_1）和 Talent × Finance（A_2、A_3）的组合交替存在，说明彼此间形成了双向替代机制，虽然"功能等效"但须结合不同的省域情境而灵活选择。

第二，在"赋能期"数字化政策组合的有效组态中，B_1 反映了一些省区市基于本省（区、市）实际需求而定制战略重点的政策驱动机制，故命名"重点支持型"。典型案例包括天津、重庆和山西。在 B_2 中 Technology 和 Platform 发挥核心作用，并辅以 Planning 和 Service。这反映了在目标引导下高效发挥数字技术的融合性，并基于平台模块化分工、服务集成等功能增强数字化赋能的政策驱动机制，故命名"技术-平台赋能型"。典型案例为北京和江苏。B_3 的突出特征是 Platform、Market 和 Regulation 联合发挥核心作用。这反映了对市场新业态进行规范化干预的驱动机制,命名"平台-市场规制型"。典型案例为上海、广东、山东和湖南。进一步比较组态的对应案例,并结合该阶段"选择数字平台为主导优势"的路径起点,发现多数省区市面对转型深入阶段普遍的技术瓶颈、治理低效、合作刚性等问题,倾向于选择 B_2 或 B_3 调整政策,以充分借助数字平台的技术模块化重组、多边网络效应、迭代创新等主导优势,支持系统重组创新能力快速培育。

在互动机制方面,Planning×Platform 的组合在 $B_1 \sim B_3$ 中稳定出现,说明这两种工具能形成一种互补机制,为本区域平台体系的规划建设提供可操作性目标与精准扶持。Technology 和 Regulation 在 B_2、B_3 中交替发挥核心作用,但在辅助工具上表现不同。这说明二者替代机制的形成需要配套的多类工具共同支撑,否则看似功能等效的核心工具很难在实践中任择其一并激发预联合效应。

第三,在"扩能期"数字化政策组合的有效组态中,C_1 反映了在更开放、包容的政策环境中引导广泛生态伙伴提供跨界融合创新服务和融资的政策驱动机制,故命名"服务-金融引导型"。典型案例为上海、广东和安徽。在 C_2 中,Technology 和 Infrastructure 发挥核心作用,反映了以产业技术跨界重构和新基建为新时期动力的政策驱动机制,故命名"技术-基建重构型"。典型案例为北京、浙江和湖北。进一步比较发现,少数东部省份(北京、广东、上海)在三个阶段皆为高绩效案例,说明其政策组态能有效支撑综合优势战略路径的循序升级[69];面对当前发展"生态互融"综合优势的目标,这些省区市将政策重点转向由跨边界数字资源、平台及广泛跨界互补者共同构成的数字生态系统建设,旨在促进技术、服务、金融等要素的跨产业融合,为系统跨界融合创新能力培育提供生态化支撑。

在互动机制方面,Service×Finance 与 Planning×Platform×Infrastructure×Regulation 的组合交替存在。与前两阶段相比,互补机制的消失和新替代机制的形成说明当前尚未涌现普适、有效的互补及替代方案,政策示范效应仍有待提高。

(6)政策组合阶段间有效组态对比。从核心政策工具、互动机制两个维度分析数字化政策组合的阶段差异性。根据动态组态理论[68,69],若某种要素在多个阶段始终占据主导地位,则称为"主导轨迹";若占据主导地位的要素在阶段间发生明显转变,则称为"转折轨迹";若两种要素在阶段间反复占据主导地位,以交替或组合方式产生影响,则称为"混合轨迹"。轨迹判定结果见表5-23。

核心政策工具的动态轨迹方面,Technology 和 Finance 的"主导轨迹"说明:政府对数字技术、数字化金融的连续性政策支持,能够对系统综合优势持续发展发挥关键作用。一方面,在数字技术研发补贴等 Technology 政策的支持下,数字技术一是向产业核心技术逐渐渗透(蓄能期),二是随着示范、辐射效应扩大而开

表 5-23　核心政策工具和互动机制的动态轨迹

条件变量	蓄能期			赋能期			扩能期		动态轨迹判定结果			
	A_1	A_2	A_3	B_1	B_2	B_3	C_1	C_2	蓄能期	赋能期	扩能期	轨迹类型
Planning	●	●	●	●	●	●	⊗	●	是	是		转折
Technology	●	●	●		●	⊗		●	是	是	是	主导
Platform	●	⊗		●	●					是		转折
Talent		●	●			⊗			是			转折
Market	●	●	●		●	●		⊗	是	是		转折
Service	●	⊗	⊗				●				是	转折
Finance		●	●	●	⊗		●		是	是	是	主导
Infrastructure	●							●		是	是	转折
Regulation			⊗		●			●		是		转折
互补机制 (X)	Planning×Technology×Infrastructure(Xa)			Planning×Platform (Xb)			—		Xa	Xb	Xa+Xb (C₂中)	混合
替代机制 (Y)	Platform×Service ←→ Talent×Finance (Ya)			Technology ←→ Regulation (Yb)			Service×Finance←→ Planning×Platform× Regulation×Infrastructure (Yc)		Ya	Yb	Yc	转折

注:"是"表示该政策工具在对应阶段的组态中至少作为核心工具存在一次

始与产业技术体系广泛融合,打造面向细分场景的"智能+"协同创新平台,通过平台"联动赋能"促进综合优势成长(赋能期),三是进一步发挥其对产业技术体系的重构作用,与广泛的关联性技术领域融通创新(如车家互联),形成"生态互融"综合优势(扩能期)。另一方面,随着大数据金融、数字化投资引导基金等 Finance 政策完善,系统不断提升"创新链-资金链"的数字化协同度,充分发挥数字化金融对数字技术渗透、融合、重构活动的引导和催化作用。

其他政策工具呈现"转折轨迹",对其中最明显的转折(即表 5-23 中仅出现一个"是"的政策工具)进行分析。

首先,"蓄能期"的核心政策工具 Talent 自"赋能期"发生转折,说明数字技能培训、校企合作、学徒制等政策在数字化启动阶段尤为重要,如山东 2012 年提出企业与高校院所进行人才共建,旨在促进新能源汽车智能控制领域的人才培养。

这有助于形成人才校企对接、师徒互动的"自循环"，其能在系统中延续并随互补型政策的到位而加强[34]，故不需要 Talent 过度干预，以节省政策成本。

其次，前两阶段皆未作为核心政策工具的 Service 在"扩能期"发生转折，说明系统深度数字化需要完善与之匹配的数字化服务生态，为跨界创新活动提供专业化、综合性服务支撑。如广东 2021 年提出重点培育专业化、能力强的数字化转型服务商，并加快面向车联网服务等新兴场景的服务模式探索。

最后，Platform 和 Regulation 在三阶段中发生了两次转折，仅在"赋能期"作为核心政策工具，说明二者对系统综合优势成长发挥关键的承上启下作用。一方面，在工业互联网平台、产学研用协同创新平台、研发制造云平台建设等 Platform 政策支持下，新能源车企能加入更多类型数字平台，通过平台提供的模块化配置、智能化匹配和创新导航等功能，协同促进重组创新的核心能力培育；另一方面，面对"赋能期"日益增多的数据滥用、新技术标准不一、平台搭便车现象，数据确权管理、平台准入及行为规范等 Regulation 政策能有效应对监管失灵，化制度障碍为特色制度优势，以进一步扩展系统综合优势的战略维度[60]。

在互动机制的动态轨迹方面，表 5-23 显示，政策工具之间的互补机制在三个阶段呈现"混合轨迹"，而替代机制呈现"转折轨迹"。具体地，分别主导"蓄能期"和"赋能期"的互补机制在"扩能期"组态 C_2 中同时出现，说明二者能够以"交替→组合"的混合模式促进系统综合优势持续发展。这一"混合轨迹"也映射了各省在政策实践中的多元化路径（包括成功与失败）。如在"蓄能期"，一些省份率先出台了支持数字技术研发、基础设施建设的相关政策并设立了专项目标规划，即通过 Planning×Technology×Infrastructure 的组合形成互补机制 Xa，如江苏 2013 年提出突破云计算关键技术和布局数据中心，并且设立了信息化百项示范工程。此外，虽然一些省区市在"赋能期"政策实践不理想，但在"扩能期"积极把握新一轮跨界创新机会，通过 $Xa+Xb$ 为关联产业的融合创新提供系统性政策支持。例如，浙江 2021 年设立跨界融合示范工程，并在工业互联网建设、车路协同基础设施等领域同步布局。这种更广泛互补机制的探索，正推动系统迈入与智能手机、智慧能源等联动发展阶段，持续提升"生态互融"综合优势水平。

在替代机制方面，三个阶段替代机制的"转折轨迹"明显，即 Ya、Yb 和 Yc 之间不存在承接、交替或组合规律。这证实了政策组合内部的多重替代性及动态变化[61,62]，各省区市政府应明晰数字化政策工具之间的潜在替代机制及其演变轨迹，以避免政策设计的冗余、僵化和政策执行过程中的潜在矛盾。

4. 数字化政策组合驱动机制模型

基于三阶段组态分析与对比，构建数字化政策组合驱动机制模型，如图 5-18 所示。该模型不仅有助于解释数字化政策组合的有效组态"是什么"和"为什么"

需要因地制宜、增强工具之间协调并进行动态调整，而且为不同区域政府"如何"优化政策组合以促进综合优势发展路径顺利实现与转换提供了具体靶点，包括：①政策组合在系统各阶段的有效组态模式；②政策工具的互补机制与替代机制；③核心工具、互补机制和替代机制的"主导轨迹""转折轨迹""混合轨迹"。当针对具体案例时，政府部门可以将图中三个靶点与区域情境结合，为特定新兴产业创新生态系统的综合优势发展设计定制化、动态化的数字化政策组合支持。

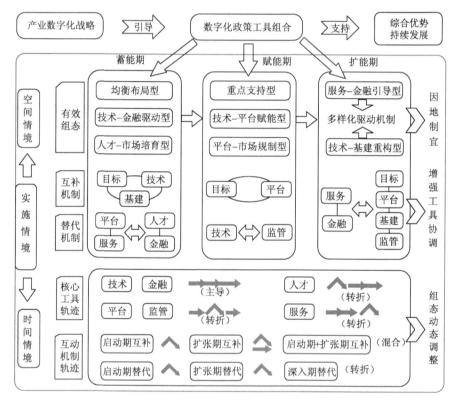

图 5-18　数字化政策组合驱动机制模型

5.4.3　综合优势发展路径的关键点控制机制

关键点控制机制需要针对三类路径进行分别设计，包括面向分布式创新路径的高价值数字资源识别机制、面向重组创新路径的平台互联互通促进机制及面向跨界融合创新路径的跨界技术融合预测机制。

1. 高价值数字资源识别机制

根据 5.2.2 节，有效编排系统中的数字资源是培育分布式创新能力和形成"多点突破"综合优势的关键环节。然而，该路径一方面具有通过资源编排而形成数字化创新示范效应、溢出效应的潜在优势，另一方面也面临因数字资源的类型、规模扩张而很难识别高价值数字资源的困境。资源识别是资源编排活动基础[18]，直接影响资源编排效率及综合优势水平，如何对系统中高价值数字资源进行科学识别和战略优先级排序，避免开发低价值资源，是该路径过程控制机制的重点。

　　采取三个步骤识别高价值数字资源：一是高价值数字资源的备选集构建。对系统不同类型的数字资源进行价值水平初步判定，构建高价值数字资源备选集。二是数字资源结构化分析。采取模糊决策实验室（fuzzy decision-making trial and evaluation laboratory，Fuzzy DEMATEL）方法对备选集的资源进行结构化分析。通过计算各类资源的原因度、中心度并排序，能明晰彼此之间的复杂结构关系，判定各类资源的资源关联性和应用潜力拓展性。三是根据原因度、中心度的高低组合得出高价值数字资源的识别结果，并确定各自在资源编排中的战略优先级。

　　（1）高价值数字资源备选集构建。"高价值"是一个反映当前价值和未来价值潜力的综合属性。数字资源的"高价值"重点体现为资源关联性和应用潜力拓展性，即一是能够优化资源组合的方式，通过与关联性资源的联合编排而创造新价值；二是能够形成正外部性，促进新资源组合的应用示范和多场景赋能。

　　因此，以资源关联性和应用潜力拓展性两个维度为依据，根据 5.2.2 节划分的数字资源类型并借鉴现有研究[71,72]，对系统不同种群的数字资源进行价值水平的初步判定，筛选 10 类价值水平较高的作为高价值数字资源备选集，具体包括：供应链大数据（R_1）、用户画像技术（R_2）、产品体验评价（R_3）、新一代数字孪生技术（R_4）、新一代人工智能技术（R_5）、数字技术专利（R_6）、数字技术标准（R_7）、政务大数据（R_8）、云服务技术（R_9）和区块链金融技术（R_{10}）。

　　（2）数字资源结构化分析。采用 Fuzzy DEMATEL 方法对初步识别的数字资源进行结构化分析。Fuzzy DEMATEL 是一种揭示要素间模糊性、复杂性关系的结构化分析方法[73]，能够剖析要素间的相互作用关系及程度，综合确定各要素在系统中的功能定位。由于高价值数字资源应具备资源关联性、应用潜力拓展性两个特征，可计算备选集中 10 类数字资源的原因度、中心度并逐一判定：原因度高的资源在系统中对其他资源的作用范围和程度越大，即关联能力和影响能力越强，可判定其具有较高的资源关联性；中心度高的资源在系统中的综合地位和灵活性越高，不仅对其他资源具备一定的关联能力，还能够在其他资源的影响下拓展其功能，因而是系统中的核心枢纽，具有较高的应用潜力拓展性。

　　综上，原因度和中心度都高的数字资源具有最高的价值水平；原因度高但中心度低，或原因度低但中心度高的数字资源价值水平相对较高；原因度和中心度都低的数字资源，总体价值水平相对较低。Fuzzy DEMATEL 分析步骤如下。

　　步骤一：将高价值数字资源备选集中的资源指标设为 $R = \{R_1, R_2, \cdots, R_{10}\}$，并设计资源之间关系评估的 5 级语义量表。

步骤二：使用语义量表对不同数字资源的影响关系进行成组比较，由此得到一个初始直接影响矩阵 $A = a_{ij}$ $(i, j = 1, 2, \cdots, 10)$。其中 a_{ij} 表示 R_i 对 R_j 的影响程度。

步骤三：利用语义量表与三角模糊数的转换关系将 5 个语义变量转化为三角模糊数值，以充分考虑数字资源相互影响关系的模糊性，其转换关系如表 5-24 所示，由此获得模糊直接影响矩阵 A'。三角模糊数定义为一个包括保守值、最接近实际值和乐观值的三元组，代表第 k 个专家认为数字资源 R_i 对 R_j 的影响程度。

表 5-24　语义变量与三角模糊数的转换关系

语义变量	对应的三角模糊数
0 没有影响	(0, 0.1, 0.3)
1 影响很弱	(0.1, 0.3, 0.5)
2 影响较弱	(0.3, 0.5, 0.7)
3 影响较强	(0.5, 0.7, 0.9)
4 影响很强	(0.7, 0.9, 1)

步骤四：进行去模糊化处理，得到清晰直接影响矩阵 Z，包括四个子步骤[73]。

一是将三角模糊数进行标准化：

$$xa_{1ij}^k = (a_{1ij}^k - \min a_{1ij}^k) / \Delta_{\min}^{\max} \tag{5-2}$$

$$xa_{2ij}^k = (a_{2ij}^k - \min a_{1ij}^k) / \Delta_{\min}^{\max} \tag{5-3}$$

$$xa_{3ij}^k = (a_{3ij}^k - \min a_{1ij}^k) / \Delta_{\min}^{\max} \tag{5-4}$$

其中，$\Delta_{\min}^{\max} = \max a_{3ij}^k - \min a_{1ij}^k$，计算得到标准化的 xa_{1ij}^k，xa_{2ij}^k 和 xa_{3ij}^k。

二是对标准化三元组进一步计算得到左边值 xls_{ij}^k 和右边值 xrs_{ij}^k：

$$xls_{ij}^k = xa_{2ij}^k / (1 + xa_{2ij}^k - xa_{1ij}^k) \tag{5-5}$$

$$xrs_{ij}^k = xa_{3ij}^k / (1 + xa_{3ij}^k - xa_{2ij}^k) \tag{5-6}$$

三是计算去模糊化的清晰值 Z_{ij}^k：

$$x_{ij}^k = \left[xls_{ij}^k (1 - xls_{ij}^k) + xrs_{ij}^{k^2} \right] / (1 - xls_{ij}^k + xrs_{ij}^k) \tag{5-7}$$

$$Z_{ij}^k = \min a_{1ij}^k + x_{ij}^k \times \Delta_{\min}^{\max} \tag{5-8}$$

四是计算平均清晰值 Z_{ij}：

$$Z_{ij} = (Z_{ij}^1 + Z_{ij}^2 + \cdots + Z_{ij}^k) / k \tag{5-9}$$

步骤五：对清晰直接影响矩阵 Z 标准化处理，得到标准化直接影响矩阵 G：

$$G = Z \times 1 \Big/ \max_{1 \leqslant i \leqslant 10} \sum_{j=1}^{10} z_{ij} \qquad (5\text{-}10)$$

步骤六：将标准化直接影响矩阵 G 转为综合影响矩阵 T，用于反映不同数字资源之间的综合影响关系，其中 E 表示单位矩阵：

$$T = G \times (E - G)^{-1} \qquad (5\text{-}11)$$

步骤七：对于综合影响矩阵 T，先计算数字资源 R_i 的影响度 e_i 和被影响度 h_i；进一步计算数字资源 R_i 的中心度 m_i 和原因度 n_i：

$$e_i = \sum_{j=1}^{10} t_{ij} \quad (i,j = 1,2,\cdots,10) \qquad (5\text{-}12)$$

$$h_i = \sum_{i=1}^{10} t_{ij} \quad (i,j = 1,2,\cdots,10) \qquad (5\text{-}13)$$

$$m_i = e_i + h_i \quad (i = 1,2,\cdots,10) \qquad (5\text{-}14)$$

$$n_i = e_i - h_i \quad (i = 1,2,\cdots,10) \qquad (5\text{-}15)$$

（3）高价值数字资源识别结果确定。根据原因度和中心度可以划分四个分区。

分区 Ⅰ（"高原因度–高中心度"组合）：同时具有较高资源关联性和应用潜力拓展性，呈现最高的总体价值水平，在资源编排各阶段都要予以重视。

分区 Ⅱ（"高原因度–低中心度"组合）：虽然具有较高的资源关联性，但应用潜力拓展性一般，呈现相对较高的总体价值水平，需要在资源编排的早期阶段予以重视，并在中后期及时"让位"于潜力拓展性更高的数字资源。

分区 Ⅲ（"低原因度–高中心度"组合）：虽然具有较高应用潜力拓展性，但资源关联性一般，呈现相对较高的总体价值水平，需要在资源编排早期阶段"让位"于资源关联性更高的数字资源，而在战略中后期加以重视。

分区 Ⅳ（"低原因度–低中心度"组合）：在备选集的数字资源中具有相对较低的资源关联性和应用潜力拓展性，总体价值水平较低，可作为备选方案。

分区 Ⅰ、Ⅱ、Ⅲ 的数字资源确定为高价值数字资源识别的最终结果，分别对应资源编排活动中的战略优先级一、二、三级；分区 Ⅳ 的数字资源总体价值水平虽低于前三个分区，但仍高于一般性数字资源，对应战略优先级四级。

2. 平台互联互通促进机制

根据 5.2.3 节重组创新路径，如何实现平台之间互联互通是促进综合优势持续成长的关键环节。平台互联互通的本质是数据的开放共享[74,75]，因为平台数据的开放共享能够通过多平台数据链接和跨场景应用而以更低成本、更高效率促进资源优化配置、合作构建及迭代创新。因此，探究平台之间数据共享的关键影响因素及影响方式,据此设计平台互联互通促进机制,是该路径过程控制的重点。

首先,借鉴现有研究[29,39],将平台互联互通的影响因素确定为平台数据处理能力、平台参与者规模、平台间功能互补性、平台网络结构复杂性、平台数据共享成本和平台数据共享制度六个因素。在此基础上,由于平台之间是否通过数据共享而实现互联互通,是各平台对数据共享成本和预期收益综合判断后的决策,同时各平台的决策过程是有限理性的,且会随多重因素而动态调整。因此,对多重因素影响平台数据共享的过程进行演化博弈分析,为机制设计提供具体思路。

(1)基本假设。基于演化博弈理论思想[76],提出以下假设。

假设一:将系统中的平台数据共享行为抽象为平台 A 与 B 的数据共享行为,策略空间为{开放共享,非开放共享}。如选择开放共享,平台会获得共享收益,且系统会因平台互联互通而强化主导优势;反之则平台互联互通水平较低。

假设二:平台 A 与 B 选择开放共享策略的概率分别为 x 和 y,选择非开放共享策略的概率分别为 $1-x$ 和 $1-y$,其中 $x, y \in [0,1]$。

假设三:平台 A 与 B 除开展数据共享合作外,本身作为独立运行的平台获得基础收益并促进系统整体收益提升,设独立运行的基础收益为 R_A 和 R_B。

假设四:平台 A 与 B 选择开放共享策略时的共享收益水平由多个因素综合决定,故将平台 A 与平台 B 的共享收益分别表示为 $T_A K_A \lambda \mu \gamma$ 和 $T_B K_B \lambda \mu \gamma$,$T_i(i=A,B)$ 表示各平台数据处理能力,$K_i(i=A,B)$ 表示各平台数据拥有量,λ 表示平台参与者总体规模,μ 表示平台间功能互补性,γ 表示平台网络结构复杂性。

假设五:平台 A 与 B 在开放共享中会因数据库扩容、投机行为等付出一定共享成本,表示为 $C_A K_A$ 和 $C_B K_B$,$C_i(i=A,B)$ 为成本系数且 $0 < C_i < 1$。

假设六:平台数据共享制度,包括政府政策支持以及联盟、协会、大型平台企业对于数据共享的激励制度有助于降低数据共享的成本,因此用 $\theta_i(i=A,B)$ 表示平台数据共享制度对平台 A 与平台 B 共享成本的补贴系数且 $0 < \theta_i < 1$。

(2)模型构建。基于以上假设构建演化博弈分析的收益矩阵,见表5-25。

表5-25　平台之间数据开放共享行为的收益矩阵

博弈主体		平台 B	
		共享开放(y)	非共享开放($1-y$)
平台 A	共享开放(x)	$R_A + T_A K_A \lambda \gamma - (1-\theta_A)C_A K_A$, $R_B + T_B K_B \lambda \gamma - (1-\theta_B)C_B K_B$	$R_A - (1-\theta_A)C_A K_A$, R_B
	非共享开放($1-x$)	R_A, $R_B - (1-\theta_B)C_B K_B$	R_A, R_B

基于收益矩阵,平台 A(平台 B)选择开放共享策略的收益期望函数为

$$E_{A1} = y[R_A + T_A K_A \lambda \gamma - (1-\theta_A)C_A K_A] + (1-y)[R_A - (1-\theta_A)C_A K_A] \quad (5\text{-}16)$$

平台 A（平台 B）选择非开放共享策略的收益期望函数为

$$E_{A2} = yR_A + (1-y)R_A \tag{5-17}$$

平台 A（平台 B）的平均收益为

$$\overline{E}_A = xE_{A1} + (1-x)E_{A2} \tag{5-18}$$

平台 A（平台 B）选择进行数据开放共享行为的动态复制方程为

$$f(x,y) = \frac{dx}{dt} = x(E_{A1} - \overline{E}_A) = x(1-x)[yT_AK_A\lambda\mu\gamma - (1-\theta_A)C_AK_A] \tag{5-19}$$

（3）局部稳定分析。当平台 A 与平台 B 反复博弈后会因影响因素综合作用及彼此不断合作协调而实现 NASH 均衡，包括 5 个局部平衡点，如图 5-19 所示。

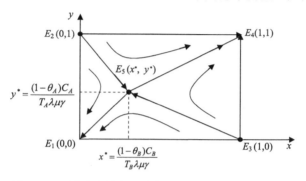

图 5-19　平台之间数据开放共享行为博弈的局部平衡点

为了判定平衡点的稳定性，构建雅可比矩阵进行分析，结果如表 5-26 所示。

$$J = \begin{pmatrix} (1-2x)\left[yT_AK_A\lambda\mu\gamma - (1-\theta_A)C_AK_A\right] & x(1-x)T_AK_A\lambda\mu\gamma \\ y(1-y)T_BK_B\lambda\mu\gamma & (1-2y)\left[xT_BK_B\lambda\mu\gamma - (1-\theta_B)C_BK_B\right] \end{pmatrix} \tag{5-20}$$

表 5-26　局部平衡点的稳定性分析结果

局部平衡点	行列式的符号	迹的符号	结果
E_1	$\det(J)>0$	$\operatorname{tr}(J)<0$	稳定点
E_2	$\det(J)>0$	$\operatorname{tr}(J)>0$	不稳定点
E_3	$\det(J)>0$	$\operatorname{tr}(J)>0$	不稳定点
E_4	$\det(J)>0$	$\operatorname{tr}(J)<0$	稳定点
E_5	$\det(J) = 0$	$\operatorname{tr}(J)=0$	鞍点

（4）演化相图分析。当平台 A 与平台 B 博弈初始状态处于 $E_1E_2E_5E_3$ 区域时，演化博弈结果向 E_1 收敛，此时双方以非共享开放为共同策略；当初始状态处于

$E_4E_2E_5E_3$ 区域时，演化博弈结果向平衡点 E_4 收敛，此时双方以非共享开放为共同策略。若 $E_1E_2E_5E_3 < E_4E_2E_5E_3$ 则双方选择共享开放策略概率更高，将通过互联互通获得共享收益，促进系统综合优势发展。由于鞍点 E_5 中参数不固定，将直接影响两个区域面积大小，进而影响博弈双方的策略选择。

（5）仿真分析。运用 Matlab 软件仿真模拟参数值变化下平台之间数据开放共享行为演化状态。通过咨询数字化创新、平台研究领域专家和仿真模拟专家，并结合各因素特点及相关文献[76,77]，确定仿真实验的初始值，如表 5-27 所示。

表 5-27　影响因素的初始值

因素	T_A	T_B	K_A	K_B	λ	μ	γ	C_A	C_B	θ_A	θ_B
赋值	1.2	1.3	10	8	2	0.5	0.7	0.5	0.5	0.5	0.5

由鞍点 E_5 可知，各平台数据拥有量 K_i 对策略选择不产生直接影响，而其他六类因素对策略选择都将产生不同程度的动态影响，需要分别进行分析。

首先，通过仿真实验观察平台数据处理能力 $T_i(i=A,B)$ 对平台数据开放共享的影响。保持其他因素不变，T_i 变化对平台策略选择的影响如图 5-20 所示。

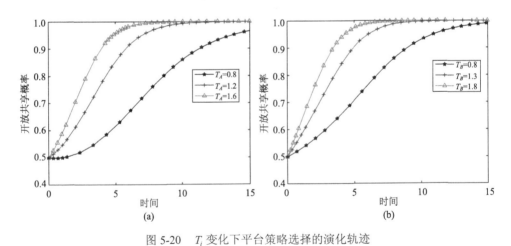

图 5-20　T_i 变化下平台策略选择的演化轨迹

在图 5-20（a）中，当 T_A 为 0.8 时，轨迹呈 "S" 形上升；当 T_A 为 1.2 和 1.6 时轨迹上升更快，最终的策略选择为开放共享。图 5-20（b）大体与图 5-20（a）相似，说明平台数据处理能力越高，彼此间互联互通的意愿和能力更强，更有利于系统主体基于平台 "联动赋能" 培育重组创新能力和提升综合优势。

同理可得到平台参与者总体规模 λ、平台间功能互补性 μ、平台网络结构复杂性 γ 以及平台共享补贴系数 θ_i 对平台数据开放共享的影响皆为正向促进作用。相比之下，平台共享成本系数 C_i 对平台 A 和 B 策略选择的影响如图 5-21 所示。

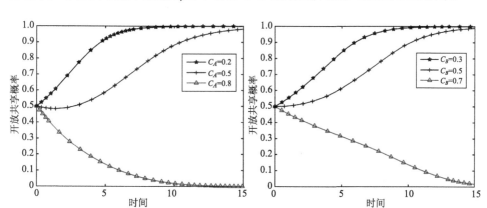

图 5-21　C_i 变化下平台策略选择的演化轨迹

在图 5-21（a）中，当 C_A 为 0.2 和 0.5 时，最终选择趋于开放共享；当 C_A 为 0.8 时，轨迹逐渐趋于 0，最终的选择为非开放共享；图 5-21（b）与图 5-21（a）相似，即随 C_B 增大，选择非开放共享策略的概率更高。因此，平台共享成本对平台之间的互联互通有负向影响作用。

（6）平台互联互通促进机制模型。基于仿真结果可知：平台数据处理能力、参与者规模、功能互补性、网络复杂性正向促进平台互联互通；数据共享成本越高，对平台互联互通的阻碍越大；政府和联盟提供制度支持越完善，对平台互通促进越大。据此构建平台互联互通促进机制模型（图 5-22），包括 6 个管理要点。在具体实践中，需根据模型中的管理要点制定针对性的平台互联互通促进机制。

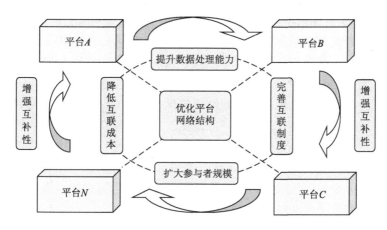

图 5-22　平台互联互通促进机制模型

　　3. 跨界技术融合预测机制

　　根据 5.2.4 节跨界融合创新路径设计思路,与跨界生态伙伴进行技术融合是提升"生态互融"综合优势的关键环节。但根据表 5-8,该路径面临因产业技术类型多样、对跨界技术领域了解不足而难以判断"优先围绕哪些技术进行融合"、"与哪些潜在技术领域融合"等困境。因此,如何对技术融合方向进行科学预测,指导系统优先选择技术融合基础好的技术领域,并瞄准互补性高、潜在融合应用价值高的跨界技术领域进行融合,是该路径关键点控制机制的重点。

　　为此,跨界技术融合预测包括两个方面:一是对拟优先开展融合的产业技术领域进行预测(即融合起点),二是对目标产业技术领域进行预测(即融合目标)。融合起点的确定是分析并预测融合目标的基础,而融合目标的确定则为基于融合起点的战略行动提供具体方向,具体包括三点。

　　(1)技术融合现状分析。根据综合优势发展机理,系统前两个战略期的技术融合主要表现为数字技术在产业技术体系内部的重组融合。这些已发生融合的技术领域通常具有更高的技术架构开放性和兼容性,尤其融合广度、融合强度都较高的领域进一步发生融合的机会更多且能力更强[78]。为此,可首先构建包括数字技术国际专利分类号(international patent classification,IPC)的技术融合网络,以实现融合现状可视化,进一步选取融合广度、融合强度的测度指标对融合现状进行量化分析,为预测技术融合起点提供依据,具体步骤及方法如下。

　　步骤一:专利信息获取及清洗。从国家知识产权局专利平台等权威专利数据库中检索特定新兴产业领域专利,并将检索范围限定为至少包括一个数字技术 IPC,提取每份专利的申请年、专利权人、IPC 三项信息。在现状分析中重点关注 4 位 IPC,并辅以 7 位 IPC 进行细节分析。对获取的专利信息进一步运用专利计量软件 TDA 去重和清洗,构成用于后续分析的有效专利集合。

　　步骤二:专利 IPC 共现矩阵构建。在 Excel 中输入每份专利的 IPC 并整理专利 IPC 共现信息,再将 IPC 共现信息导入 Bibexcel 软件,实现专利 IPC 共现矩阵的构建[78]。专利 IPC 共现信息与共现矩阵的转换关系如图 5-23 所示。

　　步骤三:专利 IPC 共现网络构建及可视化。运用 Gephi 软件实现专利 IPC 共现矩阵向共现网络的转化并进行网络可视化。在共现网络中,每一个 IPC 即为网络中的节点,任意两个 IPC 的共现关系即为节点间的边,共现频次的高低即为两个节点之间的边权重。因此,通过分析网络中的节点数量、边数量、边权重在特定时期的具体大小及变化趋势,能够得出技术融合的当前状态、历史状态并预测未来可能发生融合的核心技术对或前沿技术对。

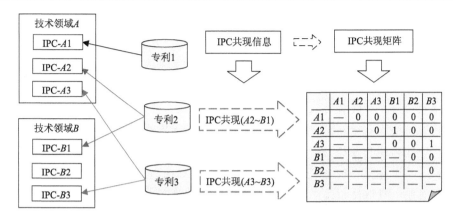

图 5-23　专利 IPC 共现信息与共现矩阵的转换关系

步骤四：技术融合广度及强度测度。基于专利 IPC 共现网络，分别测度特定产业的当前技术融合广度及融合强度。其中技术融合广度是指特定产业中发生技术融合的技术领域范围，即在共现网络中的节点数量越多，产业发展过程中涉及的技术领域类型越广泛。使用旨在反映技术融合丰富度与均匀性的辛普森指数 SI[①]测度产业总体技术融合广度，在此基础上使用与任一节点具有直接连边的节点数量测度某一技术领域的融合广度[78]，公式如下：

$$TFC = SI = 1 - \sum_{i=1}^{n} \left(\frac{x_i^t}{x^t} \right)^2 \tag{5-21}$$

$$STFC_i = degree_i \tag{5-22}$$

其中，TFC 表示产业总体技术融合广度；i 表示技术领域（IPC 共现网络中的具体节点）；n 表示该产业涉及的技术领域数量（网络节点总数），n 越大则技术融合丰富度越高；x^t 表示第 t 个时间段中的专利申请总数；x_i^t 表示第 t 个时间段技术领域 i 在所有专利中被包含的次数。$STFC_i$ 表示技术领域 i 的融合广度；$degree_i$ 表示与该技术领域有直接连边关系的其他技术领域总数，即节点 i 的度。

此外，技术融合强度是指不同技术领域间汇集、交叉的程度。在专利 IPC 共现网络中，边权重越高的节点（技术领域）拥有越高的融合强度。依次分析两两技术领域的融合关系，使用二者的融合专利数在所处的技术领域专利总数最小值中的比例来测度技术融合强度，公式如下：

$$TFI_{ij} = \frac{Patent_{ij}}{\min(Patent_i, Patent_j)} \tag{5-23}$$

其中，TFI_{ij} 表示技术领域 i 与 j 的融合强度，$Patent_{ij}$ 表示同时属于 i 与 j 两个技

---

① 辛普森指数：Simpson's index，简称 SI。

术领域的融合专利数量，$Patent_i$、$Patent_j$ 分别表示包含技术领域 i 与 j 的专利数量。

（2）跨界技术融合起点预测。在构建当前专利 IPC 共现网络并且测度技术融合广度的基础上，首先选取 $STFC_i$ 排名较高的技术领域进行融合强度的测度，从中识别融合强度较高的技术对，其涉及的技术领域则为当前融合广度、强度都较高的技术领域，构成融合起点备选集。

其次，根据特定新兴产业创新生态系统综合优势战略期的时间划分，分别构建前两个战略期的专利 IPC 共现网络，采取相同的思路测度融合广度和强度。

最后，进行三阶段综合分析，对于备选集中的当前技术领域，若融合广度、强度在前期一直保持较高水平，说明其是技术融合的关键领域；若融合广度、强度呈现持续增长趋势，说明其是技术融合的前沿领域。关键领域和前沿领域技术在前期的融合基础较好，或是融合扩展需求强烈，因此更易在当前战略期优先发生跨界融合，故将其判定为跨界技术融合起点。

（3）跨界技术融合目标预测。融合目标预测即对拟进行融合的目标产业及跨界技术对的预测，与起点预测的结果整合后能为跨界技术融合提供具体路径。

首先，由于专利 IPC 共现网络分析是复杂网络分析中的一个具体类型，借鉴复杂网络中的动态链路预测方法[78]，对网络中未来可能建立的跨界技术对进行预测。链路预测是一种基于网络拓扑结构特征挖掘连边（即链路）的产生原因及方式，并预测网络中尚不存在关系或关系不清晰（尚未探测到）的两个节点产生明确链路可能性的研究方法。由于跨界技术对预测的本质是基于既往技术融合信息的动态预测，具有预测结果未知性和持续性，因此与动态链路预测方法相适配。

其次，在测度指标选取方面，现有链路预测研究常用的指标主要包括三种：基于节点相似性、基于全局路径以及基于随机游走的指标。本书选择基于全局路径的 Katz 指标，基于两点原则：①契合性。在新兴产业创新生态系统中，技术融合过程同时受到系统主体、环境等多重因素影响，具有更高关联性和动态性。基于全局路径的 Katz 指标对网络整体的拓扑结构及演化具有更高的捕获力和稳健性，可以准确反映新兴技术的多重关联及演化。②信息易获取性。由于技术融合网络结构较复杂，存在很多孤立节点和多连边节点，从中可获取的节点共同邻居信息有限，故使用基于节点邻居相似性指标的预测精度受到较大限制。相比之下，基于路径的信息更易获取且能一定程度排除节点自身变化的干扰。

基于全局路径的 Katz 指标的具体预测步骤如下。

步骤一：确定训练网络与测试网络。基于已构建的不同战略期专利 IPC 共现网络，在相邻两个战略期网络中将时间较早的作为训练网络，时间较晚的为测试网络。由于基于全局路径的链路预测面向整体网络，网络中的孤立节点会影响训练和预测效果，删除各个战略期网络中的孤立节点，以提高预测精度。

步骤二：建立网络邻接矩阵。从处理后的训练网络和测试网络中提取边列表并实现边列表到邻接矩阵的转化，即为两类网络的邻接矩阵。

步骤三：融合技术对预测。基于两类网络的邻接矩阵，选择基于全局路径的 Katz 指标对先前战略期中的融合技术对 S_{xy} 进行验证性预测[78]，公式如下：

$$S_{xy} = \sum_{l=1}^{\infty} \mu^l \times \left| \text{paths}_{x,y}^{\langle l \rangle} \right| = \mu A_{xy} + \mu^2 \left(A^2 \right)_{xy} + \mu^3 \left(A^3 \right)_{xy} + \cdots \qquad (5\text{-}24)$$

其中，A 表示网络邻接矩阵；$\left| \text{paths}_{x,y}^{\langle l \rangle} \right|$ 表示任意节点之间长度为 l 的路径数量。

步骤四：预测精度评价。为保证对未来跨界融合技术对的预测结果精确性，需采取合适的精度评价指标，对先前战略期中的预测结果与真实结果进行对比，其中 AUC（area under curve，曲线下面积）指标在链路预测中更适用，公式如下：

$$\text{AUC} = \frac{n' + 0.5n''}{n} \qquad (5\text{-}25)$$

式（5-25）中，将测试网络中随机选取一条边出现链路的概率记为 P_1，随机选取尚未链接的某对节点出现链路的概率记为 P_2。$P_1 > P_2$ 则记 1 分，$P_1 = P_2$ 则记 0.5 分，重复比较 n 次，n' 和 n'' 分别表示 $P_1 > P_2$ 及 $P_1 = P_2$ 的次数。通常情况下，如果 AUC＞0.5，预测结果判定为具有较高精确性，越趋于 1 说明预测精度更高。

步骤五：跨界技术对预测及排序。在满足预测精度评价后，保持设定的算法参数和预测指标不变，进一步应用至跨界技术对预测中，即以当前战略期的专利 IPC 共现网络为训练网络进行未来链路预测，并对预测结果进行排序。

排序较高的跨界技术对的融合广度都较高，若既往融合强度也始终较高，则为跨界技术融合的核心技术对；若融合强度持续增长，则为跨界技术融合的前沿技术对。二者对应的技术领域即为系统"扩能期"应优选瞄准的跨界技术核心领域或前沿领域，融合基础较好且具有较高的融合概率和潜在价值。

（4）跨界技术融合预测机制模型。结合技术融合现状分析、跨界技术融合起点预测及跨界技术融合目标预测三个步骤，构建跨界技术融合预测机制模型如图 5-24 所示。将图 5-24 应用于特定新兴产业创新生态系统，能够为"扩能期"跨界融合创新路径的顺利实施提供关于"优先围绕哪些技术领域进行融合"（融合起点）、"与哪些跨界技术领域融合"（融合目标）以及"与目标领域开展什么类型融合"的具体指导并指明融合方向。因此，这一机制模型的应用将有助于避免跨界技术起点或目标不明确、类型选择不当、融合过程不连续等路径实施困境，充分发挥基于技术融合基础与潜在关联性而提升数字化创新广度及深度的路径实施优势。

5.4.4　综合优势发展路径的效果评价机制

为保障路径实施能够顺利实现战略目标，需要科学设计综合优势发展效果评价机制，旨在全面、及时地掌握系统在实施具体路径前后的综合优势实际水平并识别当前薄弱的战略环节，据此进行针对性调整，促进路径顺利转换及优化。

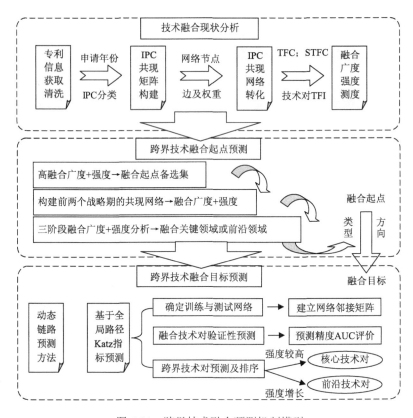

图 5-24　跨界技术融合预测机制模型

TFC（technological tusion coverage，技术融合覆盖）和STFC(specific-field technological fusion coverage，特定领域技术融合覆盖)表示产业总体技术融合广度；TFI(technological fusion intensity，技术融合强度)表示产业总体技术融合强度

1. 评价体系构建

系统综合优势发展效果具体指系统在某一战略时间点上集聚的与"主导优势—核心能力—综合优势"直接或间接相关的各类要素状态及协同形成的整体发展水平，并能通过彼此关联而对要素及整体产生多重反馈。根据这一思想，并借鉴具有代表性的产业竞争优势评价模型[79,80]，选取综合优势发展基础、发展能力、发展绩效、发展潜力四个维度构建评价体系，分析如下。

（1）综合优势发展基础。系统综合优势发展基础与其主导优势密切相关。结合新兴产业创新生态系统结构特征和数字化情境特征，系统综合优势的发展基础由"资源-主体-环境"三个层面要素构成，重点表现为创新资源基础、种群结构基础和数字化基础。由于主导优势指代表系统当前发展特色并引领未来发展方向的优势要素，系统资源、结构、数字化要素是选择和培育主导优势的基础；同时这些要素的协同效应又是主导优势类型和水平的集中体现，能通过主导优势的要素关联性、辐射带动性提升系统内外部更广泛的要素组合及优化配置效果。

（2）综合优势发展能力。包括基础性创新能力及三种面向不同战略目标的核心能力。基础性创新能力对核心能力培育、跃迁发挥重要作用；核心能力培育、跃迁又能够反过来巩固基础性创新能力，从而在能力体系的内部形成"双向驱动效应"，促进综合优势发展效果不断提升。

（3）综合优势发展绩效。综合优势发展绩效作为综合优势发展效果的直接表现，是系统围绕主导优势与核心能力有效集成、高效配置各种相关要素的过程中，形成的整体绩效水平、总体效益以及产业综合性竞争优势，重点表现在创新绩效、市场绩效以及经济、社会及生态效益三个方面[81]。综合优势发展绩效的高低直观反映当前路径"主导优势—核心能力—综合优势"的战略协同效果。

（4）综合优势发展潜力。综合优势发展潜力作为综合优势发展效果的间接表现，也是衡量效果的因果反馈性与可持续性的不可或缺维度。与聚焦当前战略期的综合优势发展绩效相比，综合优势发展潜力更关注系统在未来战略期的持续创新、创新扩散和产业成长潜力，主要取决于系统在当前路径实施中的战略积累效果以及反馈效应下的战略拓展潜力。

综上，由综合优势发展基础、发展能力、发展绩效和发展潜力构成的评价体系能够全方位、深层次反映影响系统综合优势发展效果提升的战略要素及其因果关系，避免评价过程中因片面重视显性结果（发展绩效）而忽视直接原因（发展能力）、间接原因（发展基础）、因果循环（发展潜力）等维度指标及维度间均衡性所造成的评价结果失真。根据四个维度与综合优势发展效果的因果循环关系，刻画系统综合优势发展效果提升机理，如图 5-25 所示。

根据以上四个维度并借鉴现有研究[42,80-82]，基于科学性、操作性和可比性原则对评价指标进行具体设计，形成由 4 个准则层、13 个子准则层和 40 个三级指标构成的系统综合优势发展效果评价指标体系，如表 5-28 所示。

表 5-28　新兴产业创新生态系统综合优势发展效果评价指标体系

准则层	子准则层	指标层
综合优势发展基础 A_1	资源基础 B_1	产业 R&D 人员全时当量 C_1
		产业 R&D 经费内部支出 C_2
		产业从业人员数量 C_3
	结构基础 B_2	企业数量 C_4
		高校和科研院所数量 C_5
		科技企业孵化器及众创空间数量 C_6

准则层	子准则层	指标层
综合优势发展基础 A_1	数字化基础 B_3	移动互联网普及率 C_7
		公共技术服务平台投资额 C_8
		软件与信息技术服务业固定资产投资额 C_9
		工业互联网产业增加值占 GDP 比重 C_{10}
综合优势发展能力 A_2	基础性创新能力 B_4	产业有研发机构的企业数占企业总数比重 C_{11}
		产业 R&D 人员占从业人员比重 C_{12}
		产业 R&D 经费内部支出占主营业务收入比重 C_{13}
	分布式创新能力 B_5	产业技术改造经费支出占主营业务收入比重 C_{14}
		产业数字技术发明专利申请数量 C_{15}
		产业领域中"互联网+"试点示范企业数量 C_{16}
	重组创新能力 B_6	产业领域中工业互联网试点示范项目数量 C_{17}
		产业多主体联合申请发明专利数量 C_{18}
		产业 R&D 经费内部支出中非企业来源比重 C_{19}
	跨界融合创新能力 B_7	产业覆盖的技术领域数量 C_{20}
		产业跨技术领域发明专利引用次数 C_{21}
		产业引进技术经费支出占主营业务收入比重 C_{22}
综合优势发展绩效 A_3	创新绩效 B_8	产业科技成果转化率 C_{23}
		产业有效发明专利数量 C_{24}
		产业新产品销售收入 C_{25}
	市场绩效 B_9	产业净利润 C_{26}
		产业总产值 C_{27}
		产业新产品出口额占主营业务收入比重 C_{28}
	经济、社会及生态效益 B_{10}	产业对 GDP 贡献率 C_{29}
		产业新就业吸纳能力 C_{30}
		单位工业增加值煤炭消耗量 C_{31}
综合优势发展潜力 A_4	持续创新潜力 B_{11}	产业 R&D 经费投入强度年增长率 C_{32}
		产业新产品开发经费年增长率 C_{33}
		产业有效发明专利数量年增长率 C_{34}
	创新扩散潜力 B_{12}	产业 R&D 经费外部支出年增长率 C_{35}
		产业发明专利前向引用次数年增长率 C_{36}
		产业新产品出口额年增长率 C_{37}
	产业成长潜力 B_{13}	企业数量年增长率 C_{38}
		产业净利润增长率 C_{39}
		产业市场占有率年增长率 C_{40}

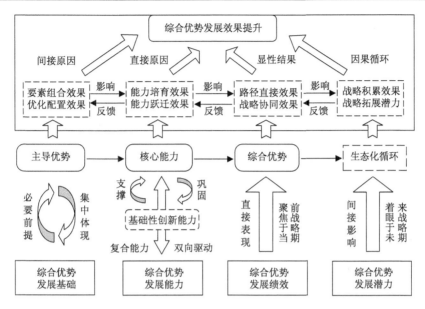

图 5-25　新兴产业创新生态系统综合优势发展效果提升机理

不同指标的数据来源可以归纳为四类：第一类指标可以通过国家及各省市统计年鉴获取数据，如 C_1、C_2、C_3 等来自《中国高技术产业统计年鉴》，C_4 和 C_5 来自《中国统计年鉴》和各省市统计年鉴；C_6、C_8 等来自《中国火炬统计年鉴》；C_9 来自《中国信息产业年鉴》；C_{31} 来自《中国能源统计年鉴》。第二类指标可以通过工业和信息化部（简称"工信部"）、各省市政府、权威研究机构公开发布的信息及统计报告获取，如 C_{16} 和 C_{17} 来自工信部发布的"制造业与互联网融合发展试点示范项目名单"和"工业互联网试点示范项目名单"；C_7 来自各省市的年度《国民经济和社会发展统计公报》；C_{10} 来自中国工业互联网研究院发布的年度《中国工业互联网产业经济发展白皮书》。第三类指标可以通过国家知识产权局等平台获取专利相关数据，包括 C_{15}、C_{18}、C_{20}、C_{21} 和 C_{24}。第四类指标需要在以上三类指标基础上通过计算或换算获得数据，如 C_{11}、C_{12}、C_{13} 等占比类指标，C_{23}、C_{29} 等转化率及贡献率指标，C_{30} 的能力类指标以及 C_{32}、C_{33}、C_{34} 等增长率类指标。

2. 评价权重确定

常见的权重确定方法包括主观与客观赋权法。二者各有利弊。为了综合反映专家判断优势以及实际数据规律，选择主、客观结合的组合赋权方法。其中，运用层次分析法确定指标的主观权重[39]；运用改进的 CRITIC（criteria importance through intercriteria correlation，基于准则间相关性的重要性确定）法确定指标的客观权重[83]，其计算步骤如下。

（1）对所有指标进行无量纲化处理，以实现不同单位指标在同一标度下的可比性。由于指标层中既包括与评价结果正相关的正向指标，也包括逆向指标，采用极大值法和极小值法分别对正向指标和逆向指标进行标准化：

$$X_{ij} = \frac{x_{ij} - \min x_{ij}}{\max x_{ij} - \min x_{ij}} \qquad (5\text{-}26)$$

$$X_{ij} = \frac{\max x_{ij} - x_{ij}}{\max x_{ij} - \min x_{ij}} \qquad (5\text{-}27)$$

其中，x_{ij} 表示第 i 个评价方案中第 j 个指标的原始数值；X_{ij} 表示其标准化后的数值；$i = 1, 2, \cdots, m$，$j = 1, 2, \cdots, n$，m 表示评价方案数量，n 表示同一子准则层下的指标数量。评价方案既可以是多个系统，也可以是同一系统在不同年份的数值。

（2）计算指标 j 的变异系数 v_j：

$$v_j = \frac{s_j}{\overline{x}_j} = \frac{\sqrt{\dfrac{1}{m-1}\displaystyle\sum_{i=1}^{m}(x_{ij} - \overline{x}_j)^2}}{\dfrac{1}{m}\displaystyle\sum_{i=1}^{m} x_{ij}} \qquad (5\text{-}28)$$

其中，$\overline{x}_j$ 表示指标 j 的平均值；s_j 表示指标 j 的标准差。

（3）计算指标 j 与同一子准则层下指标 t 之间的 Pearson 相关系数：

$$\rho_{jt} = \frac{\displaystyle\sum_{i=1}^{m}(x_{ij} - \overline{x}_j)(x_{it} - \overline{x}_t)}{\sqrt{\displaystyle\sum_{i=1}^{m}(x_{ij} - \overline{x}_j)^2}\sqrt{\displaystyle\sum_{i=1}^{m}(x_{it} - \overline{x}_t)^2}} \qquad (5\text{-}29)$$

其中，$j = 1, 2, \cdots, n$，$t = 1, 2, \cdots, n$，且 $t \neq j$，$\overline{x}_j$ 和 $\overline{x}_t$ 分别表示指标 j 和指标 t 的平均值。

（4）设 E_j 为指标 j 包含的信息量，由此计算出客观权重 f_j：

$$E_j = v_j \sum_{t=1}^{n}(1 - \rho_{jt}) \qquad (5\text{-}30)$$

$$f_j = \frac{E_j}{\displaystyle\sum_{j=1}^{n} E_j} \qquad (5\text{-}31)$$

对于指标层（C）中的指标 j，将层次分析法得到的权重 ω_j 与改进的 CRITIC 法得到的权重 f_j，利用乘数合成归一法得出组合权重 λ_{Cj}：

$$\lambda_{Cj} = \frac{\omega_j f_j}{\displaystyle\sum_{j=1}^{n} \omega_j f_j} \tag{5-32}$$

3. 基于灰靶模型的总体效果评价方法

首先，采用灰靶理论中的灰靶模型对综合优势发展效果进行总体评价，旨在准确掌握系统实施具体路径之后的综合优势实际水平。灰靶理论是灰色系统理论体系中的重要部分，旨在构建处理多重模式序列的灰关联分析模型对"小样本""贫信息"和"不确定性"的系统进行综合评价[84]。考虑到①综合优势发展效果的评价对象通常是某个或少数具有可比性的产业创新生态系统，②各指标评判标准的参考信息不足，③影响评价结果的指标较多且彼此关系复杂不确定，因此灰靶模型对综合优势发展效果评价具有良好适用性。具体包括如下六个评价步骤。

（1）评价矩阵构建。根据评价方案集和指标集，构造初始评价矩阵 $X = [x_{ij}]_{m \times n}$，其中 x_{ij} 表示第 i 个评价方案的第 j 个评价指标的值。

（2）标准模式构造。根据各指标的极性分类，包括极大值极性、极小值极性和适中值极性，选取最接近理想目标值的方案作为标准模式 $\omega_0(j)$：

$$\omega_0(j) = \begin{cases} \max_i \omega_i(j), & POL\omega(j) = POL(\max) \\ \min_i \omega_i(j), & POL\omega(j) = POL(\min) \\ \mu_0(特定值), & POL\omega(j) = POL(men) \end{cases} \tag{5-33}$$

其中，$POL\omega(j)$ 表示理想目标值，适中值 $POL(men)$ 可以取平均值或中位数。

（3）指标值灰靶变换。将初始评价矩阵 X 中的指标值进行灰靶变换，可得到标准化的指标值 $T\omega_i(j)$：

$$T\omega_i(j) = \frac{\min\{\omega_i(j), \omega_0(j)\}}{\max\{\omega_i(j), \omega_0(j)\}} = x_i(j) \tag{5-34}$$

当 $i = 0$ 时，$T\omega_i(j) = x_0(j) = (x_0(1), x_0(2), \cdots, x_0(n)) = (1, 1, \cdots, 1)$ 即为变换后的靶心。

（4）差异信息空间构建。利用标准化指标值构建差异信息空间 Δ_{GR}：

$$\Delta_{GR} = [\Delta, \xi, \Delta_{0i}(\max), \Delta_{0i}(\min)] \tag{5-35}$$

其中，ξ 表示分辨系数且 $\xi \in (0,1)$，用于调整灰关联系数的取值差异[84]，$\Delta = \{\Delta_{0i}(j) | i = (1,2,\cdots,m), j = (1,2,\cdots,n)\}$，$\Delta_{0i}(j) = |x_0(j) - x_i(j)| = |1 - x_i(j)|$。

（5）评价方案的靶心度计算。将评价方案与标准模式比较，计算靶心系数 $\gamma[x_0(j), x_i(j)]$ 和靶心度 $\gamma(x_0, x_i)$：

$$\gamma[x_0(j), x_i(j)] = \frac{\min_i \min_j \Delta_{0i}(j) + \xi \max_i \max_j \Delta_{0i}(j)}{\Delta_{0i}(j) + \xi \max_i \max_j \Delta_{0i}(j)} \qquad (5\text{-}36)$$

$$\gamma(x_0, x_i) = \sum_{j=1}^{n} \lambda_j \gamma[x_0(j), x_i(j)] \qquad (5\text{-}37)$$

当 ξ 为 0.5 时符合灰色系统理论中最小信息和差异信息原理，故取 $\xi = 0.5$。

（6）靶心度等级划分。根据灰靶理论和最小信息原理，划分七个等级[84]，如表 5-29 所示。靶心度等级越高则表示目标系统的综合优势发展效果越好。

表 5-29 靶心度等级划分

等级	一级	二级	三级	四级	五级	六级	七级
靶心度	(0.9,1]	(0.8,0.9]	(0.7,0.8]	(0.6,0.7]	(0.5,0.6]	(0.4,0.5]	(0.333,0.4]

4. 基于障碍度模型的薄弱战略环节识别方法

在总体评价的基础上，进一步识别综合优势发展效果提升的障碍因素，从而判断系统当前薄弱的战略环节及风险。障碍度模型旨在利用指标偏离度和因子贡献度对单项指标及隶属维度进行综合诊断，识别当前障碍因素及主次关系[85]。因此，障碍度模型可以在灰靶评价的基础上对评价体系中的单项指标进行"病理诊断"，判定系统在当前路径下的薄弱战略环节，为战略优化提供方向。具体包括四个步骤。

（1）指标偏离度计算。指标偏离度 P_j 表示单项指标 j 的真实值与理想目标值的差距程度：

$$P_j = 1 - X_j \qquad (5\text{-}38)$$

其中，X_j 表示采用极大值或极小值法对评价方案中指标 j 进行标准化的数值，标准化的计算公式同式（5-26）和式（5-27）。

（2）因子贡献度计算。在障碍度模型中，因子贡献度具体表示为不同指标及其隶属维度的综合权重，与灰靶评价的靶心度公式中的 λ_j 相同：

$$\lambda_j = \lambda_{Aj} \times \lambda_{Bj} \times \lambda_{Cj} \qquad (5\text{-}39)$$

其中，λ_{Aj}、λ_{Bj} 和 λ_{Cj} 表示指标 j 对应的准则层、子准则层和指标层权重。

（3）指标障碍度计算。指标偏离度和因子贡献度的组合效应用于反映指标 j 在所有指标中的障碍度大小 Y_j：

$$Y_j = \frac{P_j \times \lambda_j}{\sum\limits_{j=1}^{n} P_j \times \lambda_j} \times 100\% \qquad (5\text{-}40)$$

（4）薄弱战略环节识别。对所有指标（$n=40$）的障碍度大小进行降序排序，将排序前 10%～20% 的指标判定为综合优势发展效果的关键障碍因素。由于各个指标及其隶属维度与"主导优势—核心能力—综合优势"战略环节有明确对应关系，可追溯关键障碍因素在准则层、子准则层中的隶属维度，分析其与当前路径目标的相关度。若相关度较高，说明障碍因素所属维度恰好也是路径实施效果的重要影响维度，且当前产生了消极影响，据此识别出当前路径的薄弱战略环节。

在评价机制的应用策略方面，路径应用旨在提升系统综合优势的发展水平，因此路径效果评价本质上是对系统综合优势发展水平的评价。相应地，当前构建的评价体系既可以评价系统在应用任一路径后的实际效果，也可评价其正常状态（未应用任一路径前）综合优势发展水平的现状，以判断其当前阶段是否有必要采取综合优势战略。

此外，考虑数据的可获取性和计算便捷性，当前评价体系中包含了一些间接测度的指标，同时，囿于新兴产业尚没有专门统计年鉴，通常需要将新兴产业与高技术产业分类、高新技术分类等进行对照，从中选择匹配性较高的产业及技术领域作为代表性样本。因此，随着国家以及各省市关于新兴产业、数字经济统计制度不断完善，后续需要对评价指标进行动态调整，及时更换适用性更强的指标以提高评价结果的准确性。

5.5　黑龙江省生物医药产业创新生态系统综合优势发展路径应用研究

综合优势发展路径研究的核心目标是为新兴产业创新生态系统的竞争战略制定和优化提供理论依据和实践指导。本节选取黑龙江省生物医药产业创新生态系统进行应用研究，旨在验证前文路径及方法设计的科学性和实用性，并为我国更多新兴产业创新生态系统的综合优势战略制定提供典型范例与决策参考。

案例选择依据在于：近几年黑龙江省高度重视生物医药产业发展，《黑龙江省工业强省建设规划（2019—2025 年）》将生物医药产业列入全省优先发展的四大产业，"十四五"以来又相继出台《黑龙江省"十四五"生物经济发展规划》和《关于进一步支持生物医药产业高质量发展若干措施》。然而，黑龙江省生物医药产业"大而不强"，生态化发展能力较弱，仅哈尔滨生物医药产业园入选"2022 生物医药产业园区百强榜"，尚未形成全省范围的生物医药产业创新生态系统综合优势。

因此，为黑龙江省生物医药产业创新生态系统设计匹配性的综合优势发展路径，能够为其提供及时、先进的理论指导及管理方法，从而广泛集成和利用系统内外部的优势主体、互补资源及数字化机遇，推动系统综合优势持续、高质量发展。

5.5.1 黑龙江省生物医药产业创新生态系统概况

1. 产业发展概况

生物医药产业是将现代生物技术与新药研发、生产、医疗器械制造等结合，面向疾病预防、诊断、治疗的新兴产业，包括生物制药、化学制药、中药、医疗器械等领域。截至 2024 年 1 月黑龙江省共有生物医药及配套企业 1098 家，其中高新技术企业 421 家，专精特新企业 33 家，哈药、哈三联、珍宝岛、澳利达奈德、誉衡药业、葵花药业以及康隆药业被工信部评为"中国医药百强企业"。从产业链构成、核心企业分布两个方面绘制其产业链图谱，如图 5-26 所示。

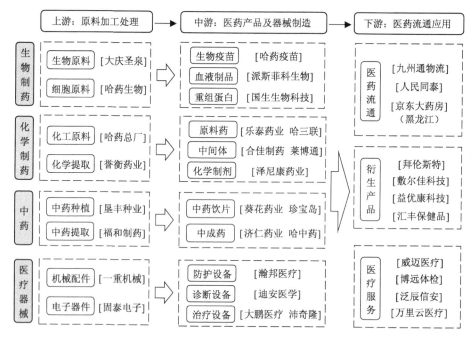

图 5-26 黑龙江省生物医药产业链图谱

在发展格局方面，黑龙江省生物医药产业已初步形成"一极、两区、一带"发展格局。"一极"为哈尔滨市。哈尔滨生物医药产业集群 2019 年被列为首批国家战略性新兴产业集群，产业总产值占全省 2/3，培育了 5 家中国医药百强企业，对全省产业发展起到了辐射、引领作用。"两区"指松嫩平原生物产业核心区（齐齐哈尔、大庆、绥化）和三江平原生物产业示范区（牡丹江、鸡西、七台河）。"一带"指林区寒地生物产业带，包括伊春、黑河和大兴安岭。

在重点领域方面，根据《黑龙江省"十四五"生物经济发展规划》，黑龙江省已将现代医药、生物信息大数据、生物疫苗、诊断试剂、生物育种、生物质低碳、寒地中药、工业微生物、再生医学等列为全省生物医药产业重点领域。

综上，黑龙江省生物医药产业已形成较完整的产业链，且各环节都已形成一家或多家核心企业。在省政府规划引导下，已形成多地协同、优势互补的"一极、两区、一带"生态化发展格局，并通过设立产业发展重点领域，为企业技术创新和"政产学研金介用"生态化合作指出了具体方向，有助于系统综合优势发展。

2. 产业创新生态系统结构

从创新主体、平台网络、创新生态环境三个层面刻画黑龙江省生物医药产业创新生态系统结构，如图 5-27 所示，旨在明确当前系统中的重要成员、平台及环境要素，为分析系统综合优势发展现状和选择综合优势发展路径奠定基础。

3. 产业创新生态系统综合优势发展现状

为了判定黑龙江省生物医药产业创新生态系统当前"是否"有必要采取综合优势战略以及"如何"对选择的综合优势发展路径具体设计，应用 5.4.4 节评价机制评价其综合优势水平并与其他省市比较，以全面掌握其综合优势发展现状。

根据 5.4.4 节评价机制应用策略，构建的评价机制本质上是对系统综合优势发展水平的评价，既可用于评价系统应用某一路径后的综合优势水平（即路径应用效果），也可以评价其当前的综合优势发展现状，以判断其"是否"有必要应用新的综合优势发展路径。此处属于第二种情况。考虑到我国生物医药产业已形成环渤海、长三角、珠三角、东北三省等集聚区，从中选择北京、山东、江苏、上海、浙江、广东、湖北、重庆、辽宁、黑龙江共 10 个省市。2023 年，这 10 个省市生物医药产业总产值皆高于全国平均值，占全国比重为 63.15%，因此综合优势水平相对较高，适合作为黑龙江省评价比较对象，具体过程如下。

首先，根据 5.4.4 节给出的数据来源，从国家及 10 个省市统计年鉴、工信部公开信息、10 个省市政府统计公告、中国工业互联网研究院公开报告、智慧芽专利数据库获取评价所需数据。其次，采用式（5-26）和式（5-27）对所有指标数据进行标准化处理，采用式（5-28）至式（5-31）依次计算各指标的客观权重值，再结合层次分析法得到的主观权重值，采用式（5-32）依次计算各指标的组合权重值。其中主观权重值的打分专家为省内 9 名高新技术发展与战略管理学术专家和 6 名生物医药企业管理者，一致性比率为 0.072，一致性检验通过。

在获取标准化指标数值并且确定评价权重的基础上，应用 5.4.4 节基于灰靶模型的评价方法对 10 个省市生物医药产业创新生态系统综合优势发展水平进行评价，对应的靶心度等级如表 5-30 所示。

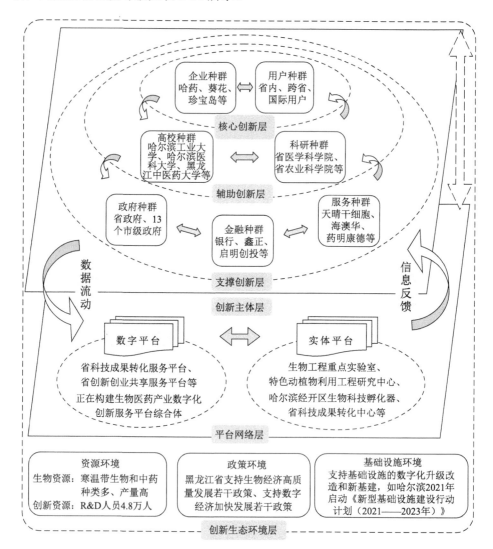

图 5-27　黑龙江省生物医药产业创新生态系统结构及重要构成要素

表 5-30　10 个省市生物医药产业创新生态系统综合优势评价结果及靶心度等级

评价对象	北京	山东	江苏	上海	浙江	广东	湖北	重庆	辽宁	黑龙江
评价结果	0.833	0.601	0.912	0.684	0.712	0.759	0.531	0.376	0.445	0.438
靶心度等级	二级	四级	一级	四级	三级	三级	五级	七级	六级	六级

　　由此可得,黑龙江省生物医药产业创新生态系统综合优势发展水平在 10 个评价对象中位列第 9,靶心度等级为六级,与辽宁省处于同一等级区间,反映出黑龙江省、辽宁省所在的东北地区生物医药产业创新生态系统综合优势低于长三角、珠三角等发达地区,有必要尽快应用综合优势发展路径实现赶超式发展。

　　在总体评价的基础上,进一步应用障碍度模型对黑龙江省生物医药产业创新生态系统综合优势发展的关键障碍因素进行识别。利用式（5-38）至式（5-40）计算全部 40 个指标的障碍度,再进行降序排序,将排序前 15%的指标（6 个）判定为其综合优势发展的关键障碍因素,如表 5-31 所示。

表 5-31　黑龙江省生物医药产业创新生态系统综合优势发展的关键障碍因素

排序	障碍度分值	障碍因素指标	隶属的子准则层	隶属的准则层
1	0.051	R&D 经费内部支出 C_2	资源基础 B_1	综合优势发展基础 A_1
2	0.046	软件与信息技术服务业固定资产投资额 C_9	数字化基础 B_3	综合优势发展基础 A_1
3	0.043	产业技术改造经费支出占主营业务收入比重 C_{14}	分布式创新能力 B_5	综合优势发展能力 A_2
4	0.042	产业新产品开发经费年增长率 C_{33}	产业成长潜力 B_{13}	综合优势发展潜力 A_4
5	0.041	产业 R&D 经费内部支出中非企业来源比重 C_{19}	重组创新能力 B_6	综合优势发展能力 A_2
6	0.039	工业互联网产业增加值占 GDP 比重 C_{10}	数字化基础 B_3	综合优势发展基础 A_1

　　根据 6 个障碍因素隶属的准则层与综合优势战略环节之间的对应关系,可知黑龙江省生物医药产业创新生态系统在"主导优势—核心能力—综合优势"三个战略环节上都较为薄弱,亟须采取新一轮综合优势战略培育主导优势、核心能力和综合优势。

5.5.2　综合优势发展路径选择及目标设定

1. 路径基本类型选择

　　根据 5.3.1 节路径选择思路,依次计算创新种群构成及关系、创新生态环境维度的影响因素评分,再通过"种群-环境"匹配分析确定路径的基本类型。

　　（1）创新种群构成及关系分析。从国家及《黑龙江统计年鉴》、智慧芽专利数据库、北大法宝数据库、黑龙江省统计局等获取定量指标数据,并邀请省内 9 名高新技术发展与战略管理领域学术专家和 6 名生物医药企业管理者对定性指标进行评分。另外，应用表 5-10 将定性与定量指标的评分进行同尺度转换，对同一因素的指标评分进行累加并取均值，最终评分结果如表 5-32 所示。

表 5-32 创新种群构成及关系维度的影响因素评分结果

影响因素维度	影响因素	评分结果	评分等级
创新种群构成维度 A	种群内部结构 A_1	4.75	差
	种群规模比例 A_2	9.667	中
	种群功能水平 A_3	6.833	中
创新种群关系维度 B	种群互动形式 B_1	6.083	中
	种群互动强度 B_2	4.25	差
	种群互动层级 B_3	7.167	中

在维度 A 中，A_1 等级为"差"，A_2 和 A_3 等级为"中"；在维度 B 中，B_2 等级为"差"，B_1 和 B_3 等级为"中"，因此满足图 5-10 中选择分布式创新路径的基本条件①，但不满足选择更高级别路径的基本条件。

（2）创新生态环境分析。数据及评价思路同上。应用表 5-12 对同一影响因素的指标评分进行累加并取平均值，最终评分结果如表 5-33 所示。

表 5-33 创新生态环境维度的影响因素评分结果

影响因素维度	影响因素	评分结果	评分等级
创新生态环境 C	数字资源 C_1	7.667	中
	创新政策 C_2	12.75	良
	基础设施 C_3	9.667	中

C_1 和 C_3 的等级为"中"，C_2 的等级为"良"，满足图 5-11 中分布式创新路径的基本条件④。值得注意的是数字资源 C_1 评分最低，与黑龙江省数字资源不断扩张的现象矛盾，说明黑龙江省数字资源在生物医药产业中的嵌入度较低，"数字+生物医药"资源组合仍然较少。由于数字资源是分布式创新路径的主导优势，该结果进一步强调了将当前"劣势"转化为"优势"的战略必要性。

（3）基于匹配分析的路径基本类型确定。在种群、生态环境单独分析的基础上进行"种群-环境"匹配关系分析，以判断系统中的创新种群与环境要素是否达到双向促进、协同发展的平衡状态，为路径启动和顺利推进提供系统性保障。

具体地，黑龙江省生物医药产业创新生态系统在种群、环境维度分别满足选择分布式创新路径的条件①与④，属于"种群-环境"匹配的"完全匹配"子情形。进一步对照表 5-13 路径基本类型的选择方案，确定分布式创新路径为当前匹配路径，对应数字化创新蓄能期。该结论与工信部研究中心调查结果符合，即生物医药产业由于对药械安全、资质的特殊要求而在数字化方面较为谨慎，与汽车、零售、金融等产业存在差距[86]。但随着契合产业标准的数字化工具出现，生物医药产业已进入数字化机遇期[87]，亟须利用数字资源基础发展综合优势。

2. 子路径类型选择

（1）系统情境特征分析。根据图 5-4 路径空间定位模型，在确定路径基本类型的基础上需进一步分析系统情境特征，明确当前演化阶段"蓄能期"下的架构者类型及互补者范围，从而定位匹配的空间模块以指导子路径的具体设计。

具体地，结合黑龙江省生物医药产业发展相关资料以及上一节系统综合优势发展现状可知，以哈药、哈三联、珍宝岛等代表的核心企业（中国医药百强企业）是当前"蓄能期"的架构者，对产业链有序运行和产学研协同创新发挥示范协调、资源共享、平台支撑等作用；相比之下，政府虽然也对产业创新发展发挥规划、扶持和监管功能，但由于黑龙江省生物医药产业起步较早，已形成制度、结构、基建较完善的创新生态系统，且产业链的各个环节都有核心企业分布，政府更多扮演引导者和监管者角色，而非系统构建初期的架构者[34]，以充分发挥"链主"企业的架构者功能。在互补者方面，由图 5-27 可知当前互补者广泛分布于系统各层级中，且多为省内的药企、学研机构及服务中介，而与其他新兴产业和其他省份的跨界互补者联系较少。

综上，初步判定系统与"蓄能期 X_1-核心企业架构者 Y_2-内部互补者 Z_1"的空间模块相匹配。根据表 5-1 子路径分类体系，其对应的子路径类型为 $f(X_1, Y_2, Z_1)$。

（2）架构者类型及互补者范围判定。在资料分析和做出初步判定的基础上，需要应用架构者类型及互补者范围的判定方法验证该结论的正确性，并为进一步判断是否存在子路径的组合提供依据。具体地，应用 5.3.3 节子路径选择方法，邀请对黑龙江省生物医药产业创新生态系统相对了解的 15 名专家，应用表 5-14 和表 5-15 的量表对架构者类型及互补者范围进行评分。对专家评分按不同维度进行求和平均，得到架构者类型及互补者范围的各个具体维度的评分，再对照图 5-14和图 5-15 中的子路径选择规则，得到最终的判定结果如表 5-34 所示。

表 5-34　架构者类型及互补者范围的评分及判定结果

判定维度	具体维度	实际评分	判定结果
架构者类型 Y	政府部门 Y_1	1.922	$Y_2 \geqslant 3$，Y_1 和 $Y_3 \leqslant 2$
	核心企业 Y_2	3.125	
	平台组织 Y_3	1.287	以核心企业为单一类型架构者
互补者范围 Z	系统内部各个层级 Z_1	3.296	$Z_1 \geqslant 3$，$Z_1 \leqslant 2$
	系统外部跨界生态 Z_2	1.867	互补者以系统内部为主

（3）子路径类型确定。结合路径基本类型（分布式创新路径）以及架构者类型和互补者范围的判定结果，进行三维度综合分析（图 5-13 至图 5-15），将分区情况对照表 5-16 列出的子路径选择方案，能够确定系统最佳匹配的子路径类型为 $f(X_1, Y_2, Z_1)$。即面向数字化创新蓄能期 X_1-以核心企业为系统架构者 Y_2-引领协调系统内部的各层互补者 Z_1。

这一结果一方面验证了初步判定的正确性，证明通过资料分析得出的结论与应用本书路径选择方法得出的结论之间具有较高匹配性，是对本书研究设计科学性、合理性的一个实证；另一方面，也说明当前系统中的架构者定位清晰（即充分发挥"链主"核心企业的创新活力及作为架构者的辐射、协调作用）且互补者战略明确（以完善省内生物医药产业生态为先导，并逐步吸纳跨界伙伴），因此当前"蓄能期"不必进行子路径组合。随着系统持续发展，未来形成"生态互融"综合优势时需要及时地对不同的跨界领域设计子路径组合方案。

3. 路径内涵及目标设定

根据 5.2.2 节分布式创新路径内涵和 $f(X_1, Y_2, Z_1)$ 子路径特征，该路径具体指：黑龙江省生物医药产业创新生态系统选择数字资源为主导优势，在哈药、哈三联、珍宝岛等架构者引领下，联合省内学研机构、数字技术企业等开展资源编排活动，在资源编排中进行"蓄能"和培育分布式创新的核心能力，进而逐步吸引全国范围内的合作伙伴扩大其创新生态，深入推进生物医药企业的数字化转型及多主体互补创新，形成"多点突破"综合优势并持续发展。

结合系统当前概况，将路径目标设定为：以每 5 年为一个综合优势战略期，通过 2025～2029 年分布式创新路径的实施，优化全省"一极、两区、一带"生物医药产业发展格局，力争形成 800 家高新技术企业并培育 80 家专精特新企业（比 2024 年翻一番），10 家企业争取入选工信部"中国医药百强企业"名单，并在现代医药、生物信息大数据、生物疫苗等省重点发展领域形成"政产学研金介用"的协同创新体系，以有效支撑哈药和珍宝岛等架构者企业主导、多层互补者参与的分布式创新活动及示范溢出效应，从而形成产业数字化转型逐年深入、创新生态环境持续优化、数字技术与产业技术协同式突破、产业创新绩效及市场绩效全面提升的综合优势发展格局。

5.5.3　综合优势发展路径实施步骤

为实现路径目标并充分体现子路径 $f(X_1, Y_2, Z_1)$ 的情境特征，根据图 5-5 路径模型及具体过程，设计路径实施的三个步骤如下。

（1）分布式创新能力培育规划。数字资源编排是综合优势战略变革的基础，需要围绕数字资源制定分布式创新能力的培育规划，包括两个核心环节。

一是制定数字资源获取方案。在内部开发方面，哈药、珍宝岛等核心企业需充分发挥作为架构者的示范引领作用，根据生物医药产业数字化发展的实际需求，优先建立企业数据中心及大数据管理系统，并为省内其他生物医药企业的数据平台搭建提供示范、技术和经验支持，推动跨部门、跨组织的数据共享和综合应用。在外部获取方面，架构者企业应率先与互联网企业、大数据服务商等建立合作，加快人工智能、5G 等在省生物医药产业的融合应用，并引导系统各主体加入省"十四五"规划建设的生物医药研发数据库，在共享开放中实现数据价值最大化。

二是围绕获取的数字资源，制定新的资源组合方案。在共性需求导向的方案制定方面，由架构者企业牵头对产业共性技术研发、数字化转型基本路线等共性需求进行统计，分析各类数字资源与产业资源进行数字化组合的可行性及潜在价值，据此推出普遍适用的资源组合方案。在个性需求导向的方案制定方面，不同生态位企业的研发重点、生产模式等差异较大，需根据自身需求和适用场景确定最佳方案。如珍宝岛在车间中采用了提取自动化控制、工艺流程数字化等国际先进的数字技术并与热回流提取、膜过滤等技术融合，提升了药材提取和品控效率，可为其他企业提供个性化方案的制定思路，促进分布式创新能力培育。

（2）基于"资源-能力"捆绑的分布式创新能力培育。"资源-能力"捆绑是主导优势向核心能力转化的关键，具体指在黑龙江省生物医药产业创新生态系统中，架构者企业引导不同生态位的企业围绕新的资源组合方案与学研机构（辅助创新层）、数字技术服务商（支撑创新层）等多层互补者开展生态化合作，综合采用能力升级、能力开发、能力拓展三种模式将数字资源绑定到系统当前的能力体系中，从而实现分布式创新能力的逐步培育，三种模式具体如下。

一是"资源组合-能力升级"模式。在资源组合方案中，研发和制造环节是数字资源赋能的核心环节。相应地，这一模式旨在通过产学研合作推动企业研发能力、制造能力的数字化升级，而优先实现能力数字化升级的企业作为"分布式变革"领导者，能促进系统整体能力体系的巩固升级。如在研发能力数字化升级方面，省生物医药企业应以"AI+新药研发"和"大数据+新药研发"资源组合方案为基础，强化与数字技术企业、理工高校合作，联合开发人工智能化合物合成筛选系统、研发靶点分析系统等，从而打造数字化研发能力，提高新药研发效率。

二是"资源组合-能力开发"模式。基于新的资源组合，企业不仅能实现已有能力数字化升级，还能通过远程医疗、人工智能辅助诊断、数字疗法等数字化模式的探索应用而开发新的能力类型，从而丰富系统能力体系的维度。如在远程医疗方面，架构者企业应身先士卒，与华大智造、华声医疗等远程医疗企业建立合作，通过远程会诊、在线医师等远程医疗服务模式的探索开发远程医疗服务能力，促进全省医疗服务模式数智化升级。在人工智能辅助诊断方面，架构者企业应加快探索人工智能技术在医疗诊断和治疗场景的应用，与奥博医疗、医百科技、哈尔滨工业大学等人工智能企业和优势高校合作开展人工智能诊断、循证治疗等技术研发，以快速形成数据驱动的精准诊断能力，在全省加快应用和推广数字疗法。

三是"资源组合-能力拓展"模式。在架构者企业引领实现"分布式变革"的基础上，企业凭借数字资源的互通兼容性能降低跨区域合作门槛及协调成本，从而在更大范围开展多点协同创新活动，促进系统能力体系进一步拓展。为此，应积极把握"龙粤两省"对口合作的机会窗口，开展与广东生物医药企业、学研机构的互补合作。如哈尔滨作为深圳对口城市，需发挥哈尔滨精准医学产业基地、国际生物谷等基地优势，吸引更多深圳药企、高校开展研发及产业化合作。

（3）基于"资源-能力"杠杆作用的综合优势持续发展。在培育分布式创新能力的基础上，架构者企业应进一步发挥其引领战略变革和推动战略过程深入递进的功能，"撬动"系统内部各层级的潜在互补者和系统外部跨界互补者的资源及能力，构成一个高效协同、持续扩张的战略配置[88]，通过战略配置的部署和动态更新，形成系统综合优势并持续发展。具体包括三个战略环节。

一是资源能力调集。以率先启动"分布式变革"的主体为枢纽，通过资源共享、示范引导、合作项目等进一步吸引系统内外的潜在主体围绕其资源扩张及更新需求建立合作，以广泛调动并集中配置更多互补者的资源及能力，扩大分布式创新范围，促进综合优势由"多点突破"向"燎原之势"扩大。

为此，哈药、珍宝岛等架构者企业一方面应采用自建或共建方式加快建立生物医药资源共享平台，向产业链上下游企业及学研金介用等主体开放数据、技术和需求信息，以吸引更多互补者加入，催生新的资源组合方案而实现迭代创新，另一方面应探索制造能力及制造模式可示范、可共享的云制造服务体系，协助更多细分领域的企业上云，为系统分布式创新提供更广泛的资源能力支撑。此外，架构者企业应与省政府和各地市政府合作，牵头建立生物医药领域产学研创新联合体，围绕远程医疗、人工智能辅助研发等前沿技术领域设立合作研发项目，以促进产学研之间资源能力的整合与共享，通过交互赋能提高创新质量。

二是资源能力协同。在资源能力广泛调集的基础上，通过建立战略联盟、任务分工、制定标准等方式保障主体之间资源能力的协同管理及高质量互补，旨在形成强大的"资源-能力"杠杆效应，促进系统综合优势水平最大化。

在建立联盟方面，黑龙江省生物医药产业未形成全省范围的战略联盟，仍以分散在各地市的产业园区和集群为主，不利于架构者与互补者的直接沟通和协同战略管理，因此需要学习借鉴江苏、广东等发达省份的联盟实践，并向中国医药健康信息化联盟、智慧医药创新联盟等国家级联盟寻求联盟信息化、智慧化建设所需的技术及基建支持，加快建立黑龙江省智慧生物医药产业联盟。

在制定标准方面，对数据的高效管理是主体之间资源能力协同管理的基础，尤其生物医药产业数据直接关系个人隐私和国家安全，故需要架构者企业牵头并与政府、联盟等共同负责制定产业数据采集、开发、存储、使用等相关的标准及制度法规，保障多层互补者之间云研发、云制造、云服务等活动的有序开展。

三是战略配置动态部署。在路径实施中，架构者企业还需要根据系统结构、内外部环境的变化更新战略配置中的主体、模式、资源、能力等要素，时刻维持"机会-风险"平衡，从而保障系统综合优势的持续健康发展。

具体地，架构者企业需根据系统内外环境的动态变化（如产业颠覆性技术创新、生物医药新政策出台、新毒株变异等）对新的技术机会和市场机会进行综合评估，一方面"稳中求进"，引导系统内部多层互补者采用能力升级、能力开发两种模式，巩固完善当前的技术体系和目标市场；另一方面敢于开拓与变革，在机会与风险并存的领域制定新的资源组合方案，广泛吸引系统外部的跨界互补者（如新材料、新能源等跨产业合作伙伴）并重点采用能力拓展模式，以重新集聚新一轮战略配置所需主体、资源和能力，在未来生物医药产业的跨界竞争和蓝海市场中探索综合优势的新增长点。

综上，建立黑龙江生物医药产业创新生态系统综合优势发展路径模型，包括路径类型（基本类型和子路径类型）、路径目标及实施步骤，如图 5-28 所示。

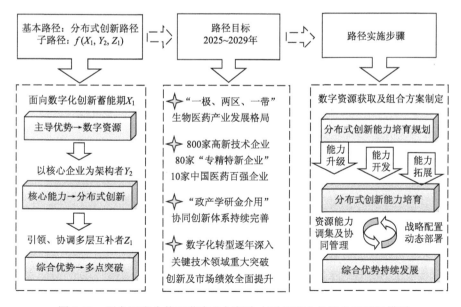

图 5-28　黑龙江省生物医药产业创新生态系统综合优势发展路径模型

5.5.4　综合优势发展路径实现机制

1. 完善数字化政策组合并动态调整

为驱动系统综合优势持续发展,应用 5.4.2 节政策驱动机制并围绕其选择的分布式创新路径进行针对性设计,旨在完善数字化政策组合,并响应情境变化而及时调整,全面驱动系统中的数字资源培育和分场景应用。

由图 5-18 可知,驱动系统"蓄能期"综合优势发展的数字化政策组合共有三种组态模式,其中"均衡布局型"适用于数字资源丰富、创新服务体系完善的省区市,"技术-金融驱动型"和"人才-市场培育型"适用于数字化基础相对较弱的省区市。而根据 5.5.1 节综合优势发展现状评价结果,目前黑龙江省生物医药产业创新生态系统数字化基础较弱,且关键障碍因素与数字技术创新、金融支持不足相关,故适合采取"技术-金融驱动型"组态模式。依次从核心型政策工具建立、辅助型政策工具强化、政策组合动态调整三个方面完善政策驱动机制。

(1)核心型政策工具建立。"技术-金融驱动型"组态包括数字化目标规划、数字技术支持、数字化金融支持三个核心政策工具,对应的政策建议如下。

科学制定数字化目标规划。为提高生物医药产业数字化目标规划制定的科学有效性,一是与国家战略保持一致,在国家《"十四五"生物经济发展规划》《"十四五"数字经济发展规划》战略布局下,规划并完善黑龙江省各地区生物医药产业数字化发展规划和实施细则;二是要充分结合各地区资源禀赋和产业特色,围绕核心产业园区、优势学科高校制定个性化目标规划;三是注重不同地区、产业细分领域多目标平衡,优化"一极、两区、一带"发展布局;四是学习借鉴先进省份政策实践,研究并进一步出台支持产业数字化和高质量发展规划及细则,以增强目标规划的连续性。

设立数字技术研发及应用奖励。通过设立数字技术研发补贴、技术攻关专项、重点领域的技术转移转化奖励等,加强对关键数字技术研发及在生物医药产业融合应用的财政支持。一是瞄准现代医药、生物信息大数据、再生医学等黑龙江省生物医药产业重点领域,加强原创性、引领性的数字技术基础研究及应用研究,鼓励发展生物计算、DNA 存储、智能辅助决策模型等新技术和新算法,提升新药研制和临床诊疗的决策精度;二是设立企业技术改造、软件开发购置、智能车间及服务平台建设等活动的专项支持和财政奖励,以全方位赋能产业技术体系和应用场景的数字化升级。

提供多渠道的数字化金融支持。为充分发挥数字化金融对数字技术融合、重构活动的支持、催化作用,一是建立生物医药产业的数字化投资引导基金和投融资平台，由政府牵头并广泛集聚社会资本，为企业上云、数字技术研发等提供资金支持；二是鼓励银行和金融机构利用互联网平台简化信贷审批流程、利用大数据技术智能评估企业风险和信用等级，合理提升贷款额度，并为产业数字化项目推出定制化的金融产品；三是促进网络众筹和融资组合模式规范化发展，支持企业组合利用众筹平台、知识产权质押融资等方式提升融资效率。

（2）辅助型政策工具强化。"技术-金融驱动型"组态包括数字化人才引导、数字化基础建设两个辅助型政策工具，对应的政策建议如下。

加大数字化人才培育与引进力度。一是加大数字化人才培育力度，支持省内院校开设信息科学、网络科学、生物信息工程等学科和课程，鼓励高校、企业建设人才联合培养基地，实现数字化人才校企对接；二是加强数字化人才引进力度，对数字经济和生物经济领域高端人才、"头雁"团队来黑龙江省创新创业予以专项补贴；三是建立"AI+新药研发""AI+辅助医疗"等前沿领域的人才跨区域交流机制，加快构建满足生物医药产业数字化创新的开放式人才网络。

促进新基建及基础设施升级。一是建设完善黑龙江省生物医药产业大数据中心、哈尔滨先进计算中心等新基建，主动融入国家一体化大数据中心体系；二是应用工业无源光网络、工业以太网和工业无线网改造生物医药产业的工业网络基础设施，提高对医药生产及器械制造的智能化、协同化支撑；三是推动省内生物医药产业孵化器和产业园应用数字基础设施打造数字化服务功能，为生物医药产业数字化创新创业提供一体化、智慧化服务支持。

（3）政策组合动态调整。根据图 5-18，在"蓄能期→赋能期"的战略升级中，"技术-金融驱动型"组态模式的有效性将降低，因此需要及时调整数字化政策组合，从三种"赋能期"组态中选择更新的模式。以"重点支持型"模式为例，黑龙江省政府可以将政策重点由"蓄能期"对数字技术基础研究的大力支持逐渐向"赋能期"对工业互联网、资源共享平台等平台网络建设升级的支持转变，从而充分借助平台模块化重组、网络效应、迭代创新等主导优势，支持重组创新能力的快速培育，推动系统向基于重组创新的综合优势发展路径顺利转换。

2. 识别高价值数字资源并分梯度编排

根据 5.4.3 节路径关键点控制机制，对系统中数字资源进行有效编排是分布式创新路径的关键环节，但存在因数字资源类型、规模快速扩张而很难从中识别高价值数字资源及战略优先级的风险。为此，应用高价值数字资源识别机制，结合黑龙江省数字资源的现状及在生物医药产业的应用需求，识别高价值数字资源并判断战略优先级，旨在指导系统主体分梯度开展资源获取、组合、剥离等活动，提高资源编排效率以优化路径过程。

（1）数字资源结构化分析。应用 Fuzzy DEMATEL 法对高价值数字资源备选集中 10 类价值水平较高的数字资源进行结构化分析。

首先，邀请高新技术发展与战略管理、产业经济学领域的 10 名学术专家、新兴产业投资公司和科研院所的 4 名科研工作者、黑龙江省生物医药企业研发部门和生产部门 6 名管理者，应用表 5-24 对 10 类数字资源的影响关系成组比较。然后将 20 名专家的评分分值进行汇总并取平均值，构成初始数据集。

在此基础上，应用式（5-2）至式（5-15）进行 Fuzzy DEMATEL 具体分析，得到 10 类数字资源的原因度和中心度并进行排序。结果表明：新一代数字孪生技术（R_4）、数字技术专利（R_6）、新一代人工智能技术（R_5）、数字技术标准（R_7）及政务大数据（R_8）的原因都大于 0，说明这 5 类数字资源在系统中对其他资源的影响范围和程度较大，具有较高的资源关联性，但不足以判定其应用潜力拓展性；中心度排名前 5 的是新一代人工智能技术（R_5）、数字技术专利（R_6）、新一代数字孪生技术（R_4）、云服务技术（R_9）和用户画像技术（R_2），不仅能对其他资源产生关联性影响，还能在其他资源影响下拓展自身功能。因此，即使这 5 类数字资源并非都具有较高资源关联性，但应用潜力拓展性较高。

（2）高价值数字资源识别结果。结合分析结果，原因度和中心度存在四种高低组合，且四种组合下的资源关联性和应用潜力拓展性水平不同，由此导致资源的总体价值水平不同，据此划分四个分区。

分区 I（"高原因度-高中心度"组合）：包括 R_4、R_5 和 R_6，不仅具有较高的资源关联性，还具有较高的应用潜力拓展性，因此呈现最高的总体价值水平。

分区 II（"高原因度-低中心度"组合）：包括 R_7 和 R_8，二者虽具有较高的资源关联性，但应用潜力拓展性一般，因此呈现相对较高的总体价值水平。

分区 III（"低原因度-高中心度"组合）：包括 R_2 和 R_9，二者虽然具有较高的应用潜力拓展性，但资源关联性一般，因此也呈现相对较高的总体价值水平。

分区 IV（"低原因度-低中心度"组合）：包括 R_1、R_3 和 R_{10}，在备选集中 10 类资源中具有相对较低的资源关联性和应用潜力拓展性，总体价值水平较低。

综上，将分区 I、II、III 中的 7 类数字资源确定为黑龙江省生物医药产业创新生态系统的高价值数字资源，且 7 类资源的总体价值水平存在一定差异。

（3）资源编排的战略优先级确定。根据高价值数字资源识别结果，进一步确定不同分区数字资源在资源编排活动中的战略优先级，如表 5-35 所示，从而为系统中数字资源的分梯度编排及阶段性调整提供战略指导。

3. 提高评价机制针对性并及时反馈

根据 5.4.4 节效果评价机制，在选定具体路径并实际应用过程中，需要定期开展效果评价，为战略调整提供及时性反馈。根据本章确定的路径目标和路径实施周期（2025～2029 年），可以结合黑龙江省生物医药产业未来 5 年发展情况，在应用 5.4.4 节评价机制的过程中，通过评价权重调整、薄弱环节重点监控、建立反馈机制等方式，进一步提高评价机制针对性和灵活反馈性，从而更准确掌握系统在路径实施中的综合优势实时状态并及时应对新变化和新问题。

表 5-35　高价值数字资源识别结果及战略优先级

分区	资源类型	是否高价值	战略优先级	具体解释
分区 I	新一代数字孪生技术（R_4）	是	一级	资源关联性和应用潜力拓展性都很高，能够优化资源组合方式，为其他数字技术的研发及在新药研发、医疗器械制造、医疗服务等场景的应用拓展提供高精度的数字孪生算法及仿真、人工智能支持（如 AI 辅助决策和 ChatGPT 知识生成）以及专利支持（如数字+生物医药融合技术专利、数字化专利运营），因此需要在资源编排中予以高度重视
	新一代人工智能技术（R_5）	是	一级	
	数字技术专利（R_6）	是	一级	
分区 II	数字技术标准（R_7）	是	二级	资源关联性高但应用潜力拓展性一般，故需要在资源编排早期阶段予以重视，通过建立数字技术标准和实现政务数据跨区域共享，为资源编排活动提供规范性引导和精准扶持；在战略中后期适时"让位"于应用潜力更高的数字资源
	政务大数据（R_8）	是	二级	
分区 III	用户画像技术（R_2）	是	三级	资源关联性一般但应用潜力拓展性高，故需要在资源编排的中后期予以重视，通过用户画像、云服务技术的迭代优化准确预测生物医药市场需求，开发并完善云病历、远程医疗、在线问诊等服务模式，促进产业应用场上云创新
	云服务技术（R_9）	是	三级	
分区 IV	供应链大数据（R_1）	否	四级	资源关联性和应用潜力拓展性都较低，但由于属于高价值数字资源备选集中的资源，与一般性的数字资源相比仍具有比较优势，因此可以作为备选方案，在战略预算宽裕或战略调整中优先考虑
	产品体验评价（R_3）	否	四级	
	区块链金融技术（R_{10}）	否	四级	

（1）评价权重针对性调整。在面向生物医药产业等特定评价对象时，可以采取以下两种策略提升评价权重与评价对象之间的契合性。

一是在评价指标权重确定的主观赋权环节，对参评专家进行遴选并提供资料支撑，尽量选择对于生物医药产业相对熟悉的专家，并为专家提供一些黑龙江省生物医药产业发展相关研究报告、统计数据、创新政策、产学研合作案例及创新服务案例作为参考资料，帮助其在全面了解黑龙江省生物医药产业创新生态系统特征基础上给出更具针对性的指标主观权重，并且与符合实际数据的客观权重相结合，形成各指标的组合权重值。

二是进行主观权重的周期性更新。由 5.5.2 节可知，黑龙江省生物医药产业创新生态系统将在未来一段时期维持应用分布式创新路径,但考虑到生物医药产业数字化创新实践的迅速扩张以及创新生态系统发展的动态不确定性[86,87],需要对专家主观确定的指标权重进行周期性更新,每隔1～2年重新组织相关专家进行评分,并为专家提供上一年度及当年最新的产业数据、政策和研究报告等,通过纵向比较给出主观权重的调整值,以提升评价结果的准确性。

(2)薄弱战略环节识别。在应用5.4.4节评价机制进行系统综合优势发展效果总体评价及关键障碍因素识别的基础上,可以明确系统当前薄弱的战略环节,并进行重点监控,旨在为针对性的战略应对及动态调整提供具体靶点。

为此,首先需要根据黑龙江省生物医药产业创新生态系统综合优势当前阶段发展的关键障碍因素,识别系统在应用分布式创新路径前的薄弱战略环节;其次,在路径应用的不同阶段开展定期评价,观察关键障碍因素的变化情况,据此可以判断当前阶段的薄弱环节是否通过路径应用而得到了针对性改善,或出现了新的薄弱环节,需要采取针对性的应对措施或路径转换而进一步改善。

具体地,根据表5-31中的关键障碍因素及其在准则层中的隶属维度,可知系统综合优势当前发展的"劣势"维度为综合优势发展基础、发展能力和发展潜力三个维度,即在"主导优势—核心能力—综合优势"三个战略环节都较为薄弱。其中,对综合优势发展基础和发展能力的完善是分布式创新路径的战略目标,并且这两个维度的完善可以带动发展潜力的提升。因此,在分布式创新路径应用和定期评价中,需要特别关注关键障碍因素的变化,具体地:若新的障碍因素仍隶属于综合优势发展基础和能力维度,说明路径效果不佳,尚未达到分布式创新路径的预期目标,此时需要采取针对性应对措施,包括设立工业互联网产业发展引导基金、加大公共技术服务平台投资力度、鼓励企业创办海内外研发机构等,完善综合优势发展的数字化基础和创新能力;若新的障碍因素隶属于综合优势发展绩效或潜力维度,说明分布式创新路径的目标基本达成,需要在接下来向重组创新路径、跨界融合创新路径转换中采取新的应对措施,如打造跨产业资源共享与成果转化平台、建立企业海外投资绿色通道、设立产业"双碳"减排的奖惩机制等,重点提升综合优势发展绩效和发展潜力,从而促进综合优势的四维度"平衡"发展和协同提升。

(3)评价反馈机制建立。综合优势发展路径效果评价的核心目标是要提供及时、有效的反馈,从而保障当前路径顺利实现和恰当时机转换。为此,要建立多元、畅通的反馈渠道,搭建政府部门、生物医药产业联盟、大中小企业、学研机构、服务机构和用户之间的互动沟通平台,并定期召开生物医药产业发展论坛和政产学研交流会,将评价结果以研究报告、政策建议、白皮书等形式进行及时发布、开放共享和专业化解读,一是确保系统架构者(生物医药核心企业、平台企业、联盟协会等)在政府的宏观引导下获取正确的战略调整方向及可行路径,以更好引领、协调系统各个层级中互补者（如"辅助创新层"中的高核和科研院所、"支撑创新层"中的金融机构和服务组织）的战略行为，二是鼓励系统各类互补者借助互动沟通平台、产业发展论坛和政产学研交流会的机会表达自身在战略合作中的具体困难，以共同商议解决对策。

参 考 文 献

[1] 王发明, 朱美娟. 创新生态系统价值共创行为协调机制研究. 科研管理, 2019, 40(5): 71-79.

[2] 余维臻, 刘娜. 政府如何在数字创新中扮演好角色. 科学学研究, 2021, 39(1): 139-148.

[3] 刘启雷, 张媛, 雷雨嫣, 等. 数字化赋能企业创新的过程、逻辑及机制研究. 科学学研究, 2022, 40(1): 150-159.

[4] 姜李丹, 薛澜, 梁正. 人工智能赋能下产业创新生态系统的双重转型. 科学学研究, 2022, 40(4): 602-610.

[5] 杨伟, 周青, 郑登攀. "互联网+"创新生态系统: 内涵特征与形成机理. 技术经济, 2018, 37(7): 10-15.

[6] 曹兴, 朱晶莹, 杨春白雪. 新兴技术创新网络"液态化"机理及实证分析. 科研管理, 2022, 43(2): 55-64.

[7] Li Y H, Fu K W, Gong X H, et al. Research on value co-creation mechanism of platform enterprises in digital innovation ecosystem: a case study on Haier HOPE platform in China. Frontiers in Psychology, 2022, 13: 1055932.

[8] 张超, 陈凯华, 穆荣平. 数字创新生态系统: 理论构建与未来研究. 科研管理, 2021, 42(3): 1-11.

[9] Huang J, Wang H Q, Wu J L, et al. Exploring the key driving forces of the sustainable intergenerational evolution of the industrial alliance innovation ecosystem: evidence from a case study of China's TDIA. Sustainability, 2020, 12(4): 1320.

[10] 王宏起, 武建龙. 企业主导优势及其选择方法研究. 中国软科学, 2010, (7): 151-157.

[11] 王宏起, 王珊珊. 高新技术企业集群综合优势发展路径与演化规律研究. 科学学研究, 2009, 27(7): 999-1004.

[12] 陈冬梅, 王俐珍, 陈安霓. 数字化与战略管理理论: 回顾、挑战与展望. 管理世界, 2020, 36(5): 220-236.

[13] Jacobides M G, Cennamo C, Gawer A. Towards a theory of ecosystems. Strategic Management Journal, 2018, 39(8): 2255-2276.

[14] 谭劲松, 宋娟, 陈晓红. 产业创新生态系统的形成与演进: "架构者"变迁及其战略行为演变. 管理世界, 2021, 37(9): 167-191.

[15] Nambisan S, Lyytinen K, Majchrzak A, et al. Digital innovation management: reinventing innovation management research in a digital world. MIS Quarterly, 2017, 41(1): 223-238.

[16] 刘洋, 董久钰, 魏江. 数字创新管理: 理论框架与未来研究. 管理世界, 2020, 36(7): 198-217.

[17] Sirmon, D G, Hitt M A, Ireland R D. Managing firm resources in dynamic environments to

create value: looking inside the black box. Academy of Management Review, 2007, 32(1): 273-292.

[18] Sirmon, D G, Hitt M A, Ireland R D, et al. Resource orchestration to create competitive advantage: breadth, depth, and life cycle effects. Journal of Management, 2011, 37(5): 1390-1412.

[19] Wang N, Wan J H, Ma Z Z, et al. How digital platform capabilities improve sustainable innovation performance of firms: the mediating role of open innovation. Journal of Business Research, 2023, 167: 114080.

[20] Belezas F, Daniel A D. Innovation in sharing economy: a systematic literature review and research framework. Technovation, 2023, 122: 102509.

[21] Cenamor J, Parida V, Wincent J. How entrepreneurial SMEs compete through digital platforms: roles of digital platform capability, network capability and ambidexterity. Journal of Business Research, 2019, 100: 196-206.

[22] Osorno R, Medrano N. Open innovation platforms: a conceptual design framework. IEEE Transactions on Engineering Management, 2022, 69(2): 438-450.

[23] 缪沁男, 魏江, 杨升曦. 服务型数字平台的赋能机制演化研究: 基于钉钉的案例分析. 科学学研究, 2022, 40(1): 182-192.

[24] Schreieck M, Ondrus J, Wiesche M, et al. A typology of multi-platform integration strategies. Information Systems Journal, 2024, 34(3): 828-853.

[25] Service R W. Basics of qualitative research: techniques and procedures for developing grounded theory. Organizational Research Methods, 2009, 12(3): 614-617.

[26] 白长虹, 刘春华. 基于扎根理论的海尔、华为公司国际化战略案例相似性对比研究. 科研管理, 2014, 35(3): 99-107.

[27] Ho J C. Disruptive innovation from the perspective of innovation diffusion theory. Technology Analysis & Strategic Management, 2022, 34(4): 363-376.

[28] Vargo S L, Akaka M A, Wieland H. Rethinking the process of diffusion in innovation: a service-ecosystems and institutional perspective. Journal of Business Research, 2020, 116: 526-534.

[29] 陈威如, 王节祥. 依附式升级: 平台生态系统中参与者的数字化转型战略. 管理世界, 2021, 37(10): 195-214.

[30] Song A K. The digital entrepreneurial ecosystem-a critique and reconfiguration. Small Business Economics, 2019, 53(1): 569-590.

[31] 赵艺璇, 成琼文, 郭波武. 创新生态系统情境下核心企业跨界扩张的实现机制: 社会嵌入视角的纵向单案例分析. 南开管理评论, 2022, 25(6): 52-65.

[32] Malmström M M, Johansson J. Social exchange in collaborative innovation: maker or breaker. Journal of Innovation and Entrepreneurship, 2016, 5(1): 1-20.

[33] Bogers M, Chesbrough H, Moedas C. Open innovation: research, practices, and policies. California Management Review, 2018, 60(2): 5-16.

[34] Wang H Q, Zhao T Y, Cooper S Y, et al. Effective policy mixes in entrepreneurial ecosystems: a configurational analysis in China. Small Business Economics, 2023, 60(4): 1509-1542.

[35] Holgersson M, Baldwin C Y, Chesbrough H, et al. The forces of ecosystem evolution. California Management Review, 2022, 64(3): 5-23.

[36] Scott W R. Approaching adulthood: the maturing of institutional theory. Theory and Society, 2008, 37(5): 427-442.

[37] Peng M W, Sun S L, Pinkham B, et al. The institution-based view as a third leg for a strategy tripod. Academy of Management Perspectives, 2009, 23(3): 63-81.

[38] 王宏起, 杨仲基, 武建龙, 等. 战略性新兴产业核心能力形成机理研究. 科研管理, 2018, 39(2): 143-151.

[39] 李佳, 王宏起, 李玥, 等. 基于组合赋权与规则的区域科技资源共享平台综合绩效评价研究: 以黑龙江省科技创新创业共享服务平台为例. 情报杂志, 2018, 37(8): 172-179.

[40] 黄静. 产业联盟创新生态系统升级路径研究. 哈尔滨: 哈尔滨理工大学, 2021: 76-89.

[41] 解学梅, 刘晓杰. 区域创新生态系统生态位适宜度评价与预测: 基于 2009—2018 中国 30 个省市数据实证研究. 科学学研究, 2021, 39(9): 1706-1719.

[42] 杨伟, 劳晓云, 周青, 等. 区域数字创新生态系统韧性的治理利基组态. 科学学研究, 2022, 40(3): 534-544.

[43] Zhou H Y, Wang S S, Zhao T Y. Digital technology patents in China: an integrated analysis of patent distribution and transactions. Technology Analysis & Strategic Management, 2023, (12): 1-17.

[44] Veile J W, Schmidt M C, Voigt K I. Toward a new era of cooperation: how industrial digital platforms transform business models in industry 4.0. Journal of Business Research, 2022, 143: 387-405.

[45] 许冠南, 方梦媛, 周源. 新兴产业政策与创新生态系统演化研究: 以增材制造产业为例. 中国工程科学, 2020, 22(2): 108-119.

[46] 武建龙, 鲍萌萌, 杨仲基. 新兴产业颠覆性创新政策组合作用机制研究: 基于创新生态系统视角. 中国软科学, 2023, (7): 44-55.

[47] 杨伟, 周青, 方刚. 产业创新生态系统数字转型的试探性治理: 概念框架与案例解释. 研究与发展管理, 2020, 32(6): 13-25.

[48] Cenamor J, Frishammar J. Openness in platform ecosystems: innovation strategies for complementary products. Research Policy, 2021, 50(1): 104148.

[49] Kwak K, Kim W, Park K. Complementary multiplatforms in the growing innovation ecosystem: evidence from 3D printing technology. Technological Forecasting and Social Change, 2018, 136: 192-207.

[50] Beltagui A, Rosli A, Candi M. Exaptation in a digital innovation ecosystem: the disruptive impacts of 3D printing. Research Policy, 2020, 49(1): 103833.

[51] Rong K, Lin Y, Yu J, et al. Exploring regional innovation ecosystems: an empirical study in China. Industry and Innovation, 2021, 28(5): 545-569.

[52] 蔡文. 可拓学概述. 系统工程理论与实践, 1998, (1): 77-85.

[53] 蔡文, 杨春燕. 可拓学的基础理论与方法体系. 科学通报, 2013, 58(13): 1190-1199.

[54] David P A. Clio and the economics of QWERTY. The American Economic Review, 1985, 75(2): 332-337.

[55] 付永刚, 邹雅璇, 胡烽春. 组织惯性在组织变革过程中的作用机理: 基于平安银行的案例研究. 管理案例研究与评论, 2023, 16(6): 709-728.

[56] 王涛. 组织跨界融合: 结构、关系与治理. 经济管理, 2022, 44(4): 193-208.

[57] 许冠南, 周源, 吴晓波. 构筑多层联动的新兴产业创新生态系统: 理论框架与实证研究. 科学学与科学技术管理, 2020, 41(7): 98-115.

[58] Vargo S L, Akaka M A, Wieland H. Rethinking the process of diffusion in innovation: a service-ecosystems and institutional perspective. Journal of Business Research, 2020, 116: 526-534.

[59] Wu J L, Yang Z J, Hu X B, et al. Exploring driving forces of sustainable development of China's new energy vehicle industry: an analysis from the perspective of an innovation ecosystem. Sustainability, 2018, 10(12): 4827.

[60] 赵天一, 王宏起, 李玥, 等. 新兴产业创新生态系统综合优势形成机理: 以新能源汽车产业为例. 科学学研究, 2023, 41(12): 2267-2278.

[61] Rogge K S, Reichardt K. Policy mixes for sustainability transitions: an extended concept and framework for analysis. Research Policy, 2016, 45(8): 1620-1635.

[62] Mavrot C, Hadorn S, Sager F. Mapping the mix: linking instruments, settings and target groups in the study of policy mixes. Research Policy, 2019, 48(10): 103614.

[63] Gomes L A D, Fleury A L, de Oliveira M G, et al. Ecosystem policy roadmapping. Technological Forecasting and Social Change, 2021, 170: 120885.

[64] Edmondson D L, Kern F, Rogge K S. The co-evolution of policy mixes and socio-technical systems: towards a conceptual framework of policy mix feedback in sustainability transitions. Research Policy, 2019, 48(10): 103555.

[65] Raven R, Walrave B. Overcoming transformational failures through policy mixes in the dynamics of technological innovation systems. Technological Forecasting and Social Change, 2020, 153: 119297.

[66] Diercks G, Larsen H, Steward F. Transformative innovation policy: addressing variety in an emerging policy paradigm. Research Policy, 2019, 48(4): 880-894.

[67] Douglas E J, Shepherd D A, Prentice C. Using fuzzy-set qualitative comparative analysis for a finer-grained understanding of entrepreneurship. Journal of Business Venturing, 2020, 35(1): 105970.

[68] 杜运周, 李佳馨, 刘秋辰, 等. 复杂动态视角下的组态理论与QCA方法: 研究进展与未来方向. 管理世界, 2021, 37(3): 180-197.

[69] 王宏起, 赵天一, 李玥. 产业创新生态系统数字化转型的政策组合研究. 中国软科学, 2023, (10): 119-131.

[70] Liu Y, Dong J Y, Ying Y, et al. Status and digital innovation: a middle-status conformity

perspective. Technological Forecasting and Social Change, 2021, 168: 120781.

[71]　于克辰, 郭莉, 阴宏伟, 等. 面向数据中心场景的基于区块链与博弈论的高价值数据共享模型. 信息网络安全, 2022, 22(6): 73-85.

[72]　Sanders N R, Ganeshan R. Big data in supply chain management. Production and Operations Management, 2018, 27(10): 1745-1748.

[73]　Mavi R K, Standing C. Cause and effect analysis of business intelligence (BI) benefits with Fuzzy DEMATEL. Knowledge Management Research & Practice, 2018, 16(2): 245-257.

[74]　陈瑾, 梁辰. 我国数字平台的组织业态、技术特征与商业模式研究. 企业经济, 2022, 41(12): 129-139.

[75]　Kazantsev N, Islam N, Zwiegelaar J, et al. Data sharing for business model innovation in platform ecosystems: from private data to public good. Technological Forecasting and Social Change, 2023, 192: 122515.

[76]　Liu W H, Long S S, Wei S, et al. Smart logistics ecological cooperation with data sharing and platform empowerment: an examination with evolutionary game model. International Journal of Production Research, 2022, 60(13): 4295-4315.

[77]　Xiao M, Zhai C. Research on subsidy strategy of shared accommodation platform under the background of big data based on evolutionary game. Computational Intelligence and Neuroscience, 2022, 5: 9066215.

[78]　王宏起, 夏凡, 王珊珊. 新兴产业技术融合方向预测: 方法及实证. 科学学研究, 2020, 38(6): 1009-1017.

[79]　金碚. 竞争力经济学. 广州: 广东经济出版社, 2003: 72-110.

[80]　胡树华, 李增辉, 牟仁艳, 等. 产业"三力"评价模型与应用. 中国软科学, 2012, (5): 40-47.

[81]　王宏起, 王珊珊. 高新技术企业集群综合优势评价指标体系研究. 科学学与科学技术管理, 2007, 28(11): 48-52.

[82]　邵云飞, 穆荣平, 李刚磊. 我国战略性新兴产业创新能力评价及政策研究. 科技进步与对策, 2020, 37(2): 66-73.

[83]　王瑛, 姜芸芸. 基于改进 CRITIC 赋权法和模糊优选法的大气质量评价. 统计与决策, 2017, (17): 83-87.

[84]　徐林明, 李美娟, 戴前智. 基于灰靶理论的动态评价方法. 系统科学与数学, 2017, 37(1): 112-124.

[85]　Wang D, Shen Y, Zhao Y Y, et al. Integrated assessment and obstacle factor diagnosis of China's scientific coal production capacity based on the PSR sustainability framework. Resources Policy, 2020, 68: 101794.

[86]　宋启华, 施泽晶. 生物医药企业数字化转型. 数字经济, 2023, 9(1): 74-77.

[87]　Gartland K M A, Gartland J S. Opportunities in biotechnology. Journal of Biotechnology, 2018, 282: 38-45.

[88]　Chen H S, Tian Z. Environmental uncertainty, resource orchestration and digital transformation: a fuzzy-set QCA approach. Journal of Business Research, 2022, 139: 184-193.